Geheuert, Gefeiert, Gefeuert

Hardy Grüne

Geheuert, Gefeiert, Gefeuert

Inhalt

Satz: AGON Sportverlag, Kassel
Einband: Werkstatt für creative Computeranwendungen Bringmann, Lohfelden
Druck: Druck- und Verlagshaus Thiele & Schwarz, Kassel
Fotos: Pressebilderdienst Horst Müller, Düsseldorf
          Archiv Hardy Grüne, Göttingen
          AGON-Archiv, Kassel

© 2000   by AGON Sportverlag
         Kirchweg 64
         D - 34119 Kassel
Alle Rechte vorbehalten

ISBN 3-89784-104-7

Herbert Widmayer, 1

Verein:	1. FC Nürnberg
Vorgänger:	Franz „Bimbo" Binder
Erster Amtstag:	Mai 1960
Tabellenstand:	Platz 6 (1959/60, Oberliga Süd)
Letzter Amtstag:	30. Oktober 1963
Tabellenstand:	Platz 13
Amtszeit:	41 Monate
Nachfolger:	Jenö Csaknady

Einer mußte der erste sein. Und das es Herbert Widmayer sein würde, überraschte wenige, schließlich war Widmayers Ruhm im Frankenland längst verblaßt. Im Mai 1960, als er den berühmten „Bimbo" Binder auf dem Club-Sessel abgelöst hatte, war er in Nürnberg noch als „forscher Draufgängertyp von der Art Eddie Constantines" gefeiert worden – und den Vorschußlorbeeren zunächst auch gerecht geworden: 1961 hatte er die von ihm aufgebaute junge Club-Elf zur achten deutschen Meisterschaft geführt; ein Jahr später zur Vizemeisterschaft und zum Pokalsieg. Seine Trainingsmethoden galten als modern.

Doch im Oktober 1963 war davon keine Rede mehr. „Wir sagten es nach jedem Europapokalspiel, und wir sagten es nicht nur nach Niederlagen: Der Club spielt zu langsam, zu altfränkisch, wenn das Wort erlaubt ist", wies der »kicker« auf taktische Defizite hin und kritisierte zudem, daß „Widmayer sich dreinreden ließ, sich dreinreden lassen mußte. Man wundert sich, daß in einem Bundesligaverein überhaupt Vorstandsmitglieder und Berater über entscheidende Fußballfragen reden, die von Haus aus Tennis-, Ski- und anderen Abteilungen als Vorsitzende angehören". Nürnbergs Problem hieß offensichtlich nicht nur Herbert Widmayer.

In sportlicher Hinsicht war seine Entlassung nachvollziehbar - schließlich hatte der FCN nach fünf Spieltagen mit acht Punkten noch ausgezeichnet dagestanden, ehe er vier Niederlagen in Folge kassiert hatte und auf Rang 13 abgerutscht war. So etwas brachte auch 1963 schon Trainerstühle ins Wanken. Nach der peinlichen 0:5-Heimschlappe gegen Kaiserslautern war Widmayers Uhr schließlich abgelaufen. Ständige Pöbeleien der Fans gegenüber dem Club-Coach, der wochenlang mit anonymen Anrufen und sogar Morddrohungen belästigt worden war, gaben der Vereinsführung den Anlaß für die Kündigung. Ein willkommener Anlaß, der alles andere als unumstritten war. „Das hat er nicht verdient. Nach drei Jahren der Erfolge schickt man einen Mann so nicht weg", ereiferte sich beispielsweise Nürnbergs Fußball-Legende und Ehrenspielführer Morlock verärgert.

Widmayer hingegen nahm es gelassen: „Erst wenn du einmal rausgeflogen bist, bist du ein richtiger Trainer", witzelte der Fußball-Lehrer, der sich künftig erfolgreich der DFB-Jugend widmete.

1

Georg Gawliczek, 2

Verein:	Schalke 04
Vorgänger:	Nandor Lengyel
Erster Amtstag:	Juli 1960
Tabellenstand:	Platz 4 (1959/60, Oberliga West)
Letzter Amtstag:	25. April 1964
Tabellenstand:	Platz 8
Amtszeit:	46 Monate
Nachfolger:	Fritz Langner

Wenn ein Trainer mit seiner Mannschaft aus zwölf Spielen nur vier Punkte holt, zehn Niederlagen erleidet und 12:28 Tore kassiert, dann wackelt sein Stuhl. Gelsenkirchen-Schalke, das selbsternannte Eldorado der Fußballkünste und -kräche, macht da keine Ausnahme. Auf Rang 2, nur vier Punkte hinter Spitzenreiter Köln, hatten die Königs-blauen nach Beendigung der Hinrunde 1963/64 noch gelegen und berechtigte Hoff-nungen gehegt, an alte Erfolgszeiten anzuknüpfen. Manche hatten gar schon offen von Meistertitel Nummer 8 gesprochen, als in der Rückrunde die Katastrophe hereingebro-chen war und es Niederlagen en masse gesetzt hatte. Mit jeder neuen Pleite war die Kritik an Trainer Georg Gawliczek, seit 1960 im Amt, lauter geworden. Dem ausgewie-senen Pferdenarr wurden nicht nur „zu häufige Besuche auf der Rennbahn" und „la-sche Trainingsmethoden" vorgeworfen - er wurde zudem für die Disharmonie inner-halb der Mannschaft verantwortlich gemacht. Insbesondere Torjäger Klaus „ZickZack" Matischak sei unglücklich mit seinem Coach und habe seine Fühler schon zu anderen Vereinen ausgestreckt.

Nach dem 1:7-Debakel bei München 1860 war Gawliczek nicht mehr zu halten. „Ich habe bis jetzt immer freimütig meine Ansicht zum Spiel geäußert. Diesmal habe ich den Wunsch, nichts sagen zu müssen!", hatte sich der Coach nach der peinlichen Schlap-pe an der Grünwalder Straße noch ungewohnt kleinmütig gegeben, derweil der »kik-ker« schon mal den Finger in Schalkes Wunde gelegt hatte: „Von Teamwork war keine Rede mehr, als es geholfen hätte, den Karren noch einmal aus dem Dreck zu ziehen. Der Karren wurde laufengelassen."

Obwohl Schalke 04 drei Spieltage vor Saisonende auch rechnerisch bereits gesichert war, mußte „Schorsch" Gawliczek gehen. Sein Abschuß erfolgte allerdings auf Raten. Vor dem nächsten Spiel gegen den KSC weilte er nämlich noch wie gewohnt in der Kampfbahn Glück-Auf – doch die Vorbereitung hatte bereits sein Nachfolger Fritz Lang-ner geleitet. Nach dem Spiel durfte Gawliczek ein letztes Mal Resümee ziehen: „Es war ein Spiel ohne große Begeisterung, ohne Feuer. Wir sind natürlich über den Erfolg zum Abschluß erfreut", kommentierte er den 2:1-Sieg - ehe er zum Hamburger SV wechsel-te, wo er Trainerentlassung Nummer 3, Martin Wilke, ablöste.

Martin Wilke, 3

Verein: Hamburger SV
Vorgänger: Günter Mahlmann
Erster Amtstag: 1. Juli 1962
Tabellenstand: Platz 1 (1961/62, Oberliga Nord)
Letzter Amtstag: 9. Mai 1964
Tabellenstand: Platz 6
Amtszeit: 22 Monate
Nachfolger: Georg Gawliczek

Es war einer von diesen „stillen Trainerwechseln", die praktisch gar keinen Staub aufwirbelten. „HSV-Trainer Martin Wilke, der mit diesem Treffen gegen den 1. FC Nürnberg seine Tätigkeit beim Hamburger SV beendete, selbst die Amerikareise auf Wunsch des HSV nicht mehr mitmachte, äußerte sich verständlich zurückhaltend", schrieb der »kicker« in seiner Ausgabe vom 11. Mai 1964, nachdem der HSV im letzten Saisonspiel gegen Nürnberg 2:2 gespielt hatte. Was war geschehen? Nun, Martin Wilke sollte eiskalt abserviert werden. „Ab 1. August ist Georg Gawliczek verantwortlicher Bundesligatrainer des HSV", hatte eine Hamburger Zeitung im April 1964 verlauten lassen und angekündigt, daß Martin Wilke künftig die „Jugendbetreuung übernehmen" solle. Der ließ sich das jedoch nicht gefallen und kündigte seinen Vertrag erbost zum 31. Juli 1964.

Die Ehe Wilke/HSV war ohnehin eine eher eigentümliche gewesen. Zwischen 1954 und 1956 hatte der vom Hamburger Fußball-Verband an den Rothenbaum gestoßene Wilke im Verbund mit dem legendären Günter Mahlmann die Trainingsleitung innegehabt, wobei die sportliche Verantwortung zunächst klar bei Martin Wilke gelegen hatte. „Wilke machte das Training. Mahlmann saß gegenüber im Büro und hat von dort die Fäden gezogen und die Kontakte geknüpft. Er war eher der Manager", erinnerte sich Günther Schlegel, zum Verteidiger umfunktionierter Ex-Stürmer, an jene Tage. 1956 hatte Mahlmann jedoch auch das sportliche Zepter wieder übernommen, eine erfolgversprechende Jugendpolitik eingeleitet, den HSV 1960 zur deutschen Meisterschaft geführt – und 1962 die Trainingsleitung an Martin Wilke zurückgegeben. Dem war es anschließend vorbehalten gewesen, die Rothosen auf das „Abenteuer Bundesliga" einzustellen. Ein Aufgabe, die ihm gut gelang, denn unter seiner Regie blieb der HSV in der Auftaktsaison der neuen Eliteliga als einzige Mannschaft daheim ungeschlagen und belegte mit Rang 6 eine durchaus akzeptable Position.

Kaum verwunderlich also, daß Wilke sauer war, als ihm Gawliczek vor die Nase gesetzt wurde. Er verließ den HSV dann auch schon knapp zwei Monate vor Vertragsende, weil er auf die anstehende USA-Reise der Rothosen keine Lust mehr hatte - und tauchte nie wieder im Bundesligageschäft auf. Irgendwann im Verlauf des Sommers 1964 meldete der »kicker«, er würde „ab 15. August 1964 Sportlehrer am neu eingerichteten Gymnasium Garstedt", später übernahm er dann Regionalligist Concordia Hamburg, ehe sich Wilkes Spuren im Spitzenfußball endgültig verloren.

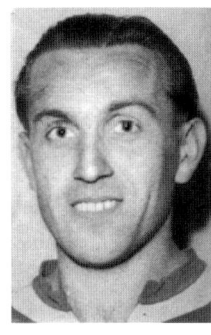

Kurt Sommerlatt, 4

Verein:	Karlsruher SC
Vorgänger:	Edi Frühwirth
Erster Amtstag:	1. Juli 1962
Tabellenstand:	Platz 9 (1961/62, Oberliga Süd)
Letzter Amtstag:	26. Januar 1965
Tabellenstand:	Platz 15
Amtszeit:	31 Monate
Nachfolger:	Helmut Schneider

Die Spatzen pfiffen es schon nicht mehr von den Dächern, sie brüllten es förmlich ins Wildparkstadion hinein: „Sommerlatt fliegt bald". Anders hingegen die leidgeprüften KSC-Fans, die sich schon seit Wochen mit Pfiffen und verbrannten Fahnen über die fatale Entwicklung bei ihrem auf dem letzten Platz rangierenden Lieblingsklub mokiert hatten. Nach der 0:2-Heimschlappe gegen Werder Bremen blieben sie ungewöhnlich stumm. Angesichts der desolaten Leistung ihrer Lieblinge hatte es ihnen offenbar die Sprache verschlagen - oder hatten sie gar tatsächlich, wie das »Sport Magazin« behauptete, „den Ernst der Lage erkannt"?

Ernst der Lage stimmte jedenfalls, denn in Karlsruhe ging es schon lange drunter unter drüber. Spätestens als Kurt Sommerlatt, der ständigen Scharmützel mit dem Vorstand überdrüssig, frühzeitig seinen Abschied zum Saisonende ankündigte, war die Diskussion über seine vorzeitige Ablösung endgültig ausgebrochen. Doch der KSC-Vorstand wollte auch nach der Werder-Pleite von einer Entlassung Sommerlatts nichts wissen und folgte statt dessen mit Trainer und Mannschaft einer Einladung von Karlsruhes Oberbürgermeister Klotz zum gemeinsamen Essen. Das aber muß den Verantwortlichen schwer im Magen gelegen haben, denn am Morgen darauf verdichteten sich plötzlich die Gerüchte, Sommerlatt würde nun doch kurz vor dem Abschuß stehen – zumal seinem bereits als Nachfolger ausgeguckten Kollegen Helmut Schneider im Falle eines vorzeitigen Wechsels ins Badische von seinem aktuellen Arbeitgeber 1. FC Saarbrücken wohl keine Steine in den Weg gelegt werden würden. Am Mittwochmorgen war alles klar: Sommerlatt geht, Schneider kommt – und zwar sofort.

„Was ich verlange, ist restlose Hingabe für eine schwere Aufgabe", diktierte der ein Jahr zuvor mit Saarbrücken aus der Bundesliga abgestiegene Schneider der wartenden Journalistenschar in die Stenoblöcke, derweil Vorgänger Sommerlatt noch mit dem Schicksal haderte. Er, ein echter KSC-Junge und „fleißiger und guter Praktiker", hatte laut »Sport Magazin« sicher auch Fehler gemacht, würde aber verantwortlich gemacht für Dinge, „die gar nicht in seinem Bereich liegen". Doch „wenn der Abstieg droht, ist der Trainer die Zielscheibe aller. Und das nicht nur in Karlsruhe."

Nachfolger Schneider gelang es nicht, die Badenser aus der Abstiegszone zu führen. Mit einem 3:1 über Eintracht Frankfurt gelang ihm zwar ein Traumeinstand, doch am Ende belegte der KSC nur den vorletzten Platz – und verdankte den Klassenerhalt lediglich der Bundesliga-Aufstockung auf 18 Vereine.

Kurt Baluses, 5

Verein:	VfB Stuttgart
Vorgänger:	Georg Wurzer
Erster Amtstag:	1. Juli 1960
Tabellenstand:	Platz 7 (1959/60, Oberliga Süd)
Letzter Amtstag:	24. Februar 1965
Tabellenstand:	Platz 11
Amtszeit:	56 Monate
Nachfolger:	Rudi Gutendorf

Für gewöhnlich wird jemand, der Geduld hat, geschätzt und geachtet. In Stuttgart aber war man mit seiner Geduld am Ende – weil Kurt Baluses einfach zuviel davon hatte. Schon seit Wochen war die Kritik an dem als „spröde" bezeichneten Fußballehrer aus Ostpreußen kontinuierlich gewachsen, denn alle fragten sich, wann er angesichts der sportlichen Talfahrt wohl endlich mit der Faust auf den Tisch hauen würde, wie viele es schon längst für angebracht hielten. Von seinen Spielern wurde Baluses schon lange nicht mehr ernst genommen. Vor allem der vom »Sport Magazin« als „wohlbestallter und deshalb mit der Zeit recht lauffauler Star" bezeichnete einstige Italien-Profi Rolf Geiger schimpfte, wann und wo immer er konnte, über den „großen Schweiger" Balu-ses. Doch Baluses blieb ruhig – selbst nach dem 1:3 gegen Schalke und dem damit verbundenen Sturz auf Rang 11. Gelassen meinte er, daß „der Zeitpunkt, da wir mit diesem und jenem Spieler Fraktur reden werden, noch kommt. Im Moment wäre es grundfalsch, auf den Spielern herumzuhacken. Sie sind sowieso einem Kesseltreiben ausgesetzt".

Vom VfB-Präsidium erhielt Baluses offiziell Rückendeckung. „Was jahrelang gut war, kann doch nicht auf einmal schlecht sein. Für uns war es eben eine nicht immer glück-liche Saison. Zudem haben einige Spieler erheblich nachgelassen. Herr Baluses, dem wir uns vor allem moralisch verbunden fühlen, wird die Mannschaft auch weiterhin trainieren. Eine Panikstimmung gibt es bei uns nicht", wird zumindest Präsident Dr. Walter im »Sport Magazin« vom 25. Februar 1965 zitiert. Vierundzwanzig Stunden zuvor hatte sich der VfB allerdings bereits vorzeitig von Baluses getrennt...!

Die Panik im Neckarstadion vor einem möglichen Abstieg war einfach zu groß gewor-den, zumal der innere Zusammenhalt nicht gegeben war. Vor allem aus Spielerkreisen war die Bereitschaft, weiterhin mit Baluses zu arbeiten, nicht mehr vorhanden gewe-sen. Rolf Geiger wurde von den Medien als „Anführer der Revolution" bezeichnet, und bei einem wohl von ihm mitinitiierten Mißtrauensvotum in Spielerkreisen sprach sich lediglich der kurz zuvor von Baluses aussortierte Verteidiger Seybold pro Baluses aus. Angesichts dessen gab es nur eine Lösung: „Sofortige Beurlaubung bei vollem Gehalt". Die Mannschaft reagierte erleichtert: „Mit Baluses wäre alles im gleichen Tritt weiterge-laufen", meinte Rolf Geiger, derweil VfB-Präsident Walter sowie Spielausschußvorsit-zender „Waggele" Haaga unisono beklagten: „Es ist doch jedem klar, daß unsere Bun-desligatrainer etwas von ihrem Handwerk verstehen. Leider ist es aber heute so, daß dann und wann auftretende Schwächen rücksichtslos ausgeschlachtet werden. Und dann zumeist von Leuten, die vom Fußball herzlich wenig verstehen...".

Günter Brocker, 6

Verein:	1. FC Kaiserslautern
Vorgänger:	Richard Schneider
Erster Amtstag:	1. Juli 1961
Tabellenstand:	Platz 4 (1960/61, Oberliga Südwest)
Letzter Amtstag:	27. Februar 1965
Tabellenstand:	Platz 10
Amtszeit:	44 Monate
Nachfolger:	Werner Liebrich

Ausgerechnet vor dem brisanten Südwestderby gegen Borussia Neunkirchen kochte auf dem Betzenberg die Luft. Eine Woche zuvor hatte die 1:3-Heimschlappe gegen Borussia Dortmund das Faß, das seit Monaten am Brodeln war, endgültig zum Überlaufen gebracht.

Eigentlich hatte Günter Brocker nämlich schon vor Saisonbeginn gehen sollen, denn so ganz sicher war man sich in Kaiserslautern offenbar nicht gewesen, ob der Mann, der die Roten Teufel im ersten Bundesligajahr auf Rang 12 geführt hatte, noch der richtige war. Schließlich hatte man sich aber Brockers erst 1965 auslaufendem Vertrag gebeugt und dem Ex-Schalker für eine weitere Saison das Vertrauen geschenkt. Doch auf dem Betze dachte man auch an die Zeit danach und schloß bereits im Sommer 1964 einen Vorvertrag mit Gyula Lorant ab, der am 1. Juli 1965 Brockers Nachfolge in Kaiserslautern antreten sollte. So weit, so gut. Dummerweise „vergaß" Lauterns Vorstand jedoch, Brocker über die erfolgreichen Verhandlungen mit Lorant ausreichend aufzuklären, wodurch es schon vor dem ersten Saisonspieltag zu ersten Verstimmungen gekommen war.

Was dann folgte, darf durchaus mit dem Begriff „Schmierenkomödie" umschrieben werden. Kurz nach Saisonstart erklärte FCK-Präsident Brinkop via TV, Brocker könne so lange in Kaiserslautern bleiben, „wie er wolle" (was angesichts des bereits abgeschlossenen Vertrages mit Lorant ziemlicher Blödsinn war), während sein designierter Nachfolger Lorant bei jeder sich bietenden Gelegenheit auf der Tribüne hockte. Und als Brocker schließlich aus nachvollziehbaren Gründen mit Werder Bremen in Verhandlungen eintrat, wurde in Kaiserslautern plötzlich kolportiert, er würde seinen Job auf dem Betze nicht mehr hundertprozentig erfüllen. Längst war allen klar, daß die Lauterer Brocker am liebsten so schnell wie möglich abschieben würden – zumal Werder Bremen inzwischen signalisiert hatte, ihn tatsächlich zum Nachfolger von Meistermacher Multhaup machen zu wollen.

Das Vertrauen war also längst zerstört, als das 1:3 gegen Dortmund das Aus brachte. Brocker mußte gehen, und Weltmeister Werner Liebrich übernahm das Team, das am Ende Platz 13 belegte und zur neuen Spielzeit von Gyula Lorant übernommen wurde.

Rudi Gutendorf, 7

Verein:	Meidericher SV
Vorgänger:	Willi Multhaup
Erster Amtstag:	1. Juli 1963
Tabellenstand:	Platz 3 (1962/63, Oberliga West)
Letzter Amtstag:	1. März 1965
Tabellenstand:	Platz 7
Amtszeit:	20 Monate
Nachfolger:	Willi Schmidt

Wie das? Neun Punkte holten die Zebras aus ihren letzten fünf Spielen, entledigten sich sämtlicher Abstiegssorgen, und dann entlassen sie ihren Trainer? Was auf den ersten Blick schier unfaßbar erscheint, wird bei näherem Hinsehen durchaus verständlich. Rudi Gutendorf, der die nur mit viel Dusel in die Bundesliga gelangten Meidericher 1964 sensationell zur Vizemeisterschaft geführt hatte, war nämlich schon lange umstritten. Insbesondere sein Riegel-System mit dem unattraktiven Abwehrblock hatte an der Wedau nicht nur Freunde gehabt. „Von der Art her paßten sie nie zusammen, der moderne Trainer mit weltweiten Vorstellungen über Fußball von heute und der immer noch im Vorstadtmilieu verhaftete Spielverein, der bis heute den Sprung in die Bundesliga wohl spielerisch, aber anscheinend nicht führungsmäßig verkraftet hat", kommentierte dann auch das »Sport Magazin« ziemlich treffend die vorzeitige Trennung, die logischer Höhepunkt der Entwicklung war.

Passiert war folgendes: Nach der Vizemeisterschaft hatte man in Meiderich von mehr geträumt: von der Meisterschaft. Diese sollte freilich nicht ermauert, sondern mit Zauberfußball erspielt werden. Ein Vorhaben, das auf dem grünen Rasen ziemlich in die Hose gegangen war. Meiderich war rasch in die Abstiegszone geraten, woraufhin die Kritik an Gutendorf und seinem Riegel lauter geworden war und die einstige MSV-Harmonie durch Unfrieden ersetzt wurde. Anschließend hatte ein Nervenkrieg zwischen Vorstand und Trainer eingesetzt, der mitten in der laufenden Saison in dem Beschluß gemündet hatte, nach Saisonende getrennte Wege zu gehen. Die Hoffnung, damit Ruhe zu bekommen, war aber bald getrübt worden, denn die internen Scharmützel waren unvermindert weitergegangen. Mal war es um den vom MSV-Vorsitzenden Tiefenbach eigenmächtig verpflichteten Brasilianer Tagliari, der nach Gutendorfs Ansicht nicht bundesligatauglich war, gegangen, mal um Spesenabrechnungen, bei denen der MSV ein wenig knickerig erschien, mal um die Mannschaftsaufstellung, in die sich Gutendorf regelmäßig reinreden lassen mußte. Nach dem 1:1 gegen Borussia Neunkirchen war es dann soweit. „Ich bin urlaubsreif, ich habe für einen Augenblick die Nerven verloren", war das letzte, was man Gutendorf nach seinem letzten Spiel als MSV-Coach noch entlocken konnte: Zwei Wochen vor Saisonende war er fristlos entlassen worden.

Für den Riegel-Fachmann übernahm Assistent Willi „Oemmes" Schmidt, Ex-Außenläufer der Meidericher und als Coach der MSV-Amateure binnen fünf Jahren von der 3. Kreisklasse bis in die Landesliga aufgestiegen, das Training der Zebras.

Josef „Jupp" Schneider, 8

Verein:	Hertha BSC Berlin
Vorgänger:	Hans Sobek
Erster Amtstag:	1. Juli 1963
Tabellenstand:	Platz 1 (1962/63, Oberliga Berlin)
Letzter Amtstag:	8. März 1965
Tabellenstand:	Platz 18
Amtszeit:	21 Monate
Nachfolger:	Gerhard Schulte

Das hatte die Bundesliga noch nie erlebt: Gleich drei Trainerwechsel binnen zwei Wochen! Nach Brocker in Kaiserslautern und Gutendorf in Meiderich erwischte es nun Jupp Schneider von Abstiegskandidat Hertha BSC, der sich als Nummer acht in die Liste der vorzeitigen Trennungen eintragen lassen mußte. Drei Tage vor dem vorentscheidenden Abstiegsduell gegen Schalke, das später dem Wetterunbill zum Opfer fiel, war es passiert, hatte sich der Tabellenletzte von seinem Coach, der zum Saisonende ohnehin auf eigenen Wunsch ausgeschieden wäre, getrennt. Schneider war nicht nur an der sportlichen Misere der Berliner gescheitert – Hertha war Tabellenletzter –, sondern auch am Chaos auf der Führungsetage. Von dort war ihm kaum Vertrauen entgegengebracht worden. Im Gegenteil, denn dreimal schon hatten Herthas Bosse dem langjährigen Coach des Verbandes Berliner Ballspielvereine im Verlauf der Saison 64/65 einen Kollegen vor die Nase setzen wollen. Nur weil die jeweiligen Wunschkandidaten allesamt abgesagt hatten, war Schneider im Amt geblieben – doch seine Autorität und sein Selbstvertrauen waren nichtsdestotrotz von Mal zu Mal schwächer geworden, und der dermaßen düpierte Coach hatte sich allmählich vom unerschütterlichen Optimisten zum tristen Pessimisten gewandelt.

Frustriert hatte er zur Saison 65/66 einen Vorvertrag beim HSV unterschrieben (wo er im Jugendbereich eingesetzt werden sollte) und seinen Abschied von Berlin angekündigt, als beim Berliner Traditionsklub erneut eine Krise ausbrach, in deren Verlauf Alt-Idol Hanne Sobek die Führung eines Notvorstandes übernahm. Sobeck machte sogleich Nägel mit Köpfen. Kaum im Amt, einigte er sich mit Schneider, mit sofortiger Wirkung getrennte Wege zu gehen und erteilte dem Trainer die Freigabe. „Durch verschiedene Dinge hat das Vertrauensverhältnis gelitten", hieß es offiziell, während das »Sport Magazin« darauf aufmerksam machte, daß Schneider als langjähriger Verbandstrainer aufgrund fehlender Erfahrung „nicht von heute auf morgen eine Klubelf der Spitzenklasse ohne Schwierigkeiten trainieren" könne.

Für Schneider übernahm Ex-Stürmer Gerhard Schulte das Training der krisengeschüttelten und abstiegsbedrohten Skandalnudel, die schon vor dem nächsten Problem stand: In Herthas Geschäftsstelle saß nämlich Herr Ziegert, ein Buchprüfer des DFB, der gerade dabei war, die Fakten herauszufinden, die wenige Wochen später zum Bundesligaausschluß Herthas führten. Das Jahr 1965 war gewiß kein schönes für die Freunde der Alten Dame.

Helmut Schneider, 9

Verein:	Karlsruher SC
Vorgänger:	Kurt Sommerlatt
Erster Amtstag:	27. Januar 1965
Tabellenstand:	Platz 15
Letzter Amtstag:	18. Oktober 1965
Tabellenstand:	Platz 18
Amtszeit:	9 Monate
Nachfolger:	Werner Roth

Von Beginn an war Helmut Schneider nicht zu beneiden gewesen. Während der KSC um die Bundesligazugehörigkeit zitterte – die Blau-Weißen hatten die Saison 64/65 auf einem Abstiegsplatz beendet, hofften aber wegen Herthas Zwangsabstieg noch auf den Klassenerhalt durch die Hintertür – sollte er das Team bestmöglich auf die neue Saison vorbereiten. Doch für welche Klasse? Erst 16 Tage vor Saisonbeginn stand fest, daß die Badenser auch 65/66 erstklassig sein würden – viel zu spät, um noch eine vernünftige Vorbereitung durchzuführen und sich nach adäquaten Verstärkungen umzuschauen.

Wie sehr die Vorbereitung unter der Zitterpartie gelitten hatte, zeigte sich am ersten Spieltag, als der KSC bei Neuling Tasmania Berlin mit 0:2 verlor. Es war der erste von nur zwei Siegen der Berliner im gesamten Saisonverlauf und zugleich der Auftakt zu einer katastrophalen KSC-Auswärtsbilanz (2:32-Punkte, 8:49-Tore!). Es dauerte nicht lange, da lagen die Nerven im Wildpark blank – bei den Spielern ebenso wie bei den Fans. Höhepunkt war der 2. Oktober 1965, als es bei der 1:2-Heimniederlage gegen Nürnberg zu einigen umstrittenen Schiedsrichterentscheidungen kam, und die Polizei mit Wasserwerfern und sogar einem Hubschrauber einschreiten mußte, um die aufgebrachten Fans im Zaum zu halten. War bei jenem Spiel noch Schiedsrichter Biwersi der Buhmann, so konzentrierte sich die Kritik wenig später auf Trainer Schneider. Dessen taktischer Schachzug, mit einem Doppelstopper zu spielen, hatte nicht die erhoffte Wirkung gezeigt. Eine Woche nach dem Nürnberg-Spiel setzte es eine 2:5-Schlappe in Hannover, bei der die Karlsruher laut »Sport Magazin« „gezeigt bekamen, wie Fußball in der Bundesliga gespielt wird". Daheim in Karlsruhe nahm man die erneute Auswärtsschlappe zum Anlaß, sich mit sofortiger Wirkung von Helmut Schneider zu trennen. Es war der Schlußpunkt einer schleichenden Entmachtung, bei der die These „Trainer sind das schwächste Glied der Kette" mal wieder Bestätigung fand. Schon kurz nach Saisonbeginn hatte Schneider vom KSC-Vorstand einen Brief bekommen, in dem einige bisweilen unverschämte Behauptungen über die Gestaltung seines Trainings gestanden hatten. So war es weitergegangen. Schneider war bei jeder sich bietenden Gelegenheit gedeckelt worden, während dem KSC-Vorstand Selbstkritik fremd war. Nach der Trennung rügte demzufolge das »Sport Magazin« die „traurige Trainerbilanz beim KSC" und merkte an, daß dem „KSC ausgerechnet dann ein keineswegs zufriedenstellendes Spielermaterial zur Verfügung stand, als die große Bewährungsprobe in der Bundesliga begann. Daran jedoch sind nicht die Trainer schuld. Jede Entwicklung reicht oft weiter in die Vergangenheit, als allgemein angenommen wird."

Franz Linken, 10

Verein:	Tasmania 1900 Berlin
Vorgänger:	Gunther Baumann
Erster Amtstag:	1. August 1964
Tabellenstand:	Platz 1 (1963/64, Oberliga Berlin)
Letzter Amtstag:	10. November 1965
Tabellenstand:	Platz 18
Amtszeit:	16 Monate
Nachfolger:	Heinz-Ludwig Schmidt

Sechs selbst geschossenen Toren stehen 42 Kassierte gegenüber - in gerade einmal zwölf Saisonspielen. Tasmania Berlin ist längst zur Lachnummer der Bundesliga verkommen, steht nach einem Drittel der Saison schon mehr oder weniger als Absteiger fest. Was soll man da machen, beim so kurios in die Bundesliga gerutschten Neuköllner Traditionsklub? Den Trainer entlassen, natürlich! Folglich bekommt Franz Linken, wenige Monate zuvor noch als „ausgezeichneter Trainierer" gelobt, nach der 0:5-Schlappe im Bremer Weserstadion die Papiere in die Hände gedrückt.

Seine ständig wechselnden Mannschaftsaufstellungen waren vielen schon lange ein Dorn im Auge gewesen. Statistiker hatten ausgerechnet, daß niemals zuvor ein Bundesligist in zwölf Spielen derart viele Veränderungen vorgenommen hatte, wie Tasmania. In einer Nacht- und Nebelaktion holt Tas-Vorsitzender Harry Michel, dem schon seit längerem Meinungsverschiedenheiten mit Linken nachgesagt wurden, Heinz-Ludwig Schmidt vom Regionalligisten Spandauer SV, der seinen vertraglich gebundenen Coach erstaunlich bereitwillig gen Neukölln ziehen läßt.

Ob Tasmanias wenig befriedigende Auftritte freilich ausschließlich Linken zuzuschreiben waren, darüber gingen die Meinungen weit auseinander – und auch, ob Nachfolger Schmidt daran etwas würde ändern können. „Eigentlich übt Schmidt den Beruf des Fußballtrainers nur nebenberuflich aus, er betreut sinnigerweise seit langer Zeit schwer erziehbare Kinder und hatte dort manchen Erfolg. Bei Tasmania kann nur in wenigen Fällen von ‚schwer erziehbaren Spielern' die Rede sein, die Mannschaft hat bisher durchaus ihre verfügbaren Kräfte eingesetzt", zweifelte der »Berliner Kurier« mit spitzer Feder an Schmidt Mission „Klassenerhalt". Tas-Boß Michel mußte sich derweil einen Verweis vom eigenen Verwaltungsrat anhören, der sich verwundert über die eigenmächtige Aktion seines geschäftsführenden Vorsitzenden zeigte und ihn zu einer „Aussprache" einlud.

Nun, wo Tasmanias Reise anschließend hinging, ist hinlänglich bekannt. Sechs Tage nach Schmidts Amtsantritt gab es bei München 1860 eine erneute 0:5-Schlappe, bei der der neue Coach frustriert feststellte, daß es „am Spiel ohne Ball, am gedanklichen" fehlte. Sieben Monate später war die Leidenstour der Berliner endlich vorbei, mit Schmidt ging es zurück in die Stadtliga.

Georg Gawliczek, 11

Verein: Hamburger SV
Vorgänger: Martin Wilke
Erster Amtstag: 1. Juni 1964
Tabellenstand: Platz 6 (Saison 1963/64)
Letzter Amtstag: 17. April 1966
Tabellenstand: Platz 9
Amtszeit: 23 Monate
Nachfolger: Josef Schneider

Er war der erste, den es zum zweiten Mal erwischte. Georg Gawliczek, der im April 1964 bei Schalke geflogen war und anschließend den vorzeitig seinen Hut nehmenden Martin Wilke beim HSV abgelöst hatte, reichte am 17. April 1966 seine Kündigung ein – nur drei Monate, nachdem sein Vertrag um ein Jahr verlängert worden war. Nichts war von den großen Hoffnungen, mit denen Gawliczek zwei Jahre zuvor an die Elbe gekommen war, mehr zu sehen. „Jetzt herrscht ein anderer Wind!", hatte Uwe Seeler seinerzeit nach nur wenigen Trainingseinheiten schon geschwärmt – nun wurde er als einer derjenigen ausgemacht, der gegen Gawliczek „intrigiert" habe. Gawliczeks Tätigkeit am Rothenbaum stand unter einem unglücklichen Stern. Er verscherzte sich rasch die Sympathien, weil er einige Spieler öffentlich ein wenig zu heftig kritisierte, leistete sich mit dem Ungarn Andreas Mate einen kostspieligen Fehleinkauf (in zwei Spielzeiten nur sechs Einsätze) und rutschte mit dem HSV zusehends ins Mittelmaß.

In der Spielzeit 1965/66 kumulierten die Probleme am Rotenbaum. Die von Verletzungspech geplagten Rothosen (Seeler, Schnoor, Giesemann und Schulz fielen wochenlang aus) kamen aus dem unteren Tabellendrittel nicht hinaus, im November 1965 verstarb mit Carl-Heinz Mahlmann die gute Seele des Vereins, und Präsidentennachfolger Karl Mechelen ("Ich führte früher schon einmal den HSV und hatte sicherlich nicht umsonst den Beinamen ‚Stalin'") legte sich rasch mit seinem Coach an. Als der HSV im Januar 1966 bedrohlich nahe an die Abstiegszone rutschte, hatte Gawliczek erstmals vor dem Abschuß gestanden. Doch der Riß zwischen Trainer und Verein wurde noch einmal gekittet, und Gawliczeks Vertrag sogar bis Juni 1967 verlängert. Drei Monate später kam das Aus. Am Montag nach dem 4:1-Sieg gegen den Abstiegskandidaten aus Kaiserslautern – dem ersten Sieg seit sechs Spielen - gab Gawliczek auf. Ganze 5.114 Zuschauer hatten für eine Geisterkulisse im Volksparkstadion gesorgt und den Vorstand zum Handeln gezwungen – zumal sich der Lizenzspielerkader mit einer Ausnahme geschlossen für die Ablösung des Trainers ausgesprochen hatte. „Herr Gawliczek hat dann praktisch resigniert. Er stellte fest, daß unter diesen Umständen keine Vertrauensbasis mehr vorhanden wäre und bat um seine Beurlaubung", hieß es in der Presseerklärung. Nachfolger wurde Josef „Jupp" Schneider, der 1964 bei Hertha BSC entlassen worden war und bereits seit 1965 als Jugendtrainer beim HSV arbeitete. Kommentar des »Sport Magazin«: „Der HSV muß drei Trainergehälter zahlen".

11

Helmut Kronsbein, 12

Verein:	Hannover 96
Vorgänger:	Heinz Lucas
Erster Amtstag:	1. Juli 1963
Tabellenstand:	Platz 9 (1962/63, Oberliga Nord)
Letzter Amtstag:	28. April 1966
Tabellenstand:	Platz 12
Amtszeit:	34 Monate
Nachfolger:	Hannes Kirk

„Das runde Dutzend ist voll!", meldete der »Fußball-Sport« in seiner Ausgabe vom 2. Mai 1966 süffisant. Ausgerechnet Helmut „Fiffi" Kronsbein hatte es erwischt, einen der schillerndsten Köpfe der Bundesliga. „Wir haben das Beste daraus gemacht, obwohl die beiden Tore in den letzten Minuten weh tun. Wie viele Fanatiker aber hatten uns schon ein Unentschieden gegen den Club zugetraut?", hatte Kronsbein sich wenige Minuten nach Abpfiff der Begegnung zwischen 96 und dem 1. FC Nürnberg noch zuversichtlich, kämpferisch und auch ein wenig trotzig gegeben. Dabei war die Begegnung alles andere als ideal verlaufen, denn nachdem seine Mannschaft nach 53 Minuten noch mit 2:0 in Führung gelegen hatte, war sie wegen eines Doppelschlages in der 81. und 87. Minute doch nicht als Sieger vom Platz gegangen und hatte die 17.000 Zuschauer arg enttäuscht.

Seine Zuversicht nutzte Kronsbein nichts mehr; seine Zeit in Hannover war abgelaufen. Zwei Tage später wurde jener Mann, der Hannover 96 1954 zur deutschen Meisterschaft und zehn Jahre später in die Bundesliga geführt hatte, der einst als „König von Hannover" gefeiert worden war, abgesägt. Wie so häufig ranken sich diverse Gerüchte um den tatsächlichen Hergang. Fakt ist, daß Kronsbein aus eigenen Stücken um die Auflösung seines noch bis 1968 laufenden Vertrages bat – aber dennoch die Angelegenheit sofort seinem Rechtsanwalt übergab. Fakt ist ebenfalls, daß Kronsbeins ausgezeichneter Ruf in der niedersächsischen Landeshauptstadt im Verlauf der sportlichen Krise – 96 war nach Platz 5 in der Aufstiegssaison 1964/65 nicht über Mittelmaß hinausgekommen und hatte dem hohen Erwartungsdruck in Hannover zu keiner Zeit gerecht werden können – gelitten hatte. Kronsbein war aber nicht nur am sportlichen Mißerfolg gescheitert. Gerüchten zufolge soll er, einer der in jenen Tagen bestverdienendsten Bundesligatrainer, an Spielertransfers partizipiert und an Gastspielen ausländischer Mannschaften mitverdient haben - und das sogar, wie der »Fußball-Sport« zu berichten wußte, „wenn nur einige tausend Zuschauer kamen (der Verein also zubuttern mußte)". Solange der Erfolg dagewesen war, hatte sich niemand darüber aufgeregt. Doch als die Niederlagen sich häuften, konnte man des öfteren von Kronsbeins Nebeneinnahmen lesen, und die Stimmung schlug um. Kronsbein war die scharfen Angriffe einiger Fans – er nannte sie Fanatiker – bald leid, zumal er sich gleichzeitig Sorgen um seine Frau machte, die schwer erkrankt war.

Werner Roth, 13

Verein:	Karlsruher SC
Vorgänger:	Helmut Schneider
Erster Amtstag:	19. Oktober 1965
Tabellenstand:	Platz 18
Letzter Amtstag:	1. November 1966
Tabellenstand:	Platz 18
Amtszeit:	13 Monate
Nachfolger:	Paul Frantz

So ein Tohuwabohu hatte die Bundesliga noch nie erlebt. Nach dem dramatischen 4:4 gegen Werder Bremen, bei dem der KSC mit einem unwiderstehlichen Finish einen 1:4-Rückstand aufgeholt hatte, wurde KSC-Coach Roth mit dem Straßburger Sportpädagogen Professor Paul Frantz ein „sportlicher Berater" an die Seite gestellt, über dessen Funktion, Kompetenz und Aufgabe niemand so richtig Bescheid wußte. War Roth nun noch verantwortlicher Trainer, oder schwang Frantz im Hintergrund bereits das Zepter?

Erst nach einiger Zeit wurde deutlich, was sich da in den letzten Oktobertagen des Jahres 1966 im Karlsruher Wildpark abgespielt hatte. Im Grunde genommen war die Installation Frantz' nämlich eine eiskalte Entmachtung von Roth, auch „d'Giftig" genannt, gewesen. Offiziell sollten die beiden „gemeinsam" die Geschicke der Badenser lenken, doch tatsächlich lag die Entscheidungsgewalt einzig und alleine bei Frantz, dem allerdings die notwendige Lizenz fehlte, um dies auch öffentlich tun zu können. Roth war also zu nichts anderem degradiert worden, als zu einem Platzhalter. Zwei-, dreimal die Woche sollte der an der Uni Straßburg lehrende Frantz nach Karlsruhe kommen, um Roth zu „unterstützen". Nach dem 4:4 gegen Werder hatte er bereits das Training übernommen und Roth damit praktisch abgelöst. Erfolgreich war sein versteckter Einstand nicht, im Gegenteil: Nach einer 0:3 Schlappe gegen München 1860 war guter Rat teuer – und das Chaos groß. Roth gab beispielsweise nach Spielschluß ein offizielles Statement als KSC-Trainer ab, obwohl er es eigentlich gar nicht mehr war! „Man wird das, was man bei uns falsch macht, erst einsehen, wenn's zu spät ist", fürchtete Ex-Kapitän Ruppenstein nicht zu Unrecht ein folgenschweres Ende der Chaos-Politik. Dennoch: Die hinter der hektischen Trainerbetriebsamkeit steckende Enttäuschung im Wildpark war nachvollziehbar. Statt mit den teuren Neuzugängen Sekularac, Granström, Müller und Weidlandt oben mitzuspielen, wie man vor Saisonbeginn gehofft hatte, wiesen die Blau-Weißen schließlich nach zwölf Spielen gerade einmal sechs Punkte auf und zierten schon wieder das Tabellenende. Das macht unzufrieden und verleitet zu unüberlegten Maßnahmen.

Immerhin reichte es am Saisonende zumindest zu Platz 13, wenn auch die unsägliche Trainergeschichte ihre schlagzeilenträchtige Fortsetzung fand: Zum Saisonende trennten sich die Wege von Roth und dem KSC offiziell.

Jenö Csaknady, 14

Verein:	1. FC Nürnberg
Vorgänger:	Gunther Baumann
Erster Amtstag:	1. Juli 1965
Tabellenstand:	Platz 6
Letzter Amtstag:	7. November 1966
Tabellenstand:	Platz 10
Amtszeit:	17 Monate
Nachfolger:	Jenö Vincze

Es war eine Überraschung aus heiterem Himmel. Sicher, der FCN hatte sich von Abstiegskandidat Rot-Weiß Essen nur 1:1 getrennt. Sicher, die Weinroten hatten ein ziemlich desolates Spiel geboten, und die Kulisse hatte mit 11.000 Zahlenden bedrohlich niedrige Formen angenommen. Sicher, auch der »kicker« hatte anschließend ratlos gefragt: „Wer führt den Club aus der bösen Krise!" und darauf hingewiesen, daß „von Technik, Spielwitz und Spielanlage nichts mehr zu sehen" gewesen sei. Doch gleich den Trainer entlassen? Nein, damit hatten sie im Frankenland nicht gerechnet. Zumal der FCN sich gerade an das ebenso ehrgeizige wie kostspielige Projekt „Neuer Zabo" gemacht hatte und eigentlich gar keine Zeit (und kein Geld) für Trainersorgen hatte. Deshalb kam es für alle überaus überraschend, als Jenö Csaknady zwei Tage nach dem Essen-Spiel die Papiere in die Hand gedrückt wurden – übrigens schon zum zweiten Mal binnen zwei Jahren, denn auch sein regulärer Abgang zum Saisonende 1963/64 war nicht ganz reibungslos verlaufen.

Der Ungar hatte seinen vollmundigen Versprechungen wenige Taten folgen lassen. „Ich bin überzeugt, daß wir heuer unter den Großen mitmischen werden", hatte er vor Saisonstart getönt – nun war der Club Zehnter, hatte die Gunst seiner Anhänger verprellt, die, wie der »kicker« beobachtet hatte, „keine Fahnen mehr verbrannten – wie schon gehabt – sondern einfach wegblieben. Dauerkarten wurden zurückgegeben, meist mit dem Hinweis: solange der Club seine Spielweise nicht ändert, sieht man mich nie wieder". Neben sterilem „Reißbrettfußball" wurden Csaknady aber auch fachliche Defizite vorgeworfen. Trotz wiederholter Aufforderung des FCN-Vorstandes hatte er sich beispielsweise nie an die längst überfällige Verjüngung des Kaders gemacht. Nach Ansicht des technischen Leiters Alv Riemke würden die Spieler unter Csaknady sogar nicht „weitergebildet, sondern verbildet". Starker Tobak. Dennoch schreckte Nürnbergs Führung vor einer Entlassung des Ungarn zunächst zurück. Statt dessen wollte man seine Kompetenzen beschneiden und Alv Riemke ein Mitspracherecht einräumen. Csaknady ließ sich das jedoch nicht gefallen, woraufhin man sich offiziell im „beiderseitigen Einvernehmen" trennte – eine Verlautbarung, die nach Csaknadys Ansicht so nicht stimmte, denn tatsächlich habe man ihn „suspendiert".

Sportlich zahlte sich der Trainerwechsel nicht aus. Csaknadys Landsmann Vincze kam und stürzte mit dem Club noch tiefer in den Abstiegskampf, aus dem ihn erst Max Merkel wieder herausholte. Jenö Csaknady und sein Reißbrettfußball wurden derweil nie wieder in der Bundesliga gesehen.

Max Merkel, 15

Verein:	TSV München 1860
Vorgänger:	Hans Hipp
Erster Amtstag:	1. Juli 1961
Tabellenstand:	Platz 6 (1060/61, Oberliga Süd)
Letzter Amtstag:	10. Dezember 1966
Tabellenstand:	Platz 9
Amtszeit:	66 Monate
Nachfolger:	H.-W. Weber bzw. Gunther Baumann

Vor dem Spiel gegen Werder Bremen gab es auf den Rängen des Sechz'ger Stadions nur ein Thema: Max Merkel. Für die meisten sensationell, für Insider kaum überraschend, hatte der Mann mit Zuckerbrot und Peitsche Gerüchten zufolge aus heiterem Himmel seinen Vertrag bei 1860 gekündigt. Es wäre, da waren sich alle einig, die Demission eines Königs. 1961 war Merkel zu den Löwen gekommen und hatte sie von einem Erfolg zum nächsten geführt. 1963 Qualifikation zur Bundesliga, 1964 Pokalsieg, 1965 Europapokalfinale und 1966 deutsche Meisterschaft. 1860 war der erfolgreichste Klub der frühen Sechziger – und das hatte man zum Großteil dem Schleifer aus Wien zu verdanken. Doch schon während der Meistersaison 65/66 waren zunehmend Klagen über ihn zu hören gewesen. Seine Kritikunfähigkeit, seine häufig unter die Gürtellinie gehenden bissigen Kommentare und sein offenkundiges Desinteresse am Löwen-Nachwuchs hatten den einst unumstrittenen umstritten gemacht. Was in der Meistersaison noch vom Erfolg übertüncht worden war, trat ein Jahr später mit voller Wucht zutage: 1860 rutschte in den Tabellenkeller – woraufhin Merkel die Peitsche auspackte. Zunächst führte er die auf Wunsch einiger Spieler gestrichenen Trainingslager wieder ein, dann machte er sich an die Umgestaltung des Kaders. Wie immer auf seine Art, denn Merkel erklärte öffentlich, er wünsche sich einen neuen Zweijahresvertrag, und zwar zu dem einzigen Zweck „um acht Spieler zu feuern, und für die übrigen wäre es besser, dann gleich mitzugehen". Doch was Merkel 1961 so erfolgreich gelungen war – nämlich mit einem nahezu kompletten Kadertausch zum Erfolg zu kommen – klappte 1966 nicht mehr. 60-Präsident und Merkel-Intimus Wetzel hatte inzwischen an Macht verloren, so daß Merkels Forderung nach einem radikalen Neuaufbau im Präsidium auf taube Ohren stieß. Dazu kamen Merkels Schimpftiraden auf die Mannschaft, die via Kapitän Grosser mitteilen ließ: „Worum wir seit Jahren bitten, das ist, jenes Mindestmaß an Psychologie und die elementaren Grundsätze der Menschenwürde nicht auszuschalten".

So kam, was kommen mußte: Kaum war der Jubel über den in letzter Sekunde durch einen Zeiser-Treffer errungenen 2:1-Sieg über Werder Bremen verraucht, platzte die Bombe. „Unter Merkel spielen wir keine Sekunde mehr", teilten Torhüter Radenkovic und Kapitän Grosser ihrem konsternierten Präsidenten Adalbert Wetzel mit und berichteten von einer mannschaftsinternen Abstimmung, in der sich das Team mit 1:16-Stimmen (oder 3:14, je nach Quelle) *gegen* Merkel ausgesprochen hatte. Wetzel, dem die „Revolution" beinahe das Herz brach, blieb keine andere Wahl, als seinen Freund und Lieblingstrainer zu entlassen – aber der hatte ja ohnehin vorgehabt, zu gehen.

Rudi Gutendorf, 16

Verein:	VfB Stuttgart
Vorgänger:	Kurt Baluses
Erster Amtstag:	8. März 1965
Tabellenstand:	Platz 13
Letzter Amtstag:	6. Dezember 1966
Tabellenstand:	Platz 17
Amtszeit:	22 Monate
Nachfolger:	Albert Sing

Eine der dümmsten Sachen, die einem Trainer passieren kann, ist mit seiner Mannschaft in Abstiegsgefahr zu geraten. Im Falle des VfB Stuttgart wird die ganze Sache noch unangenehmer, wenn die dafür verantwortliche Niederlage auch noch ausgerechnet bei Nachbar Karlsruhe kassiert wird. Genau diese unglückliche Kombination ereilte Rudi Gutendorf am 3. Dezember 1966, als er mit seinen Jungspunden mit 1:4 im Kellerduell beim Tabellenletzten Karlsruhe unterlag und auf Rang 17 abrutschte. Daß die Schwaben keineswegs an einer überragenden Karlsruher Mannschaft gescheitert waren, verdeutlicht eine Aussage des »Sport Magazin«, in dem es u.a. heißt: „Was der VfB Stuttgart an guten Chancen unverwertet ließ, ging schon nicht mehr auf die berühmte ‚Kuhhaut'". Jedenfalls herrschte Alarmstufe Rot im Neckarstadion, und Gutendorfs radikale Verjüngungskur drohte zu scheitern. Doch der schillernde Playboytrainer (Kapitelüberschrift der VfB-Chronik: „Rudi Gutendorf: Mit dem VfB ging's bergab – die Frauen liefen ihm trotzdem nach") gab sich gelassen: „Als ich die Mannschaft übernommen habe, war der Altersdurchschnitt über 28 Jahre. Jetzt beträgt er 23. Die Jungen müssen sich erst noch akklimatisieren und reifen".

Unumstritten war der Weltenbummler von Anfang an nicht. „Gutendorf gackert wie ein Huhn, das ein Ei gelegt hat", hatten Kritiker, von denen Gutendorf eine Menge im Schwabenlande hatte, schon früh behauptet. Sein „Riegel-Rudi-Rollsystem", mit einer nur schwer zu erkennenden und die Defensive betonenden Systematik mitsamt stürmenden Außenverteidigern war ziemlich umstritten im konservativen Stuttgart, wo man lieber an altvertrauten Werten festhalten wollte. Als Gutendorf parallel zur sportlichen Talfahrt auch noch angefangen hatte, öffentlich über eine baldige Abwanderung in die US-amerikanische Operettenliga nachzudenken, hatte sich auch der VfB-Vorstand zusehends von ihm distanziert. Nach der Niederlage in Karlsruhe war Schluß. Für Gutendorf kam Albert Sing, als „Feldwebel" bezeichneter ehemaliger Erfolgscoach des Lokalrivalen Kickers und zwischenzeitlich in der Schweiz bei den Young Boys Bern tätig. Er war alles andere als eine billige Lösung. Mit einem monatlichen Salär von rund 8.000 Mark gehörte er sogar zu den Teuren seiner Branche und rückte zum Topverdiener auf Cannstatts Wasen auf. Das finanzielle Risiko zahlte sich jedoch aus, denn unter Schleifer Sing erreichten die Schwaben 22:14-Punkte und beendeten die Saison noch auf Rang 12.

Fritz Pliska, 17

Verein:	Rot-Weiß Essen
Vorgänger:	Fred Harthaus
Erster Amtstag:	1. Juli 1965
Tabellenstand:	Platz 7, Regionalliga West
Letzter Amtstag:	30. Mai 1967
Tabellenstand:	Platz 17
Amtszeit:	23 Monate
Nachfolger:	Erich Ribbeck

Des einen Freud, des anderen Leid. Während Braunschweigs Spieler nach dem torlosen Unentschieden an der Essener Hafenstraße ausgiebig die mehr oder weniger gesicherte deutsche Meisterschaft feierten, saß RWE-Trainer Pliska wie ein Häufchen Elend auf der Bank und jammerte.

Sein Team war abgestiegen, unwiderruflich. Pliska war verzweifelt. „Besser kann unsere Mannschaft einfach nicht spielen! Es fehlte auch diesmal wieder das Quentchen Glück, so bei Lippens' Pfostenschuß", klagte er, und warf trotzig den Blick in die Zukunft: „Wenn die Mannschaft zusammenbleibt, ist der Wiederaufstieg kein Problem. Wir hoffen, daß keine Spieler abwandern. Auch ich habe nicht die Absicht, von der Hafenstraße wegzugehen."

Hatte er doch, denn sieben Tage später machte er die Reise zum bedeutungslos gewordenen Abschlußspiel in Stuttgart schon gar nicht mehr mit. Statt dessen saß sein Assistent Erich Ribbeck auf der Bank, der hinter vorgehaltener Hand als Nachfolger längst feststand - zur neuen Saison wollte der „eiserne Fritz" (Pliska) nämlich die Trainingsleitung beim Nachbarn Westfalia Herne übernehmen.

Pliskas Scheitern in Essen war tragisch. Im Juni 1966 hatte er RWE mit begeisterndem Fußball ins Oberhaus geführt, und auch dort zunächst für Furore gesorgt. Nach einem Traumstart hatte man im Georg-Melches-Stadion sogar schon vom vorzeitigen Klassenerhalt geträumt, ehe mit einer 0:1-Heimniederlage gegen Werder Bremen am 13. Spieltag die Talfahrt eingeleitet worden war. Anschließend sammelte RWE zwar weiter Punkte, doch zu häufig war es nur einer, statt zweien.

Pliska wußte kein Rezept und ließ weiter Herzinfarktfußball spielen: Schön anzusehen zwar, aber nicht unbedingt erfolgreich. So war RWE immer tiefer in den Keller gerutscht und hatte am 24. Spieltag nach einer 0:4-Heimschlappe gegen Mitaufsteiger Düsseldorf erstmals einen Abstiegsrang belegt, den die Rot-Weißen bis zum Saisonende nicht mehr loswurden.

Fritz Langner, 18

Verein:	Schalke 04
Vorgänger:	Georg Gawliczek
Erster Amtstag:	26. April 1964
Tabellenstand:	Platz 8
Letzter Amtstag:	5. Juni 1967
Tabellenstand:	Platz 15
Amtszeit:	38 Monate
Nachfolger:	Karl-Heinz Marotzke

„Wir müssen die Trainerfrage erneut überdenken", gab Schalkes Ältestenratsvorsitzender Hermann Kerl nach der 1:3-Heimschlappe gegen den KSC düster zu bedenken. Zwar war die Saison mit der Begegnung gegen die Badenser beendet, und Schalke hatte mit 30 Punkten so viele Zähler auf seinem Konto wie nie zuvor in seinen vier Bundesligaspielzeiten, doch zufrieden waren sie am Schalker Markt dennoch nicht. Schon gar nicht Kerl, der mit Langner seit langem auf Kriegsfuß stand und ihm wohl lieber heute als morgen den Laufpaß gegeben hätte. So kam, was keiner mehr erwartet hatte, was aber dennoch niemanden überraschte: Während Vorsitzender Fritz Szepan in der Schweiz den niederländischen Nationalspieler Thounissen unter die Lupe nahm, trennten sich die Wege Langners und Schalkes. „Im beiderseitigen Einvernehmen", wie es hieß, und nach dreijähriger Zusammenarbeit, die in der Tat nicht immer einfach und schon gar nicht erfolgreich gewesen war. 1965 war Schalke bekanntlich nur durch die Ligaaufstockung dem Abstieg entgangen, im Januar 1967 hatten man in Mönchengladbach eine 0:11-Rekordniederlage kassiert und die treuen Fans der Königsblauen waren regelmäßig verzweifelt über die desolaten Auftritte ihrer Elf gewesen.

Doch „der Feldwebel", wie Langner wegen seiner soldatischen Vergangenheit genannt wurde, war beileibe nicht Alleinschuldiger der königsblauen Dauermisere, denn Schalke im Sommer 1967, das war allgemeines Durcheinander. Spöttisch sprach die »Fußball-Woche« von „zusammengestoppeltem Mannschaftsspiel", das „von deutlichen Spuren des Zerfalls gezeichnet" war. Hinter wie vor den Kulissen herrschte heilloses Chaos. Seit Spielmacher Günter Herrmann unter harschem Protest von Trainer Langner nach Karlsruhe gewechselt war, hatte das Schalker Spiel deutlich an Kontur verloren. Mit Günter Siebert und Manfred Dressler hatten bereits zwei Vorstandsmitglieder ihren Hut nehmen müssen, derweil Vorsitzender Szepan mehrfach angedeutet hatte, daß auch er der Querelen überdrüssig und amtsmüde sei.

Und nun die Entlassung Langners, dem zwar stets Fleiß bescheinigt worden war, dessen Kritikfreudigkeit und mangelndes Fingerspitzengefühl jedoch auch regelmäßig für weiteren Unfrieden gesorgt hatte. Wie es weitergehen sollte, wußte auf Schalke niemand. Als Vorsitzender Szepan aus der Schweiz zurückkam, konnte er zunächst nur die Entlassung Langners bestätigen – um zwei Monate später selbst seinen Hut zu nehmen und Günter Siebert die Vereinsführung zu überlassen. Auf der Trainerbank nahm derweil Karl-Heinz Marotzke Platz, über den es später heißen sollte: „...niemand weiß heute mehr genau, was für diesen unerfahrenen Mann sprach".

Kuno Klötzer, 19

Verein: Fortuna Düsseldorf
Vorgänger: Jupp Derwall
Erster Amtstag: 1. Juli 1963
Tabellenstand: Platz 13 (1962/63, Oberliga West)
Letzter Amtstag: 30. Juni 1967
Tabellenstand: Platz 17
Amtszeit: 48 Monate
Nachfolger: Ernst Melchior

Die Saison ist lange vorbei, als Kuno Klötzer am 30. Juni 1967 bei einem Interviewtermin bei der »Düsseldorfer Zeitung« einen Vorabdruck der nächsttägigen Ausgabe in die Hände bekommt, in dem er seinen Namen entdeckt. „Fortuna trennt sich von Kuno Klötzer", steht da geschrieben – der knorrige Ostpreuße ist fassungslos. Sofort eilt er zu seinem Präsidenten Bruno Recht und stellt ihn zur Rede. In der Tat, bestätigt Recht ihm, er sei entlassen worden, denn „zu einem Neubeginn gehört auch ein Trainerwechsel". Klötzer fehlten die Worte.

Lange Zeit waren er und Fortuna Düsseldorf ein Herz und eine Seele gewesen. 1963 hatte Klötzer den späteren Bundestrainer Jupp Derwall am Flingerbroich abgelöst, und eine Mannschaft aufgebaut, mit der er 1966 den heißersehnten Sprung in die Eliteliga geschafft hatte. Kampfstark, spielfreudig – ein flottes Team. Im Oberhaus aber hatte die Fortuna das Glück verlassen. Vor allem auf der Torhüterposition wies Klötzers Elf folgenschwere Schwächen auf; zudem wurde dem Team mangelnde Professionalität vorgeworfen. Nach einem Blitzstart, der Aufsteiger Fortuna am siebten Spieltag noch auf Rang 4 katapultiert hatte, war den Rot-Weißen rasch die Luft ausgegangen und mit zunehmender Talfahrt hatte es mehr und mehr zu gären begonnen am Flingerbroich.

Auf einer Österreich-Tour über die Osterfeiertage 1967 war es zum ersten Eklat gekommen. „Revolution gegen Trainer Klötzer", hatten die Gazetten berichtet, weil einige Spieler den von Klötzer angeordneten Zapfenstreich überzogen hatten und vom Trainer daraufhin mit einer Geldstrafe von 300 Mark belegt worden waren. Das war's – der sich schon lange andeutende Bruch zwischen Trainer und Mannschaft war perfekt. Als Klötzer wenig später sein Team geschlossen zum Geburtstag einlud, ließ sich nur Peter Meyer blicken, und sportlich ging es immer weiter in den Keller. Nach 1:15-Punkten in Folge stand der bittere Abstieg schon vor dem letzten Spieltag fest.

Anschließend ordnete Präsident Recht einen völligen Neuaufbau an, dessen Leitung Kuno Klötzer übernehmen sollte. Dann kam die plötzliche Kehrtwende. Der einen Popularitätsverlust fürchtende Recht hatte sich klammheimlich auf die Suche nach einem Klötzer-Nachfolger gemacht und den Österreicher Ernst Melchior gefunden, nach dessen Vertragsunterzeichnung er Klötzer – wenige Stunden vor Beginn der neuen Saison am 1. Juli – entließ. Mit Melchior wurde Recht freilich auch nicht glücklich. Nur wenige Spiele saß der Österreicher auf der Fortuna-Bank, dann wurde er angesichts eines krassen Fehlstarts in die Regionalligasaison 1967/68 durch Bernd Oles ersetzt.

Günter Brocker, 20

Verein:	Werder Bremen
Vorgänger:	Willi Multhaup
Erster Amtstag:	1. Juli 1965
Tabellenstand:	Platz 1 (Saison 1964/65)
Letzter Amtstag:	4. September 1967
Tabellenstand:	Platz 17
Amtszeit:	27 Monate
Nachfolger:	Fritz Langner

„Brocker raus, Brocker raus!", hallte es nach dem Schlußpfiff wütend durchs Weser-stadion. 12.000 hartgesottenen Werder-Fans, die trotz des 0:6-Punkte-Saisonauftakts ihrer Grün-Weißen auch gegen Mönchengladbach gekommen waren, platzte endgültig der Kragen. 0:4 hatte ihre Mannschaft diesmal verloren, und erneut einen durch und durch desolaten Eindruck hinterlassen.

Werder-Coach Brocker war der Buhmann des Tages, und die Beteuerungen des Wer-der-Präsidiums, an seine Ablösung sei nicht zu denken, da „die Mannschaft in guter Form ist und niemand die Frage beantworten kann, ob ein neuer Besen besser kehrt", klangen wenig überzeugend. Zumal Bremens Publikum ohnehin nie so richtig warm geworden war mit dem Ex-Schalker, der 1965 Meistermacher Willi Multhaup abgelöst hatte. Vergeblich hatte Brocker sich um Imageverbesserung bemüht. „Ich bin kein Wun-dermann, aber kommen Sie ruhig zum Zugucken, damit Sie feststellen, daß hier hart gearbeitet wird", hatte er den Trainingskiebitzen beispielsweise noch am Mittwoch vor dem Gladbach-Spiel zugeraunt – drei Tage, nachdem Werder in Frankfurt eine 3:5-Schlappe hatte einstecken müssen.

Der öffentliche Druck war schließlich zu stark, so daß sich der Werder-Vorstand am Dienstag nach dem Debakel gegen Gladbach genötigt sah, Brocker entgegen vorheri-ger Beteuerungen fristlos zu entlassen. Zuvor hatte der als „redegewandt" bekannte Coach sogar von sich aus kündigen wollen – doch da hatte der Trainerverband sein Veto eingelegt, denn Brocker, der für ein verhältnismäßig geringes Monatsgehalt von 3.900 Mark in Bremen arbeitete, hatte noch einen bis Juni 1968 laufenden Vertrag - und so lange müsse Werder angesichts der mageren Monatsbezüge nun auch zahlen, forderte die Trainervertretung.

Für Werder erwies sich der „neue Besen" Fritz Langner als ausgezeichnet. In der Rück-serie blieben die Grün-Weißen unter seiner Regie 14 Spiele lang ungeschlagen und sicherten sich schließlich noch die Vizemeisterschaft hinter dem 1. FC Nürnberg. Manch-mal kehren neue Besen eben doch besser als alte. Ach, und Brocker, der übernahm rund fünf Wochen später das Training beim FC Schalke 04, den er knapp vor dem Ab-stieg rettete. Auch alte Besen kehren, wenn sie „neue" werden, offenbar wieder gut.

Paul Frantz, 21

Verein:	Karlsruher SC
Vorgänger:	Werner Roth
Erster Amtstag:	2. November 1966
Tabellenstand:	Platz 18
Letzter Amtstag:	24. Oktober 1967
Tabellenstand:	Platz 17
Amtszeit:	12 Monate
Nachfolger:	Georg Gawliczek

Tollhaus Wildpark! Nicht mal ein Jahr nach den Turbulenzen um Werner Roth, der auf skurrile Art und Weise abgeschoben worden war und anschließend noch als Deckmäntelchen für den ohne deutsche Lizenz ausgestatteten Nachfolger Paul Frantz hatte herhalten müssen, reichte es auch dem „Professor".

Und wieder war es eine Entmachtung, wie sie skurriler kaum sein konnte. Während nämlich Frantz an der Straßburger Uni seinem Lehrauftrag nachkam, riß der eigentlich nur zur Nachwuchsbetreuung engagierte Georg Gawliczek die Trainingsleitung an sich - und zwar auf eine Art, daß Insider von einer „feindlichen Übernahme" sprachen. Freilich war Frantz nicht ganz unumstritten. Genauer gesagt hatte sein Stuhl eigentlich schon seit Saisonbeginn gewackelt. Seine Trainingsmethoden waren umstritten. So pflegte er beispielsweise seinen Akteuren vor den Spielen Zettel mit den Stärken und Schwächen der jeweiligen Gegenspieler unters Kopfkissen zu legen, was bei einigen Spielern gar nicht gut ankam. „Er meinte, wenn das unterm Kopfkissen bleibt, sei man besser auf den Gegner eingestellt", erinnerte sich KSC-Kapitän Jupp Marx später schmunzelnd.

Auch Frantz „kleine weißen Pillen" waren alles andere als unumstritten. Bei ihnen handelte es sich um Zuckerkügelchen, die man in Frantz' Heimatstadt Straßburg an jeder Ecke bekommen konnte und die aus medizinischer Sicht ebenso harmlos wie wirkungslos waren. Frantz setzte auf den Placebo-Effekt, was auch klappte. Seine Akteure glaubten an die „Wunderwirkung" – allerdings nur zu Beginn.

Nach zehn Spielen hatte der mit so viel Optimismus und Verstärkungen (Herrmann, Rynio, Slatina u.a.) in die Saison gegangene KSC bereits sieben Mal verloren und stand schon wieder auf einem Abstiegsplatz. Nach dem 0:2 in Frankfurt griff sich Assistent Georg Gawliczek die Zügel, verbannte Frantz' „Wunderkügelchen" in den Schrank, führte die „harte Welle" ein - und feierte mit einem 3:2-Sieg über Geheimfavorit Borussia Mönchengladbach einen traumhaften Einstand. Doch lange hielt es auch den Trainerfuchs nicht auf dem Schleudersitz im Karlsruher Wildpark: Alles weitere siehe unter Nummer 23.

Karl-Heinz Marotzke, 22

Verein:	Schalke 04
Vorgänger:	Fritz Langner
Erster Amtstag:	1. Juli 1967
Tabellenstand:	Platz 15 (Saison 1966/67)
Letzter Amtstag:	13. November 1967
Tabellenstand:	Platz 18
Amtszeit:	5 Monate
Nachfolger:	Günter Brocker

Was eigentlich mal für die Verpflichtung von Karl-Heinz Marotzke gesprochen hatte, daran konnte sich am Schalker Markt im November 1967 niemand mehr so recht erinnern. Man war nur froh, daß es endlich vorbei war, das nur 18 Wochen währende Interregnum des Ungeliebten.

Dabei hätte man es doch wissen müssen. Das Marotzke über keine Bundesligaerfahrung verfügte beispielsweise war allgemein bekannt, und daß das eine schwere Last im Abstiegskampf werden könnte, war an den Fingern einer Hand abzuzählen gewesen.

Ein kümmerlicher Sieg stand nach dreizehn Saisonspielen zu Buche, als man in der Kampfbahn Glückauf glaubte, handeln zu müssen. Das Faß zum Überlaufen gebracht hatte die 1:2-Schlappe in Dortmund, bei der die Königsblauen einen 1:0-Vorsprung in der letzten Viertelstunde noch verspielt hatten. Und zwar im wahrsten Sinne des Wortes, denn nach dem Führungstreffer durch Wittkamp in der 61. Minute hatte Schalke plötzlich auf totale Defensive umgeschaltet -–und den Dortmundern damit den Platz gelassen, den diese zu einem Powerplay benötigten. Dieses bescherte Schalke schließlich eine weitere Niederlage. Bei der Ursachenforschung war man sich nicht einig: Marotzke bestritt vehement, die Betonung der Defensive angeordnet zu haben und verwies auf Libero Rausch, der es seiner Ansicht nach gewesen sei, der seine Mitspieler aufgefordert habe, defensiv zu spielen. „Das macht man doch nicht bei klarer Spielführung. Ich bleibe dabei, bei weiterer Offensive hätten wir das 1:0 über die Runden gebracht", meinte er verzweifelt, und gab damit zugleich ein erschreckendes Zeugnis seiner Macht- und Hilflosigkeit zum besten.

Der Imageverlust und die sportliche Talfahrt waren zuviel. Einstimmig beschloß Schalkes Verwaltungsrat, Marotzke zu entlassen und Günter Brocker als „technischen Direktor" einzusetzen. Ein kampferprobter Mann, dem es tatsächlich gelang, die Wende einzuleiten und Schalke zum Klassenerhalt zu führen. Von Karl-Heinz Marotzke war derweil auf der Bundesligabühne nichts mehr zu hören.

Georg Gawliczek, 23

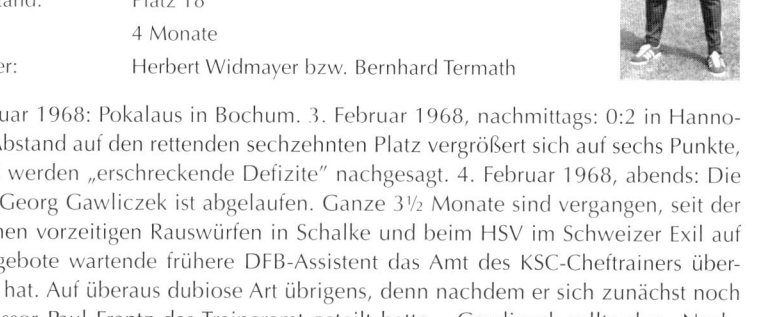

Verein:	Karlsruher SC
Vorgänger:	Paul Frantz
Erster Amtstag:	25. Oktober 1967
Tabellenstand:	Platz 17
Letzter Amtstag:	8. Februar 1968
Tabellenstand:	Platz 18
Amtszeit:	4 Monate
Nachfolger:	Herbert Widmayer bzw. Bernhard Termath

27. Januar 1968: Pokalaus in Bochum. 3. Februar 1968, nachmittags: 0:2 in Hannover, der Abstand auf den rettenden sechzehnten Platz vergrößert sich auf sechs Punkte, dem KSC werden „erschreckende Defizite" nachgesagt. 4. Februar 1968, abends: Die Uhr von Georg Gawliczek ist abgelaufen. Ganze 3½ Monate sind vergangen, seit der nach seinen vorzeitigen Rauswürfen in Schalke und beim HSV im Schweizer Exil auf neue Angebote wartende frühere DFB-Assistent das Amt des KSC-Cheftrainers übernommen hat. Auf überaus dubiose Art übrigens, denn nachdem er sich zunächst noch mit Professor Paul Frantz das Traineramt geteilt hatte – Gawliczek sollte den „Nachwuchs betreuen und den nächsten Gegner studieren" -, hatte er eine berufliche Abwesenheit Frantz' genutzt, die Leitung an sich zu reißen.

Nach dem 0:2 in Hannover war auch Gawliczek mit seinem Latein am Ende und flüchtete sich in Durchhalteparolen. „Wir geben nicht auf, der Kampf geht weiter, auch wenn sie lachen sollten, meine Herren!", diktierte er der versammelten Journalistenschar, die den KSC längst als „designierten Absteiger" bezeichnete. Vier Tage später überschlugen sich die Ereignisse: „Sensation der Woche: KSC-Spieler stürzen Gawliczek", schrieb der »Fußball-Sport« und bezeichnete den KSC als „Trainergrab". Geschehen war folgendes: Nach dem Spiel in Hannover war eine Abordnung der Mannschaft zu KSC-Präsident Hodel gegangen und hatte einen Trainerwechsel vorgeschlagen. Begründung: „Gawliczek ist nicht mehr fähig, Begeisterung und Selbstvertrauen in die Mannschaft zu tragen". Als Hodel und seine Vorstandskollegen der Forderung nicht nachgekommen waren, hatten es einige Akteure im Training deutlich lascher angehen lassen; andere waren sogar ganz daheim geblieben. Erpressen lassen wollte Hodel sich dann aber doch nicht, und so verkündete er am Mittwochabend, daß Gawliczek bleibe. Der jedoch war derart erschüttert über die Vorgänge, daß er wenige Stunden nach Hodels Solidaritätsadresse selbst seine Kündigung einreichte und Trainer Nummer 6 in Karlsruhes Bundesligageschichte Platz machte: Herbert Widmayer. Der Verbandstrainer des Badischen Fußballverbandes wollte zunächst nur interimsweise einspringen, blieb dann aber doch so lange im Amt, bis mit Bernhard Termath ein Nachfolger gefunden wurde. Dem blieb nur noch, den KSC in die Regionalliga zu begleiten – wie es die Fans im übrigen schon vorher gewußt hatten: „Ob Sommerlatt oder Schneider! Das Zittern beim KSC geht weiter. Ob Roth, Gawliczek oder Frantz. Der KSC steht schon wieder am Schwanz", hatten sie beim ersten Spiel nach Gawliczeks Abgang auf ein Transparent gemalt.

Horst Buhtz, 24

Verein:	Hannover 96
Vorgänger:	Hannes Kirk
Erster Amtstag:	1. Juli 1966
Tabellenstand:	Platz 12 (Saison 1965/66)
Letzter Amtstag:	12. Februar 1968
Tabellenstand:	Platz 7
Amtszeit:	20 Monate
Nachfolger:	Karlheinz Mülhausen

Nein, mit dem Tabellenstand habe die Entlassung nichts zu tun, versicherte 96-Präsident Strothe der wartenden Journalistenschar. Ausschlaggebend sei vielmehr die Tatsache gewesen, daß Buhtz in Neunkirchen entgegen einer Anweisung nicht hatte stürmen lassen, um, wie Strothe erläuterte, damit „für das Heimspiel gegen HSV durch eine gute Leistung zu werben". 1:3 waren die zurückhaltenden Roten im Neunkirchener Ellenfeld untergegangen, und Buhtz' Taktik, mit einem Linksaußen als Verteidiger und einen den gegnerischen Mittelstürmer deckenden Mittelfeldspieler zum Erfolg zu kommen, war kräftig in die Hose gegangen – und hatte 96-Boß Strothe zur Kündigung veranlaßt. Der Entlassene reagierte empört. „Das lasse ich mir nicht gefallen! Der Vorstand hat das Vertrauen zu den Spielern untergraben. Sie haben schnell gemerkt, daß einige sogenannte Stars mehr Geld für weniger Leistung erhalten".

Oh ha, da war sie wieder, die schon seit Saisonbeginn klaffende Wunde der 96er. Der Einkauf von Josip Skoblar und Jupp Heynckes, mit denen die Niedersachsen in die Spitzengruppe hatten vordringen wollen, war zum Bumerang geworden. Die beiden Starspieler hatten das Gehaltsgefüge bei den Hannoveranern komplett durcheinandergebracht und Unfrieden im Kader geschürt. Dazu kam eine zweifelhafte Trainerpolitik, denn längst hatte sich 96 für die Spielzeit 1968/69 mit dem Münchner Erfolgscoach Tschik Cajkovski geeinigt, der im Juli 1968 seine Dienste im Niedersachsenstadion antreten und Buhtz ablösen sollte. Für eine monatliche Entlohnung übrigens, deren Höhe Buhtz die Zornesröte ins Gesicht - und 96 in die Krise - trieb. Vor allem auswärts waren die Roten plötzlich an Harmlosigkeit kaum zu überbieten. Frischester Beweis: Die Niederlage bei Abstiegskandidat Neunkirchen.

Nach der Entlassung von Horst Buhtz war guter Rat teuer. Da 96 weder nach oben noch nach unten etwas bewegen konnte, übernahm bis zur Amtsübernahme durch Tschik Cajkovski der 30jährige Ex-Profi Kaschi Mülhausen interimsweise das Training. Mülhausen verfügte aber nur über die B-Lizenz und benötigte demzufolge eine Sondergenehmigung, die er allerdings erst im zweiten Anlauf vom DFB bekam.

Sportlich sah es auch nicht gerade toll aus, denn unter Mülhausens Regie fiel das hochdotierte Team noch auf Rang 10 zurück und mußte mit rund 23.000 Zahlenden pro Spiel einen neuen Zuschauerminusrekord hinnehmen. Für Horst Buhtz hingegen brachen goldene Zeiten an. Im Juli 1968 übernahm er den Wuppertaler SV, mit dem er schon bald auf fulminante Art in die Bundesliga stürmen sollte.

Otto Knefler, 25

Verein:	1. FC Kaiserslautern
Vorgänger:	Gyula Lorant
Erster Amtstag:	1. Juli 1967
Tabellenstand:	Platz 5 (Saison 1966/67)
Letzter Amtstag:	4. März 1968
Tabellenstand:	Platz 16
Amtszeit:	8 Monate
Nachfolger:	Egon Piechaczek

„Bis auf Rehhagel hoffe ich am nächsten Wochenende alle wieder fit zu haben. Das läßt hoffen für den schweren Abstiegskampf", gab sich Otto Knefler nach der 1:2-Niederlage bei Mitkonkurrent Schalke 04 noch kämpferisch. Dem FCK-Vorstand jedoch war der gerade erlebte Auftritt der an Harmlosigkeit kaum zu überbietenden roten Teufel in der Schalker Glückauf-Kampfbahn zuviel gewesen. Am Montag darauf warf er Knefler raus - wohl auch aus Furcht, bei einer Niederlage im anstehenden Heimspiel gegen Stuttgart womöglich selbst in die Bredouille zu geraten. Vorbei war es mit all der Euphorie, mit der Otto Knefler im Sommer 1967 auf dem Betzenberg begrüßt worden war. Sie war ohnehin frühzeitig gedämpft worden, denn schon vor seinem offiziellen Amtsantritt, als Knefler mit den Roten Teufeln ins Trainingslager nach Bulgarien gereist war, hatte seine unsägliche Pechsträhne begonnen: Ausgerechnet der hoffnungsvolle Nachwuchsspieler Seppl Pirrung hatte sich dort nämlich einen komplizierten Beinbruch zugezogen. Dennoch waren die Lauterer mit 11:5-Punkten respektabel gestartet und hatten lediglich beim peinlichen 2:8 in Mönchengladbach enttäuscht. Doch am 14. Oktober 1967, dem neunten Spieltag, hatte Kneflers Pechsträhne seine Fortsetzung gefunden, als es gegen Werder Bremen daheim nur ein 2:2 gab und sich zu allem Überfluß auch noch Otto Rehhagel ein Bein brach. Danach kam es knüppeldick. Eine Woche später setzte es ein 0:5 in Köln – und einen Platzverweis für Kapitulski; anschließend fielen nacheinander Roggensack, Kentschke, Kiefaber, Schwager und Schneider aus. Folge war eine schwarze Serie von neun sieglosen Spielen, die Knefler derart mitnahm, daß er Weihnachten 1967 einen Kreislaufkollaps erlitt. Im neuen Jahr setzte sich seine Leidenszeit fort. In Neunkirchen (1:2) brach sich Windhausen den Mittelfuß, und gegen Braunschweig konnte Knefler schon nur noch mit Mühe und Not überhaupt elf gesunde Spieler aufbieten, die nur unglücklich mit 0:1 verloren. So ging es weiter: Gegen den HSV reichte es nach zwischenzeitlicher 2:0-Führung nur zu einem 3:3, und als es im eingangs erwähnten Spiel in Schalke auch in der sechzehnten Begegnung in Folge keinen Sieg gab, war Kneflers Uhr abgelaufen. Das „Tal der Tränen", wie Knefler die Bundesliga zu nennen pflegte, spülte ihn weg.

Nachfolger Egon Piechaczek, einstmals polnischer Nationalspieler und ein paar Jahre später mit Bielefeld in den Skandal verwickelt, gelang es mit einem 2:0-Sieg über Stuttgart auf Anhieb, die schwarze Serie zu stoppen und Lautern bis zum Saisonende auf einem Nichtabstiegsplatz zu halten.

Heinz Murach, 26

Verein:	Borussia Dortmund
Vorgänger:	Willi Multhaup
Erster Amtstag:	1. Juli 1966
Tabellenstand:	Platz 2 (Saison 1965/66)
Letzter Amtstag:	10. April 1968
Tabellenstand:	Platz 14
Amtszeit:	22 Monate
Nachfolger:	Oswald Pfau

In Dortmund brennt die Luft. Nur 0:0 gegen München 1860, und Heimspiele müssen eben gewonnen werden. Der bereits seit Monaten umstrittene und zum Saisonende definitiv ausscheidende Trainer Murach (wenige Tage zuvor hat er für die Saison 1968/69 beim Regionalligisten Eintracht Gelsenkirchen unterschrieben) zeigt sich dünnhäutig. „Der eine Punkt, der heute verloren ging, ist der Opposition zuzuschreiben. In der Mannschaft ist keine Ruhe", wettert er – und hat wohl nicht ganz Unrecht, denn die Opposition, bestehend aus den früheren Vorstandsmitgliedern Heinz Storck und Peter Hillefeld sowie Ex-Spieler Helmut Bracht, hat deutlich an Oberwasser gewonnen. Der BV Borussia droht an seiner Führungskrise zu zerbrechen.

"Schade um diese Mannschaft, die noch vor zwei Jahren Europa-Geschichte geschrieben hat. Weil möglicherweise einer dem anderen nicht traut, fehlt auch die Harmonie, die nun einmal Voraussetzung zu einer Mannschaftsleistung ist" stellt der »Fußball-Sport« nüchtern fest.

In der Tat: Borussia Dortmund ist ein Tollhaus. Der umstrittene Präsident Willi Steegmann beispielsweise hat bereits angekündigt, zur nächsten Generalversammlung nicht wieder kandidieren zu wollen. Nicht aber, ohne zuvor mit Oswald Pfau noch die Trainerfrage für die Saison 1968/69 zu lösen – sehr zur Verärgerung der Opposition übrigens, die nicht nur Steegmanns sofortigen Rücktritt fordert, sondern auch „die Verpflichtung eines erfahrenen Trainers wie Johannsen, Multhaup oder Weisweiler". Leidtragender des Machtkampfes auf der Führungsebene ist der bedauernswerte Murach, der nach dem 0:0 gegen 1860 freiwillig seinen Hut nimmt und das Tollhaus BVB sechs Wochen früher als geplant verlässt.

Seinen Posten übernimmt interimsweise Ex-Regisseur Max „Spinne" Michallek, unter dem der BVB einen 2:1-Heimsieg über Hertha BSC feiert, ehe er Oswald Pfau nach dessen vorzeitiger Freigabe vom VfR Mannheim am 18. April 1968 die Trainingsleitung übergibt. Unter ihm setzt es sogleich eine 0:1-Pleite gegen Schalke 04 – und damit den wohl unglücklichsten Einstand, den man sich als BVB-Trainer vorstellen kann. Pfaus Amtszeit steht unter einem tragischen Schatten, denn im Dezember 1968 verstirbt der Coach an den Folgen eines Herzinfarktes.

Heinz Murach fliegt das Glück aber auch nicht gerade zu. 1968/69 steigt er unglücklich mit Eintracht Gelsenkirchen aus der Regionalliga ab.

Albert Sing, 27

Verein:	TSV München 1860
Vorgänger:	Gunter Baumann
Erster Amtstag:	1. Juli 1967
Tabellenstand:	Platz 2 (Saisonende)
Letzter Amtstag:	30. Oktober 1968
Tabellenstand:	Platz 13
Amtszeit:	16 Monate
Nachfolger:	Hans Pilz

Gellende Pfiffe hallen durchs altehrwürdige Sechz'gerstadion in München-Giesing. Eine erschreckend schwache Löwen-Elf ist gerade zu einem peinlichen 0:0 gegen Alemannia Aachen gestolpert und hat die auf 9.000 Zuschauer zusammengeschrumpfte weiß-blaue Fangemeinde zum wiederholten Male schier zur Weißglut getrieben. 1860-Coach Sing kann das nicht verstehen: „Das Publikum und diverse Pressekommentare tragen nicht dazu bei, der Mannschaft den Heimkomplex zu nehmen", referiert er und macht fehlendes „Selbstvertrauen jedes einzelnen" als Ursache für die erschreckende Leistung aus. Der TSV 1860, der knapp 1½ Jahre zuvor noch den höchsten Thron des deutschen Fußballs erklommen hatte und sich seit der „Merkel-Revolution" (siehe lfd. Nummer 15) auf dem absteigenden Ast befindet, ist nur noch Tabellenneunter. Jenseits von gut und böse, was den erfolgsverwöhnten Löwen-Fans natürlich nicht reicht.

Sechs Tage nach dem Aachen-Spiel ist es soweit. „Wo wackelt kein Trainerstuhl?", hat Sing am Montagmorgen noch vielsagend dem »kicker« erklärt und dabei auch ausdrücklich seinen eigenen nicht ausgeklammert, denn: „Es ist doch so: Ich habe eine Mannschaft übernommen, die einen Max Merkel wegschickte, eine schwierige Mannschaft, die nicht zugänglich ist, ihren eigenen Willen hat, ja renitent ist." Doch Sing steht ziemlich alleine mit seiner Meinung, und fühlt sich folglich im Stich gelassen - insbesondere von Präsident Wetzel, dem einstmals starken Mann der Löwen, der sich gerade im fernen Mexiko aufhält und von dort gegen seinen Trainer stichelt. Mehrfach schon hatte der 51jährige Trainer angekündigt, 1860 verlassen zu wollen, und diesmal macht er ernst. „Ich höre auf, weil ich keine Möglichkeit mehr für eine konstruktive Arbeit sehe. Ich gehe vor allem deswegen, um dem Verein seine innere und äußere Ruhe wiederzugeben", gibt er sichtlich frustriert noch zu Protokoll, ehe er gen Schweiz entschwindet, wo er sich „für den Rest meines Lebens" aufzuhalten gedachte.

Für 1860 wurden die Zeiten nicht besser. Sing-Nachfolger Pilz schaffte zwar Platz 10, mußte jedoch mit ansehen, wie seine Mannschaft auseinanderfiel, weil die Löwen immer tiefer in die finanzielle Misere schlitterten. Der Abstieg des ruhmreichen TSV 1860 hatte längst begonnen.

Günter Brocker, 28

Verein:	Schalke 04
Vorgänger:	Karl-Heinz Marotzke
Erster Amtstag:	18. November 1967
Tabellenstand:	Platz 18
Letzter Amtstag:	17. November 1968
Tabellenstand:	Platz 17
Amtszeit:	12 Monate
Nachfolger:	Rudi Gutendorf

Es war ein Abschuß auf Raten; ein ganz seltsamer noch dazu. Nahezu täglich trudelten neue und zumeist widersprüchliche Meldungen vom Schalker Markt ein. Zunächst hieß es, Brocker habe freiwillig auf die Erfüllung seines bis 1971 laufenden Vertrages verzichtet und wolle zum Saisonende freiwillig ausscheiden. Schalke, das zuvor vergeblich versucht hatte, Gyula Lorant aus seinem laufenden Vertrag bei Tasmania Berlin herauszuholen, hatte dem zugestimmt - allerdings nur unter der Bedingung, daß Brokker die Mannschaft fortan nicht mehr allein aufstellen dürfe, sondern sein einstiger Mannschaftskamerad und nunmehriger Vereinsvorsitzender Günther Siebert das letzte Wort habe. Das wiederum war für Brocker nicht akzeptabel. Er wolle sich „nicht in seine Kompetenzen hineinreden lassen" und sprach von „Rufmord", woraufhin Schalkes Vorstand ihm vor dem Spiel auf dem Aachener Tivoli einen Maulkorb verpaßte - an den er sich zunächst auch hielt. Doch nach der 1:4-Niederlage platzte dem Gedemütigten der Kragen. Vor versammelter Presse und seiner komplett anwesenden Vereinsführung griff er Schalkes Vorstand und Verwaltungsrat gleichermaßen an und behauptete, beide Gremien trügen einen erheblichen Anteil an der Tatsache, daß Schalke trotz ausgezeichneter Einkäufe schon wieder im Abstiegskampf stecke. Wütend zischte der zweite Vorsitzende Kurt Hatlauf anschließend. „Jetzt ist er endgültig reif..." – und genau das war er. Das Tischtuch zwischen Brocker und Schalke war zerschnitten, ziemlich auf den Tag genau ein Jahr nach seinem Amtsantritt. Sonntagabend, 19.30 Uhr, ging die Meldung über den Ticker: „Brocker entlassen"; im „gegenseitigen Einvernehmen" natürlich, wie es auch damals schon gerne hieß. Für Brocker brach eine Welt zusammen. Er, der mit dem Herzen an Schalke hing, klagte bitterlich: „Ich habe auf meinen Dreijahresvertrag verzichtet. Das sind für mich runde 100.000 DM Verlust. Trotzdem hat man mir gekündigt."

Es sollte beinahe drei Jahre dauern, ehe Brocker erneut die Bundesligabühne betrat. Am 1. Juli 1971 übernahm er die Oberhausener Kleeblätter - und wurde nur vier Monate später entlassen. Und Schalke? Die holten nach intensiver Suche und Absagen von diversen Wunschkandidaten schließlich Paradiesvogel Rudi Gutendorf, der den für Schalker Verhältnisse erwähnenswerten Zeitraum von zwei Jahren bei den Königsblauen blieb und sie 1969 auf Rang 7 führte - ihre bis dato beste Plazierung seit Einführung der Bundesliga.

Helmut Schneider, 29

Verein: Borussia Dortmund
Vorgänger: Oswald Pfau
Erster Amtstag: 17. Dezember 1968
Tabellenstand: Platz 11
Letzter Amtstag: 17. März 1969
Tabellenstand: Platz 16
Amtszeit: 3 Monate
Nachfolger: Hermann Lindemann

Als er kam, eilte ihm ein guter Ruf voraus. 1956 und 1957 war Helmut Schneider mit Borussia Dortmund Deutscher Meister geworden, hatte anschließend mit dem Provinz-klub FK Pirmasens für Furore gesorgt. Schon lange hatten die Dortmunder ihn an den Borsigplatz zurückholen wollen. Daß sie es im Dezember 1968 schließlich wirklich taten, hatte allerdings eher tragische Gründe. BVB-Chefcoach Oswald Pfau war näm-lich nach einem Herzinfarkt ins Krankenhaus eingeliefert worden und wenig später verstorben. Sofort hatte der BVB nach dem zehn Wochen zuvor in Pirmasens entlasse-nen Schneider gerufen, der dem Ruf seines Lieblingsklubs nur zu gerne gefolgt war.

Doch die zweite Ehe zwischen Schneider und dem BVB wurde keine glückliche, denn Schneider war den Anforderungen des Bundesligageschäfts nicht gewachsen. Unter seinen altbackenen Arbeitsmethoden rutschte der BVB tief in den Tabellenkeller. Nach der 0:2-Pleite in Duisburg, der dritten Niederlage in Folge, war Schluß. „Wir müssen jetzt etwas unternehmen, wenn wir nicht absteigen wollen. In der Mannschaft steckt überhaupt kein Selbstvertrauen mehr", erklärte Präsident Dr. Kliemt, und nahm Kontakt zu Fischken Multhaup auf, unter dem der BVB 1966 den Europacup geholt hatte. Fuß-ball-Obmann Jockl Bracht, der vier Monate zuvor noch einer der eifrigsten Schneider-Befürworter gewesen war, forderte ebenfalls Maßnahmen, denn „die Mannschaft braucht ein seelisches Doping". Daß Borussias Niedergang allerdings nicht nur am Trainer lag, erwähnte niemand: zu Saisonbeginn hatte man nbeispielsweise ziemlich planlos ein-gekauft und 450.000 Mark für Akteure ausgegeben, die ihr Geld nicht Wert waren.

Statt dessen wurde das altehrwürdige Stadion Rote Erde zu einem Tollhaus. Wenige Stunden nach der Niederlage in Duisburg nahm Obmann Bracht mit Wunschkandidat Multhaup Kontakt auf, Sonntagmorgen verkündete man „Wir sind für Multhaup". Der jedoch war plötzlich telefonisch nicht mehr zu erreichen. Erst am Sonntagabend um 23.15 Uhr gelang es dem BVB, seinen Wunschcoach wieder an die Strippe zu bekom-men. Und nun fiel Vorsitzender Dr. Kliemt aus allen Wolken: Multhaup plagte sich mit einer Achillessehnenverletzung und hatte vom Arzt absolute Ruhe verordnet bekom-men. Flugs wurde Schneider ins Amt zurückgeholt - um nur 24 Stunden später erneut, und diesmal endgültig, entlassen zu werden. Tags darauf sagte freilich auch Multhaup endgültig ab, und Borussia war ohne Trainer. Aus dem kursierenden Namenskanon (Mer-kel, Langner, Momirski, Brocker, Lindemann) schälte sich schließlich der beim SV Wald-hof tätige Hermann Lindemann heraus, den man allerdings für rund 20.000 Mark aus seinem laufenden Vertrag herauskaufen mußte.

Max Merkel, 30

Verein:	1. FC Nürnberg
Vorgänger:	Jenö Vincze
Erster Amtstag:	3. Januar 1967
Tabellenstand:	Platz 14
Letzter Amtstag:	24. März 1969
Tabellenstand:	Platz 18
Amtszeit:	27 Monate
Nachfolger:	Robert Körner

Wenn ein Meistermacher geht, dann fließen mehr als Tränen. Böse Worte, bitterböse Worte, begleiteten den Abgang von Max Merkel, dem Mann mit Zuckerbrot und Peitsche, vom Nürnberger Valznerweiher. Der ruhmreiche Club, nicht einmal zehn Monate zuvor noch als Deutscher Meister gefeiert, zierte das Tabellenende. Acht Wochen vor Spielzeitende hieß das akute Abstiegsgefahr. Es war der erschreckende Tiefpunkt einer turbulenten und aufsehenerregenden Berg- und Talfahrt, die Schlagzeilen produziert hatte. Als der Wiener im Januar 1967 die Weinroten übernommen hatte, hatten sie gleichfalls in Abstiegsgefahr geschwebt. Merkel hatte sie dort rausgeholt, sie zwölf Monate später sensationell zur deutschen Meisterschaft geführt - und war alsdann mit ihnen erneut in Abstiegsgefahr geraten. „Er ist nicht fähig, eine Mannschaft wieder emporzureißen, mit der er selbst abgestürzt ist", machte der »kicker« psychologische Mängel in der schillernden Vita des Wiener Meistermachers aus. Der reagierte unwirsch, wies jegliche Mitverantwortung von sich und drohte: „Wenn der Club absteigt, gehe ich ..."

Dabei war Merkel alles andere als unschuldig an der Malaise der Franken. Daß beispielsweise Nürnbergs Vorjahrestorjäger Brungs inzwischen für Hertha BSC seine Tore schoß, war nicht zuletzt sein Verdienst gewesen: Gerüchten zufolge soll er nämlich an der Ablöse beteiligt gewesen sein... „Frau Brungs hat sich bei mir bedankt, daß ich ihn gehen ließ", ließ Merkel zu seiner Verteidigung wissen. Zudem hatte er einen Streit mit seinem Spielmacher und Publikumsliebling Cebinac vom Zaun gebrochen, der daraufhin völlig außer Form geraten war. Merkels Arroganz und seine selbstherrliche Art (Lieblingsspruch: „Schleich dich") war im Frankenland schon lange nicht mehr auf ungeteilte Zustimmung gestoßen. Doch obwohl die Kritik immer mehr zugenommen hatte, hatte der Club-Vorstand vor dem Griff zum Allheilmittel Trainerwechsel zurückgescheut.

So lange, bis der Zampano selbst seinen Hut nahm. Nach dem mühsamen 1:0-Sieg über die ebenfalls abstiegsgefährdete Frankfurter Eintracht hieß es am 24. März 1969: „Herr Merkel hat aus gesundheitlichen Gründen den Vorstand gebeten, aus dem Vertrag vom 1.12.1967 entlassen zu werden. Die Vorstandschaft hat diesem Wunsch entsprochen. Die Trainingsleitung wird ab sofort Robert Körner übertragen". Die Kommentare der Fachpresse waren eindeutig. „Sein kaum noch erwarteter Entschluß kann dazu beitragen, daß der Deutsche Meister das rettende Ziel doch noch erreicht", spekulierte der über Merkels Demission sichtlich erleichterte »kicker«. Nun, das mit dem rettenden Ziel klappte bekanntlich nicht, denn Merkel-Nachfolger und Ex-Assistent Körner erwies sich als fataler Fehlgriff. Siehe laufende Nummer 31 gleich nebenan.

Robert Körner, 31

Verein:	1. FC Nürnberg
Vorgänger:	Max Merkel
Erster Amtstag:	24. März 1969
Tabellenstand:	Platz 18
Letzter Amtstag:	12. April 1969
Tabellenstand:	Platz 18
Amtszeit:	3 Wochen
Nachfolger:	Kuno Klötzer

Drei Wochen! So kurz war noch nie ein Bundesligatrainer im Amt gewesen. Rudi Körners kurzes Intermezzo als Cheftrainer am Valznerweiher stand unter einem dunklen Stern. Aus beiden Spielen, die der Club unter der Regie jenes Mannes, der am 24. März 1969 Max Merkel abgelöst hatte, bestritt, holte der amtierende deutsche Meister nicht einen einzigen Punkt und rückte dem Abstieg damit einen entscheidenden Schritt näher. Körner war nicht in der Lage, der verunsicherten Mannschaft neue Impulse zu geben und ihr Selbstvertrauen einzuflößen. Das, was der 1. FCN nach Merkels Abgang eigentlich gebraucht hätte, war frisches Blut von außen, denn Ex-Co-Trainer Körner war viel zu verstrickt in die umfangreichen internen Probleme in Nürnberg, als das er wirklich etwas hätte bewegen können. Unmittelbar nach seinem Amtsantritt hatten bereits die Spekulationen um seine Zukunft eingesetzt, hatten Kritiker sich auf ihn eingeschossen. Rasch war klar geworden, daß Körner in keinem Falle auch 1969/70 noch auf der Club-Bank sitzen würde - egal, ob er den 1. FCN nun noch vor dem Abstieg retten würde oder nicht. Körner zog daraufhin seine Konsequenzen und kündigte an, zur neuen Saison ohnehin zu Rapid Wien wechseln zu wollen. Spätestens da war allen Club-Freunden endgültig klargeworden, was für einen kapitalen Fehler der FCN mit der Inthronisierung des früheren Merkel-Assistenten gemacht hatte.

Anschließend überschlugen sich die Ereignisse. Am 10. April 1969 meldete der »kicker«: „Auf Merkel folgt Horvath" und behauptete nicht ohne Stolz: „Unser Mitarbeiter Milan Graf kam den Verhandlungen zwischen Nürnberg und Zagrebs Trainer schnell auf die Spur". Zwölf Stunden zuvor hatte der Club auch sein zweites Spiel unter Körners Führung verloren (2:4 beim HSV) und war dem Abstieg ein weiteres Stückchen näher gerückt. Doch es kam alles ganz anders. Drei Tage nach der Pleite beim HSV saß statt Horvath der wenige Wochen zuvor in Essen entlassene Kuno Klötzer auf der Tribüne und machte sich beim 7:0-Pokalsieg über den Tabellenletzten der Regionalliga Nord, Sperber Hamburg, eifrig Notizen - die vermutlich nicht allzu nett ausfielen: „Klötzer sah außer der desorganisierten Abwehr einen von allen guten Geistern verlassenen Volkert. Einen Innensturm ohne die richtige Durchschlagskraft und ohne einen Lenker", stellte der »kicker« den Franken ein ziemlich katastrophales Zeugnis aus.

„Ritter Kuno" konnte dann auch nichts mehr retten. Auch wenn der Auftakt mit einem 2:0 über Braunschweig hoffnungsvoll ausfiel - sechs noch ausstehende Saisonspiele waren einfach zu wenig, um den völlig verunsicherten deutschen Meister noch aus dem Abstiegssumpf zu ziehen. Am Ende fehlte ein Pünktchen auf den rettenden 16. Platz.

Egon Piechaczek, 32

Verein:	1. FC Kaiserslautern
Vorgänger:	Otto Knefler
Erster Amtstag:	5. März 1968
Tabellenstand:	Platz 16
Letzter Amtstag:	6. Mai 1969
Tabellenstand:	Platz 15
Amtszeit:	14 Monate
Nachfolger:	Dietrich Weise

Es hatte sich offenbar alles gegen die Lauterer verschworen. Spielmacher „Atze" Friedrich seit Wochen verletzt, Freistoßspezialist Hasebrink und Torjäger Windhausen verärgert und bereits in Wechselverhandlungen mit dem ebenfalls in Abstiegsgefahr steckenden SV Werder Bremen, und dann vier Spieltage vor Schluß auch noch schier aussichtslos im Tabellenkeller. Kurzum: Am Betzenberg brannte die Luft. Schuldiger, Verursacher, Täter, Opfer in einer Person war - natürlich - der Trainer. „Trainer Piechaczek mußte gehen. Von einer Stunde zur anderen. Offiziell heißt es, daß sich einige Spieler der Mannschaft gegen ihren Trainer ausgesprochen haben", teilte der »kicker« seinen Lesern mit und kommentierte erstaunt: „Daß aber der Vorstand hier gleich mitspielte, verwundert nicht nur am Betzenberg."

Ein gutes Jahr zuvor war der frühere polnische Offizier und Nationalspieler Piechaczek noch gefeierter Held auf dem Betzenberg gewesen. Wie schon seit 1963 beinahe alljährlich, hatte der FCK in der Saisonendphase mal wieder tief im Abstiegskampf gesteckt, als er Otto Knefler abgelöst hatte. Unter Piechaczek hatten die Pfälzer zehn Punkte in zehn Spielen geholt und sich souverän ein weiteres Bundesligajahr gesichert. Zwölf Monate später war Piechaczek dennoch der Buhmann - obwohl er die Lauterer ins Pokalhalbfinale geführt und mit ihnen soviele Punkte errungen hatte, wie die Roten Teufel an einem 30. Spieltag nie zuvor in der Bundesligageschichte auf ihrem Konto gehabt hatten.

Daß der Kader der Lauterer mit 15 Stammakteuren viel zu dünn war, dadurch nur selten genügend Reservespieler bereitgestanden hatten und darüber hinaus der gesamte Saisonverlauf von Verletzungspech überschattet war - niemanden in Kaiserslauterns Führungsriege hatte es wirklich interessiert. Wenige Tage nach dem 1:1 im Pokalhalbfinale gegen Schalke mußte Piechaczek gehen. Das Training übernahm sein einst aus der DDR geflüchteter Assistent Dietrich Weise, der erfolgreich die Wogen innerhalb der Mannschaft glätten - und vier Wochen später Platz 15 und damit den Klassenerhalt feiern konnte.

Egon Piechaczek schloß sich derweil Bundesligaaufsteiger Arminia Bielefeld an, mit dem er unrühmliche Skandalgeschichte schreiben sollte.

Gunther Baumann, 33

Verein:	VfB Stuttgart
Vorgänger:	Albert Sing
Erster Amtstag:	1. Juli 1967
Tabellenstand:	Platz 12 (Saisonende)
Letzter Amtstag:	30. Juni 1969
Tabellenstand:	Platz 5
Amtszeit:	24 Monate
Nachfolger:	Frantisek Bufka/Franz Seybold

Die Saison 1968/69 war schon lange beendet. Gerade hatte der DFB den Spielplan für die nächste Spielzeit herausgegeben, an dessen erstem Spieltag sich der VfB Stuttgart mit Werder Bremen auseinanderzusetzen hatte. Doch auf Cannstatts Wasen, der Heimat des VfB, würdigte man den Terminkalender kaum eines Blickes. Dort war man mal wieder mit den Dingen beschäftigt, die den VfB schon seit langem in Atem hielten. Wenige Wochen zuvor war es bei der routinemäßigen Jahreshauptversammlung derart drunter und drüber gegangen, daß sie abgebrochen werden mußte, woraufhin Dr. Walter, der seit 24 Jahren den Verein anführte, frustriert seinen Abgang angekündigt hatte. Sein designierter Nachfolger Hans Weitpert, der am 7. August 1969 tatsächlich das Ehrenamt übernahm, hatte großes vor mit den bislang weit unter den Erwartungen gebliebenen Schwaben. Er wollte in die Spitze, wollte Meister weiter, möglichst sogar in Europa auftrumpfen. Immerhin war er Honorarkonsul von Togo - und da ging es schließlich nicht, daß er mit seinem Bundesligaverein im Tabellenkeller herumdümpelte. Also machte Weitpert Nägel mit Köpfen. Gunther Baumann, seit zwei Jahren im Neckarstadion tätig und mit ausgesprochen solider Arbeit auffällig, war der erste, der seine eiserne Hand zu spüren bekam. Vergessen war, daß Baumann die Schwaben in der gerade abgelaufenen Spielzeit kurzzeitig bis hinauf auf Rang 2 geführt hatte, daß er mit Köppel, Heinze, Gress und Larsson echte Spitzenspieler gefördert hatte. Weitpert wollte Großes, und dafür war Baumann zu klein. Schon während der Saison 68/69, Baumanns Mannschaft belegte gerade Platz 2 der Bundesliga, hatte der VfB Kontakt zu dem Tschechen Frantisek Bufka aufgenommen, der nach einigen Verhandlungen auch freudig zugesagt hatte. Nach den Planspielen der Stuttgarter Führungsriege sollte Baumann fortan Assistenztrainer sein – unter Bufka. Da aber hatten die Schwabenbosse die Rechnung ohne ihren als „unbequem" geltenden Trainerfuchs gemacht, der, tief enttäuscht über das Ränkespiel hinter seinem Rücken, ankündigte, Stuttgart zum Saisonende verlassen zu wollen.

Auch gut, dachte man im VfB-Lager, und freute sich auf Bufka – aber nicht allzu lange, denn da tauchte plötzlich ein Problem auf: Bufka hatte gar keine Bundesligalizenz. Für Weitpert kein Problem. „Dann macht er sie halt", gab er bekannt - und hatte die Rechnung erneut ohne seinen Trainer gemacht. Bufka fiel nämlich durch die Prüfung und machte anschließend Schlagzeilen als „bestbezahlter Spaziergänger der Bundesliga", derweil VfB-Geschäftsführer Seybold die Trainingsgeschäfte im Neckarstadion führen mußte.

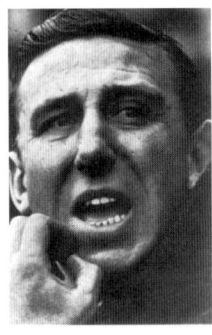

Fritz Langner, 34

Verein:	TSV München 1860
Vorgänger:	Hans Pilz
Erster Amtstag:	1. Juli 1969
Tabellenstand:	Platz 10
Letzter Amtstag:	12. November 1969
Tabellenstand:	Platz 18
Amtszeit:	5 Monate
Nachfolger:	Franz Binder

„Alibi-Training", schimpfte Wilfried Kohlars, sei es, was Fritz Langner da tue. Verschärftes Training anzuordnen diene laut Kohlars keinem anderen Zweck als „den Nachweis seiner Tätigkeit zu erbringen und vorzugeben, es liege nicht an ihm, wenn in der Mannschaft etwas schief läuft". Kohlars war stinksauer und kündigte an, fortan nur noch als Amateurspieler beim TSV 1860 mitmischen zu wollen. „Entscheidend ist, daß man fit ins Spiel kommt", klärte der Allrounder zudem über seine eigene Auffassung auf.

Kohlars' Wutausbruch war ein weiterer Beitrag zum schleichenden Abschuß Langners, dessen sportliche Bilanz nicht allzu rosig aussah: 1860 war Achtzehnter und Letzter der Bundesligatabelle. Und als wenn die katastrophale Auswärtsbilanz der Löwen (1-25 Punkte, 7:37 Tore) nicht schon schlimm genug gewesen wäre, gab es am 7. November 1969 im Freitagabendspiel gegen Kaiserslautern auch noch eine 0:1-Heimschlappe, die das Faß endgültig zum Überlaufen brachte. Auch wenn der »kicker« titelte: „60: Pech, Pech, Pech!" – das war's für den Coach des Ex-Meisters. Da half Fritz Langner auch nicht, daß der gute Saisonstart der Löwen vornehmlich durch Verletzungspech gestoppt worden war und ihm nacheinander Blankenburg, Radenkovic, Keller, Reiner und Perusic ausgefallen waren. Günther Rahm, der starke Fußballmann an der Grünwalder Straße, hatte die Nase voll. „Ein Traineraustausch bringt im Fußball erfahrungsgemäß meist Aufschwung", verkündete er, und nahm Kontakt zu seinem Wunschkandidaten Tschik Cajkovski auf.

Doch obwohl der einstige Erfolgscoach des Lokalrivalen FC Bayern bei Hannover 96 längst in Ungnade gefallen war, hatte er kein Interesse, zu den Löwen zu kommen: Er muß geahnt haben, daß dem Münchner Traditionsklub finanziell wie sportlich das Wasser bis zum Hals stand.

Statt des kleinen Kroaten kam Österreichs Fußballidol Franz „Bimbo" Binder, dem es jedoch nicht gelang, die personell ausgebluteten und von internen Turbulenzen geschüttelten Löwen vor dem Abstieg in die Regionalliga zu retten. Der »kicker« muß es schon vorher gewußt haben, als er nach Langners Rauswurf „1860 braucht einen Messias", getitelt hatte. Bimbo Binder verfügte offensichtlich nicht über die entsprechenden wunderheilerischen Fähigkeiten. Ach, und Fritz Langner, der hatte die Nase von Bundesligafußball derart voll, daß er für lange Zeit von der höchsten deutschen Fußballbühne verschwand.

Zlatko Cajkovski, 35

Verein:	Hannover 96
Vorgänger:	Karlheinz Mülhausen
Erster Amtstag:	1. Juli 1968
Tabellenstand:	Platz 10 (Saison 1967/68)
Letzter Amtstag:	8. Dezember 1969
Tabellenstand:	Platz 15
Amtszeit:	18 Monate
Nachfolger:	Hans Pilz

Es war das Ende einer Liaison, die mit vielen Vorschußlorbeeren und noch mehr Hoffnungen begonnen hatte. Was war in Hannover geschwärmt worden, als der teuerste Trainer der Bundesliga im Niedersachsenstadion angeheuert hatte! Mitsamt der ein Jahr zuvor erworbenen Starspieler Heynckes und Skoblar sollte es nun gen Meistertitel gehen.

Doch statt in den Himmel zu stürmen, stürzte 96 in den Keller. Der zusammengewürfelte Kader der Roten fand nie zueinander und kam über Mittelmaß nicht hinaus. Bald wurde Kritik an Cajkovski laut, die der immer lustige rundliche Kroate zunächst mit seinem berühmten Lächeln wegzustecken vermochte. Doch das Lächeln verging ihm bald, denn die Kritik wurde von Spiel zu Spiel schärfer. Entnervt dachte Cajkovski nun laut über einen Wechsel nach und nahm Verhandlungen mit anderen Klubs auf. Vergeblich: Die Kritik hielt an. Als es am 5. Dezember 1969 eine peinliche 0:5-Schlappe auf dem Mönchengladbacher Bökelberg gab und er sich von einem alten Freund aus Kölner Tagen Abstiegsgefahr unterstellen lassen mußte, wurde Cajkovski böse. Schimpfte, daß seine Mannschaft oben stehen würde, wenn er „einen guten Torhüter und Beckenbauer" hätte, klagte Torhüter Podlasly an, dem die Treffer 2, 3 und 4 zuzuschreiben seien. Das Ende der unglücklichen Ehe 96/Cajkovski war zu jenem Zeitpunkt übrigens schon terminiert, denn Cajkovski hatte seinen vorzeitigen Abschied zum Saisonende angekündigt.

Dazu kam es jedoch nicht mehr. „Hannover: Nun droht ein Chaos!", titelte der »kikker« sechs Tage nach dem 0:5 von Mönchengladbach. Passiert war folgendes: Am Montagabend hatte das 96-Präsidium Cajkovski mit der Begründung gefeuert, er habe das Treueverhältnis verletzt (ihm wurden Verhandlungen mit 1860 unterstellt, was der Kroate unter Tränen zurückwies), um am Dienstagnachmittag – nach einer Aussprache – flugs wieder eingestellt zu werden. Jupp Schneider, der das Vormittagstraining geleitet hatte und dem ein Vertrag für die Saison 1970/71 in Aussicht gestellt worden war, war natürlich erbost und verzichtete auf weitere Zusammenarbeit mit Hannover 96. Am Mittwoch wurde Cajkovski dann doch gekündigt, woraufhin Amateur-Trainer Paetz die Mannschaft übernahm, ehe ein Nachfolger gefunden wurde.

Der hieß schließlich Hans Pilz, kam am 2. Januar 1970, schaffte mit 96 gerade so den Klassenerhalt und verabschiedete sich im Sommer 1970 schon wieder. Tollhaus Niedersachsenstadion.

Georg Stollenwerk, 36

Verein:	Alemannia Aachen
Vorgänger:	Michael Pfeifer
Erster Amtstag:	1. Juli 1969
Tabellenstand:	Platz 2 (Saison 1968/69)
Letzter Amtstag:	16. Dezember 1969
Tabellenstand:	Platz 17
Amtszeit:	6 Monate
Nachfolger:	Willibert Weth

Es war ein schweres Erbe, das Georg Stollenwerk angetreten hatte. Das von Michael Pfeifer, der die Tivoli-Elf 1968/69 sensationell zur Vizemeisterschaft geführt und die alte Kaiserstadt in einen wahren Fußballrausch gestürzt hatte. Und das, obwohl Pfeifer zuvor vom Alemannia-Vorstand mitgeteilt worden war, daß man von einer Zusammenarbeit über die Spielzeit 1968/69 hinaus absehen wolle. Eine Entscheidung, die natürlich auf viel Unverständnis bei den Alemannia-Fans gestoßen war und seinem Nachfolger Stollenwerk das Leben vom ersten Tag an schwer machte. So kam, was kommen mußte: Ganze sechzehn Spieltage hielt sich der gebürtige Kölner im Alemannia-Sattel, dann war Schluß. Eine erschreckende Verletzungsserie, interne Unruhe, in der Tabelle nur Vorletzter – statt heimlicher Träume von der Meisterschaft plagten Alemannias Fans plötzlich knallharte Existenzsorgen.

Stollenwerks Abschied ging allerdings fast unter, denn zur selben Zeit ging es hinter den Tivoli-Kulissen drunter und drüber. Nach dem vom »kicker« als „miserable Vorstellung" bezeichneten 0:0 gegen Werder Bremen waren einige Fans auf die Barrikaden gegangen und hatten ihrem Unmut über die Entwicklung lautstark Luft gemacht. Aachens Vorsitzendem Leo Führen wurde vorgeworfen, er habe für die Starspieler Roger Claessen und Ion Ionescu „horrende Transfersummen" ausgegeben, und das sogar, wie der »kicker« zu berichten wußte, „gegen den Widerstand einiger Vorstandskollegen". Daß weder Claessen noch Ionescu den hohen Erwartungen gerecht wurden, sie wegen Teilnahme an einem Trainerlehrgang sogar fast bei jedem Training fehlten, hatte die Euphorie nach der Vizemeisterschaft in blankes Entsetzen umschlagen lassen. „Alemannia wird hellwach im Notfall sein. Aber auf keinen Fall wird ein einzelner die Entscheidung treffen. Bei uns regiert ein Team", verkündete Vorsitzender Führen nach dem Bremen-Spiel und eröffnete damit die Spekulationen um Trainer Stollenwerk. Drei Tage später war es soweit: Trennung. Nachfolger wurde Willibert Weth, der von Brachelen 09, dem Spitzenreiter der mittelrheinischen Landesliga kam, und der Mitte der sechziger Jahre schon einmal am Tivoli gewirkt hatte. Er räumte umgehend im Kader auf und machte Claessen und Ionescu deutlich, daß sie, wenn sie nicht mitzögen, rausflögen. Den Abstieg des amtierenden Vizemeisters konnte auch er nicht mehr verhindern. Gerd Stollenwerk machte derweil seine Ankündigung, dem „großen Fußball Ade zu sagen", tatsächlich wahr. Ein Angebot des HSV lehnte er ab und übernahm statt dessen den Amateurklub TuS Langerwehe, mit dem er für einige Pokalsensationen sorgte, ehe er 1975 beim 1. FC Köln kurzzeitig noch einmal auf die Bundesligabühne zurückkehrte.

Branko Zebec, 37

Verein:	Bayern München
Vorgänger:	Zlatko Cajkovski
Erster Amtstag:	1. Juli 1968
Tabellenstand:	Platz 5 (Saison 1967/68)
Letzter Amtstag:	13. März 1970
Tabellenstand:	Platz 3
Amtszeit:	21 Monate
Nachfolger:	Udo Lattek

Man kann ihn wohl getrost als den folgenschwersten Trainerwechsel der Bundesliga-geschichte bezeichnen: Den Tausch Udo Lattek/Branko Zebec.

Morgens um 4.30 Uhr klingelte, wie der »kicker« wissen wollte, „bei Udo Lattek das Telefon in Köln-Lövenich, er möge sofort nach München kommen und seine Arbeit beginnen". In München war Stunden zuvor ein Machtkampf beendet worden, den Latteks Vorgänger Branko Zebec eigentlich schon Monate vorher verloren hatte.

Der Gegenspieler des jugoslawischen Taktikfuchses hieß Robert Schwan, war Manager des FC Bayern und gemeinsam mit Präsident Neudecker Vater des Münchner Erfolges. Schwan und Neudecker war Zebec schon längere Zeit nicht mehr geheuer gewesen und als der richtige Mann erschienen, das aufstrebende Starensemble um Beckenbauer, Müller und Maier auf Erfolgskurs zu halten. Immer häufiger hatten sie daher in den Kompetenzbereich des Jugoslawen eingegriffen. So lange, bis der schließlich am 24. November 1969 erbost seine Kündigung zum Saisonende eingereicht hatte – genau das, was das Bayern-Duo mit seinen ständigen Eingriffen zu erreichen erhofft hatte.

Kaum lag Zebec' Kündigung in der Säbener Straße auf dem Tisch, nahm man Kontakt zum ehemaligen Bundestrainer-Assistenten Udo Lattek auf und einigte sich mit ihm, daß er am 1. April 1970 den FC Bayern übernehmen sollte – zu einem Zeitpunkt, an dem Zebec freilich offiziell noch im Amt sein sollte! Von da an hatte Zebec' Uhr getickt, war der Jugoslawe systematisch demontiert worden.

1:5-Punkte in Folge gaben schließlich im März 1970 einen willkommenen Anlaß, den Coach frühzeitig von seinen Aufgaben zu entbinden und Udo Lattek vorzeitig die Trainingsleitung zu übergeben. Natürlich alles, ohne auch nur ein böses Wort zu verlieren. Im Gegenteil: Artig nahmen alle von Zebec Abschied, lobten ihn noch einmal in den höchsten Tönen (Kapitän Olk: „Der beste Trainer, den ich je hatte") – und waren insgeheim erleichtert, ihn so elegant losgeworden zu sein.

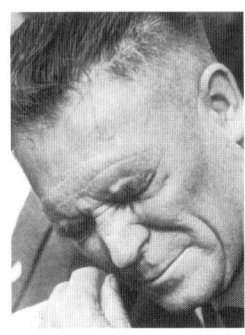

Fritz Rebell, 38

Verein:	Werder Bremen
Vorgänger:	Fritz Langner
Erster Amtstag:	1. Juli 1969
Tabellenstand:	Platz 9 (Saison 1968/69)
Letzter Amtstag:	16. März 1970
Tabellenstand:	Platz 12
Amtszeit:	10 Monate
Nachfolger:	Hans Tilkowski

Klar, das Erbe war schwer. „Nie hatte Werder einen Trainer, der so intensiv für den Fußball lebte". Mit diesen Worten hatte Werder-Urgestein Höttges Fritz Langner verabschiedet, als der sich im Sommer 1969 aus gesundheitlichen Gründen aufs Altenteil zurückzog. Doch auch sein Nachfolger Fritz Rebell hatte einiges vorzuweisen. Dreimal hatte er den niedersächsischen Regionalligisten Göttingen 05 zur Vizemeisterschaft geführt, wäre 1968 um ein Haar mit der unbekannten Provinztruppe in die Bundesliga aufgestiegen. Daß er im Sommer 1969 von der Leine an die Weser wechselte, hatte aber zwei ganz andere Gründe: Erstens: In Göttingen war Rebells Zeit abgelaufen, seine altbackene Disziplin im Zeitalter der langen Haare nicht mehr gefragt, und zweitens: In Bremen suchte man nach einer „billigen" Lösung. Rebell kostete nur 4.500 Mark Monatsgage und war damit eine solche „Billiglösung" – vor allem gegenüber Mitbewerber Udo Lattek, der 6.000 Mark im Monat haben wollte, dafür aber auch ein Mitbringsel in Form von Uli Hoeneß und Paul Breitner im Gepäck hatte. Werder lehnte ab: Zu teuer. Es dauerte nicht lange, da bereute man seine Entscheidung, denn Rebell war zwar eine billige, aber keine gute Lösung. Rasch stellte sich heraus, daß der Verfechter des Offensivfußballs im Bundesligageschäft ziemlich überfordert war, zumal der 64jährige nach eigenem Bekunden vornehmlich aus Trotz die Herausforderung 1. Liga gesucht und gar nicht so recht gewußt hatte, auf was er sich eingelassen hatte. Das konnte nicht gut gehen.

Heute ranken sich abenteuerliche Geschichten um die kurze Tätigkeit des gebürtigen Hessen. Nur wenn der allmächtige Werder-Geschäftsführer Hans Wolff beim Training zugegen gewesen sei, habe Rebell die Profis spurten lassen, ansonsten habe er es bei lockeren Spielchen belassen, heißt es beispielsweise. Fakt ist, daß im Frühjahr 1970 eine Spielerdelegation um ein Gespräch mit der Werder-Führung nachsuchte und düster orakelte, abzusteigen, „wenn nicht bald etwas passiert". Am 16. März 1970 war es soweit. Rebell sah ein, „daß man in meinem Alter nicht mehr zu den Sternen greifen kann" und übergab das Trainingszepter an Hans Tilkowski, der erst zwei Wochen zuvor seinen Trainerschein mit „sehr gut" erworben hatte. Genauso wirkte der einstige Nationaltorhüter dann auch, denn er rettete die Grün-Weißen souverän vor dem Abstieg.

Fritz Rebell kehrte derweil zurück zu seiner großen Liebe Göttingen 05, mit der er in der Regionalliga Rang 5 belegte, ehe er sich im Sommer 1970 aufs Altenteil zurückzog und ins heimatliche Heusenstamm zog. Sein Eintrag in die Bundesligageschichte ist nur knapp zehn Monate lang.

Rudi Gutendorf, 39

Verein:	Schalke 04
Vorgänger:	Günther Brocker
Erster Amtstag:	22. November 1968
Tabellenstand:	Platz 17
Letzter Amtstag:	7. September 1970
Tabellenstand:	Platz 10
Amtszeit:	23 Monate
Nachfolger:	Slobodan Cendic (offiziell: Ernst Kuzorra)

Nach nur vier Spieltagen war er schon da, der vom »kicker« bereits vor Saisonbeginn prognostizierte „Krach auf Schalke". Auslöser war weniger die unglückliche 0:1-Heimniederlage gegen Hertha (»kicker«: „Schalke hatte ganz klare Vorteile, scheiterte jedoch an der eigenen Umständlichkeit"), sondern vielmehr ein im Stadionprogramm »Schalker Echo« abgedrucktes Interview mit Präsident Günter Siebert, in dem Siebert auf die Frage, ob denn Gutendorfs zum Saisonende auslaufender Vertrag verlängert werden würde, antwortete: „Nein, Herr Gutendorf ist dann bei uns fast drei Jahre tätig. Ich finde generell, man soll Trainer nach zwei oder drei Jahren wechseln. Das bringt immer frisches Leben". Gerade mal vier Wochen nach Saisonbeginn war das natürlich starker Tobak, und Gutendorf empörte sich nicht zu Unrecht: „Wie soll ich jetzt noch die ganze Spielzeit über mit der Mannschaft zusammenarbeiten, die sich sicherlich mit Fragen, die normalerweise mich betreffen, in Zukunft an andere Leute wenden wird?".

Nun, Gutendorfs Sorgen waren „unbegründet", denn der Hauskrach auf Schalke mündete nur 24 Stunden später in einer regelrechten Explosion, in deren Zentrum Gutendorf und Siebert standen, die laut »kicker« schon seit Monaten „wie Hund und Katze zueinander stehenden" Lieferanten zahlreicher mitunter peinlicher und zu allem Übel auch noch öffentlich ausgetragener erbitterter Wortgefechte. Der Reihe nach: Nachdem Gutendorf sich im Anschluß an das Hertha-Spiel bei Journalisten über den Inhalt des Siebertschen Interviews beklagt hatte ("er untergräbt damit mein Ansehen bei der Mannschaft") hatte Siebert getobt und gefordert: „Keine faulen Kompromisse mehr. Ich verlange vom Vorstand und Verwaltungsrat die Entlassung. Sollte das nicht geschehen, dann gehe ich". Vor diese Wahl gestellt, entschieden sich Schalkes Entscheidungsträger für Siebert – und gegen Gutendorf. Eine überaus unpopuläre Entscheidung, wie sich herausstellen sollte. „Schäme dich, Schalke!", titelte beispielsweise der »kicker«, während zahlreiche Schalke-Fans ihrem Unmut mit Protestbriefen und -anrufen freien Lauf ließen. Gutendorf war am Boden zerstört. „Ich habe bei den vielen Erfolgen, die ich mit Schalke hatte, eher mit einer goldenen Ehrennadel als mit einer fristlosen Kündigung gerechnet!"

Ganz so einfach war das allerdings wohl nicht, denn der zuvor schon in Duisburg und Stuttgart vorzeitig entlassene Paradiesvogel mußte sich von vereinsinternen Kritikern vorwerfen lassen, mit seiner extravaganten Art „ständig das Selbstvertrauen unserer Mannschaft zu untergraben, unsere jungen Spieler schlecht zu machen und das Ansehen Schalkes zu schädigen".

Alfred Schmidt, 40

Verein:	Offenbacher Kickers
Vorgänger:	Zlatko Cajkovski
Erster Amtstag:	1. Juli 1970
Tabellenstand:	Platz 1 (Regionalliga, 1969/70)
Letzter Amtstag:	26. September 1970
Tabellenstand:	Platz 14
Amtszeit:	3 Monate
Nachfolger:	Rudi Gutendorf

Eigentlich deutete nichts auf eine Entlassung hin. Da gewann der amtierende DFB-Pokalsieger Kickers Offenbach sein erstes Europapokalspiel der Vereinsgeschichte mit 2:1 gegen den FC Brügge, schlug drei Tage später den MSV Duisburg mit 2:0 und rückte auf Rang 12 vor, meldete OFC-Kassierer Koch für das Geschäftsjahr 1969/70 die Rekordeinnahme von 1,7 Mio. Mark und verkündete stolz „wir sind kerngesund".

Warum also den Trainer entlassen? Nun, schon im nächsten Mittwochspiel - die englischen Wochen waren für Aufsteiger OFC inzwischen fast Gewohnheit - in Bielefeld zeigten die Rot-Weißen ihr zweites Gesicht. „Das war noch gnädig", umschrieb der »kicker« die 0:2-Niederlage auf der Alm, bei der die ausgelaugten Offenbacher deutliche Konzentrationsmängel gezeigt hatten, die drei Tage später erneut deutlich wurden, als es daheim gegen den VfB Stuttgart nur ein 3:3 gab. Bei jenem Spiel saß „Aki" Schmidt zwar noch auf der Kickers-Bank, doch hinter den Kulissen war seine Entlassung längst beschlossene Sache. Gerüchten zufolge hatte OFC-Boß Canellas bereits nach dem Bielefeld-Spiel zum kurz zuvor in Schalke geschassten Rudi Gutendorf Kontakt aufgenommen und sich mit „Riegel-Rudi" geeinigt. Und tatsächlich: Während der nichtsahnende Schmidt sich gegen Stuttgart noch darüber ärgerte, daß seine Mannschaft zwei Minuten vor Schluß durch einen Elfmeter noch den Ausgleich kassierte ("so etwas darf uns nicht passieren"), weilte Gutendorf in Belgien, um im Auftrag des OFC die Lage vor dem Europacup-Rückspiel in Brügge auszukundschaften.

„Über die Motive der Trennung schweigen die Kickers", staunte der wie so viele völlig überraschte »kicker« und mutmaßte „der unerwartete Pokalsieg ist einigen Leuten zu Kopfe gestiegen. Das ließ sie dann mit dem Alltag nicht mehr fertig werden". Peu à peu kamen die Hintergründe der Schmidt-Entlassung zutage. „Sentimentalitäten werden künftig nicht mehr gestattet", machte beispielsweise Neu-Coach Gutendorf Andeutungen über vorhandene Motivationsdefizite und sprach von einem „profimäßigen Zuschnitt des Trainingsprogramms", das er anstrebe, „denn die Mannschaft ist bislang zu sanft und leise angesprochen worden". Vereinschef Canellas ließ derweil verlauten, Schmidt sei zu unerfahren gewesen. „Dem zitterten noch eine Viertelstunde nach dem Schlußpfiff die Finger", lästerte der Gemüsegroßhändler über jenen Mann, den er wenige Monate zuvor noch so vehement gewollt hatte. Nun ja, auch der härtere Rudi Gutendorf sollte sich schon bald als falsche Lösung erweisen.

Rudi Gutendorf, 41

Verein:	Offenbacher Kickers
Vorgänger:	Alfred Schmidt
Erster Amtstag:	28. September 1970
Tabellenstand:	Platz 14
Letzter Amtstag:	23. Februar 1971
Tabellenstand:	Platz 16
Amtszeit:	5 Monate
Nachfolger:	Kuno Klötzer

„Wer soll jetzt noch Offenbach retten?", fragte sich wohl nicht nur der »kicker«, als das eingetreten war, was die Spatzen schon seit Wochen von den Dächern gepfiffen hatten: „Gutendorf gefeuert". Nach nur fünf Monaten mußte der Wander- und Paradies-vogel seinen Hut nehmen –"aufgrund fehlender Übereinstimmung in technischen Fra-gen", und, wie es natürlich hieß, im „beiderseitigen Einvernehmen". Im Klartext hieß das wohl: Gutendorf war seinem Auftrag, den Pokalsieger und Aufsteiger frühzeitig von sämtlichen Abstiegssorgen zu befreien, nicht gerecht geworden. Und zwar von Anfang an nicht: Sein Debüt hatte mit einem 0:2 im Europacup-Rückspiel in Brügge geendet; Spiel Nummer 2 hatten die Kickers mit 0:4 in Kaiserslautern verloren, und in den dar-auffolgenden acht Begegnungen waren sie nur ein einziges Mal als Sieger vom Platz gegangen.

Die ausgesprochene „fehlende Übereinstimmung in technischen Fragen" erklärte sich vornehmlich dadurch, daß OFC-Boß Canellas Gutendorf vorwarf, „personalpolitische Fehlentscheidungen" getroffen zu haben, was jener mit einem Hinweis auf die „panik-artige Atmosphäre" kommentierte und „Ruhe und Geschlossenheit" forderte, damit „die akute Gefahr gebannt" werden könne. Doch von Ruhe und Geschlossenheit konnte keine Rede sein. Beinahe im Wochenrhythmus lieferten sich Canellas und Gutendorf verbale Scharmützel, deren Höhepunkt schließlich die Entlassung war, mit der Canellas seine ohnehin schon große Machtfülle am Bieberer Berg auch noch auf den sportlichen Bereich ausdehnte: Er übernahm die Trainingsleitung nämlich höchstselbst, weil „in dieser Stunde halte ich restlos den Buckel hin". Allerdings hatte ihn die Gutendorf-Entlassung zugleich zum einsamsten Mann auf dem Bieberer Berg gemacht. Kurt Schrei-ner, mit dem der OFC zweimal aufgestiegen war, stand als Nachfolger nicht zur Verfü-gung, weil er „die Trennung von Gutendorf nicht gutheißen konnte", Kickers-Idol Her-mann Nuber fehlte die notwendige Lizenz, und vom DFB war bereits angekündigt wor-den, daß man nur einen Trainer mit Lizenz akzeptieren würde. Es kam noch schlimmer, denn Canellas' Debüt ging kräftig in die Hose. Nach dem 1:5-Heimdebakel gegen Han-nover 96 konnte der Trainerpräsident nur unter Polizeischutz den Bieberer Berg verlas-sen und gab daraufhin die Trainingsleitung an Kuno Klötzer ab, der den erneuten Ab-stieg - wenn auch nur wegen eines einzigen Tores gegenüber Rot-Weiß Oberhausen – allerdings auch nicht verhindern konnte. Freilich wurde das alles ohnehin bald neben-sächlich, denn als Canellas seinen Geburtstag nutzte, um der Öffentlichkeit die Ton-bänder mit den Bundesligaskandal-Beweisen zu präsentieren, fragte niemand mehr, wer „Offenbach jetzt noch retten" könne. Da ging es plötzlich um die gesamte Bundes-liga.

Gyula Lorant, 42

Verein:	1. FC Kaiserslautern
Vorgänger:	Dietrich Weise
Erster Amtstag:	1. Juli 1969
Tabellenstand:	Platz 15 (1968/69)
Letzter Amtstag:	9. März 1971
Tabellenstand:	Platz 14
Amtszeit:	21 Monate
Nachfolger:	Dietrich Weise

Mittelmaß ist keine schöne Sache. Das dachte man sich im Frühjahr 1971 wohl auch auf dem Betzenberg, und zögerte, den zum Saisonende auslaufenden Vertrag mit Gyula Lorant um ein weiteres Jahr zu verlängern – obwohl der Ungar die Roten Teufel in seiner zweiten Amtsperiode am Betzenberg kontinuierlich aus der Abstiegszone geführt hatte. Irgendwann zwischen dem 10. und dem 15. März 1971 wolle man in Verhandlungen eintreten, teilte die FCK-Vorstandsetage dem schon ungeduldig wartenden Ungarn beiläufig mit und bat bis dahin um Geduld.

Lorant aber hatte keine Lust zu warten und einigte sich mit dem 1. FC Köln, zur Saison 1971/72 seine Zelte eben in der Domstadt aufzuschlagen – was Kaiserslauterns Führungsspitze freilich ziemlich empörte. Lauthals schimpfte FCK-Vorsitzender Willi Müller über den „Bruch des Vertrauensverhältnisses" und ereiferte sich darüber, daß Lorant ohne sein Wissen und hinter seinem Rücken mit Köln verhandelt habe (Lorant: „Ich bin extra mit dem Zug nach Köln gefahren. Es sollte nicht bekannt werden"), während er sich gleichzeitig mit dem FCK in Verhandlungen befand.

Stocksauer sprachen die Lauterer Vorständler ihrem Coach die fristlose Kündigung aus, was ihnen nach der zwischenzeitlichen 2:5-Pleite beim HSV natürlich umso leichter fiel. Nun aber war Lorant böse. Er sah es als sein legitimes Recht an, mit Köln verhandelt zu haben und empfand die Trennung als „grundlos"; zudem reklamierte er seine „Nichtabstiegsprämie".

Auf dem Betzenberg blieb man gelassen. „Wir wollen keineswegs Öl ins Feuer gießen, doch was Lorant, sagen wir einmal an Unkorrektheit, sich in der Verhandlungsperiode geleistet hat, ist schon bemerkenswert", gab Präsident Müller zu bedenken. Doch der Ärger war ohnehin bald verraucht, denn trotz aller bösen Worte war es ein verhältnismäßig „harmonischer" Wechsel, bei dem beide Seiten offensichtlich erleichtert und zufrieden über die Trennung waren.

Kaiserslautern übergab Dietrich Weise die Trainingsgeschäfte, derweil Gyula Lorant im Juli 1971 wie geplant die Kölner Geißböcke übernahm.

Robert „Zapf" Gebhardt, 43

Verein:	Werder Bremen
Vorgänger:	Hans Tilkowski
Erster Amtstag:	1. Juli 1970
Tabellenstand:	Platz 11 (Saison 1969/70)
Letzter Amtstag:	26. September 1971
Tabellenstand:	Platz 7
Amtszeit:	15 Monate
Nachfolger:	Willi Multhaup/Sepp Piontek

„So stark wie noch nie?", hatte der »kicker« vor der Saison über Werder Bremen geschlagzeilt. Aus gutem Grund, denn die Neuzugänge der Norddeutschen waren vielversprechend gewesen: Dietrich, Laumen, Weist, Neuberger, Weber - das 750.000-DM-Darlehen, das Werder von der Stadt Bremen bekommen hatte, schien sinnvoll angelegt zu sein. Doch drei Monate später war die Ernüchterung groß, denn statt um die Spitze mitzuspielen, dümpelten die Bremer im Mittelfeld herum. Nach der 2:3-Heimschlappe gegen Stuttgart herrschte allenthalben Ratlosigkeit. „Mir fehlen Außenstürmer, die das Spiel auseinanderziehen und von den Flügeln her bestimmen können!", mahnte Werder-Coach Gebhardt. Doch statt neuer Akteure kriegte er die Kündigung. Tage zuvor hatte ein mühsamer 8:4-Sieg beim Hamburger Amateurklub Vorwärts Billstedt die Stimmung im Weserstadion weiter gedrückt, ehe Stuttgart nun das Bremer Trainerfaß endgültig zum Überlaufen gebracht hatte. Dienstagmittag, Punkt 12 Uhr, war es soweit: Gebhardt wurde zur Geschäftsstelle zitiert, wo er seine Papiere in die Hand gedrückt bekam. „Damit hatte ich nie und nimmer gerechnet", war der einzige Kommentar, der dem konsternierten Fußball-Lehrer zu entlocken war. Über die wahren Gründe der Trennung wollten beide Seiten Stillschweigen bewahren. Schon in der vergangenen Saison habe es des öfteren Differenzen zwischen dem Trainer und dem neuen Werder-Vorstand um Dr. Franz Böhmert gegeben, glaubte der »kicker« zu wissen, der zudem ein Bild abdruckte, auf dem Werders Abwehrrecke Horst Höttges mit einer abfälligen Handbewegung in Richtung Gebhardt zu sehen ist. „Sie verdeutlichte die Bremer Lage", war das Foto unterschrieben; im Text heißt es: „Im neuen Spieljahr wurde wiederum mehrfach, wenn auch nicht öffentlich, Kritik an den Maßnahmen Gebhardts laut, die erste Heimniederlage am vergangenen Sonnabend war dann wohl das auslösende Element."

Gebhardts Nachfolger wurde zunächst „Fischken" Multhaup, seit '68 im Rentnerdasein weilender Ex-Meistercoach der Grün-Weißen. Schon bei dessen erstem Spiel, das Werder mit 3:1 in Düsseldorf gewann, saß jedoch auch der frühere Nationalverteidiger Sepp Piontek mit auf der Bank. Nach einigem Wirrwarr stellte sich heraus: Multhaup agierte lediglich als „Berater", derweil der 31jährige Piontek der eigentliche Trainer geworden war. Werders Vorstand fürchtete offensichtlich, daß Multhaup körperlich doch nicht so gesund war, wie er immer wieder beteuerte. „Wenn Multhaup plötzlich aus Krankheitsgründen ausfallen würde und passen müßte, dann müßten wir uns auch notgedrungen nach einem neuen Mann umsehen!", gab Präsident Dr. Böhmert zum Besten. Kommentar des »kicker«: „Werder, so sieht es zur Zeit aus, dürfte der erste Bundesligaverein sein, der einen eigenen Lizenzspieler zum Trainer der Mannschaft macht".

Helmut Johannsen, 44

Verein:	Hannover 96
Vorgänger:	Hans Pilz
Erster Amtstag:	1. Juli 1970
Tabellenstand:	Platz 13 (Saison 1969/70)
Letzter Amtstag:	13. November 1971
Tabellenstand:	Platz 18
Amtszeit:	18 Monate
Nachfolger:	Hans Hipp

Die Stimmung war auf dem Tiefpunkt angelangt. „Gegen wen sollen wir denn über-haupt noch gewinnen", fragte Torhüter Pauly verzweifelt, und wartete vergeblich auf eine Antwort. Gerade hatte Hannover 96 daheim mit 2:3 gegen den HSV verloren, eine 2:0-Führung verspielt, zum wiederholten Mal einen desolaten Eindruck hinterlassen. Zwischen der 71. und der 83. Minute waren die drei Hamburger Treffer gefallen und hatten der für Hannovers Verhältnisse mageren Kulisse von 18.500 mal wieder den Nachmittag verdorben. Während die stocksaueren Fans auf der Tribüne ihre Fahnen verbrannten, dachte der 96-Vorstand über Lösungsmöglichkeiten nach. Max Merkel würde es wohl richten können, doch der hatte gerade erst bei Atlético Madrid unter-schrieben und wollte vom „besten Tabellenletzten, den es je gab" (»kicker«) nichts wis-sen. Daß Helmut Johannsen, 1967 mit Nachbar Braunschweig sensationell Deutscher Meister geworden und im Juli 1970 als Hoffnungsträger in die niedersächsische Lan-deshauptstadt gekommen, nicht mehr der Richtige wahr, schien beschlossene Sache zu sein. Ärger mit den jüngeren Spielern, ein unglückliches Händchen beim Spielerein-kauf und ein getrübtes Verhältnis zur heimischen Presse wurden ihm vorgeworfen. Der Betroffene sah allerdings andere Gründe für die sportliche Talfahrt: „Das regelmäßig auftauchende Gerede darüber, daß der Trainerstuhl wackelt, ist doch für uns zu einem Hauptproblem geworden. Es zerrüttet nur noch unnötig die Nerven der Spieler. Meine Nerven sind dabei in Takt geblieben". Johannsens Ära im Niedersachsenstadion hatte gut begonnen. Trotz der Abgänge von Skoblar und Heynckes war 96 1970/71 Neunter geworden und hatte für positive Schlagzeilen gesorgt. Jedoch nicht allzu lange. „Man kann die 96er Mannschaft in ihrer Erfolglosigkeit mit der europäischen Gemeinschafts-rakete vergleichen. Der Start glückte, später reichte die Zündung nicht mehr. ‚Europa II' stürzte in den Atlantik, Hannovers enttäuschender Fußballstolz in die fünfte Niederlage hintereinander, schrieb der »kicker« nach dem eingangs erwähnten 2:3 gegen den HSV feinsinnig und legte eine Woche später in puncto Lyrik noch einen drauf, als er titelte: „Heißt Hannovers neuer Schlachtruf: Hipp-hipp-hurra?". Am Donnerstag nach dem HSV-Spiel war es nämlich passiert, war Johannsen „unabhängig vom Ausgang des Samstags-spiels in Köln" entlassen worden. Daß Johannsen dennoch in Müngersdorf auf der Bank saß und mit einem 1:3 die sechste Niederlage in Folge miterleben mußte, lag aus-schließlich daran, daß Wunschkandidat Nummer 3 (nach den unabkömmlichen Merkel und Kronsbein) noch bei Tasmania Berlin unter Vertrag stand und dort erst losgeeist werden mußte: Hans Hipp, dereinst mit Lokalrivale Arminia zweifacher Nordmeister und ab dem 18. November offizieller Johannsen-Nachfolger.

Horst Witzler, 45

Verein:	Borussia Dortmund
Vorgänger:	Hermann Lindemann
Erster Amtstag:	1. Juli 1970
Tabellenstand:	Platz 5 (Saison 1969/70)
Letzter Amtstag:	21. Dezember 1971
Tabellenstand:	Platz 15
Amtszeit:	18 Monate
Nachfolger:	Herbert Burdenski

Schon vor Saisonbeginn hätte Horst Witzler am liebsten das Handtuch geworfen – und zwar freiwillig. 50.000 Mark soll er dem BVB-Vorstand geboten haben, wenn man ihn vorzeitig aus seinem Vertrag entlassen würde, hieß es hinter vorgehaltener Hand. Doch Witzler mußte bleiben – und den anhaltenden Niedergang des personell völlig ausgebluteten Traditionsvereins aus nächster Nähe mit ansehen. Aus erfolgreichen Tagen war ihm nur Hoppy Kurrat geblieben, um den herum Witzler zehn vornehmlich aus dem Amateurlager stammende Neuzugänge plaziert hatte. Bundesligareife erreichte diese Mischung jedoch nur selten. Tiefpunkt war die 1:11-Schlappe im November 1971 bei Bayern München, die bis dato höchste Niederlage der Dortmunder. Borussias Vorstand machte sich anschießend auch gar keine Hoffnungen mehr, den Klassenerhalt noch auf sportlichem Wege zu erreichen: Statt dessen spekulierte man im Zusammenhang mit dem Bundesligaskandal auf einen Lizenzentzug für Rot-Weiß Oberhausen oder alternativ auf die Aufstockung der Bundesliga auf zwanzig Teilnehmer.

Doch als es im November selbst gegen die ebenfalls abstiegsgefährdeten Offenbacher und Essener Pleiten gab, richtete sich die Kritik plötzlich gegen Witzler. „Gewisse Vorkommnisse sowie die Stimmungsmache in der Lokalpresse zwingen uns dazu, das Trainerproblem neu zu überdenken", meinte BVB-Boß Dr. Kliemt vieldeutig, kündigte aber zugleich an, nichts überstürzen zu wollen. „Bis zum 2. Januar haben wir ohnehin Trainingspause. Die Mannschaft ist in Urlaub gefahren. Und einen neuen Mann haben wir auch noch nicht im Visier. Ehe der Nachfolger nicht bestimmt ist, ehe wir auch mit Witzler nicht selber gesprochen haben, bleibt alles beim alten", meinte er am 20. Dezember 1971 und fügte hinzu, daß allein schon aus menschlichen Gründen in der Weihnachtswoche nichts mehr passieren solle. Tags darauf jedoch war Witzler entlassen und Herbert Burdenski installiert. „Wir waren der Auffassung, doch so schnell wie möglich klare Verhältnisse schaffen zu müssen", verteidigte die BVB-Zentrale ihren Umfaller und freute sich auf Nachfolger Burdenski, „den wir für einen sehr fähigen Mann halten". Der ein Jahr zuvor in Essen vorzeitig entlassene Ex-Schalker, der zuletzt halbtags bei Westfalia Herne beschäftigt war, gab sich ebenfalls optimistisch. „Erstens glaube ich fest daran, daß der BVB mindestens Platz 16 machen kann, zweitens reizt mich die Rückkehr ins große Bundesligageschäft und drittens will ich beweisen, daß ich seinerzeit bei RW Essen zu Unrecht beurlaubt worden bin", gab er sich kämpferisch. Vergeblich. Am Saisonende standen ganze 20 Punkte auf dem BVB-Konto, und das langte nur zu Rang 17 – vor Skandalsünder Bielefeld.

Egon Piechaczek, 46

Verein:	Arminia Bielefeld
Vorgänger:	Hans Wendlandt
Erster Amtstag:	15. November 1969
Tabellenstand:	Platz 6 (Regionalliga West)
Letzter Amtstag:	21. Dezember 1971
Tabellenstand:	Platz 16
Amtszeit:	26 Monate
Nachfolger:	Jan Notermans

Über Bielefeld lag Trauer. Der DSC Arminia, 1970 noch so fulminant in die Bundesliga aufgestiegen und dort mit Platz 14 auf Anhieb auch verblieben, hatte krumme Dinger gedreht und stand kurz vor dem Ausschluß aus der Bundesliga.

Egon Piechaczek, 1969 auf die Alm gekommener Pole, der den Schwarz-Weiß-Blauen das Kämpfen und Spielen beigebracht hatte, stand mittendrin in dem Wust der Anschuldigungen, Vermutungen, Gerüchte und Verleumdungen, wurde als einer der Drahtzieher des Bundesligaskandals verdächtigt.

Nicht ohne Grund, denn der Ex-Offizier hatte es zwar geschafft, der DSC-Elf Disziplin und Kampfkraft einzuflößen, die sie in die Bundesliga katapultiert hatte, doch dort hatten sich erschreckende Mängel bei den Ostwestfalen aufgetan, die Piechaczek vor allem durch eines abzustellen vermochte: Bestechung. Er hatte dem DSC-Vorstand von den Gepflogenheiten anderer Bundesligaklubs berichtet, die, wie er gehört zu haben vorgab, regelmäßig „schmieren" würden und den Herren empfohlen, dasselbe zu tun. Bekanntlich war sein Ansinnen auf offene Ohren gestoßen – der Rest ist Geschichte.

Piechaczeks Schicksal war eng mit dem des DSC-Vorstandes der Skandalzeit verknüpft. Als die verantwortlichen Präsidialen Stute, Pieper und Co. am 20. Dezember 1971 auf einer außerordentlichen Generalversammlung im Bielefelder Winfried-Haus von den DSC-Mitgliedern abgewählt und durch ein Konsortium um Alfred Rahe, dem Inhaber der örtlichen Falter-Fahrradwerke, ersetzt wurden, schlug somit auch Piechaczeks Stunde. Ganze 24 Stunden später bekam er seine Entlassungspapiere in die Hand gedrückt. Begründung: Er sei „vermutlich durch Mitwissen in die Affäre verstrickt". Skandalnudel Arminia Bielefeld wollte einen Neubeginn, und da paßte der Skandaltrainer nicht.

Für die verbliebenen Bundesligaspiele übernahm der Niederländer Jan Notermans das Training der Alm-Kicker, deren Abstieg am 19. Februar 1972 vorzeitig und außersportlich amtlich wurde, als der DFB Arminias Ausschluß aus der Bundesliga zum Saisonende verkündete.

Während der DSC sechs Jahre später wiederkommen durfte, war die Bundesliga-Laufbahn Piechaczeks beendet: Einen Skandalsünder will eben keiner.

Gyula Lorant, 47

Verein:	1. FC Köln
Vorgänger:	Ernst Ocwirk
Erster Amtstag:	1. Juli 1971
Tabellenstand:	Platz 11 (Saison 1970/71)
Letzter Amtstag:	4. April 1972
Tabellenstand:	Platz 4
Amtszeit:	10 Monate
Nachfolger:	Rolf Herings

Stinksauer ließ Gyula Lorant sich bei der Pressekonferenz nach dem 0:3 im Pokalspiel beim FC Bayern von Präsident Oskar Maaß vertreten. „Herr Lorant fürchtet sich davor, daß er in seinem Zorn über den Schiedsrichter etwas sagen könnte, was nicht gut wäre", hieß es, denn nach Lorants Ansicht hatte Schiedsrichter Horstmann vor dem vorentscheidenden 2:0 nur deshalb auf Ecke entschieden, „weil Bayern-Goalgetter Müller vehement darauf bestanden habe und zudem einem Kölner Treffer durch Glowacz die Anerkennung verweigert, weil angeblich eine Abseitsposition vorgelegen habe". Doch das war nur die halbe Wahrheit, denn Lorant war noch aus einem anderen Grunde sauer: Während des Spiels hatte er sich ein lautstarkes und ziemlich peinliches Rededuell mit Präsident Maaß geliefert, der von der Tribüne aus die Einwechslung Paul Scheermanns gefordert hatte, was Lorant mit „Halt das Maul, Du fette alte Sau" kommentiert hatte.

Dieser verbale Schlagabtausch kostete ihm drei Tage später seinen Job. Nachdem zwei Platzordner die beleidigende Lorantsche Aussage bestätigt hatten, entließ der FC Köln seinen ungarischen Coach mit sofortiger Wirkung, was der allerdings ganz und gar nicht verstehen konnte. „Ich bin oft sehr temperamentvoll und sage auch schon einmal etwas, was nicht allen Leuten in den Kram paßt, aber solche Worte gehören nicht zu meinem Vokabular. Wenn aber Herr Maaß zwei Platzordnern mehr glaubt als seinem Trainer, dann sehe ich keine Möglichkeit zu einer gedeihlichen Zusammenarbeit mehr", giftete er und kündigte an, auf gerichtlichem Wege zu seinem Recht kommen zu wollen. „Ich lasse mir meinen Ruf als Trainer nicht ruinieren und werde einen Rechtsanwalt mit der Wahrung meiner Interessen beauftragen. Selbstverständlich bestehe ich auf Einhaltung des Vertrages und meiner finanziellen Forderungen".

Es war nicht das erste Mal, daß Lorant und Maaß aneinandergeraten waren. Im November 1971 hatten sich die beiden, ebenfalls beim Spiel in München, schon einmal gegenseitig angegriffen, weil Kölns Präsident den Ungarn nach der 2:4-Niederlage drei Tage zuvor im UEFA-Cup-Spiel gegen Dundee öffentlich kritisiert hatte. Das Tischtuch war also längst zerschnitten gewesen, als es zur endgültigen Trennung kam, die, wie vorauszusehen war, ein Nachspiel hatte, denn Lorant bot zwei Zeugen auf, die aussagten, die „fette Sau" sei nicht von ihm, sondern von einem Zuschauer gekommen. Am Ende einigte man sich auf eine Abfindung von 25.000 Mark, und Lorant wechselte zur Saison 1972/73 auf den Bieberer Berg zu Kickers Offenbach.

Branko Zebec, 48

Verein:	VfB Stuttgart
Vorgänger:	Franz Seybold
Erster Amtstag:	1. Juli 1970
Tabellenstand:	Platz 7 (Saison 1969/70)
Letzter Amtstag:	18. April 1972
Tabellenstand:	Platz 9
Amtszeit:	22 Monate
Nachfolger:	Karl Bögelein

So mies war die Stimmung noch nie gewesen im Schwabenländle. „In einem lang-weiligen Gekicke ohnegleichen, in dem die Reporter verzweifelt nach Höhepunkten ,graben' mußten, siegten die Einäugigen unter den Blinden auch nur deshalb, weil Li-bero Entenmann nach einem Freistoß Haugs schneller als die sonst zuverlässige Gäste-abwehr, vor allem Danner, geschaltet hatte", heißt es bitterböse in dem mit „Schlafwa-gen-Fußball" überschriebenen »kicker«-Bericht über das 1:0 des VfB Stuttgart gegen den MSV Duisburg. Ganze 2.000 Zuschauer waren im Neckarstadion Augenzeugen gewesen und hatten sich nach Schlußpfiff förmlich die Seele aus dem Hals gepfiffen. Nie zuvor war der VfB Stuttgart so schlecht, so desolat aufgetreten. Guter Rat war teuer.

Auch Branko Zebec, erst 1½ Jahre zuvor aus München gekommener Jugoslawe war verzweifelt – und bat den VfB-Vorstand schriftlich um sofortige Beurlaubung, „weil das die beste Lösung wäre". Er, Zebec, könne sich in Ruhe nach einem neuen Verein umse-hen, der VfB dagegen, „ohne Beeinflußung durch mich", die Mannschaft verstärken. VfB-Boß Weitpert, eine schillernde Figur, die den VfB mit aller Macht nach oben brin-gen wollte, war hellauf begeistert. Sofort stimmten Präsidium und Verwaltungsrat der Schwaben Zebec' Ansinnen zu, derweil Ex-Nationalkeeper Karl Bögelein die Betreu-ung der Schwaben in den verbleibenden sechs Saisonspielen übernahm.

Was auf den ersten Blick so harmonisch erscheint, hatte eine turbulente Vorgeschich-te, denn das Verhältnis zwischen VfB und Zebec war schon seit längerem getrübt gewe-sen – vor allem, weil sich der Jugoslawe regelmäßig bitterböse Rededuelle mit Präsidi-umsmitglied Hübner geliefert hatte. Nicht gerade vorbildlich war aber auch die Vorge-hensweise des VfB gewesen, Zebec ausgerechnet in dem Moment, in dem er nach einer Gallensteinoperation im Krankenhaus lag, mitzuteilen, daß sein Vertrag nicht über das Saisonende hinaus verlängert werden würde – und zur gleichen Zeit auch noch Kontakt zu Bochums Hermann Eppenhoff aufzunehmen, der zur Saison 1972/73 nach Stuttgart kommen sollte. So war die Trennung wohl tatsächlich das beste, was VfB und Zebec tun konnten. Zumal Zebec, wie er zum Abschied meinte, seine Jungs ja „sportlich wieder-sehen" würde. Das stimmte freilich nicht so ganz, denn erst 1974 übernahm der zwi-schenzeitlich bei Hajduk Split wirkende Jugoslawe wieder einen deutschen Erstligisten: Eintracht Braunschweig.

Hans Hipp, 49

Verein:	Hannover 96
Vorgänger:	Helmut Johannsen
Erster Amtstag:	18. November 1971
Tabellenstand:	Platz 18
Letzter Amtstag:	1. März 1973
Tabellenstand:	Platz 16
Amtszeit:	16 Monate
Nachfolger:	Hannes Baldauf

Acht Monate waren bereits vergangen, als es in der Bundesligasaison 1972/73 den ersten Trainer erwischte – so lange, wie noch nie. Doch die Klubs waren nicht plötzlich geduldig geworden - die höchste deutsche Spielklasse war vielmehr wie gelähmt von den Folgen des Bundesligaskandals, und die Vereine mehr mit der Wiederherstellung ihres Rufs und dem Verdauen der extrem zurückgehenden Zuschauerzahlen beschäftigt, als dass sie sich dem kostspieligen und zumeist schlagzeilenträchtigen Austausch ihrer Übungsleiter widmen konnten.

Hannover 96 war es schließlich, das den „Bann" brach. „Hannover 96 ist sich wieder einmal treu geblieben. Seitdem der Verein der Bundesliga angehört, seit neun Jahren also, hat es noch kein Trainer geschafft, sein Vertragsende im Amt und Würden zu erleben", kommentierte der »kicker« das Aus von Hans Hipp und legte zugleich den Finger in die Wunde: „Damit hat sich bei Hannover 96 wieder einmal der übliche Kreislauf geschlossen: Fehler haben alle gemacht, doch als sie sich auszuwirken begannen, wurde nur der Trainer dafür bestraft".

Grund für Hipps Entlassung zwischen dem 23. und dem 24. Spieltag war die katastrophale Auswärtsleistung der Roten. Null Siege, null Unentschieden, aber zehn Niederlagen und ein Torverhältnis von 8:29 standen zu Buche, und 96 konnte froh über seine Heimstärke sein, ansonsten wären die Niedersachsen wohl längst tief im Abstiegskampf versunken. So aber belegten sie immerhin Rang 14, als Hans Hipp telefonisch die Kündigung erhielt. Hipp nahm es gelassen: „Mit so etwas muß man als Trainer ja immer mal rechnen. Aber daß ich mich nicht einmal von der Mannschaft verabschieden durfte und der Präsident die Spieler vergattert hat, daß sich keiner von mir verabschieden soll, halte ich dann doch für lächerlich", reichte er den Schwarzen Peter umgehend an 96-Präsident Bock weiter und verkündete, „zunächst einmal werde ich mich von Hannover 96 ausruhen, für das ich eineinhalb Jahre Tag und Nacht gearbeitet habe".

Während Assistent Baldauf die Trainingsleitung für den Rest der Saison übernahm und 96 im „Wunder von Wuppertal" ein weiteres Bundesligajahr sicherte, geriet Präsident Ferdinand Bock in die Schlagzeilen. Seine unerbittliche Sparwelle sei es, die 96 allmählich zum Tollhaus mache, schimpften vereinsinterne Kritiker, und schlugen damit in jene Kerbe, die Hans Hipp bei seinem Abgang hinterlassen hatte: „Trotz meiner Warnungen hat der Verein aus Sparsamkeitsgründen zu Saisonbeginn die Leistungsträger Keller, Weller und Bertl verkauft und sie völlig unzulänglich ersetzt".

Dietrich Weise, 50

Verein:	1. FC Kaiserslautern
Vorgänger:	Gyula Lorant
Erster Amtstag:	11. März 1971
Tabellenstand:	Platz 14
Letzter Amtstag:	4. Juni 1973
Tabellenstand:	Platz 9
Amtszeit:	16 Monate
Nachfolger:	Gerd Schneider bzw. Erich Ribbeck

Selten zuvor war eine Trainerentlassung so skurril gewesen. In der Hauptsache ging es um Wolfgang Seel, Kaiserslauterns Juniorennationalspieler, der zur Saison 1973/74 für 400.000 Mark zu Fortuna Düsseldorf wechseln sollte. Doch weil die Lauterer so knapp bei Kasse waren, hatten sie sich im Mai 1973 zu einer ziemlich ungewöhnlichen Klausel verdonnern lassen (müssen): Seel durfte bis zum Saisonende nicht mehr für sie spielen – weder in Freundschaftsspielen, noch im letzten Bundesligamatch bei Hertha BSC. Nur dann, so lautete die Vereinbarung, würden die Düsseldorfer die Ablösesumme sofort auf das FCK-Konto überweisen und die prekären pfälzischen Geldnöte ein wenig mildern. FCK-Coach Dietrich Weise fiel aus allen Wolken, als er von dem schrägen Deal hörte. Wütend verwies er auf seine vertraglich abgesicherte Alleinverantwortung für die Mannschaftsaufstellung und verbat sich jegliche Form der Einmischung.

Doch ganz so einfach war das nicht, denn den Lauterern war das Geld wichtiger als Weises gekränkter Stolz. Klammheimlich wurden hinter Weises Rücken Fäden gesponnen und damit ein lustiges Tohuwabohu losgetreten. Zunächst rief FCK-Präsident Udo Sopp Wolfgang Seel an und teilte ihm mit, er sei ab sofort beurlaubt. Wenig später jedoch bat Dietrich Weise den wechselwilligen Stürmer, er möge doch bitte pünktlich bei der Abfahrt des FCK-Busses zum Freundschaftskick beim VfR Heilbronn erscheinen – was der künftige Düsseldorfer dann auch prompt tat. Den Bus besteigen durfte er jedoch nicht, denn genau das verboten ihm die mitreisenden Vorstandsmitglieder Dohn und Schneider jun. mit Hinweis auf die Abmachungen mit der Düsseldorfer Fortuna.

Als Trainer Weise in Sulzbach hinzustieg, Seel nicht im Bus vorfand und von den Reisebehinderungen seines Schützlings hörte, war er außer sich vor Wut. „Dann können Sie mich gleich mit beurlauben", giftete er Präsident Willi Müller an – und bekam tatsächlich die Entlassungspapiere überreicht!

Natürlich war das Verhältnis FCK/Weise nicht erst seit dem Seel-Vorfall gestört, denn mehrere Wochen zuvor hatte Weise für die Saison 1973/74 bei Eintracht Frankfurt unterschrieben, und die Lauterer damit ziemlich vor den Kopf gestoßen. Auf dem Betzenberg hatte man daraufhin von einem „falschen Spiel" gesprochen, derweil Weise sich unschuldig gewähnt hatte. Pikanterweise wurde Weises Nachfolger am Betzenberg ausgerechnet Erich Ribbeck, jener Mann, den Weise in Frankfurt ablöste. So etwas nennt man dann wohl „Ringtausch". Für den Rest der Saison 1972/73 mitsamt des verbliebenen Spiels bei Hertha BSC übernahm allerdings Gerd Schneider die Roten Teufel.

Rudi Schlott, 51

Verein:	1. FC Köln
Vorgänger:	Rolf Herings
Erster Amtstag:	1. Juli 1972
Tabellenstand:	Platz 4 (Saison 1971/72)
Letzter Amtstag:	16. September 1973
Tabellenstand:	Platz 16
Amtszeit:	15 Monate
Nachfolger:	Zlatko Cajkovski

„Jetzt müssen wir die Punkte zu Hause holen", gab Rudi Schlott nach der deprimierenden 1:3-Niederlage im Hamburger Volksparkstadion sichtlich resigniert zu Protokoll. Statt Europacup drohte den ambitionierten Geißböcken Abstiegskampf – und das ausgerechnet in der Saison, in der der stolze FC mit dem SC Fortuna erstmals Bundesligakonkurrenz in der eigenen Stadt bekommen hatte. Natürlich gab es objektive Gründe für die schwachen Leistungen, denn die Kölner hatten schwere Verluste hinnehmen müssen. Den Wechsel von Jupp Kapellmann zum FC Bayern beispielsweise, oder aber die verletzungsbedingten Ausfälle von Welz, Glowacz und Lauscher. Doch nach dem ernüchternden Hamburg-Spiel gab es für den Vorstand um Oskar Maaß dennoch kein Pardon mehr: Rudi Schlott, der den FC wenige Monate zuvor noch zur Vizemeisterschaft und ins Pokalfinale geführt hatte, mußte gehen. „In beiderseitigem Einvernehmen", wie es hieß, und angeblich, ohne das ein Nachfolger bereit stand. „In den nächsten Tagen werden wir weiter sehen", gab Präsident Maaß jedenfalls diesbezüglich bekannt. Dabei war doch eigentlich Eile angesagt, denn schon am Mittwoch nach der Schlappe von Hamburg drohte dem FC die nächste Pleite: Im UEFA-Cup-Spiel beim türkischen Erstligisten Eskisehirspor. Und eigentlich hatte Maaß ja auch hinter den Kulissen längst entsprechende Fäden geknüpft. Schon am Sonntagabend – 24 Stunden nach dem HSV-Spiel - hatte er nämlich bei Tschik Cajkovski angerufen und den Ex-Meistercoach der Geißböcke gedrängt, sofort wieder die Verantwortung zu übernehmen. „Ich sage: Okay. Fahre mit in die Türkei. Gespräch dauerte keine zwei Minuten", erinnerte sich der listig-lustige Kroate an ein offensichtlich kostengünstiges Telefonat, und freute sich in seinem ersten Einsatz als neuer Geißbockdompteur über ein torloses Unentschieden in der „kahlen Steinwüste" (»kicker«) Eskisehir.

Über seinen Vorgänger Rudi Schlott wurden nicht mehr allzu viele Worte verloren. Klammheimlich verschwand der frühere Weisweiler-Assistent aus dem gleißenden Scheinwerferlicht der Bundesliga und ward dort nie wieder gesehen. „Er blieb blaß, hatte wohl seine Stärken im theoretischen Bereich. Als die Siege seltener wurden, mußte er gehen", heißt es vielsagend in dem Buch „Der neue 1. FC Köln".

Horst Witzler, 52

Verein:	Rot-Weiß Essen
Vorgänger:	Janos Bedl
Erster Amtstag:	1. Juli 1972
Tabellenstand:	Platz 2 (Regionalliga, Saison 1971/72)
Letzter Amtstag:	27. September 1973
Tabellenstand:	Platz 17
Amtszeit:	15 Monate
Nachfolger:	Diethelm Ferner

„Ich will nicht geliebt werden. Ich will hart arbeiten. Wer sich für das viele Geld, das er verdient, quälen will, steht bei mir hoch im Kurs. Ich gönne mir selber auch keine ruhige Minute", lautete das Lebens- und Arbeitsmotto von Horst Witzler, der Rot-Weiß Essen 1973 in die Bundesliga zurückgebracht hatte. Ein Motto, das womöglich den Erfolg bringt, zugleich aber einsam macht - vor allem in sportlich weniger erfolgreichen Zeiten, wie sie nach der 1:3-Schlappe beim Tabellenletzten Schalke 04 mit Sicherheit angebrochen waren, denn da fanden sich die Rot-Weißen plötzlich am achten Spieltag im Tabellenkeller wieder. Prompt setzte die schon seit Wochen leise betriebene Trainer-diskussion (zeitweise hatte es geheißen, Meistermacher Merkel würde demnächst seine Peitsche an der Hafenstraße schwingen) mit voller Lautstärke ein – und zwar so laut, daß RWE-Boß Naunheim sich genötigt sah zu erklären: „Ich habe, um allen Spekulatio-nen vorzubeugen, noch vor wenigen Tagen Herrn Witzler mein Vertrauen ausgespro-chen". Naunheim hatte gute Gründe, an seinem umstrittenen Coach festzuhalten: Witzler hatte nämlich noch einen gültigen Dreijahresvertrag, und eine vorzeitige Trennung würde die finanzklammen Essener (man sprach von einer Million Verbindlichkeiten) in arge Schwierigkeiten bringen.

Doch ungeachtet der leeren Kassen waren Witzlers Tage längst gezählt, denn eine handfeste Führungskrise – Präsident Naunheim und sein Stellvertreter, der zwei Wo-chen zuvor zurückgetretene Lingenberg, lagen sich in den Haaren – hatte RWE ziem-lich aus dem Gleichgewicht gebracht. Als einige Spieler gegen Witzler meuterten, fehl-te es dem RWE-Vorstand an Rückgrat, sich dagegen zu wehren. Mit den Worten „es war der Wunsch der Spieler, dem man sich beugen mußte", übergab Naunheim wenige Stunden vor dem Schicksalsspiel gegen Werder Bremen Witzler-Assistent Diethelm Fer-ner die Trainingsleitung, und freute sich über einen erlösenden 3:1-Sieg über die Nord-deutschen. „Der Trainerwechsel bei RWE wirkte Wunder. Die Mannschaft kämpfte und spielte in dem Ehrgeiz, alles besser machen zu wollen, wie seit Jahren nicht mehr, fightete die Bremer im Endeffekt richtig nieder", staunte nicht nur der »kicker« über die nicht für möglich gehaltene Leistungssteigerung.

Daß Witzler am Widerstand einiger Spieler gescheitert war, hinterließ freilich einen schalen Beigeschmack, zumal es sich vornehmlich um Akteure handelte, die, so wußte zumindest der »kicker« zu berichten, „ihre Zukunft ohnehin nicht mehr bei Rot-Weiß leuchten sahen". Namen nannte das Fachblatt allerdings nicht.

Rudolf Faßnacht, 53

Verein:	MSV Duisburg
Vorgänger:	Robert Gebhardt
Erster Amtstag:	1. Juli 1970
Tabellenstand:	Platz 15 (Saison 1969/70)
Letzter Amtstag:	20. Oktober 1973
Tabellenstand:	Platz 18
Amtszeit:	40 Monate
Nachfolger:	Willibert Kremer

6.000 Unerschütterliche verloren sich auf den Rängen des Wedaustadions und schickten ihren Frust in den Duisburger Abendhimmel: „Faßnacht raus, Faßnacht raus!". 1:3 hatten ihre an Harmlosigkeit kaum noch zu überbietenden Zebras gegen Neuling Fortuna Köln verloren, und ein erschreckendes Beispiel ihrer Hilflosigkeit abgeliefert. Auf Rängen und Spielfeld herrschte Trauerstimmung. Das einzig gute an der Pleite sei, so witzelten einige frustrierte Fans, daß der MSV schon vor dem Spiel Platz 18 erreicht hatte und insofern in der Tabelle nicht weiter abrutschen konnte. Doch eigentlich war die Lage viel zu ernst für derartige Witzchen.

Das dachte wohl auch Rudi Faßnacht und bot dem MSV-Vorstand seinen Rücktritt an – wie schon eine Woche zuvor, als er nach der 2:4-Niederlage bei Bayern München schon einmal die Brocken freiwillig hatte hinwerfen wollen, vom MSV-Vorstand aber zum Bleiben bewegt worden war. Diesmal blieb dem Zebra-Präsidium unter dem Eindruck der vehementen Zuschauerproteste und der dramatischen Tabellensituation keine andere Wahl. „Wir haben uns mit Herrn Faßnacht immer sehr gut verstanden, wir haben ihm auch viel zu verdanken, aber andererseits müssen wir natürlich auch an den Verein denken. Wir erhoffen uns von einem Wechsel einen seelischen und moralischen Aufschwung der Mannschaft", gab MSV-Boß Wilhelm Tiefenbach sichtlich bewegt bekannt und übergab Assistent und Jugendtrainer Willibert Kremer die Trainingsleitung. Dem einstigen Spieler von Viktoria Köln, Hertha BSC und MSV Duisburg gelang es tatsächlich, den MSV-Karren wieder flott zu bekommen. Zwar kassierte er in seinem Debütspiel eine 2:4-Schlappe in Essen, anschließend aber ging es allmählich bergauf. Am Ende feierte der MSV Rang 15 und damit den Klassenerhalt.

Rudi Faßnacht hatte derweil die Nase voll von der Bundesliga. Nach vier Jahren Duisburg, in denen er unter schwierigen finanziellen Bedingungen Erstaunliches geleistet hatte, er immer wieder hatte mitansehen müssen, wie von ihm aufgebaute Leistungsträger gegangen waren, kehrte er dem Oberhaus den Rücken. 1974 heuerte er beim VfR Heilbronn an, den er kurzzeitig aus der Zweitliga-Abstiegszone führte, woraufhin ihn im Dezember 1974 prompt der Ruf des krisengeschüttelten VfB Stuttgart erreichte, dem er jedoch nicht folgen konnte, da Heilbronn ihn nicht vorzeitig freigeben wollte. Somit blieb Duisburg Faßnachts einzige Bundesligastation.

Volker Kottmann, 54

Verein:	Fortuna Köln
Vorgänger:	Martin Luppen
Erster Amtstag:	1. Juli 1973
Tabellenstand:	Platz 1 (Regionalliga, Saison 1972/73)
Letzter Amtstag:	28. Dezember 1973
Tabellenstand:	Platz 16
Amtszeit:	6 Monate
Nachfolger:	Willi Holdorf (Martin Luppen)

Schon kurz nach dem vollzogenen Bundesligaaufstieg war die Jubelstimmung beim SC Fortuna Köln plötzlich der Ernüchterung gewichen, als Aufstiegstrainer Martin Luppen urplötzlich das Handtuch warf. Luppen, in Köln allgemein nur „der Wissenschaftler" genannt und mit Amateurklub Jülich 10 Anfang der siebziger Jahre überaus erfolgreich, hatte natürlich seine Gründe für den überraschenden Schritt: Nach dem Aufstieg wollte er sein monatliches Salär von 5.000 Mark gerne verdoppelt sehen, was Fortuna-Boß Jean Löring kategorisch ablehnte – mit dem Resultat, daß Luppen umgehend seine Koffer packte. Hals über Kopf verpflichteten die Kölner Südstädter daraufhin den Konditionstrainer des Lokalrivalen 1. FC, Volker Kottmann - und begingen einen folgenschweren Fehler. Der frühere Leichtathlet war im Oberhaus schlichtweg überfordert. Seine Autorität beispielsweise geriet schon nach wenigen Trainingstagen ins Wanken, und binnen kurzem sah sich „Boß" Löring gezwungen, sich höchstpersönlich in die Trainingsarbeit einzuschalten, um Schlimmeres zu verhindern. Damit leitete Löring allerdings zugleich die schleichende Demontage seines Coaches ein. Kottmann war nicht ganz unschuldig am Autoritätsverlust, denn er bediente sich einiger eher ungewöhnlicher Methoden. Während sich die Fortuna-Verantwortlichen beispielsweise die damals ungewöhnliche Errechnung von Biorhythmen noch gefallen ließen, war beim nächsten Kottmannschen Geheimrezept Schluß: Als der Coach begann, das Sternbild einzelner Spieler für die Aufstellung zu Rate zu ziehen, platzte Löring der Kragen. „Volker Kottmann besitzt viele gute Eigenschaften, aber zu wenig Autorität bei den Spielern", sprach der Fortuna-Millionär, und vollzog den dritten Trainerwechsel binnen knapp zwei Jahren. Die Suche nach einem Nachfolger gestaltete sich schwierig. Im Pokalwiederholungsspiel bei Hannover 96 betreute „Boß" Löring die Mannschaft höchstpersönlich (Fortuna verlor 0:2), weil er seinen Wunschkandidaten Otto Luttrop nicht vom Schweizer Fußballverband loseisen konnte. Schließlich kam mit Willi Holdorf ein weiterer Leichtathlet, der zwar „mit seiner burschikosen Art viele mitgerissen hat" (Löring), den Abstieg der Fortuna aber nicht verhindern konnte. Und daß, obwohl Löring nach einigen Wochen sogar Martin Luppen zurückholte und als Berater auf die Fortuna-Bank setzte. Zu welchen Bezügen, ist unbekannt.

Helmut Kronsbein, 55

Verein:	Hertha BSC Berlin
Vorgänger:	Gerhard Schulte
Erster Amtstag:	1. Juli 1966
Tabellenstand:	Platz 1 (Regionalliga, Saison 1965/66)
Letzter Amtstag:	13. März 1974
Tabellenstand:	Platz 8
Amtszeit:	93 Monate
Nachfolger:	Hans Eder

Liebe macht blind, heißt es. So muß es im März 1974 auch Helmut Kronsbein ergangen sein, als seine große Liebe Hannover 96 voller Panik, weil in tiefster Abstiegsgefahr steckend, nach ihm rief. Helmut Kronsbein und Hannover 96, das war einstmals mehr als nur eine Affäre, ein flüchtiger Flirt gewesen. Tiefe Liebe hatte die beiden verbunden, aber auch Tragik. Zweimal schon waren die Liebenden, die erstmals 1952 zueinander gefunden hatten, haßerfüllt auseinandergegangen. Hatten ihre Wunden geleckt, nachdem sie zuvor gemeinsam den Gipfel der Lust erreicht hatten. 1954 war Kronsbein mit den Niedersachsen Deutscher Meister geworden – drei Jahre später war er gegangen. 1963 kam er zurück, führte 96 1964 in die Bundesliga – und mußte zwei Jahre später erneut gehen. Seither hatte sich Kronsbein im Berliner Olympiastadion verdingt und seine Ersatzliebe Hertha nicht nur aus der Regionalliga ins Oberhaus zurückgeführt, sondern die „Alte Dame" dort auch gleich etabliert. Stets aber hatte Kronsbein mit einem Auge nach Hannover geschielt, wo „seine" 96er Jahr für Jahr meilenweit an ihren Erwartungen vorbeischrammten und wo er mit seiner Gemahlin Gerda noch immer wohnte.

Als den Roten im Frühjahr 1974 plötzlich das Wasser bis zum Hals stand, wurde im Niedersachsenstadion rasch Helmut Kronsbein als einzig möglicher „Retter" gehandelt. Ausgerechnet 96-Boß Strothe, der Kronsbein 1966 höchstpersönlich abgeschossen hatte und als Fiffis „Intimfeind" galt, setzte im Förderkreis der Hannoveraner durch, alles zu geben, um ihn zurückzuholen. Ein Vorhaben, daß alles andere als zum Nulltarif zu realisieren war, denn Kronsbein wollte ebenso fürstlich entlohnt werden, wie die Berliner nach einem „Schmerzensgeld" verlangten. Nur dann war Hertha-Chef Heinz Warneke bereit, Kronsbein die vorzeitige Freigabe zu erteilen, damit er gemeinsam mit dem bis dato verantwortlichen Hannes Baldauf die 96-Karre aus dem Dreck ziehen konnte. In Berlin weinte man Kronsbein nicht allzu viele Tränen nach. Schon seit längerem hatte festgestanden, daß der Fußballehrer zum Saisonende ohnehin ausscheiden würde, denn „Fiffi" hatte nicht nur Freunde im Olympiastadion. Die Verantwortlichen der Blau-Weißen blieben somit gelassen. Bis zum Saisonende übernahm Hans Eder das Trainingszepter, ehe mit Georg Kessler ein Nachfolger gefunden wurde, unter dem Hertha 1975 überraschend Vizemeister wurde – während Helmut Kronsbein mit Hannover 96 am Ende der Saison 1973/74 in die 2. Bundesliga absteigen mußte. Liebe macht eben blind.

Gyula Lorant, 56

Verein:	Offenbacher Kickers
Vorgänger:	Kuno Klötzer
Erster Amtstag:	1. Juli 1972
Tabellenstand:	Platz 1 (Regionalliga, Saison 1971/72)
Letzter Amtstag:	1. April 1974
Tabellenstand:	Platz 12
Amtszeit:	21 Monate
Nachfolger:	Otto Rehhagel

So ganz wußten sie auf dem Bieberer Berg offensichtlich nicht, was sie von der Entwicklung zu halten hatten. Sicher, Gyula Lorant hatte den OFC während seiner zweijährigen Amtszeit endlich in der Bundesliga etabliert und das Abstiegsgespenst nachhaltig vertrieben. Gute Arbeit habe er geleistet, war folglich aus dem Offenbacher Umfeld zu hören. Und dennoch zögerten die OFC-Verantwortlichen im Frühjahr 1974, den zum Saisonende auslaufenden Vertrag mit dem temperamentvollen Ungarn zu verlängern. Erst wolle man die Verträge mit den Spielern unter Dach und Fach haben, hieß es. „Wir werden Ende März darüber sprechen, das ist mir vom Präsidenten zugesagt worden", gab Lorant nicht ohne sorgenvollen Unterton bekannt, denn er hatte schon einmal etwas ähnliches in Kaiserslautern erlebt und war dort seinerzeit abgeschossen worden. In Offenbach war es nicht anders. Kaum hatte OFC-Boß Böhm mit der Aussage „Lorant bleibt bei uns, so lange wir ihn brauchen" mehr neue Fragen aufgeworfen als alte beantwortet, kam auch schon das Aus. Während Lorant sich um Verstärkungen für die neue Saison umsah und ihm vom OFC-Vorstand zugesichert wurde, daß sein Vertrag wohl verlängert werden würde (woraufhin er nach eigenen Angaben ein „Bombenangebot" eines ausländischen Vereins sausen ließ), trennte sich der OFC plötzlich von dem Ungarn. Wendepunkt war die 2:3-Heimniederlage gegen Kaiserslautern, bei der die Lorant-Schützlinge eine 2:0-Führung aus der Hand gegeben und in deren Anschluß sich das OFC-Präsidium unter dem Zorn des Publikums zu „Beratungen" zurückgezogen hatte. Ergebnis: Lorant stand plötzlich kurz vor dem Abschuß. Es folgte eine 0:4-Schlappe in Stuttgart, bei der die OFC-Elf nach Ansicht der »Frankfurter Rundschau« „mit angezogener Handbremse ans Werk gegangen" sei, sie also gegen den Trainer gespielt hätte. Eine Anschuldigung, die die Mannschaft brüsk per offenem Brief zurückwies - während die OFC-Führung die Trainerfrage abermals vertagte. Nun sollte der Ungar bis zum Pokalspiel gegen den HSV „Bewährungsfrist" erhalten. Soweit kam es jedoch nicht mehr, denn in Stuttgart war es zu einer Auseinandersetzung zwischen Lorant und Teilen des Vorstandes gekommen, die am darauffolgenden Montag zu Lorants Entlassung führte. Dem Ungarn wurde zugleich nahegelegt, seine angegriffenen Nerven auszukurieren, denn schon nach der Heimniederlage gegen Kaiserslautern soll er gegenüber Vorstandsmitgliedern geäußert haben, er wäre am Ende, wisse nicht mehr was er noch tun solle, fände keine Ruhe mehr und könne nicht mehr schlafen.

Horst Buhtz, 57

Verein:	Wuppertaler SV
Vorgänger:	Kuno Klötzer
Erster Amtstag:	1. Juli 1968
Tabellenstand:	Platz 15 (RL, Saison 1967/68)
Letzter Amtstag:	20. Oktober 1974
Tabellenstand:	Platz 17
Amtszeit:	76 Monate
Nachfolger:	Janos Bedl

Es war das Ende eines modernen Märchens. Sechs Jahre lang waren Horst Buhtz und der Wuppertaler SV von einem Erfolg zum nächsten geeilt, war das „Wuppertaler Wunder" in aller Munde gewesen. 1968 hatte Buhtz das Zepter im Stadion am Zoo übernommen und eine Mannschaft zusammengebastelt, die vier Jahre später ihren ersten Höhepunkt erreicht und mit nie zuvor erlebten 20:0-Punkten die Aufstiegsrunde zur Bundesliga souverän bewältigt hatte. Buhtz' „HB-System" mit einem hängenden Linksaußen, zwei Offensivverteidigern und den ständig rotierenden Mittelfeldspielern wurde als „hochmodern" bestaunt, Mittelstürmer Günter „Meister" Pröpper war mit sagenhaften 52 Saisontoren gefährlicher als Gerd Müller. Im Oberhaus war Wuppertals Siegeszug ungebremst weitergegangen. Auf Anhieb hatten sich die Bergischen Löwen Platz 4 und damit die Qualifikation für den UEFA-Cup gesichert. Doch da war der Keim des Mißerfolges bereits gesät gewesen. Buhtz hatte ein wenig zu euphorisch ausschließlich auf seine Aufstiegshelden gesetzt und völlig übersehen, daß Menschen gemeinhin dazu neigen, älter zu werden. Im Sommer 1974 war seine Mannschaft jedenfalls hoffnungslos überaltert. Dazu kam, daß die Bundesligakonkurrenz sich vom HB-System nicht mehr beeindrucken ließ, und sie den Wuppertalern plötzlich eine Niederlage nach der anderen beibrachte. Schon in der Spielzeit 1973/74 waren die Bergischen dadurch bedrohlich nahe an die Abstiegszone gerutscht, und als es zu Beginn der Saison 1974/75 abermals in den Tabellenkeller ging, brach plötzlich die große Krise am Zoo aus. Nach einem 1:4 beim HSV - der »kicker« behauptete, die Wuppertaler seien nur mit Glück einem „Schützenfest" entgangen - holte Buhtz die Realität ein: Entlassung. Buhtz war, wie die meisten WSV-Fans, entsetzt: „Der Vorstand hat die Fehler gemacht, ich soll dafür büßen. Der Tag der Abrechnung kommt noch."

In der Tat verstärkte sein Abgang die Krise in Wuppertal. Schon länger bestehende Geldsorgen sorgten für den Verkauf von Willi Neuberger, derweil die meisten Akteure über den Abschuß Buhtz' nicht gerade erfreut waren und Gerüchte von einem Mißtrauensvotum gegen das Präsidium um Präsident Fölsch die Runde machten. Buhtz-Nachfolger Janos Bedl (»kicker«: „Wird allgemein als ‚billiger Trainer' bezeichnet") hatte jedenfalls schwierige Startbedingungen. „Mir ist von vielen Seiten eine Welle der Antipathie entgegengeschlagen, was ich nicht verstehe. Ich will in Wuppertal arbeiten. Mehr nicht", erklärte der frühere Dortmunder verwundert - und schaffte es nicht, die Wuppertaler Himmelsstürmer vor dem Abstieg zu bewahren.

Hermann Eppenhoff, 58

Verein:	VfB Stuttgart
Vorgänger:	Karl Bögelein
Erster Amtstag:	1. Juli 1972
Tabellenstand:	Platz 8 (Saison 1971/72)
Letzter Amtstag:	1. Dezember 1974
Tabellenstand:	Platz 16
Amtszeit:	29 Monate
Nachfolger:	Albert Sing

0:6 – das war bitter. Auch wenn der VfB Stuttgart mit den berühmten „fliegenden Fahnen" auf dem Kaiserslauterer Betzenberg untergegangen war, in Stuttgart waren sie geschockt. Ganze drei Siege hatten die Schwaben nach fünfzehn Spielen auf dem Konto, waren nach dem Debakel von Kaiserslautern auf Rang 16 abgerutscht, der erstmals seit 1965 wieder ein Abstiegsplatz war. Vor allem die Auswärtsschwäche der VfB-Elf erschreckte. Seit elf Monaten hatte es keinen Sieg mehr auf des Gegners Platz gegeben, und bei den acht Auswärtsauftritten der laufenden Saison 1974/75 hatten die beiden VfB-Schlußmänner Heinze und Roleder bereits dreißigmal hinter sich greifen müssen!

VfB-Coach Eppenhoff war ratlos. „Anweisungen nützen nicht viel. Bei uns macht jeder, was er will. Dabei gehen wir gewiß mit den besten Vorsätzen in jedes Spiel", klagte er – und mußte kurz darauf seine Sachen packen. VfB-Boß Weitpert, der sich auf der Ferieninsel Teneriffa gesonnt hatte, während seine Mannschaft in Kaiserslautern überfahren worden war, hatte genug - und schon war Eppenhoff entlassen. Nicht ohne Bedauern allerdings, denn der 55jährige sei ein „feiner Mensch". Na ja. „Herr Eppenhoff war etwas zu gutmütig. Er machte es mit der weichen Welle. Das haben einige ausgenützt", machte Torhüter Heinze derweil Motivationsprobleme für Eppenhoffs Scheitern verantwortlich.

Wer gehofft hatte, mit Eppenhoffs Entlassung kehre endlich Ruhe auf Cannstatts Wasen ein, mußte sich freilich eines Besseren belehren lassen. Das größte VfB-Problem war nämlich Präsident Weitpert, ein selbstgefälliger Sonnenkönig, der wenig später per Kampfabstimmung von einem jungen Verwaltungsratsmitglied namens Gerhard Mayer-Vorfelder abgelöst wurde. Erst danach kehrte ein wenig Ruhe im Schwabenlande ein. „MV" hatte übrigens als Eppenhoff-Nachfolger ("Er war ein General ohne Fortune") ein Mann vorgeschwebt „der Autorität und Härte ausstrahlt". Dieser Mann war schließlich, nachdem beim 2:1-Sieg über Duisburg interimsweise Fritz Millinger das Team betreut hatte, Albert Sing, der im Dezember 1966 schon einmal erfolgreich als VfB-Retter eingesprungen war. Diesmal jedoch scheiterte Sing auf ganzer Linie: Mit dem exzentrischen und etwas fülligen VfB-Regisseur Buffy Ettmayer kam er nicht zurecht, den Kader bezeichnete er als „Sauhaufen" und Punkte holte er auch nicht allzu viele. Logische Konsequenz: Am Ende der Spielzeit 1974/75 mußte der VfB Stuttgart zum ersten und bislang einzigen Mal aus der 1. Bundesliga absteigen.

Udo Lattek, 59

Verein:	Bayern München
Vorgänger:	Branko Zebec
Erster Amtstag:	14. März 1970
Tabellenstand:	Platz 3
Letzter Amtstag:	2. Januar 1975
Tabellenstand:	Platz 14
Amtszeit:	58 Monate
Nachfolger:	Dettmar Cramer

„Der Herr und sein Diener", überschrieb der »kicker« ungewöhnlich scharf seinen Bericht über das, was da in den letzten Tagen sein beinahe sensationelles Ende gefunden hatte. Der Trennung zwischen Bayern München und Udo Lattek. Begleitet wurde der Artikel von einem Bild, auf dem Bayern-Präsident Neudecker und sein Ex-Erfolgscoach fröhlich grinsend eine Maß Bier heben. Damit war es nun vorbei, denn nach Monaten der gegenseitigen Schuldzuweisungen endete zwei Tage nach dem Jahreswechsel 74/75 eine der erfolgreichsten Liaisonen der Bundesligageschichte. Einmal Europapokalsieger der Landesmeister, dreimal Deutscher Meister und einmal Pokalsieger waren die Bayern unter Lattek geworden, hatten ihre Ansammlung von Ausnahmetalenten zu europäischer Spitzenklasse reifen lassen, und einen wesentlichen Beitrag zum Gewinn der WM 74 durch die Nationalelf geleistet. Doch im Moment der Krise war selbst Lattek zu einem ganz gewöhnlichen Trainer geworden und in die Kritik geraten. Hauptwidersacher war Präsident Neudecker, ein enorm ehrgeiziger Mensch, mit dem in Krisensituationen nicht gut Kirschen zu essen war. Im Oktober 1973, wenige Tage nach dem berühmten 4:7-Debakel von Kaiserslautern und kurz vor dem brisanten Europacupduell gegen Dynamo Dresden, hatten die Streitigkeiten begonnen, hatte Neudecker erstmals öffentlich Kritik an Lattek geübt. Anschließend war Lattek peu à peu demontiert worden. Im Januar 1974 beispielsweise hatte der Präsident seinem Coach unmißverständlich befohlen, den von ihm eigenmächtig aus dem schwedischen Åtvidaberg losgeeisten Torstensson einzusetzen. Lattek tat wie befohlen, Torstensson schoß ein Tor, und Neudecker strahlte. Im April mußte sich Lattek nach dem Pokalaus in Frankfurt ein „Halten Sie den Mund, sonst schicke ich Sie nach Hause" gefallen lassen, und als die Bayern-Stars im Herbst 1974 nach der WM satt und lustlos ins Bundesligamittelfeld abrutschten, kam es endgültig zum Bruch. Bitterböse Briefe wechselten ihren Besitzer, ehe Lattek von sich aus vorschlug, seinen bis 1976 laufenden Vertrag vorzeitig zum 30. Juni 1975 enden zu lassen. „Ich war zwar manchmal ein Depp, aber ich bin kein Oberdepp", kommentierte er brüskiert und nahm Verhandlungen mit Düsseldorfs Präsident Recht über ein Engagement zur Saison 75/76 auf. Das wiederum erzürnte Neudecker: „So geht das nicht! Da muß ich unbedingt mit Herrn Lattek reden!", fauchte der Bayern-Boß öffentlich - und schon war Lattek seinen Job los. Frühmorgens, um 11.10 Uhr am 2. Januar 1975, fiel nach einem Gespräch mit Lattek die Entscheidung. Zum Nachmittagstraining war Lattek schon verschwunden, und die Japanreise zur Vorbereitung auf die Rückrunde konnte er sich nun natürlich auch sparen.

Heinz Lucas, 60

Verein:	Fortuna Düsseldorf
Vorgänger:	Otto Knefler
Erster Amtstag:	1. Juli 1970
Tabellenstand:	Platz 4 (Regionalliga, 1969/70)
Letzter Amtstag:	22. April 1975
Tabellenstand:	Platz 8
Amtszeit:	58 Monate
Nachfolger:	Manfred Krafft

Selten zuvor hatte die Bundesliga eine solche Harmonie erlebt. Da trennten sich ein Verein (Fortuna Düsseldorf) und sein Trainer (Heinz Lucas) mitten in der laufenden Saison, doch statt der üblichen bösen Worte gab es Tränen. Fortunas Fans feierten den scheidenden Coach ein letztes Mal mit minutenlangen Sprechchören, derweil die Mannschaft ihrem Übungsleiter mit einem 2:0 über Kaiserslautern eine nette kleine Überraschung bescherte. Ganz Düsseldorf war in wehmütiger Abschiedsstimmung. Bis weit nach Mitternacht saßen Fortunas Vorstand, die Mannschaft und der scheidende Heinz Lucas beieinander, um feuchtfröhlich Abschied voneinander zu nehmen. Der gleichfalls anwesende Schiedsrichter Herbert Lutz schwärmte anschließend: „So müßte es eigentlich überall sein, wo Trainer und Verein auseinandergehen. In meinen nahezu zwölf Bundesligajahren habe ich solch eine freundschaftliche Trennung noch nicht miterlebt!"

Doch warum ging Lucas eigentlich?

Hören wir kurz rein in die Abschiedsrede von Fortuna-Präsident Recht, die Aufschluß gibt: „Ich bin überzeugt davon, daß Sie, Herr Lucas, bei ihrem Fleiß und ihrer Gewissenhaftigkeit München 60 wieder dort hinführen werden, wo dieser Traditionsverein hingehört". Ja, ja, genau: Einige Tage zuvor war Heinz Lucas, der sich nach fünf Jahren als Fortuna-Trainer Bedenkzeit bezüglich einer etwaigen Vertragsverlängerung erbeten hatte, vom TSV München 1860 mit der Aussicht geködert worden, die Nachfolge von Max Merkel antreten zu können und bei den Weiß-Blauen Ruhm, Ehre und womöglich auch Erfolg zu ernten. Spontan hatte Lucas zugesagt – und erfüllte tatsächlich, soviel sei vorweggenommen, Rechts Vorschußlorbeeren, denn 1977 kehrte 1860 mit ihm in die Bundesliga zurück.

Lucas' Nachfolger in Düsseldorf wurde derweil Manfred „Manni" Krafft, lange Jahre selbst im Fortuna-Dreß aktiv und seit einigen Jahren Trainer der Fortuna-Amateure. Doch Düsseldorfs Fußballglanzzeit war, der scheidende Trainerfuchs muß es geahnt haben, mit Lucas' Abgang beendet. 1975 langte es für den zweifachen Bundesligadritten (1973, 1974) nur zu Rang 6, ehe die überalterte Mannschaft 1976 gar ins untere Tabellendrittel abrutschte, aus dem sie anschließend nur noch selten herauskam.

Otto Rehhagel, 61

Verein:	Offenbacher Kickers
Vorgänger:	Gyula Lorant
Erster Amtstag:	2. April 1974
Tabellenstand:	Platz 12
Letzter Amtstag:	9. Dezember 1975
Tabellenstand:	Platz 18
Amtszeit:	21 Monate
Nachfolger:	Zlatko Cajkovski

Otto Rehhagel hätte gewarnt sein müssen. Schon im September 1975 war dem Kickers-Trainer vom DFB eine Sperre aufgebrummt worden, weil er sich am Spielfeldrand nicht hatte benehmen können. Beim 2:1-Sieg gegen Frankfurt hatte er Amand Theis unmißverständlich aufgefordert: „Hau dem Hölzenbein in die Knochen". Wenige Tage vor der anstehenden Sportgerichtsverhandlung war erneut Derbyzeit - und Rehhagel fiel abermals aus der Rolle. „Wer hat Sie eigentlich bestochen", soll er Schiedsrichter Eschweiler beim Gang in die Halbzeitpause gefragt haben. Diesmal ließ der DFB Rehhagel nicht mit einer Kurzsperre davonkommen, sondern brummte ihm zehn Wochen auf. Wenige Stunden, nachdem der DFB das Urteil verkündet hatte, setzte es den nächsten Tiefschlag: Kündigung durch die Kickers. Angesichts der Sperre hatten sich die OFC-Bosse gezwungen gesehen, ihren Coach fristlos zu entlassen, was freilich nicht gerade Trauerstimmung ausgelöst hatte. Im Grunde genommen war es sogar so etwas wie ein Geschenk des Himmels für die Offenbacher, die Rehhagel angesichts der miserablen Bilanz von 3:15-Toren in drei Spielen ohnehin liebend gerne abgeschossen hätten. Aus finanziellen Gründen hatte man davon aber Abstand nehmen müssen – und freute sich um so mehr, daß Rehhagel nun mit sofortiger Wirkung aus seinem Arbeitsvertrag entlassen werden konnte, ohne daß die Bezüge weiterliefen.

Otto Rehhagels so fulminant begonnene Trainerlaufbahn – 1974/75 hatte er den OFC bis kurz vor die Herbstmeisterschaft geführt – wies ihren ersten schwarzen Fleck auf. Die Kickers-Talfahrt war freilich nicht durch Ottos überschäumendes Temperament zu begründen – im Gegenteil: Nach dem Verkauf von Torjäger Kostedde zu Hertha BSC hatten die Offenbacher im Oberhaus schlichtweg kein Land mehr gesehen und waren ungebremst in den Tabellenkeller gestürzt. „Der Rehhagel hat sein Pulver verbraucht", war dennoch prompt kolportiert worden. Als es am 1. November 1975 auch gegen Aufsteiger Uerdingen eine 2:3-Heimschlappe gab, hatten sich die Entlassungsgerüchte erstmals verdichtet, wenngleich OFC-Geschäftsführer Konrad mit der Aussage „unser Trainer sitzt fest im Sattel" sämtliche Spekulationen (noch) abgewehrt hatte. Dann kam die Sperre, die dem OFC Argumente und Handlungsbedarf lieferte. Ottos Abgang wurde mit Erleichterung gesehen – zumal Nachfolger Cajkovski eine regelrechte Euphorie auslöste. Doch Tschik hatte auch kein Glück. Zwar schrieb der »kicker«: „Otto – das klingt schon vom Lautbild her wie dunkle, unglückselige Vergangenheit. Tschik – das klingt wie Glück und kann doch nur verheißungsvolle Zukunft sein", doch fünf Monate später waren die Kickers wieder in der 2. Liga - und Otto mit Dortmund in der ersten.

Zlatko Cajkovski, 62

Verein:	1. FC Köln
Vorgänger:	Rudi Schlott
Erster Amtstag:	17. September 1973
Tabellenstand:	Platz 16
Letzter Amtstag:	12. Dezember 1975
Tabellenstand:	Platz 7
Amtszeit:	27 Monate
Nachfolger:	Georg Stollenwerk

Als „Kugelblitz" Cajkovski im September 1973 nach Köln zurückkehrte, löste er eine Euphoriewelle aus. Fortan war im Geißbockheim nur noch von Meisterschaft, Pokalsiegen und Europacupteilnahmen die Rede. Zu schillernd war der Ruf, der dem kleinen und immer lustigen Kroaten vorauseilte als. Doch der Ruf war nur noch ein Ruf. „Cajkovski versucht mit einem Rest von Knautschlack-Charme und seiner bunten, wollenen Zipfelmütze Wohlwollen einzusammeln", giftete eine Lokalzeitung böse, und es dauerte nicht lange, da hatten sich sämtliche Printmedien auf das Energiebündel eingeschossen. Von der Erfüllung seines Auftrages, den FC von seiner Launenhaftigkeit zu befreien und ihn auf die europäischen Bühnen zurückzuführen, war Cajkovski jedenfalls meilenweit entfernt. Statt konstanter zu werden, wurden die Geißböcke immer unberechenbarer und schwankten ständig zwischen höchstem Jubel und tiefster Depression. Mittendrin Cajkovski, dem nicht viel mehr als sein berühmtes Grinsen einfiel. Als der FC am 6. Dezember 1975 mit 0:4 daheim gegen Mönchengladbach unterging, da waren Köln und Cajkovski auf dem Tiefpunkt angelangt: Platz 7, gellende Pfiffe, hämische Kommentare.

Passenderweise wurde zur selben Zeit in Offenbach Kollege Rehhagel gefeuert - und einer der OFC-Wunschkandidaten war ausgerechnet Tschik Cajkovski, der die Chance sofort beim Schopfe packte und flugs gen Hessen wechselte, wo ihn wie 1973 in Köln, euphorische Vorschußlorbeeren erwarteten. Die Verantwortlichen der Geißböcke ziemten sich nicht allzu sehr, ihrem Coach die vorzeitige Freigabe zu erteilen. Beim Pokalspiel gegen Zweitligist Fürth durfte er die Geißböcke ein letztes Mal betreuen, sich über einen 3:1-Sieg freuen und eine Abschiedsfeier genießen, die herrlich harmonisch ausfiel. „Mit meinem Präsidium und den Spielern hatte ich ein gutes Verhältnis. Vor allem die Presse ist schuld an meinem vorzeitigen Abschied", verteilte Cajkovski bei der Gelegenheit schnell noch mal den ungeliebten Schwarzen Peter. Die Suche nach einem Nachfolger gestaltete sich für den FC problematisch. Wunschkandidat Weisweiler, in seiner Wahlheimat Barcelona alles andere als glücklich, durfte seinen Vertrag in Spanien nicht vorzeitig kündigen, so daß die Wahl auf den einstigen Nationalspieler Georg Stollenwerk fiel. Der vom TuS Langerwehe gekommene Coach wußte um die Schwere der Aufgabe - und vor allem um die Tatsache, daß er eigentlich nicht Wunschkandidat Nummer 1 gewesen war. Er ließ sich nur einen Vertrag bis zum Saisonende geben, denn „danach kann man ja weiter sehen. Wenn man mich dann noch will, werde ich bleiben!" Sechs Monate später sah man weiter - und zwar, daß man Stollenwerk nicht mehr wollte. Der Grund: Hennes Weisweiler. Der durfte nämlich jetzt nach Köln zurückkehren.

Helmut Kronsbein, 63

Verein:	Hannover 96
Vorgänger:	Hannes Baldauf
Erster Amtstag:	13. März 1974
Tabellenstand:	Platz 17
Letzter Amtstag:	13. Januar 1976
Tabellenstand:	Platz 17
Amtszeit:	22 Monate
Nachfolger:	Hannes Baldauf

Es war eine Schmierenkomödie der allerbesten Art - leider allzu typisch für das in der Bundesliga längst einzigartige Trainerkarussell bei Hannover 96. Dezent, aber dennoch zielgerichtet wurde „Fiffi" Kronsbein der Stuhl vor die Tür gesetzt - und zwar Millimeter für Millimeter. Monatelang übten die 96-Verantwortlichen Dauerkritik an ihrem zwei Jahre zuvor zurückgekehrten ehemaligen Meistertrainer - und demontierten ihn dabei systematisch. Mal war es der unattraktive Sicherheitsfußball, der die Gemüter erhitzte, mal Kritik aus dem Kader ("Der Alte tut nur dann freundlich, wenn er etwas von uns will"), dann wieder wurde Kronsbein schlicht übergangen. Wie beim spektakulären Transfer von Klaus Wunder vom FC Bayern zu 96, bei dem er nicht einmal gefragt worden war, ob er den einstigen Duisburger Nationalstürmer überhaupt haben wolle. „Offiziell weiß ich noch nichts über Wunder", hatte Kronsbein noch zu einem Zeitpunkt öffentlich gestaunt, als sein Präsidium längst alles klar gemacht hatte. All das war begleitet von regelmäßig gestreuten Meldungen, daß Kronsbeins Abschuß unmittelbar bevorstehe.

Vollzogen wurde er schließlich am 13. Januar 1976, vier Tage vor dem Spiel bei Borussia Mönchengladbach - just jenem Team, gegen das 96 ein paar Tage zuvor in der Berliner Deutschlandhalle noch ein attraktives Hallenturnier gewonnen hatte. Am späten Abend des 13. Januar 1976 setzte sich das 96-Präsidium um Präsident Bock, Vizepräsident Klemme und den Vorsitzenden der Amateurabteilung, Fred Mittelstädt, zusammen und beschloß einstimmig die sofortige Trennung von Kronsbein. Natürlich „in beiderseitigem Einvernehmen", wie Präsident Bock leutselig erklärte. Doch von „beiderseitigem Einvernehmen" war nichts zu sehen, denn der Trainersenior der Bundesliga war wie vor den Kopf geschlagen. „Ein Trainer darf offensichtlich keinen Charakter haben, wenn er bei Hannover seinen Vertrag bis zum Ende erfüllen will!", erklärte er brüskiert und zog sich in den Schmollwinkel zurück, wo er sich zumindest darüber freuen konnte, daß ihm sein vorzeitiger Abschied mit 10.000 Mark pro Monat versüßt wurde.

Kronsbein blieb auch nicht lange im Schmollwinkel, denn weil sein Nachfolger (und Vorgänger) Hannes Baldauf den erneuten Abstieg aus dem Oberhaus nicht verhindern konnte, und auch in der 2. Liga nicht über Mittelmaß hinaus kam, wurde er im Dezember 1976 abgelöst. Von Helmut Kronsbein!

Herbert Burdenski, 64

Verein:	Werder Bremen
Vorgänger:	Josef Piontek
Erster Amtstag:	1. Juli 1975
Tabellenstand:	Platz 15 (Saison 1974/75)
Letzter Amtstag:	28. Februar 1976
Tabellenstand:	Platz 14
Amtszeit:	8 Monate
Nachfolger:	Otto Rehhagel

„Letzte Meldung: Am Sonntagvormittag wurde Herbert Burdenski von Werder Bremen beurlaubt. Als neuer Trainer wurde Otto Rehhagel (zuletzt Offenbach) verpflichtet", heißt es in der Ausgabe des »kicker« vom 1. März 76, in der die Berichterstattung vom glatten 8:0 der Nationalelf über Malta breiten Raum einnimmt. Ein Bremer hatte bei dem Kantersieg nicht mitgewirkt, was Insider freilich wenig überraschte, schließlich war Werder in den vorangegangenen Wochen schlecht gewesen. Grottenschlecht, um genau zu sein. Dennoch hatte Präsident Dr. Böhmert Woche für Woche Ruhe angemahnt und sich stets vor Herbert Burdenski gestellt. „Mit 27 Punkten bleibt man in diesem Jahr in der Bundesliga. Vier holen wir auswärts und sechs zu Hause", gab sich Böhmert unverdrossen kämpferisch und optimistisch. Herbert Burdenski war derweil weniger hoffnungsvoll. „Ich weiß beim besten Willen nicht, warum mit Kamp, Röber und Roentved gleich drei unserer Leistungsträger so abbauten", hatte er sich beispielsweise nach dem 0:1 im Norderby gegen Braunschweig ziemlich ratlos gegeben.

Am bundesligafreien Länderspielwochenende war dann plötzlich Schluß für den Vater von Keeper Dieter Burdenski. Mit den Worten: „Wenn es der Mannschaft hilft, trete ich zurück. Aber ich hänge weiterhin an Werder. Schließlich habe ich hier selbst gespielt und noch viele Freundschaften in Bremen", machte Burdenski den Weg frei für einen Nachfolger. So schien es zumindest. Sein „freiwilliger" Rückzug war von langer Hand geplant gewesen - und zwar vom SV Werder. Seit einer Gastspielreise in Afrika, bei der sich der erfahrene Coach geweigert hatte, den Ghanaer Ibrahim Sunday in einem unbedeutenden Freundschaftsspiel einzusetzen, waren Burdenskis Aktien auf dem Nullpunkt. Schon kurz nach der Rückkehr nach Bremen hatte das Präsidium beschlossen, ihn zu entlassen - allerdings wollte man noch auf das Ende der Winterpause warten, um den positiven Effekt des Trainerwechsels auch voll ausnutzen zu können. Burdenski wußte von nichts - auch nicht, daß Werder inzwischen Kontakt zum in Offenbach entlassenen Otto Rehhagel aufgenommen hatte. Am Abend des 28. Februar rief Lizenzspielerchef Matischak Rehhagel an und bat ihn, sofort nach Bremen zu kommen. Für einige ging das alles offenbar viel zu schnell. Beim Freundschaftsspiel in Osterholz-Scharmbeck kam es jedenfalls zu einer lustigen Begebenheit, als Werder-Geschäftsführer Barkhausen, der von dem Trainerwechsel nichts mitbekommen hatte, den in der Kabine stehenden Rehhagel mit den Worten „Was wollen sie denn hier?" angiftete. Erst nach einigen Erläuterungen entspannte sich Barkhausen wieder und erkannte, wen er da vor sich hatte.

Max Merkel, 65

Verein:	Schalke 04
Vorgänger:	Ivica Horvath
Erster Amtstag:	1. Juli 1975
Tabellenstand:	Platz 7 (Saison 1974/75)
Letzter Amtstag:	9. März 1976
Tabellenstand:	Platz 8
Amtszeit:	9 Monate
Nachfolger:	Friedel Rausch

Es war eine typische Merkel-Entlassung: Mit Pauken und Trompeten. Der Wiener wurde nicht einfach nur rausgeworfen, ihm wurde zugleich mitgeteilt, daß er Stadion und Trainingsgelände des FC Schalke 04 doch bitte nie wieder betreten möge. „Herr Merkel, mit dem ich persönlich immer gut hingekommen bin, hat in den letzten Wochen Dinge von sich gegeben, die nach Meinung unseres Vorstandes keine geeignete Basis für eine fruchtbare Arbeit mehr bieten", begründete der just aus dem Urlaub auf Gran Canaria zurückgekehrte Präsident Siebert die ungewöhnliche Anweisung. Merkel hatte in der Tat kaum ein Fettnäpfchen ausgelassen und sich zudem als völlig unberechenbar präsentiert. Nachdem er zu Saisonbeginn noch vollmundig verkündet hatte, mit Schalke Meister werden zu wollen und gewohnt markige Sprüche von sich gegeben hatte („Eine deutsche Nationalelf ohne Spieler von Schalke 04 ist wie ein Gebiß ohne Zähne"), hatte er schon nach wenigen Spielen davon gesprochen, Schalke zum Saisonende ohnehin wieder verlassen zu wollen. Nebenbei hatte er gelästert, seine Mannschaft solle sich besser nach unten orientieren und einige Akteure als Faulenzer bezeichnet. Merkel war beinahe überall angeeckt. Seine sinnlose Torhütertauscherei verunsicherte sowohl Nigbur als auch Mutibaric, von Vater Abramczik drohte ihm eine Beleidigungsklage, weil Merkel seinen Sohn öffentlich lächerlich gemacht hatte ("Ehe der Abramczik in der Nationalelf spielt, singe ich an der Mailänder Scala"), und im Umfeld spielte Merkel mit gezinkten Karten. So sorgte er beispielsweise dafür, daß Mannschaftsbetreuer Lichterfeld entmachtet wurde. Hintergrund: Lichterfeld hatte Merkel 1975 10.000 Mark in Aussicht gestellt, wenn er Schalke übernehmen würde - und die Summe trotz mehrfacher Aufforderungen nicht gezahlt. Das alles, während Schalke im Meineid-Prozeß steckte. „In dieser Situation hätte Max Merkel beweisen können, daß er ein Klassemann ist, daß er auch mit schwierigen Lagen fertig wird. Große Mannschaften trainieren kann jeder. Da wir noch mindestens sechs bis acht Punkte zum Klassenverbleib brauchen, können wir das Risiko mit einem uninteressierten Merkel nicht mehr eingehen", begründete Präsident Siebert die Trennung vom ehemaligen Meistermacher, der dies nicht auf sich sitzen ließ. „Ich bin unter falschen Voraussetzungen nach Schalke geholt worden. Der Meineid-Prozeß wurde heruntergespielt, Oblak kam viel zu spät und über neue Sperren des DFB wurde nur gelacht. Daß ich da die Lust verliere, ist doch wohl klar". Im Grunde genommen war Merkel jedoch heilfroh, als es endlich vorbei war. Schon seit Monaten hing er mit den Gedanken in München, wohin er lieber heute als morgen zurückkehren wollte, um ein bißchen kürzer zu treten und seinen Ruf als Kolumnist zu pflegen.

Willibert Kremer, 66

Verein:	MSV Duisburg
Vorgänger:	Rudi Faßnacht
Erster Amtstag:	22. Oktober 1973
Tabellenstand:	Platz 18
Letzter Amtstag:	18. März 1976
Tabellenstand:	Platz 12
Amtszeit:	30 Monate
Nachfolger:	Rolf Schafstall

Daß Willibert Kremer sauer war, wußten im Wedaustadion alle. Seit Wochen schon forderte der Mann, der seit 2 1/2 Jahren das Bundesligakollektiv des MSV trotz schwieriger finanzieller Voraussetzungen auf Erfolgskurs gehalten hatte, endlich die Weichen für die Saison 76/77 zu stellen und insbesondere die Verhandlungen mit den Stammspielern erfolgreich abzuschließen. Doch statt dessen drohte dem MSV mal wieder ein Ausverkauf. Mittelfeldregisseur Jara beispielsweise war im spanischen Valencia im Gespräch, Nationalverteidiger Dietz in Frankfurt. Duisburgs Problem war wie immer das liebe Geld. „Wir wollen Dietz halten, können jedoch nicht über unsere Verhältnisse leben", hatte MSV-Boß Märzheuser achselzuckend das lukrative Angebot aus Frankfurt kommentiert und seinem Publikumsliebling eine 80%ige Gehaltssteigerung in Aussicht gestellt, die den MSV an seine finanzielle Schmerzgrenze brachte. Für Willibert Kremer waren die schwebenden Vertragsverhandlungen ziemlich ärgerlich, denn sie waren seiner Meinung nach verantwortlich für die sportliche Durststrecke der Zebras, deren UEFA-Cup-Hoffnungen deutlich geschrumpft waren. Nach der 1:2-Heimniederlage gegen Kaiserslautern platzte Kremer der Kragen: Fristgerecht reichte er seine Kündigung zum 30. Juni 1976 ein - und löste damit Ratlosigkeit im Wedaustadion aus. Ratlosigkeit, die die sportliche Talfahrt noch verschärfte. Zwei Tage später gab es eine 0:3-Niederlage beim HSV, die Meiderichs UEFA-Cup-Hoffnungen endgültig auf ein Minimum reduzierte. „Negativer als meine Kündigung wirken sich die schleppenden Vertragsverhandlungen mit den Spielern auf unsere Leistungen aus", wies Kremer auf der anschließenden Pressekonferenz zum wiederholten Mal auf die wahren Gründe der Krise hin - und erntete Unverständnis, denn zwei Tage später entließ der MSV ihn plötzlich. Fristlos! Duisburgs Spieler und Fans waren völlig überrascht. „Für mich ist das alles unverständlich, vor allem die Art und Weise", staunte Werner Schneider, derweil Bernard Dietz schimpfte: „Wir mußten teilweise aus der Zeitung erfahren, was sich abgespielt hat". Noch deutlicher fiel der Kommentar des »kicker« aus „Er hatte es gewagt, dem MSV eine Kündigung ins Haus zu schicken, wo doch sonst nur die Vereine das ‚Recht' dazu haben". Willibert Kremer schickte derweil Klubanzug und silberne Ehrennadel, die ihm für „besondere Verdienste" verliehen worden war, kommentarlos an den MSV zurück, heuerte kurz danach in Leverkusen an und stieg 1979 mit den „Pillenkickern" ins Oberhaus auf. Und in Duisburg? Da hätten sie gerne Hennes Weisweiler geholt. Der war auch ganz angetan von der Zebra-Jugendarbeit, sagte dann aber doch ab. Statt dessen erhielt Interimscoach Rolf Schafstall einen Vertrag.

Josef Piontek, 67

Verein:	Fortuna Düsseldorf
Vorgänger:	Manfred Krafft
Erster Amtstag:	1. Juli 1975
Tabellenstand:	Platz 6 (Saison 1974/75)
Letzter Amtstag:	14. April 1976
Tabellenstand:	Platz 13
Amtszeit:	10 Monate
Nachfolger:	Manfred Krafft

Im April 1976 geisterte plötzlich ein wohlklingender Name durch Düsseldorf: Der von Hennes Weisweiler. Kurz zuvor war der einstige Gladbacher Erfolgscoach in Barcelona entlassen worden und stand nun bei nahezu jedem zweiten Bundesligisten auf der Wunschliste. So auch bei Fortuna Düsseldorf, dessen aktueller Coach Sepp Piontek derweil mit den vorherrschenden Verhältnissen am Flinger Broich haderte. „Die lasche Einstellung vieler Spieler zwingt mich zu Überlegungen für die Zukunft. Es muß sich etwas ändern, denn das bisherige Abschneiden und der schlechte Tabellenplatz sind ein Beweis dafür, wie wenig Bereitschaft zu vielen Spielen mitgebracht wurde", gab er beispielsweise nach dem Pokal-Aus in Kaiserslautern am 3. April 1976 zu bedenken. Einer der Gründe für das Leistungstief des Düsseldorfer Kollektivs waren nach seiner Meinung die sich hinschleppenden Vertragsverhandlungen - was ihm aus Spielerkreisen bestätigt wurde. „Für mich ist es eine große Belastung, daß ich mich mit Fortuna noch immer nicht auf einen neuen Vertrag habe einigen können. Ich mache mir dauernd Gedanken, was wohl aus meiner Zukunft wird", meinte beispielsweise Vorstopper Zimmermann.

Als es sieben Tage später beim seit fünf Monaten sieglosen Abstiegskandidaten Uerdingen erneut eine Niederlage gab, hatte Piontek genug. Fristgerecht kündigte er seinen Kontrakt zum 30. Juni 1976 - wohl auch, um ein Zeichen zu setzen. Doch plötzlich drehte die Fortuna den Spieß um. Im vollen Vertrauen, daß es mit dem Weisweiler-Transfer klappen würde wurde Piontek mit sofortiger Wirkung entlassen. Es sei das Ergebnis einer dramatischen Nachtsitzung gewesen, meldete der »kicker«, der zudem zu berichten wußte, daß dem jungen Sepp Piontek menschlich nichts vorzuwerfen gewesen sei. Aber: „Einige Fortuna-Spieler hat er an der zu langen Leine geführt." Daß Piontek schon seit langem Veränderungen angemahnt hatte ("Die Mannschaft spielt schon zu lange zusammen. Sie befindet sich auf dem Weg des Sattseins"), war plötzlich belanglos. Wie ein Jahr zuvor, als Heinz Lucas mitten in der Saison nach München gegangen war, übernahm Manni Krafft die Trainingsleitung, konnte aber nicht verhindern, daß die Düsseldorfer Bundesliga-Elf, übrigens die älteste im Oberhaus, am Ende nur Zwölfter wurde.

Piontek machte sich derweil auf die Suche nach einem neuen Verein, „bei dem das Arbeitsklima stimmt". Bald wurde er im Norden Europas fündig. Erst bei Werder Bremen, wenig später dann in Dänemark, wo unter seiner Ägide der wundersame Aufstieg von „Danish Dynamite" begann. Fortuna Düsseldorf wechselte währenddessen regelmäßig den Trainer und vermochte doch nicht an alte Erfolgszeiten anzuknüpfen. Ach, und Weisweiler, der kam natürlich auch nicht. Trotz seiner Freundschaft zu Recht.

Dietrich Weise, 68

Verein:	Eintracht Frankfurt
Vorgänger:	Erich Ribbeck
Erster Amtstag:	1. Juli 1973
Tabellenstand:	Platz 8 (Saison 1972/73)
Letzter Amtstag:	30. Juni 1976
Tabellenstand:	Platz 9
Amtszeit:	36 Monate
Nachfolger:	Hans-Dieter Roos

1975/76 war für Eintracht Frankfurt eine turbulente Saison. Mit einer Niederlage ausgerechnet gegen Erzrivale Offenbach frühzeitig in die Abstiegszone gerutscht, hatten die Adlerträger zunächst lediglich im Europapokal die Flamme der Hoffnung am Leben erhalten können und waren über den nordirischen Vertreter Coleraine FC sowie Atlético Madrid ins Viertelfinale des Pokalsiegerwettbewerbs vorgedrungen. Davon beflügelt, war auch in der Bundesliga wieder der Knoten geplatzt. Zwei aufeinanderfolgende 6:0-Siege über Bochum und den FC Bayern hatten die Hessen gar von großen Zielen träumen lassen, als der Alltag unbarmherzig über sie hereingebrochen war: Aus im Europapokal gegen West Ham, Rückschlag in der Bundesliga, Knöchelbruch von Torhüter Wienhold, Aus im Pokal gegen Hertha BSC. Als dann nach 2:6-Punkten die längst ausgegebene gemütliche „Wir-bringen-die-Saison-ordentlich-zu-Ende"-Parole plötzlich durch Abstiegsangst ersetzt werden mußte, zog Coach Dietrich Weise die Reißleine und verkündete am 27. Mai '76 völlig überraschend seinen Abschied zum Saisonende.

Seine Entscheidung löste Fassungslosigkeit aus. „Das gibt es doch gar nicht", meinte Bernd Hölzenbein, als er beim Frühstück von Weises Demission erfuhr, die auf den ersten Blick in der Tat kaum nachvollziehbar war. Schließlich hatte Weise mit den Hessen zweimal in Folge den Pokal gewonnen und schien mit der Eintracht auf einem gutem Weg zu sein. Doch Weises Kündigung war keine Kapitulation vor den sportlichen Fakten, sondern eine Reaktion auf seine mitunter unmöglichen Arbeitsbedingungen. Vor allem Vizepräsident Berger hatte dem sensiblen Analytiker regelmäßig Knüppel zwischen die Beine geworfen. Präsident von Thümen hatte jedenfalls alle Mühe gehabt, das schlingernde Vereinsschiff dennoch auf Kurs zu halten. „Probleme standen schon seit vielen Monaten im Raum. Auch ich versuchte immer wieder zu vermitteln. Doch jetzt, wo der Erfolg ausblieb, war wohl nichts mehr zu kitten", umschrieb Kapitän Grabowski die Situation, derweil der »kicker« umfassende Konsequenzen anmahnte: „In Frankfurt ist jetzt nicht nur die Frage offen, wer Weises Nachfolger wird..." Falsch gedacht! Zwar legte sich die Aufregung um Weises vorzeitigen Rücktritt bald, doch die einzige Frage, die auftauchte, war die nach seinem Nachfolger. Renommierte Herren wie Sztani, Cramer und Horvath waren dafür im Gespräch, tatsächlich aber wurde dem unbekannten Hans-Dieter Roos, zuvor Weise-Assistent, die Verantwortung übertragen. Nach Meinung von Insidern war Roos lediglich „Platzhalter für einen großen Namen in der Saison 1977/78" - eine Vermutung, die sich am 8. November 1976 bestätigen sollte. Wie schrieb doch der »kicker«? „...es ist nicht nur die Frage offen, wer Weises Nachfolger wird..."

Ivica Horvath, 69

Verein: Rot-Weiß Essen
Vorgänger: Diethelm Ferner
Erster Amtstag: 1. Juli 1975
Tabellenstand: Platz 12 (Saison 1974/75)
Letzter Amtstag: 26. September 1976
Tabellenstand: Platz 18
Amtszeit: 15 Monate
Nachfolger: Hermann Erlhoff

Für einen Sieger war Ivica Horvath ungewöhnlich stinkig. „Noch drei solche Spiele, dann bin ich reif für den Friedhof. Trainer zu sein, bedeutet für mich Hobby, nicht Beruf", tobte der Jugoslawe nach dem 3:2-Zittersieg seiner Essener Rot-Weißen im Schicksalsspiel gegen den Karlsruher SC. Horvaths Nerven waren sichtlich angespannt. Seit Wochen schon wackelte sein Stuhl beim sieglosen Tabellenletzten RWE, der wenige Monate nach seiner vermeintlichen Etablierung im Oberhaus (Platz 8 in der Saison 1975/76) schon wieder in höchster Abstiegsgefahr schwebte und zum ersten Mal seit drei Jahren wieder auf Platz 18 zurückgefallen war. Schuld daran war nicht zuletzt Essens Personalpolitik, denn mit Manni Burgsmüller und Ente Lippens waren zu Saisonbeginn gleich zwei Leistungsträger verkauft worden - die Verantwortung tragen mußte freilich Ivica Horvath, dessen Ablösung die RWE-Fans bereits mehrfach lautstark gefordert hatten. Nach dem glücklichen Sieg über den KSC sahen die Rot-Weißen zumindest wieder ein klein bißchen Land, und so machten sie sich am darauffolgenden Freitagabend durchaus zuversichtlich auf den Weg zu Meister Mönchengladbach. Doch auf dem Bökelberg erhielten die Essener ihre Läuterung. „Wie in besten Tagen", titelte der »kicker«, denn der Meister hatte RWE gleich mit 6:0 überfahren!

Für Horvath war es das Ende. Noch am Samstagabend wurde sein bis zum 30. Juni 1977 laufender Vertrag mit sofortiger Wirkung aufgelöst und die Trainingsleitung Hermann Erlhoff übergeben. „Nach wie vor gibt es in Essen genug Meinungen, die Horvaths Ausscheiden als eine vom Trainer seit langem herbeigesehnte Maßnahme ansehen. Seine fachliche Qualifikation ist unbestritten, sein Engagement ließ seit Ende der vergangenen Saison mehr als zu wünschen übrig", kommentierte der »kicker« und erinnerte daran, daß RWE-Boß Naunheim schon seit langem stocksauer auf seinen Coach gewesen war. Horvath habe sich vor Saisonbeginn weder um adäquate Neuzugänge bemüht, noch den Transfers von Burgsmüller und Lippens allzusehr im Weg gestanden und schließlich auch noch mit ständigen Abqualifizierungen einiger Ersatzspieler Unruhe in den Kader gebracht. Horvath selbst wollte sich nicht zu den Vorwürfen äußern, handelte nach dem Motto: „Keine schmutzige Wäsche waschen".

Der Einstand von Nachfolger Erlhoff, mit 31 Jahren einer der jüngsten Trainer der Bundesligageschichte, geriet zum Debakel. 1:5 unterlagen seine Männer daheim dem MSV Duisburg, der mit RWE ein „Katz-und-Maus-Spiel" (»kicker«) veranstaltete. Am Saisonende stand der dritte Abstieg aus der Bundesliga.

Slobodan Cendic, 70

Verein:	1. FC Saarbrücken
Vorgänger:	Herbert Binkert
Erster Amtstag:	1. Juli 1974
Tabellenstand:	Platz 2 (Regionalliga Südwest, '73/74)
Letzter Amtstag:	18. Oktober 1976
Tabellenstand:	Platz 15
Amtszeit:	28 Monate
Nachfolger:	Manfred Krafft

So etwas nennt man dann wohl „Eigentor". Nach der 0:3-Pokalpleite im heimischen Ludwigspark gegen Rot-Weiß Essen stellten die Verantwortlichen von Aufsteiger 1. FC Saarbrücken ihren Trainer Cendic unbarmherzig kalt und schlossen per Handschlag einen Kontrakt mit Rolf Schafstall, der mit sofortiger Wirkung das Training bei den abstiegsbedrohten Saarländern übernehmen sollte. Doch die Saarländer hatten die Rechnung ohne Schafstalls Klub MSV Duisburg gemacht. Der verkündete nämlich, daß der Assistent von Cheftrainer Otto Knefler zwar gehen könne, wenn er unbedingt wolle, daß man ihn aber doch lieber an der Wedau behalten würde. Von soviel Zuneigung gerührt machte Rolf Schafstall eine hundertprozentige Kehrtwende, sagte in Saarbrücken ab und blieb in Duisburg. Einer, der das alles natürlich gar nicht lustig fand, war Slobodan Cendic. Vor der Saison schon hatte ihm Böses geschwant, weil mit Felix Magath die Seele aus dem FCS-Spiel gerissen worden war. Dann blieben die hochgelobten Neuzugänge durchwegs unter den Erwartungen - allen voran der Franzose Marc Berdoll, der nicht nur mit Sprachschwierigkeiten zu kämpfen hatte. In die Kritik geraten war jedoch der Trainer, wenngleich das FCS-Präsidium ihm zunächst Rückendeckung gab und selbst nach der Pokalpleite gegen Essen unverdrossen verkündete, an ihm festhalten zu wollen, obwohl hinter den Kulissen bereits mit Schafstall verwandelt wurde! „Einen solchen Schritt hätte der Vorstand zu veranlassen und zu verantworten. Aber überhaupt keine Frage, ich kann die Mannschaft weiterhin motivieren", glaubte der seit 1974 in Saarbrücken wirkende Serbe auch im Anschluß an das Essener Pokalspiel nicht an seine vorzeitige Ablösung.

Kurz darauf war er entlassen. Man wolle die Mannschaft aus dem momentanen sportlichen und psychischen Tief führen, begründete FCS-Präsident Heinz Vaterrodt die fristlose Entlassung Cendic'. Nach der kurz darauf im Saarland eingehenden Absage von Rolf Schafstall waren die Saarbrücker freilich in der Bredouille. Beim nächsten Spiel in Köln saß Assistent Stöber auf der Bank - und mußte ein 1:5-Debakel mit ansehen, was der »kicker« süffisant mit „Die Verfassung der Mannschaft ist durch den Wirbel um den Trainerwechsel kaum besser geworden" kommentierte. Die Karre aus dem Dreck ziehen sollte schließlich Manfred „Manni" Krafft, der bereits zweimal bei Fortuna Düsseldorf als „Nothelfer" eingesprungen war, und die Schwarz-Blauen im „Saarbrücker Wunder" tatsächlich zum rettenden Ufer bugsierte. Slobodan Cendic wurde derweil zwölf Jahre lang nicht gesehen auf der Erstligabühne. Erst 1988 kehrte er mit dem FC Homburg ins Oberhaus zurück.

Hans-Dieter Roos, 71

Verein:	Eintracht Frankfurt
Vorgänger:	Dietrich Weise
Erster Amtstag:	1. Juli 1976
Tabellenstand:	Platz 9 (Saison 1975/76)
Letzter Amtstag:	8. November 1976
Tabellenstand:	Platz 16
Amtszeit:	5 Monate
Nachfolger:	Gyula Lorant

Er hatte von vornherein nur als „Platzhalter" gegolten. Hans-Dieter Roos, im Hunsrück geboren und lange Zeit im Rheinland als Trainer tätig, war 1975 Assistenztrainer bei der Frankfurter Eintracht geworden und hatte nach der freiwilligen Demission seines Chefs Dietrich Weise zu Beginn der Saison 76/77 höchstselbst die Verantwortung übernommen - so lange, bis die Eintracht einen „großen Namen" gefunden hat, wie Spötter behaupteten. Schlechte Voraussetzungen für den ein wenig bieder wirkenden Roos, der zu allem Übel mit seinem Team auch noch einen klassischen Fehlstart hinlegte und rasch in den Abstiegsstrudel geriet. Als es am zwölften Spieltag ein 1:4-Heimdebakel gegen Aufsteiger Dortmund gab, war Roos' Uhr bereits abgelaufen. „Das Spiel gegen Dortmund sollte die große Wende bringen - es wurde zum totalen Reinfall", schrieb der »kicker« und bezeichnete die Frankfurter als „Hühnerhaufen, auf den der Fuchs hereingestoßen ist". „Schwere Wochen für Herrn Roos", prognostizierte derweil Weltmeister Grabowski, der zudem andeutete, daß es „Meinungsverschiedenheiten innerhalb der Mannschaft" gäbe, und daß es „an Harmonie fehle". Hans-Dieter Roos gab sich (noch) gelassen: „Die Dinge, um die es geht, kenne ich seit Wochen. Doch ich werde mich hüten, darüber in der Öffentlichkeit zu sprechen". Eine der Quellen der Frankfurter Unzufriedenheit war Neuzugang Dragoslav Stepanovic, der auf der Bank zu versauern drohte. „Er hat in dieser Woche mit Wohnungssuche und Behördenkram so viel um die Ohren, daß ich ihm mit einer Nominierung in der Stammelf keinen Gefallen getan hätte", begründete Roos seine umstrittene Maßnahme. Es waren seine letzten Worte als verantwortlicher Trainer. Kurz darauf teilte Präsident von Thümen ihm seine Entlassung mit.

Der „geplante" Opfergang hatte endlich ein Ende. Von Anfang an hatte der 39jährige gegen nahezu alle Fronten kämpfen müssen, die einen Bundesligisten im Allgemeinen und einen Klub wie Eintracht Frankfurt im Besonderen umgeben. „Roos konnte schaffen und schuften so lange und so intensiv wie möglich - in Frankfurt brachte er kein Bein auf die Erde", stellte der »kicker« fest und zählte die wirklichen Probleme auf: „Zerstrittenheit der Mannschaft, Unfähigkeit des Managements, antiquierte Führungsstruktur. Mit Sicherheit sitzen die wahren Sünder eine Etage über dem Sündenbock Hans-Dieter Roos". Bittere Stunden für den Ex-Pokalsieger, der sich von allen Seiten Schelte für sein Verhalten gefallen lassen mußte - und mit Gyula Lorant einen sogenannten „harten Hund" verpflichtete, der die Krise in der Tat meisterte. Er führte die gebeutelten Adlerträger in einer sensationellen Rückrunde sogar noch auf Rang 4! Die Frankfurter hatten mal wieder alles richtig gemacht und von Roos sprach niemand mehr...

Georg Kessler, 72

Verein:	Hertha BSC Berlin
Vorgänger:	Hans Eder
Erster Amtstag:	1. Juli 1974
Tabellenstand:	Platz 8 (Saison 1973/74)
Letzter Amtstag:	30. Juni 1977
Tabellenstand:	Platz 10
Amtszeit:	36 Monate
Nachfolger:	Kuno Klötzer

Schon lange hatte es im Oberhaus keinen derart harmonischen Trainerwechsel mehr gegeben. „Es ist bestimmt in der Bundesliga nicht alltäglich, daß der scheidende Trainer seinen Nachfolger der Mannschaft vorstellt. Darüber habe ich mich sehr gefreut", strahlte Kuno Klötzer bei seinem Antrittsbesuch bei Hertha BSC Berlin, seinem künftigen Arbeitgeber. Man schrieb den 1. Mai 1977, und Klötzer hatte gerade einen Vertrag mit Laufzeitbeginn 1. Juli 1977 unterschrieben. Bis dahin sollte Georg Kessler noch im Amt bleiben, der sich nach drei erfolgreichen Jahren bei Hertha zum Saisonende freiwillig verabschieden wollte. Einmal Vizemeister, einmal Vizepokalsieger, im Europapokal erst an Ajax Amsterdam gescheitert - so die Bilanz des einst aus den Niederlanden nach Berlin gekommenen „Gentleman".

Doch in der Spielzeit 1976/77 hatte der gute Ruf Kesslers leiden müssen. Verteidiger „Funkturm" Kliemann sowie Torjäger Bernd Gersdorff, die beiden umstrittenen Hertha-Stars, hatten wiederholt für Unruhe im Umfeld gesorgt und des Trainers Nerven arg strapaziert. Dazu waren dauernd neue Gerüchte über einen von Vereinsseite angedachten Trainerwechsel aufgekommen, was Kessler am 12. April 1977, also rund zehn Wochen vor Beginn der neuen Spielzeit, dazu bewogen hatte, seinen zum 30. Juni 1978 auslaufenden Vertrag vorzeitig zu kündigen - trotz erreichten Pokalfinales. Der Verein stehe vor der schwierigen Aufgabe des Neuaufbaus, „der sich nach meiner Einschätzung über mehrere Jahre entwickeln muß. Eine solche Aufgabe sollte nunmehr auch von einem Mann begonnen werden, der ihn ohnehin nach Ablauf meines Vertrages ab 1. Juli 1978 fortsetzen müßte", begründete der Trainerfuchs seinen Schritt.

Allzu sehr in Trauer verfiel Herthas Vorstand nicht. Zwar zeigte sich Präsident Ottomar Domrich bei der Pressekonferenz ein wenig betrübt, doch angesichts der sportlichen Talfahrt, die Hertha in den Wochen zuvor hingelegt hatte, sowie der anhaltenden internen Turbulenzen war Kesslers freiwilliger Rückzug beinahe eine Ideallösung. Die Spieler hingegen waren erschüttert. „Nachdem wir in das Pokalfinale vorgedrungen sind, überrascht mich der Schritt des Trainers doch sehr", meinte beispielsweise der von Schalke 04 umworbene Kapitän Erich Beer. Kesslers letztes Spiel endete mit einer unglücklichen 0:1-Niederlage im Pokalwiederholungsspiel gegen Köln. Ein trauriger Abgang für den „Gentleman", der erst neun Jahre später auf die Bundesligabühne zurückkehren sollte - ausgerechnet beim 1977er Finalgegner 1. FC Köln.

Rudi Gutendorf, 73

Verein:	Hamburger SV
Vorgänger:	Kuno Klötzer
Erster Amtstag:	1. Juli 1977
Tabellenstand:	Platz 6 (Saison 1976/77)
Letzter Amtstag:	27. Oktober 1977
Tabellenstand:	Platz 9
Amtszeit:	4 Monate
Nachfolger:	Arkoc Özcan

"Der HSV, das war die schlimmste Station meines Trainer-Lebens". Der das sagte, war alles andere als ein Kind von Traurigkeit: Rudi Gutendorf. Doch in Hamburg hatte der Weltenbummler auf Granit gebissen. Da war es Dr. Peter Krohn, ein Mann, der den HSV nach dem Motto „Hollywood ist tot, es lebe die Bundesliga" revolutionieren woll-te, der die Puppen tanzen ließ. Daß Krohn dabei nicht nur an schweinchenrosa Trikots und Champagnerbäder ("das lockt Mädchen ins Stadion") dachte, hatte schon Vorgän-ger Klötzer feststellen müssen: Kaum war der mit den Hamburgern 1977 Europapokal-sieger geworden, hatte sich Krohn mit Gutendorf über seine Nachfolge geeinigt. „Für mich kommen nur Branko Zebec und Sie in Frage, aber Zebec paßt nicht zu unserem renommierten HSV, er soll Quartalssäufer sein", soll Krohn Gutendorf dabei mitgeteilt haben und hatte anschließend verkündet: „Rudi, mit ihnen will ich meinen HSV zur stärksten Klubmannschaft der Welt machen!"

Als „Rudi" wenige Monate später geschlagen den Volkspark verließ, hatte der HSV gerade daheim gegen Saarbrücken verloren und war auf Rang 9 abgerutscht. Dabei hatte Gutendorf mit Kevin Keegan und Ivan Buljan zwei ausgewiesene Spitzenkräfte zu seinem illustren Kader hinzubekommen. Zunächst war auch alles glatt gelaufen. In einem Vorbereitungsspiel hatte der HSV den FC Barcelona mit 6:0 vom Platz gefegt, in der Bundesliga war er mit vier Siegen in fünf Spielen glänzend gestartet. Ausgerechnet beim ersten Lokalderby unter Bundesligabedingungen hatte er erstmals gepatzt: 0:2 gegen St. Pauli. Anschließend überschlugen sich die Ereignisse. Einige Akteure um Felix Magath zeigten dem ungeliebten Gutendorf die kalte Schulter und demontierten des-sen Selbstvertrauen, Neuzugang Keegan wurde von der Mannschaft geschnitten, Mana-ger Dr. Krohn verkündete eine „100-Tage-Frist" für Gutendorf, geriet aber zugleich wegen seiner ständigen Eskapaden selbst in die Bredouille. Begleitet wurde dies alles von ei-ner sportlichen Talfahrt. Nach einem 0:4 in Braunschweig, einem 1:2 im Europacup gegen Anderlecht und dem erwähnten 1:2 gegen Saarbrücken war es soweit. Während Gutendorf im ZDF-Sportstudio noch forderte: „Mit den Kinkerlitzchen muß jetzt Schluß sein. Wir brauchen keinen englischen Schneider und keine Luxushotels vor den Spie-len", wurde daheim erfolgreich an seinem Stuhl gesägt. Die HSV-Profis sprachen sich nahezu geschlossen gegen Gutendorf aus, während Manager Krohn, der gerade noch eine Erweiterung seiner Vollmachten gefordert hatte, plötzlich selbst seinen Hut nahm. Dies alles geschah am 26. Oktober 1977 - einen Tag später wurde Gutendorf entlassen. Es war das Ende einer Ära, die als „Zirkus Krohn" in die Bundesliga-Annalen einging.

Gyula Lorant, 74

Verein:	Eintracht Frankfurt
Vorgänger:	Hans-Dieter Roos
Erster Amtstag:	9. November 1976
Tabellenstand:	Platz 16
Letzter Amtstag:	30. November 1977
Tabellenstand:	Platz 8
Amtszeit:	13 Monate
Nachfolger:	Dettmar Cramer

Eine Partie zwischen Eintracht Frankfurt und Bayern München hat traditionell einen besonderen Reiz. Im November 1977 konnten sich die Frankfurter Fans daher doppelt freuen, denn binnen drei Tagen reisten die Bayern gleich zweimal ins Waldstadion: Zunächst zum UEFA-Cup-Achtelfinalhinspiel, drei Tage später dann zur Partie des 16. Bundesligaspieltags. Und was wohl niemand für möglich gehalten hätte, trat ein: Sowohl das UEFA-Cup-Spiel als auch die Bundesligapartie endete mit 4:0 für die Frankfurter Eintracht, die ihre Fans zweimal in einen wahren Freudentaumel versetzte. Logisch, daß anschließend bei der Eintracht aufgeräumte Stimmung herrschte und Kapitän Jürgen Grabowski sich sogar erlaubte, einen Kommentar zum bei Verlierer Bayern in die Schußlinie geratenen Trainer Cramer abzugeben. „Dettmar Cramer ist ein unwahrscheinlich guter Trainer. Was Bayern fehlt, ist die Persönlichkeit innerhalb der Mannschaft". Grabowski ahnte offenbar nichts von dem, was sich da hinter den Kulissen abspielte...

Nur vier Tage später schlagzeilte der »kicker« nämlich: „Sensation: Lorant tauscht mit Cramer den Posten!" Völlig unerwartet war am Nachmittag des 30. November 1977 die Nachricht in die Redaktionsstube des Fachblattes geplatzt. Gyula Lorant, der Mann, der die Bayern-Krise mit den beiden 4:0-Siegen auf die Spitze getrieben hatte, hatte seinen Vertrag mit den Frankfurtern fristlos gekündigt und wollte die Münchner aus dem Tief herausholen! Grabowski war fassungslos. „Wenn das stimmt, dann wird man von mir einige harte Worte hören!", schimpfte er, als er von der Geschichte hörte. Es stimmte, doch es ging noch weiter, denn es entwickelte sich der wohl sensationellste Trainertausch der Bundesligageschichte – im Gegenzug sollte nämlich Cramer die Frankfurter übernehmen! In Frankfurt war man wie vor den Kopf geschlagen. „Sowie wir seinen Kündigungsgrund schriftlich vorliegen haben, werden wir unsere Interessen arbeitsrechtlich unerbittlich wahrnehmen", giftete Präsident Achaz von Thümen, dessen Rolle bei dem Trainertausch nicht ganz unumstritten war. Grabowski beispielsweise schimpfte nach einer mehrstündigen Verhandlung mit seinem Präsidenten: „Lorant ist gegangen, und der Eintracht war es im Grunde ganz recht", derweil die »FAZ« den Eintracht-Boß sogar als „Initiator dieses Spielchens mit gezinkten Karten" bezeichnete. Auch die Frage nach dem Lorant-Nachfolger war alles andere als unumstritten, denn mit Cramer waren längst nicht alle einverstanden. Und „Napoleon" kam auch gar nicht sofort, denn beim Auswärtskick in Braunschweig sowie beim UEFA-Cup-Rückspiel in München betreute Grabowski die Mannschaft, ehe Cramer die Leitung übernahm. Warum er nicht eher kam? Man wollte ihm nicht drei Auswärtsspiele in Folge zumuten, erklärte von Thümen. Spielerkommentar: „Einen Trainer, der die Hosen voll hat, können wir nicht gebrauchen".

Dettmar Cramer, 75

Verein:	Bayern München
Vorgänger:	Udo Lattek
Erster Amtstag:	16. Januar 1975
Tabellenstand:	Platz 14
Letzter Amtstag:	1. Dezember 1977
Tabellenstand:	Platz 16
Amtszeit:	35 Monate
Nachfolger:	Gyula Lorant

Im November 1977 brach nahezu alles auf den in Diensten des FC Bayern befindlichen Fußball-Lehrer mit dem Spitznamen „Napoleon" ein. Am Samstag, den 12. sicherte sich der abgeschlagene Tabellenletzte TSV 1860 ausgerechnet im Derby gegen den FC Bayern seinen ersten Saisonsieg, zwei Wochen später rutschte der Münchner Renommierverein nach einem peinlichen 0:4 im Frankfurter Waldstadion auf Abstiegsrang 16 ab und mittendrin sorgte ein weiteres 0:4 im UEFA-Cup-Achtelfinale – wiederum in Frankfurt - für Gelächter bei den Bayern-Feinden und Kopfschütteln bei den eigenen Anhängern. Fünf Bundesliganiederlagen in Folge: Das hatte der FC Bayern noch nie erlebt. In München brannte die Luft, und Dettmar Cramer wurde dieselbe allmählich knapp.

Cramers Arbeitsbedingungen im Olympiastadion waren nie sonderlich gut gewesen. Schon 1975, kaum daß er Udo Lattek abgelöst hatte, wäre er beinahe schon wieder gefeuert worden, weil es in den ersten sieben Spielen unter seiner Regie keinen Sieg gegeben hatte. Nur der Gewinn des Europapokals der Landesmeister hatte ihn davor bewahrt, gegen Max Merkel ausgetauscht zu werden - und ihm statt dessen sogar einen Vertrag bis zum Sommer 1981 beschert. Doch als sich im Sommer 1977 Libero-Idol Franz Beckenbauer in die USA absetzte, schwante Insidern erneut Übles – und sie behielten Recht. Zwar erklommen die Bayern am zweiten Spieltag mit einem 4:2 über St. Pauli wie gewohnt Platz 1, doch dort blieben sie nicht allzu lange. Bis sie das nächste Mal gewannen, vergingen nämlich gleich fünf Wochen, in denen Cramers Stuhl gehörig ins Wackeln geriet. Übrigens ganz nach dem Geschmack von Bayern-Boß Neudecker, der „Napoleon" Cramer ohnehin als „viel zu schick für die Mannschaft" empfand.

Nach der UEFA-Cup-Pleite kündigte Neudecker Konsequenzen an, sollte es im Bundesligaspiel gegen die Frankfurter zu einer erneuten Niederlage kommen. Wie diese „Konsequenzen" aussehen würden, konnte sich jeder selbst ausmalen – und nach dem abermaligen 0:4 im Waldstadion nahm Cramers Schicksal dann auch seinen Lauf. Ihm wurde angeboten, auf den seit Robert Schwans Abgang vakanten Posten des „Technischen Direktors" zu wechseln, um Platz zu machen für einen neuen Chefcoach: Gyula Lorant von der Frankfurter Eintracht, jenem Team, das die Bayern erst richtig in die Krise geschossen hatte... Doch Cramer ließ sich nicht „wegloben". Er schlug das Bayern-Angebot dankend aus und übernahm statt dessen im wohl aufsehenerregendsten Trainertausch der Bundesligageschichte Lorants Job in Frankfurt – nicht ohne allerdings zuvor Neudecker noch mit dem Arbeitsgericht zu drohen, wenn die ihm bis zum Ende seines laufenden Vertrages (Juni 1981) zustehenden 700.000 Mark nicht gezahlt werden würden

Friedel Rausch, 76

Verein:	Schalke 04
Vorgänger:	Max Merkel
Erster Amtstag:	10. März 1976
Tabellenstand:	Platz 8
Letzter Amtstag:	20. Dezember 1977
Tabellenstand:	Platz 10
Amtszeit:	22 Monate
Nachfolger:	Uli Maslo

Es hatte so prächtig begonnen. Am sechsten Spieltag waren die Königsblauen mit einem 1:0 über Fortuna Düsseldorf auf Platz 1 geklettert und hatten die Pole-Position anschließend sieben Spieltage lang verteidigen können – trotz einer zwischenzeitlichen 1:7-Schlappe beim FC Bayern. Erst am dreizehnten Spieltag war nach dem 2:2 gegen den HSV – zwei Minuten vor Schluß hatte Nogly den Hamburger Ausgleich markiert – mächtig Sand ins Schalker Getriebe geraten: 1:2 in Dortmund, 1:2 gegen Gladbach, 1:2 bei Hertha BSC, 0:1 gegen Duisburg. Plötzlich waren die Gelsenkirchener nur noch Zehnter und konnten ihre Meisterträume aufs nächste Jahr verschieben. Einhergehend mit der Talfahrt wuchs die Kritik an Trainer Rausch, dessen vor der Saison angemahnte Zurückhaltung nach dem guten Saisonstart rasch vergessen worden war. Doch Rausch hatte nicht umsonst gemahnt, denn mit Branko Oblak war die Seele des Schalker Spiels zum FC Bayern gegangen, während auf Seiten der Neuzugänge mit Ausnahme von Torhüter Gross nur unbekannte Jugendspieler gestanden hatten. Überhaupt hatte der gute Saisonstart des amtierenden Vizemeisters einiges übertüncht, was im Moment der Krise um so geballter wieder hervortrat. Trainer Rausch beispielsweise drohte ein Lizenzentzug, weil er einige Jahre zuvor aus der Kasse einer von ihm geleiteten Vorverkaufsstelle angeblich rund 25.000 Mark unterschlagen haben soll. In erster Instanz war Rausch für schuldig befunden und mit vier Monaten Lizenzentzug bestraft worden, was auf der Schalker Vorstandsebene mit Wohlwollen aufgenommen worden war. Dort suchte man nämlich längst nach einem geeigneten Weg, den mit monatlich 14.000 Mark dotierten Coach „loszuwerden", und das DFB-Urteil schien eine solch kostengünstige Lösung zu sein.

Doch in der Berufungsverhandlung hoben die Sportrichter den Lizenzentzug auf und verhängten statt dessen eine Geldstrafe von 15.000 Mark - für die Verantwortlichen im Parkstadion ein Schlag ins Gesicht. Sie hatten extra die Verhandlung abgewartet, um Rausch anschließend wegen des Lizenzentzuges fristlos aus seinem bis zum 30. Juni 1979 laufenden Vertrag entlassen zu können. Nun blieb nur der „gewöhnliche" und kostenintensive Rauswurf – der exakt 24 Stunden nach Verkündung des DFB-Revisionsurteils auch kam. Begründung: „Weil mit dem sportlichen Niedergang des letztjährigen Vizemeisters auch ein eklatanter Autoritätsverlust einherging" – so zumindest der »kikker«. Für Rausch übernahm sein Assistent Uli Maslo, der einst erfolgreich bei Nachbar Wattenscheid 09 im Jugendbereich aktiv gewesen war, die Trainingsleitung.

Hans Tilkowski, 77

Verein:	Werder Bremen
Vorgänger:	Otto Rehhagel
Erster Amtstag:	1. Juli 1976
Tabellenstand:	Platz 13 (Saison 1975/76)
Letzter Amtstag:	22. Dezember 1977
Tabellenstand:	Platz 16
Amtszeit:	18 Monate
Nachfolger:	Fred Schulz / Rudi Assauer

Der Schatten seines Vorgängers war lang. Zu lang, wie sich herausstellen sollte. Otto Rehhagel, der Abstiegskandidat Werder in der Schlußphase der Saison 75/76 souverän zum Klassenerhalt geführt hatte, war anschließend natürlich Wunschkandidat für die Spielzeit 76/77 gewesen. Doch Rehhagel wollte nicht an der Weser bleiben. Er folgte lieber dem Ruf von Borussia Dortmund, woraufhin Werder sich mit Hans Tilkowski einigte, der 1970 schon einmal erfolgreich im Weserstadion gearbeitet hatte. Warum also nicht ein zweites Mal? Doch im Schatten seines erfolgreichen Vorgängers hatte die „zweite Wahl" Tilkowski schlechte Karten. Aus Spielerkreisen wurde ihm wenig Vertrauen entgegengebracht, und als er sich auch noch einen unnötigen Machtkampf mit Werders alterndem Urgestein Höttges lieferte – es ging um dessen Vertragsverlängerung –, war Tilkowskis Autorität endgültig dahin. Das hatte Folgen: Wie gewöhnlich dümpelte Werder im unteren Tabellendrittel herum und schaffte nur glücklich den Klassenerhalt. Als es in der darauffolgenden Saison so weiterging, wuchs die Kritik an Tilkowski, der laut »kicker« „in seiner 18monatigen Amtszeit bei Werder Bremen mit der Bundesligamannschaft keine Bäume ausgerissen hat", rasch an. Kurz vor Weihnachten eskalierte die Situation. Aus Spielerkreisen wurde kolportiert, daß dem Westfalen kein Vertrauen mehr entgegengebracht werde. Der gekränkte Höttges riet seinem Präsidium, Tilkowskis zum 30. Juni 1978 auslaufenden Vertrag nicht zu verlängern, und Werders Däne Roentved konstatierte: „Die große Mehrheit der Spieler war schon seit langem gegen Tilkowski. Er kann keinerlei Kritik vertragen und hat uns sogar nach starken Spielen zur Schnecke gemacht". Für Roentved hatte der Coach „in pädagogischer Hinsicht versagt".

Tilkowski zog die Konsequenzen und kündigte. Selbst die 70.000 Mark, die ihm bis zum Ende seiner Vertragslaufzeit eigentlich noch zustanden, wollte er nicht mehr. „Auch für viel Geld verliere ich mein Gesicht nicht. Vertrauen kann man nicht begrenzen. Hat man es nicht mehr nach Juni 1978, so auch nicht mehr im Dezember 1977. Ich bin das Opfer von Intrigen von Horst Höttges. Er wußte, daß ich gegen seine Vertragsverlängerung bin. Darum hat er die Mannschaft gegen mich mobilisiert". Vergeblich versuchte das Präsidium, ihn zum Bleiben zu bewegen. Die Suche nach einem Nachfolger geriet zur Provinzposse. Wunschkandidat Wolfgang Weber bekam vom 1. FC Köln keine Freigabe, Manager Assauer versprach einen „Kenner der Bundesligamaterie, den wir auch über das Saisonende hinaus verpflichten können", doch mit Fred Schulz kam schließlich ein 74jähriger, der nur einen Vorteil hatte: Die Fußball-Lehrer-Lizenz. Die nämlich fehlte Manager Assauer, dem eigentlichen Nachfolger Tilkowskis.

Manfred Krafft, 78

Verein:	1. FC Saarbrücken
Vorgänger:	Slobodan Cendic
Erster Amtstag:	25. Oktober 1976
Tabellenstand:	Platz 17
Letzter Amtstag:	21. Februar 1978
Tabellenstand:	Platz 16
Amtszeit:	16 Monate
Nachfolger:	Hans Tilkowski

Man kannte es inzwischen. Da tritt ein Vereinspräsident vor die Kamera, versichert den wartenden Journalisten, daß der Trainer nicht zur Disposition stehe – und kurz darauf tritt das genaue Gegenteil ein. So auch in Saarbrücken. Wenige Stunden, nachdem FCS-Präsident Vaterrodt seinem Trainer Manfred Krafft das Vertrauen ausgesprochen hatte, entließ er ihn auch schon. „Das Resultat war ein präsidialer Mehrheitsbeschluß", spekulierte der »kicker« und vermutete, „daß sportliche Outsider einen Mann zu Fall brachten, dem vor einem Jahr das Wunder an der Saar zu verdanken gewesen war". In der Tat, denn nachdem Manni Krafft Ende Oktober 1976 Slobodan Cendic abgelöst hatte, waren die seinerzeit hoffnungslos im Tabellenkeller dümpelnden Saarländer mit Vehemenz aus dem Abstiegsstrudel geprescht und bis auf Rang 14 geklettert.

Das Denkmal, das sich Krafft mit diesem „Wunder" erschaffen hatte, hatte auch im Februar 1978 noch Bestand – doch es war eben nur noch ein Denkmal. „Wir waren mit seiner Arbeit zufrieden. Aber von ihm ging keine genügende Motivation mehr aus", erklärte Präsident Vaterrodt, der zudem verlauten ließ, daß die Entscheidung „letztlich gegen meinen Willen getroffen" worden sei – wie übrigens jeder FCS-Verantwortliche die Verantwortung für den Trainerrauswurf von sich wies. Aus gutem Grunde, denn Spieler und Umfeld im Ludwigspark reagierten geschockt, als sie von Kraffts Entlassung hörten. Mittelfeldspieler Ludwig Schuster beispielsweise erklärte: „Ich bin viel zu geschockt, zumal ich Krafft soviel zu verdanken habe. Damit hätte ich nicht gerechnet". Bei der »Saarbrücker Zeitung« gingen derweil waschkübelweise Protestschreiben ein. „Keine der bisher vorangegangenen vorzeitigen Trainerentlassungen in der Bundesliga fand eine so massive Ablehnung wie jene von Manfred Krafft. Der Volksheld wurde geopfert – die landesweite Empörung hätte nicht größer sein können!", kommentierte das Blatt und zitierte einen FCS-Fan, der seinen Ärger kurz und knapp zusammenfaßte: „Die schlechteste Entscheidung, die getroffen werden konnte, Kraffts Beurlaubung ist der Abstieg!" Recht hatte er, der unbekannte Fan, denn am Saisonende kehrte der 1. FC Saarbrücken tatsächlich in die Zweitklassigkeit zurück – da half auch Krafft-Nachfolger Hans Tilkowski nichts.

Otto Rehhagel, 79

Verein: Borussia Dortmund
Vorgänger: Horst Buhtz
Erster Amtstag: 14. Juni 1976
Tabellenstand: Platz 2 (2. Bundesliga)
Letzter Amtstag: 30. April 1978
Tabellenstand: Platz 11
Amtszeit: 23 Monate
Nachfolger: Carlheinz Rühl

Sein Abgang war ähnlich spektakulär wie sein Antritt. Im Juni 1976 hatte Otto Rehhagel Hals über Kopf Horst Buhtz abgelöst, um den BVB in die wenige Tage später anstehenden Aufstiegsspiele zur 1. Liga zu führen. Hintergrund war, daß BVB-Boß Günther fürchtete, daß Buhtz, der zur neuen Saison bei Aufstiegskontrahent Nürnberg unterzeichnet hatte, es an Loyalität mangeln lassen könnte. Rehhagel kam – und feierte prompt den Aufstieg ins Oberhaus. Dort boten die Schwarz-Gelben auf Anhieb Sehenswertes und belegten einen für einen Aufsteiger beachtlichen achten Rang. Zufrieden und selbstbewußt ging der BVB daraufhin ins Spieljahr 77/78, in dem das Team jedoch für einen richtigen Paukenschlag sorgte: Dem 0:12 gegen Mönchengladbach, mit dem die Dortmunder ihrem Namensvetter vom Niederrhein um ein Haar zur eigentlich unmöglichen Meisterschaft verholfen hätten - per Torverhältnis! Deutschland sprach von „Skandal" und zeigte mit spitzen Fingern auf die Westfalen, die sich in der Tat auffällig widerstandslos ihrem Schicksal ergeben hatten. Auch Rehhagel stand in der Kritik. Da war beispielsweise die Sache mit den Torhütern gewesen. Statt Stammkeeper Bertram stand nämlich Ersatzkeeper Endrulat im Tor – obwohl er am Morgen vor dem Spiel gegen Gladbach seine Kündigung zum Saisonende bekommen hatte und entsprechend frustriert war. Gerüchte, der BVB habe sich absichtlich abschlachten lassen, wurden jedenfalls immer lauter. Rehhagel gab sich derweil untröstlich. „Das ist mir noch nie passiert. So darf man nicht eingehen. Auf der anderen Seite kann auch im Fußball nicht immer nur die Sonne scheinen, ab und zu kommen auch schon mal Regengüsse. So wie heute", gab der längst „Otto Torhagel" getaufte Coach zu Protokoll, was ein Journalist mit: „Von Regen kann keine Rede sein. Das war wohl mehr Hagel, was heute auf Dortmund niederging..." kommentierte. Rehhagel erwischte es noch viel ärger, denn aus dem Hagel auf Dortmund wurden bald Prügel gegen Otto. Im Klartext: Er wurde erst zum Sündenbock, dann zum Alleinverantwortlichen – und schließlich zum Bauernopfer: 24 Stunden nach dem Debakel gegen Gladbach wurde er fristlos entlassen. „Wir treffen diese Entscheidung schweren Herzens, aber die Sorge um die Zukunft des Vereins überwog", begründete Präsident Günther den Beschluß, der gefällt worden war, „um der Elf die schwere Hypothek dieser deklassierenden Niederlage zu nehmen. Zudem wollen wir alle Manipulationsvorwürfe mit dieser Maßnahme ausräumen." Doch das war nur die halbe Wahrheit, denn schon während der laufenden Saison hatte es einige Male zwischen dem sportlichen Leiter und seinem Vorstand gekracht. Mehrfach schon war Rehhagel in die Kritik geraten, so daß das 0:12 irgendwie ein günstiger Anlaß war, ihn ohne große Erklärungen vorzeitig aus seinem noch bis zum 30. Juni 1979 laufenden Vertrag zu entlassen.

Milovan Beljin, 80

Verein:	Arminia Bielefeld
Vorgänger:	Karl-Heinz Feldkamp
Erster Amtstag:	1. Juli 1978
Tabellenstand:	Platz 1 (2. Bundesliga, 1977/78)
Letzter Amtstag:	8. Oktober 1978
Tabellenstand:	Platz 17
Amtszeit:	4 Monate
Nachfolger:	Otto Rehhagel

Da war Arminia Bielefeld nach sechs Jahren endlich ins Oberhaus zurückgekehrt, doch der Mann, der es möglich gemacht hatte, wollte dennoch nicht bleiben. Unmittelbar nach dem Gewinn der Zweitligameisterschaft hatte „Kalli" Feldkamp seine Sachen gepackt und war mit einem aufmunternden „Viel Glück" gen Kaiserslautern entschwunden. Nicht etwa, weil die Lauterer mit einem unwiderstehlichen Angebot gelockt hätten – Arminia hatte ihn in der Aufstiegssaison schlicht und einfach einmal zu viel mit erschreckend amateurhaftem Verhalten verschreckt. Feldkamps Nachfolger wurde Milovan Beljin, ein 42jähriger Jugoslawe, der unter Hennes Weisweiler seinen Trainerschein gemacht hatte. Beljin übernahm folglich ein schweres Erbe, zu dem sich bald sportlicher Frust gesellte, denn der „große Schweiger", der sich selbst als „kein Freund gewagter Experimente" bezeichnete, und Arminia standen vom ersten Spieltag an mit dem Rücken zur Wand. Zudem mußten sie auch noch mit internen Querelen fertig werden. Vor allem Torhütertalent Uli Stein machte Sorgen. „Vom Können her einer der besten in der Bundesliga, macht er auf renitent und arrogant, so daß selbst die Mitspieler vor den Kopf gestoßen werden und Kapitän Moors sich im Namen der Mannschaft beim Trainer beschwert", stellte der »kicker« dem Enfant terrible kein nettes Zeugnis aus.

Mitten in diesem Chaos saß Milovan Beljin, Neuling im Bundesligageschäft und hoffnungslos überfordert. „Beljin raus", hatten die Fans nach der Bremen-Pleite erstmals gefordert, doch noch saß der Jugoslawe – zumindest scheinbar – fest im Sattel. Gemeinsam mit Präsident Auf der Heyde dachte er sogar über mögliche Neuzugänge nach und versuchte zugleich, Ruhe und Selbstvertrauen in seinen Kader zu bringen. Vergeblich: Auch im nächsten Spiel gab es eine Niederlage. Die vierte in Folge – und das, obwohl die Ostwestfalen bis zur letzten Sekunde per „Igelstellung" (»kicker«) ihr Gehäuse im Bochumer Ruhrstadion erfolgreich verteidigt hatten. Damit war Beljins Aus besiegelt, zumal der Jugoslawe im Mannschaftskreis deutlich an Akzeptanz eingebüßt hatte. Was kam, war Chaos. Einen „Heißmacher" wollten die Arminia-Verantwortlichen, vergaßen aber offensichtlich, alle über ihre Pläne zu informieren. Während nämlich der ahnungslose Beljin am Tag nach der Bochum-Niederlage die Partie Darmstadt gegen Dortmund beobachtete und sich Arminia-Boß Auf der Heyde mit dem zum Ende der Saison 1977/78 in Dortmund entlassenen Otto Rehhagel einigte, ließ Manager Nolting auf Anfrage verlauten: „Sie können sich darauf verlassen, Rehhagels Verpflichtung steht bei uns überhaupt nicht zur Diskussion". Nicht nur der »kicker« glaubte ihm und vermutete einen „Alleingang von Dr. Auf der Heyde und ‚Finanzminister' Steinmeier zur Rettung Arminias".

Werner Kern, 81

Verein:	1. FC Nürnberg
Vorgänger:	Horst Buhtz
Erster Amtstag:	1. Juli 1978
Tabellenstand:	Platz 2 (2. Bundesliga, 1977/78)
Letzter Amtstag:	20. Dezember 1978
Tabellenstand:	Platz 18
Amtszeit:	6 Monate
Nachfolger:	Robert Gebhardt

Der »kicker« ging hart mit Nürnbergs Coach ins Gericht. „Wie konnte Werner Kern den wertvollen, ganz auf sich allein gestellten Hoeneß in die unerbittliche Deckungszange Rüssmann/Fichtel stürzen lassen? Mit dieser Fehlplanung versagte Nürnbergs Trainer", fragte er nach der Nürnberger 0:2-Heimschlappe gegen Schalke 04 und machte Kern zum Hauptverantwortlichen für die Niederlage. Auch der Großteil der 56.000 Fans, die vor allem gekommen waren, um das Debüt des kurz zuvor von Bayern München losgeeisten Uli Hoeneß mitzuverfolgen, waren nach dem Schlußpfiff nicht gut auf den Club-Coach zu sprechen gewesen. Trotz der gnadenlosen Kritik von allen Seiten blieb Kern im Amt – vor allem, weil FCN-Präsident Schmechtig ihm den Rücken frei hielt. „Solange ich Präsident bin, heißt unser Trainer Werner Kern", stellte Schmechtig unmißverständlich klar. Trotz aller Treuebekundungen war Kern jedoch nicht zu halten, denn „Zufallsaufsteiger Nürnberg" (»kicker«) verlor weiter und rutschte immer tiefer in den Abstiegskampf, woran der Coach nicht unbeteiligt war. In Bremen beispielsweise holte er zur Halbzeit Verteidiger Dämpfling vom Feld, obwohl er Werder-Mittelstürmer Wunder bis dato fest im Griff gehabt hatte. Dämpfling-Ersatz Pausch hingegen sah im zweiten Spielabschnitt kein Land, und Kern mußte mit ansehen, wie Wunder zwei Tore zum Bremer 3:1 Sieg vorbereitete. Anschließend gab Kern sich untröstlich, sprach von einem „Mißgriff" und davon, daß der Abstieg bei nunmehr 0:18-Auswärtspunkten wohl unvermeidlich sei.

Kern traf freilich nicht die Alleinschuld an Nürnbergs Misere, denn der FCN war erschreckend unvorbereitet in die Saison gegangen. Vor allem die absurde Personalpolitik, erst gar keine Neuzugänge zu holen, dann aber mit erwähntem Hoeneß gleich einen Superstar zu verpflichten (der freilich nicht ins Nürnberger Kollektiv paßte), war einer Bankrotterklärung der Vereinsführung gleichgekommen. Und diesmal erwischte es auch nicht „nur" den Trainer, denn nach der Bremen-Niederlage überschlugen sich die Ereignisse. Schon am Freitag *vor* dem Werder-Spiel hatte Präsident Schmechtig sein Rücktrittsgesuch eingereicht, das er nun bestätigte. Werner Kern, zu jenem Zeitpunkt noch nicht entlassen, schwante anschließend Böses, da er einen „Fürsprecher verloren habe" und er „die Front gegen mich im Verein" kenne. Wenige Stunden später war es soweit: Kern, Manager Schäfer und Betreuer Eckert flogen. Die Suche nach einem Nachfolger gestaltete sich skurril. Erster Favorit sei Max Merkel, meldeten die Gazetten rasch, doch dann wurde es „nur" Zapf Gebhardt, der 1948 mit dem FCN Deutscher Meister geworden war und als „echter Cluberer" galt. Das half ihm freilich nicht viel weiter, denn Nürnbergs Abstieg konnte auch er nicht vermeiden.

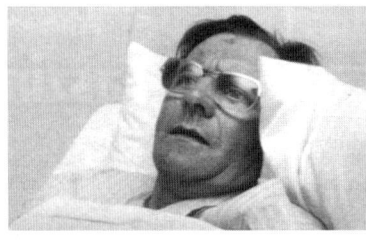

Otto Knefler, 82

Verein:	Eintracht Frankfurt
Vorgänger:	Dettmar Cramer
Erster Amtstag:	1. Juli 1978
Tabellenstand:	Platz 7 (1977/78)
Letzter Amtstag:	31. Dezember 1978
Tabellenstand:	Platz 4
Amtszeit:	6 Monate
Nachfolger:	Friedel Rausch

Frankfurt war geschockt. Auf der Rückfahrt vom Pokalspiel in Bremen, das die Frankfurter mit 3:2 gewonnen hatten, verunglückte Eintracht-Coach Otto Knefler mit seinem Auto und kämpfte im Krankenhaus Schwerte um sein Leben. Bei einem Überholmanöver hatte er durch Vollbremsung einem Motorradfahrer ausweichen wollen, war gegen die Wand der Ruhrbrücke geprallt und sechs Meter hinunter in die Ruhrwiesen geschleudert worden. Mehrere Rippenbrüche und diverse Platz- sowie Schnittwunden listete das ärztliche Bulletin auf und verordnete dem 55jährigen eine mehrwöchige Pause.

Für Knefler war es ein weiteres Kapitel in seiner gesundheitlichen Leidensgeschichte, die am 5. Juli 1977 – damals noch beim MSV Duisburg – mit einem Magendurchbruch begonnen hatte, und die noch längst nicht zu Ende war. Während Manager Klug, der Knefler im Sommer 1978 als Ersatz für den freiwillig ausgeschiedenen Dettmar Cramer nach Frankfurt geholt hatte, gemeinsam mit Assistent Schulte das Training leitete, erholte sich Knefler in Rekordzeit: Ganze drei Wochen nach dem schweren Unfall stand er schon wieder auf dem Eintracht-Trainingsgelände Riederwald.

Viel zu früh, wie sich herausstellte: Knefler brach zusammen, kam ins Krankenhaus, wo ihm zwei Liter Blut aus der Lunge geholt wurden. Drei Wochen schwebte der Coach in Lebensgefahr, befand sich teilweise im Koma und machte, als er endlich wieder auf dem Weg der Besserung war, unmißverständlich klar, daß er diesmal nicht wieder „zu früh" anfangen wolle. Nun war guter Rat teuer im Waldstadion, wo man die Entwicklung aus zweierlei Gründen bedauerte: Zum einen natürlich wegen des Menschen Knefler, zum anderen aber auch wegen des Trainers, denn der hatte den Erfolg ins Waldstadion zurückgeholt. Dabei war der „Preuße im Geiste" zu Saisonbeginn noch ziemlich umstritten gewesen. Doch eine Grundsatzdebatte über die taktische Einstellung der Mannschaft hatte Knefler mit seiner unbestrittenen Kompetenz ebenso überstanden, wie er den Medien, denen er mit seiner mitunter etwas brüsk wirkenden direkten Art Probleme bereitete, nach und nach sympathischer geworden war. Unterstützt hatte ihn dabei der Erfolg. Bis auf Platz 4 waren die Adlerträger vorgedrungen, angesichts der vorangegangenen turbulenten Jahre ein ebenso ansehnliches wie zufriedenstellendes Resultat. Doch es half nichts. Kneflers Gesundheitszustand ließ eine Fortsetzung der Trainertätigkeit nicht zu, und so machte sich Trainer/Manager Klug auf die Suche nach einem Nachfolger. Nachdem Wunschkandidat Ernst Happel aus finanziellen Gründen abgesagt hatte, wurde er schließlich in Friedel Rausch gefunden, der am 8. Januar 1979 Kneflers Nachfolger wurde. Für Otto Knefler war die Bundesliga-Akte damit für immer zugeklappt. Im Oktober 1986 starb er an den Spätfolgen seines Unfalls.

Gyula Lorant, 83

Verein:	Bayern München
Vorgänger:	Dettmar Cramer
Erster Amtstag:	2. Dezember 1977
Tabellenstand:	Platz 16
Letzter Amtstag:	28. Februar 1979 (11.12.1978)
Tabellenstand:	Platz 5
Amtszeit:	15 Monate (13 Monate)
Nachfolger:	Pal Csernai

Revolution in München – oder doch nur „Komödienstadl pur"? Wohl eher das erste, denn immerhin verließ im März 1979 *der* Macher des FC Bayern das schlingernde Vereinsschiff: Präsident Neudecker, eigentlicher Vater des Bayern-Erfolges.

Angefangen hatte alles mit Gyula Lorant, der in Spielerkreisen „umstritten" war. Mit nahezu allen Spielern lag der Ungar im Clinch. Jupp Kapellmann beispielsweise galt als sein „Intimfeind" und selbst Sepp Maier, wahrlich kein Revoluzzer, verdrehte nur noch die Augen, wenn das Thema auf Lorant kam. Wie schlimm es um die Bayern bestellt war, wurde am 7. Dezember 1978 im Düsseldorfer Rheinstadion deutlich: 1:7! „Die Münchner schienen von allen guten Geistern verlassen. Was sie an taktischem Dilettantismus, individuellen Fehlern und mangelndem Kampfgeist boten, war schon ruf- und vereinsschädigend", schieb der »kicker« und stellte vielsagend die Frage: „Oder war es am Ende gar passiver Widerstand gegen den Trainer?". Das Fachblatt hatte den Nagel offensichtlich auf den Klopf getroffen. Dienstagmorgen, Punkt 9 Uhr, stand nicht Lorant auf dem Trainingsgelände, sondern Präsident Neudecker, der verkündete, daß Lorant krank sei und Co-Trainer Pal Csernai bis auf weiteres das Training leiten würde. „Von Beurlaubung und Entmachtung kann keine Rede sein. Ich komme mit der Peitsche zurück", schob Lorant jegliche Spekulationen brüsk zurück, was von Neudecker gegenüber einem Journalisten mit „Glauben Sie denn, ich bin wahnsinnig und hole den zurück?" kommentiert wurde... Das Münchner Tohuwabohu hielt an. Während sich die Bayern sportlich allmählich konsolidierten, braute sich hinter den Kulissen ein Gewitter zusammen, das schließlich im März 1979 als „Revolution" in die Annalen eingehen sollte. Zunächst begehrte Gerd Müller auf, und kündigte seinen Abschied zum Saisonende an – woraufhin Neudecker ihm die Freigabe für einen Wechsel in die USA gab. Sehr zur Verärgerung von Präsidium und Beirat, die Neudecker „vergessen" hatte, um Zustimmung zu fragen. Dann mehrten sich die Stimmen, die den umgänglichen Csernai als Nachfolger für den „kranken" Lorant sehen wollten, was Neudecker ganz und gar nicht gefiel: Der Präsident wollte einen „harten Hund". Nach dem 0:4 gegen Bielefeld platzte ihm der Kragen, und er nahm Kontakt zum härtesten aller harten Hunde auf: Max Merkel. Die Mannschaft war davon alles andere als begeistert und führte eine Abstimmung durch, bei der sich selbst die Ersatzspieler gegen Merkel aussprachen. Für Neudecker das Aus. „Die Mannschaft hat sich gegen Merkel und damit auch gegen meine Person ausgesprochen. Der Vereinsführung auf diese Weise das Handeln einzuschränken, kann von mir nicht geduldet werden. Deshalb ziehe ich meine Konsequenzen".

Ivica Horvat, 84

Verein:	Schalke 04
Vorgänger:	Uli Maslo
Erster Amtstag:	1. Juli 1978
Tabellenstand:	Platz 9 (Saison 1977/78)
Letzter Amtstag:	17. März 1979
Tabellenstand:	Platz 12
Amtszeit:	9 Monate
Nachfolger:	Gyula Lorant

„Ich bin geschockt. Wir sind zur Zeit nicht in der Lage, 90 Minuten Tempo zu gehen, was in der Bundesliga unerläßlich ist. Da kommen noch harte Wochen auf uns zu", gab Schalkes Präsident Siebert nach einer 0:1-Niederlage im Freundschaftsspiel gegen die Österreichische Nationalelf betroffen zu Protokoll, derweil die Medien ein Schreckensszenario an die Wand malten: „Den Königsblauen droht Abstiegsgefahr".

Konditionell und psychisch war das Team um Klaus Fischer am Ende. Hatte keinerlei Selbstvertrauen mehr, was nach Ansicht von Insidern nicht nur an der langen Spielpause wegen der dauernden Spielausfälle, sondern vor allem am Training von Ivica Horvat lag. Die Kritik an dem erst zu Saisonbeginn an den Schalker Markt gekommenen Jugoslawen nahm folglich zu. Der desolate Zustand von Klaus Fischer beispielsweise, der nur noch ein Schatten seiner selbst war, sei auch des Trainers Langmut zuzuschreiben. „Horvat hätte ihn herausnehmen müssen", hieß es beispielsweise nach dem Österreich-Spiel. Noch aber gab es eine Galgenfrist für den Jugoslawen: Das Ruhrderby gegen Bochum, bei dem Schalke mit einem Sieg alles zum Besseren wenden konnte. Doch es gab keinen Sieg. 1:3 hieß es nach enttäuschenden neunzig Minuten, was die Negativserie auf ernüchternde 1:11-Punkte schraubte. „Schalke 04 ist am Ende, spielerisch und moralisch. Für den VfL Bochum war es ein leichtes, zum ersten Mal in der Bundesliga beide Punkte im Parkstadion vor der für ein Revierderby dürftigen Kulisse von 25.000 einzufahren", stellte der »kicker« nüchtern fest und orakelte: „Ein Trainerwechsel zeichnet sich ab".

Tags darauf war es soweit. „Diese Lösung war nicht mehr zu umgehen, wir mußten einfach handeln...", meinte Präsident Siebert, der noch am Morgen erklärt hatte, Horvat würde auch beim nächsten Spiel in Stuttgart auf der Bank sitzen. Doch Schalkes Boß hatte längst Verhandlungen mit Gyula Lorant aufgenommen, der im Dezember unter so eigentümlichen Umständen in München das Handtuch geworfen hatte. „Ich werde Schalke retten", verkündete der Ungar, der als „bestbezahlter Schalke-Trainer nach Max Merkel" verpflichtet wurde (»kicker«), und gab das dazu notwendige Motto aus: „Arbeit, Arbeit, Arbeit". Lorants erster Trainingseindruck bestätigte den desolaten Eindruck der Mannschaft. „Keiner hat mehr Selbstvertrauen, keiner traut sich zu, einen riskanten Ball zu schlagen. Ich werde mir die Spieler in Einzelgesprächen vorknöpfen".

Der neue Job war übrigens nicht die einzige Veränderung in Lorants Leben. Seit kurzem lief der Ungar nämlich mit einem Schnurrbart herum! „Das passierte vor einigen Wochen im Fasching! Meine Frau malte mir einen Schnurrbart. Damit sah ich so toll aus, daß sie mich bat, ich sollte mir einen richtigen Schnurrbart wachsen lassen. Meiner Frau kann ich ja keine Bitte abschlagen."

Werner Olk, 85

Verein: Eintracht Braunschweig
Vorgänger: Branko Zebec
Erster Amtstag: 1. Juli 1978
Tabellenstand: Platz 13 (Saison 1977/78)
Letzter Amtstag: 21. März 1979
Tabellenstand: Platz 14
Amtszeit: 9 Monate
Nachfolger: Heinz Lucas

Anno 1979 war Braunschweig noch die unbefleckte Seele der Bundesliga, der heilige Hafen für die Trainergilde. Nicht einmal hatten die Blau-Gelben in ihrer Bundesligageschichte den Übungsleiter vorzeitig gewechselt, überhaupt mit Johannsen, Knefler und Zebec erst drei Trainer „verbraucht". Am 21. März 1979 riß diese eindrucksvolle Serie. Nach einem torlosen Unentschieden gegen die ebenfalls krisengeschüttelten Bayern waren gellende Pfiffe durch das marode Eintrachtstadion gehallt, hatten Fans ebenso wütend wie wenig später erfolgreich die Entlassung von Werner Olk gefordert.

Der ehemalige Bayern-Akteur war Opfer unglücklicher Umstände. Erst zu Saisonbeginn nach Braunschweig gekommen, hatte er ein schweres Erbe angetreten: Das von Branko Zebec, dem ebenso gefürchteten wie erfolgreichen „Schleifer". 1977 hatte Zebec den niedersächsischen Provinzklub ganz nahe an den Gewinn der deutschen Meisterschaft geführt und galt seitdem trotz (oder gerade wegen) seiner harten und autoritären Art als „Erfolgscoach". Für Olk ein zu schweres Erbe. Die Mannschaft war die harte Hand von Zebec gewohnt und kam mit den Olkschen Bemühungen um mehr Demokratie und eine entspanntere Atmosphäre nicht klar. Olk selbst, Neuling im Trainergeschäft, mußte viel Lehrgeld zahlen. Im September 1978 setzte es ein 1:6 bei Bayern München, und nach 2:10-Punkten in Folge rutschten die Jägermeister-Kicker in der Rückrunde sogar in die Abstiegszone. Dazu kamen interne Probleme nach dem Tod von Vereinspräsident Fricke sowie die Folgen der bereits unter Zebec verpaßten, längst überfälligen Verjüngung des Kaders.

Folge war, daß sich die Braunschweiger Löwen in der Regel als harmlose Kätzchen präsentierten – selbst daheim, wo die Eintracht früher kaum zu bezwingen gewesen war. Nach dem torlosen Unentschieden gegen die Bayern sah die neue Vereinsführung um Günther Jaenicke nur noch eine Lösung: Olk entlassen und einen „harten Hund" holen, der die harte Zebec-Schule fortsetzte. Das klappte allerdings nicht, denn sowohl Uwe Klimaschefski ("harter Hund") als auch Udo Lattek (nicht ganz so „harter Hund") sagten ab. Übrig blieb schließlich Heinz Lucas, der in Düsseldorf und bei München 1860 durchaus erfolgreich gewesen war, allerdings keineswegs als „harter Hund" galt. Aber den brauchte die Eintracht offensichtlich auch gar nicht. Das erste Spiel unter Lucas wurde mit 3:0 in Nürnberg gewonnen, und eine Woche später riß schließlich auch die schwarze Heimserie, als es gegen Bielefeld schon nach 100 Sekunden Grund zum ersten Heimtorjubel seit mehr als dreieinhalb Monaten gab. Am Ende liefen die Braunschweiger auf Rang 9 ein und konnten durchaus zufrieden sein.

Lothar Buchmann, 86

Verein:	Darmstadt 98
Vorgänger:	Udo Klug
Erster Amtstag:	15. November 1976
Tabellenstand:	Platz 8 (2. BL, Saison 1975/76)
Letzter Amtstag:	7. April 1979
Tabellenstand:	Platz 18
Amtszeit:	30 Monate
Nachfolger:	Klaus Schlappner

Bei Darmstadt 98, dem Zufallsaufsteiger mit „Freizeittruppe", war irgendwie alles anders. Mannschaft und Vereinsführung sahen die Bundesliga als „Abenteuer", auf Sicherheit bedachte Spieler blieben ihren „zivilen" Arbeitsplätzen treu und wurden zu in der Bundesliga lange nicht mehr gesehenen Halbprofis, der Trainer ließ sich für ein Jahr von seinem Job beim Landratsamt freistellen. Am Böllenfalltor wollte man erst einmal sehen, was die Zeit im Oberhaus so bringen würde. Nun, nach anfänglichen Erfolgen brachte sie vor allem Niederlagen. Das Freizeitteam war sichtlich überfordert und kassierte einige derbe Schlappen. Das der Abstieg für Cestonaro und Co. unter diesen Umständen wohl kaum zu vermeiden sein würde, stand im Grunde genommen schon nach der Hinrunde fest. Einer aber ragte aus dem Einerlei heraus: Trainer Buchmann. Die Arbeit des Hobby-Trainers fand überall Beachtung und Bewunderung und löste bei anderen Vereine Interesse aus. So auch im Stuttgarter Neckarstadion, wo man einen Nachfolger für „Wundermann" Sundermann suchte, der zum Ende der Saison 1978/79 seinen Wechsel in die Schweiz angekündigt hatte. Kandidat Nummer 1 war Lothar Buchmann, der damit, so befand der »kicker«, vom „Abstiegskandidaten zum Meister" wechseln könnte, denn Stuttgart lag aussichtsreich im Rennen um Platz 1 im deutschen Fußball.

In Darmstadt reagierte man gereizt auf die schwäbische Offerte. Präsident Schäfer gab sich fatalistisch und meinte „Reisende kann man nicht aufhalten". Das Klima zwischen Trainer und Verein kühlte sich ab, und als Buchmann im April schließlich verkündete, er würde zur neuen Saison tatsächlich nach Stuttgart gehen, herrschte endgültig Eiszeit. Der Zeitpunkt hätte für die Lilien auch kaum unglücklicher kommen können. Gerade hatte das Team den MSV Duisburg mit 2:0 bezwungen und wieder leichte Hoffnung im Abstiegskampf geschöpft, die zwar angesichts der drei kommenden Heimgegner – Frankfurt, Bayern und pikanterweise Stuttgart – nicht unbedingt angebracht war, was sich jedoch zumindest in puncto Zuschauerzahlen positiv auswirken sollte.

Das Lilien-Präsidium kam dem Abgang des Erfolgscoachs schließlich zuvor. Vier Stunden vor der Abfahrt zum Spiel in Schalke teilte Präsident Schäfer dem 42jährigen Buchmann süffisant mit, daß er bis Dienstag beurlaubt sei und damit die Möglichkeit habe, seinen neuen Arbeitgeber bei dessen Auftritt in München zu beobachten. Buchmann reagierte verärgert. „Ich glaube kaum, daß man mich jetzt noch einmal dazu zwingen kann", erteilte er sämtlichen Spekulationen über eine Rückkehr ins 98-Traineramt eine Absage und übergab seinem Co-Trainer die Leitung. Das war übrigens ein junger Mann, der zwar keine Trainerlizenz hatte, aber dennoch das Vertrauen des Darmstädter Präsidiums genoß. Sein Name: Klaus Schlappner.

Carlheinz Rühl, 87

Verein:	Borussia Dortmund
Vorgänger:	Otto Rehhagel
Erster Amtstag:	21. Mai 1978
Tabellenstand:	Platz 11 (Saison 1977/78)
Letzter Amtstag:	29. April 1979
Tabellenstand:	Platz 14
Amtszeit:	12 Monate
Nachfolger:	Uli Maslo

Schon vor der Saison hatte Carlheinz Rühl entsetzt die Hände über dem Kopf zusammengeschlagen. „Von einer intakten Einheit kann keine Rede sein. Der Elf mangelt es an spielerischer Reife", hatte der Nachfolger von Otto Rehhagel erschrocken festgestellt. Beim BVB mangelte es aber nicht nur in der Mannschaft an einer intakten Einheit. Wegen beruflicher Überlastung von Präsident Günther war der Verein praktisch führungslos, was sich in einer völlig kopflosen Personalpolitik widerspiegelte. Da wurde mit Werner Schneider der teuerste Abwehrspieler der bisherigen Bundesligageschichte verpflichtet, mit Wolfgang Frank ein Mittelstürmer geholt, obwohl die Position längst besetzt war und alternden Stars wie Erwin Kostedde und Siggi Held eine „Chance" gegeben, die viele wohl eher als „Gnadenbrot" bezeichnet hätten.

Insgesamt investierte man rund 4 Mio. Mark an Transfergeldern, wobei nach Ansicht des »kicker« „mit der Arroganz eines Neureichen wahllos gekauft wurde, ohne Konzept". Sowenig intak" die Mischung war, so brisant war sie auf der anderen Seite. Namentlich Manfred „Manni" Burgsmüller erwies sich als – je nach Sichtweise – „Querulant" oder „Reformer", der sich rasch mit Rühl überwarf. „Der Mann war nichts für uns – eine Null! Fachlich gab es gar nichts zu lernen, und menschlich kam auch kein Draht zustande. Rühl wollte die Mannschaft unter anderem radikal verjüngen, schmiß wichtige Spieler raus. Das geht beim einen oder anderen, aber man kann nicht ein eingespieltes Team komplett auseinanderreißen. Es ist nicht drin, nur mit 20jährigen zu bestehen, und es ist genausowenig drin, nur mit 30jährigen zu bestehen. Es ging drunter und drüber", erinnerte sich Burgsmüller später. In der Rückrunde spielte die Mannschaft in „offener Rebellion". Nach der 1:3-Pokalniederlage gegen Frankfurt sprach ein namentlich nicht genannter Akteur aus, was rund 14.000 Zuschauer zuvor erbost hatten mitansehen müssen: „Hier spielen zehn Mann gegen den Trainer. Die letzten Resultate sind das Ergebnis der permanenten Unruhe, die hier vom ersten Tag der Saison im Verein geherrscht hat". Das Chaos war perfekt, zumal Manni Burgsmüller zuvor vom seit Januar amtierenden neuen Vorstand um Rechtsanwalt Rauball ("wir brauchen keinen neuen Trainer, sondern Ruhe und sportliche Erfolge") eine 10.000-Mark-Geldstrafe bekommen hatte, weil er Rühl öffentlich Lustlosigkeit und mangelnden Arbeitseifer vorgeworfen hatte. Hinter den Kulissen waren auch längst entscheidende Weichen gestellt worden. Udo Lattek sollte kommen, wurde kolportiert, hieß. Lattek kam tatsächlich – allerdings erst zur nächsten Saison. Das Amt des wenige Tage nach der Pokalpleite gegen Frankfurt „beurlaubten" Rühl (Rauball: „Wir setzen dabei auf das Allheilmittel des psychologischen Effekts") übernahm derweil Uli Maslo interimsweise bis zum Saisonende die Trainingsleitung.

Eckhard Krautzun, 88

Verein:	TSV München 1860
Vorgänger:	Heinz Lucas
Erster Amtstag:	24. Dezember 1978
Tabellenstand:	Platz 7 (2. Bundesliga, Saison '77/78)
Letzter Amtstag:	21. September 1979
Tabellenstand:	Platz 15
Amtszeit:	9 Monate
Nachfolger:	Alfred Baumann bzw. Carlheinz Rühl

Im Löwenkäfig ging es hoch her. Nach seiner wundersamen Wiederauferstehung in der Saison 1977/78, als der phasenweise vor dem Konkurs stehende Traditionsklub unter Trainer Lucas sensationell den Aufstieg ins Oberhaus geschafft hatte (allerdings direkt wieder abgestiegen war), war die auf Sicherheit bedachte Vereinspolitik von Präsident Dr. Riedl plötzlich über den Haufen geworfen worden. Erstes Opfer war Lucas gewesen, der ausgerechnet Heiligabend 1978 den Laufpaß bekommen hatte, da man ihm den direkten Wiederaufstieg nicht mehr zugetraut hatte. Unter Nachfolger Eckhard Krautzun, abgeworben vom seinerzeitigen Tabellenführer Wormatia Worms, wurde der Klassensprung zwar erreicht, der Preis dafür war jedoch hoch. Statt wie Lucas auf Kontinuität und behutsamen Aufbau, setzte der erstligaunerfahrene Krautzun auf „fertige Spieler" und verlangte allen Ernstes nach Diego Maradona. Den Argentinier bekam er zwar nicht, dafür aber mit Heinz Flohe und Jupp Kapellmann zwei namhafte Bundesligakicker, denen allerdings das Label „verletzt" (Flohe") bzw. „Revolutionär" (Kapellmann) anhing. Bei mehr als 2 Mio. Mark für Neuverpflichtungen war Krautzuns Saisonziel klar vorgegeben: So schnell wie möglich den FC Bayern von Platz 1 in München verdrängen.

Es begann gut. Nach vier Spieltagen lagen die Löwen mit zwei Siegen und zwei Niederlagen im Mittelfeld. Krautzuns Lieblingskind, der Doppelpaß in der Offensive, war von den Akteuren angenommen worden, und es herrschte allenthalben Zufriedenheit. Zwei Wochen später war die Idylle dahin. Mit 0:4 war 1860 in Düsseldorf untergegangen, hatte sich bis auf die Knochen blamiert. „Kein Gegner war so harmlos wie die", fand Düsseldorfs beschäftigungsloser Keeper Daniel. Auch Krautzun war erschrocken: „Wenn Spieler, die sonst die Stützen unserer Mannschaft sind, derart weit unter Form bleiben, kann man auch eine Niederlage in dieser Höhe nicht verhindern".

Tags darauf war Krautzun schon wieder besserer Laune. Mit 22:1 hatten seine Spieler den C-Klassen-Klub SV Söcking vom Platz gefegt, sich den Frust förmlich von der Seele geschossen. Doch des Trainers Stuhl war längst gekippt, denn hinter den Kulissen hatte Kapellmann fleißig die Strippen gezogen. Zu sanft sei Krautzun, der „Gefühlsmensch", von dessen „Streicheleinheiten" der vom FC Bayern gekommene Mediziner genug hatte. 1860-Präsident Riedl, in jenen Tagen alles andere als ein Mann der langen Überlegungen, schloß sich der Meinung des später zum 60-Manager emporgestiegenen Kapellmann an und übergab Krautzun vor dem Spiel gegen Stuttgart die Kündigung.

Die Suche nach einem Nachfolger gestaltete sich kompliziert. Zunächst übernahm Assistenzcoach Albert Baumann die Leitung, ehe nach diversen Absagen – u.a. Branko Zebec – der kurz zuvor in Dortmund entlassene Carlheinz Rühl verpflichtet wurde.

Heinz Lucas, 89

Verein:	Eintracht Braunschweig
Vorgänger:	Werner Olk
Erster Amtstag:	27. März 1979
Tabellenstand:	Platz 14
Letzter Amtstag:	8. Oktober 1979
Tabellenstand:	Platz 18
Amtszeit:	7 Monate
Nachfolger:	Uli Maslo

"Schwach, schwächer, Eintracht Braunschweig kann nach dieser Vorstellung der neue Bundesliga-Slogan heißen", spottete der »kicker« nach dem torlosen Unentschieden der Braunschweiger Löwen gegen die Münchner Löwen. Zwar hatte die Heimelf ihre schwarze Serie von fünf Niederlagen in Folge endlich gestoppt, doch Hoffnung hatte das „Jammerspiel" (»kicker«) keinesfalls verbreitet. Die Abwehr habe sich als „konfuser Haufen" entpuppt, beim ganzen Team „Zerfahrenheit, Mißverständnisse und Einfallslosigkeit den guten Willen zur Resultatsverbesserung überstiegen". Ex-Torhüter Horst Wolter, der den spielerischen Offenbarungseid seines Ex-Klubs auf der Tribüne mitverfolgt hatte, sprach Klartext: „Der Trainer schmeißt Woche für Woche die Mannschaft um, nur weil er auf die öffentliche Meinung Rücksicht nimmt. Das trägt mit Sicherheit nicht zur Homogenität bei. Der krempelt nicht nur verletzungsbedingt um, wie die Abwehr es beweist", ließ er kein gutes Haar an Lucas, der seit sieben Monaten in Braunschweig wirkte. Für Heinz Lucas, der im Mai noch als Retter gefeiert worden und „aufgrund des Vertrauens, das wir in seine bisher für uns geleistete Arbeit setzen" mit einem Zweijahresvertrag ausgestattet worden war, ein weiterer Rückschlag. Anfang September war die „Vaterfigur" nach einer Niederlage gegen Frankfurt wegen ungeschickter Äußerungen gegenüber Journalisten erstmals in die Kritik geraten. Woche für Woche war das Vertrauen der Braunschweiger Verantwortlichen um Präsident Jaenicke und Manager Mast weiter gesunken. Dennoch war Jaenicke nicht müde geworden, öffentlich zu verkünden, man stehe „voll hinter Lucas". Lucas die Alleinschuld am Niedergang der 1977 noch aussichtsreich um die Meisterschaft mitspielenden Niedersachsen zu geben, wäre ohnehin ungerechtfertigt gewesen. Schließlich hatten die Blau-Gelben vor Saisonbeginn mit Dremmler einen ihrer Leistungsträger nach München verkauft, derweil der mit vielen Hoffnungen verpflichtete Worm sich als Flop entpuppt hatte. Das alles konnte des Trainers Kopf allerdings nicht retten. Wenige Tage nach einer turbulenten Jahreshauptversammlung, auf der Lucas erneut das Vertrauen ausgesprochen worden war, bekam er den Laufpaß. Es war die zweite vorzeitige Trennung der Eintracht von einem Trainer binnen nur sieben Monaten – nachdem die Braunschweiger zuvor fünfzehn Jahre lang ohne vorzeitigen Trainerwechsel ausgekommen waren, schienen sie nun verlorenen Boden gutmachen zu wollen... Nachfolger Maslo konnte den Karren nicht mehr aus dem Dreck ziehen. Die überalterte und völlig verunsicherte Mannschaft bescherte ihrem neuen Coach schon wenige Tage nach Amtsantritt mit einer peinlichen 1:2-Freundschaftsspiel-Schlappe in Münster die erste böse Überraschung. Es war nicht die letzte: Bereits drei Spieltag vor Saisonende stand der BTSV nach 1:15-Punkten in Folge als Absteiger fest.

Hans-Dieter Tippenhauer, 90

Verein:	Fortuna Düsseldorf
Vorgänger:	Dietrich Weise
Erster Amtstag:	1. Juli 1978
Tabellenstand:	Platz 5 (Saison 1977/78)
Letzter Amtstag:	9. Oktober 1979
Tabellenstand:	Platz 16
Amtszeit:	16 Monate
Nachfolger:	Otto Rehhagel

Die Bundesliga war empört. „Die spinnen wohl. Tippenhauer hat doch hervorragende Arbeit verrichtet. Man kann doch keinen Trainer bei 5:11-Punkten abschießen, zumal auch noch viele Verletzte zu beklagen sind", ereiferte sich Bundestrainer Derwall, derweil Hennes Weisweiler traurig resümierte: „Was sich im Trainer-Metier abspielt, das ist ein Trauerspiel." Der Betroffene selbst blieb gelassen. „Ich mußte damit rechnen, denn ich spürte instinktiv, daß das Vertrauensverhältnis immer schlechter wurde. Im Grunde war das schon seit März/April dieses Jahres der Fall."

Tippenhauer war ein Opfer interner Intrigen und ohnehin wohl nur durch seine Erfolge so lange im Amt geblieben. Im Sommer 1979 hatten die Rheinländer mit dem Gewinn des DFB-Pokals sowie dem Erreichen des Finales um den Europapokal der Pokalsieger schließlich ihre erfolgreichste Nachkriegssaison feiern können - da war kein Platz für eine Trennung vom Trainer gewesen. Doch Tippis Gegenspieler – Fußballobmann Beiroth, Manager Faßbender und Vizepräsident Noack – hielten im Hintergrund ihre Spitzen scharf und dünnten die Nerven des als „kooperativ" geltenden Trainers nach und nach aus. Schon nach zwei Spieltagen der Saison 79/80 war „Tippi" erstmals der Kragen geplatzt: Er war zur Geschäftsstelle geeilt, hatte dort seine Kündigung eingereicht („es fehlt der Rückhalt vom Vorstand") und wenige Stunden vor dem Spiel in Köln seinem Team die Entscheidung mitgeteilt. Seinerzeit hatte die geschockte Mannschaft mitsamt der pro Tippenhauer eingestellten Vorstandsmitglieder den Coach noch bewegen können, die Kündigung zurückzunehmen, doch Tippenhauers Autorität war seitdem sichtlich angeschlagen gewesen. Während der sportlichen Talfahrt der Fortuna – angesichts der Doppelbelastung Bundesliga und Europapokal sowie einer erschreckenden Verletzungsmisere (Zimmermann, Brei, Seel) für viele nachvollziehbar und auch nur als „Momenterscheinung" betrachtet – nutzten „Tippis" Gegner ausgerechnet dessen zurückgenommene Kündigung als Schießpulver und sprachen von „Charakterschwäche". Nach der 1:4-Heimpleite gegen Bochum war Schluß. Während Torjäger Allofs noch Ruhe anmahnte und zusicherte „wir kommen wieder. ", hatten sich die Tippenhauer-Gegner längst durchgesetzt. Am Dienstagabend nach dem Bochum-Spiel, ca. 22.30 Uhr, unterrichtete Präsident Schneider Tippenhauer über seine vorzeitige Entlassung aus dem noch bis Juni 1980 laufenden Vertrag. Zuvor hatte man sich mit Otto Rehhagel geeinigt, der aus seinem laufenden Vertrag bei Zweitligist Bielefeld aussteigen und sofort im Rheinstadion beginnen konnte. Eine Arena übrigens, an die Rehhagel so seine Erinnerungen hatte: 1978 war er dort mit Dortmund mit 0:12 gegen Mönchengladbach unter die Räder gekommen. Und Tippenhauer? Der ging nach Bielefeld – dort war schließlich ein Posten vakant...

Kuno Klötzer, 91

Verein:	Hertha BSC Berlin
Vorgänger:	Georg Kessler
Erster Amtstag:	1. Juli 1977
Tabellenstand:	Platz 10 (Saison 1976/77)
Letzter Amtstag:	27. Oktober 1979
Tabellenstand:	Platz 17
Amtszeit:	28 Monate
Nachfolger:	Hans Eder

Der letzte Triumph gehörte ihm, dem vielfach gedemütigten und schleichend demontierten Kuno Klötzer. Nach mehr als zwei Jahren in Diensten der Berliner Fußball-Diva Hertha BSC, die unter seiner Regentschaft 1978/79 immerhin bis ins Halbfinale des UEFA-Pokals vorgedrungen war, hatte der „eiserne Kuno" die Nase endgültig voll. „Meine Tätigkeit bei Hertha BSC ist heute nachmittag um 17.10 Uhr beendet", diktierte er den staunenden Journalisten in die Stenoblöcke. Kurz zuvor war die Mannschaft informiert worden, die sich geschockt zeigte – schließlich stand wenige Stunden später das eminent wichtige Bundesligaspiel gegen Frankfurt an! Klötzers Abgang kam so überraschend nicht. Seit Monaten schon war an seinem Stuhl gesägt worden. Anfang Oktober beispielsweise war er beim Berliner Sechs-Tage-Rennen vom Hallensprecher mit den Worten „man weiß ja nicht, wie lange er noch hier sein kann", begrüßt worden und hatte sich gellende Pfiffe der anwesenden Hertha-Fans anhören müssen. Dabei war Herthas Krise alles andere als Klötzers Schuld. „Was soll Klötzer aus einer Mannschaft, der es ganz einfach an Substanz fehlt, herausholen?", verwies der »kicker« auf Probleme personeller Art . Das Team, das 1978 noch erfolgreich um die Meisterschaft mitgespielt hatte, wirkte ausgebrannt. „Wer kann schon wirklich aus Magermilch Schlagsahne machen", hatte Klötzer resignierend festgestellt. Freilich waren auch Klötzers Methoden nicht unumstritten. Nach der 0:4-Schlappe in Kaiserslautern beispielsweise gab er die eigenwillige Erklärung „als Kaiserslautern die Seitenwahl gewonnen hatte, war unsere Niederlage praktisch schon besiegelt. Unsere Spieler konnten gegen die tiefstehende Sonne nichts sehen und fanden deshalb in der ersten Hälfte nicht zu ihrem gewohnten Rhythmus" zum besten. Anschließend war die Diskussion um den Trainer-Haudegen endgültig losgebrannt. Im Zentrum hatte Hertha-Präsident Domrich gestanden, der Klötzer zwar den Rücken stärkte, jedoch selbst in der Bredouille war, denn wenige Tage vor der Jahreshauptversammlung machte Herthas graue Eminenz Holst Stimmung gegen Domrich. Domrich verstrickte sich in einen Wust von Unwahrheiten, Dementis und Fehlinformationen, auf dessen Höhepunkt Klötzer nur noch der freiwillige Abgang blieb, um seinen Ruf nicht vollends einzubüßen – zumal Domrich hinter seinem bereits mit Homburgs Trainer Uwe Klimaschefski über seine Nachfolge verhandelte! Am 27. Oktober überschlugen sich dann die Ereignisse. Erst Klötzers Kündigung, dann ein leidenschaftlicher 1:0-Sieg über Frankfurt, schließlich eine Pressekonferenz, auf der Domrich eingestehen mußte, daß die Verhandlungen mit Klimaschefski geplatzt seien und Hertha nunmehr ohne Trainer wäre. Kommentar des »kicker«: „Es ist das alte Lied im bezahlten Fußball: Für Fehler der Klubleitungen zahlen die Trainer die Zeche."

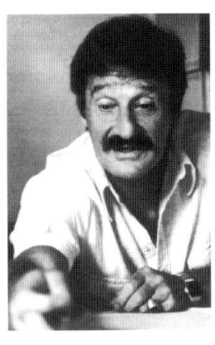

Gyula Lorant, 92

Verein:	Schalke 04
Vorgänger:	Ivica Horvat
Erster Amtstag:	19. März 1979
Tabellenstand:	Platz 12
Letzter Amtstag:	4. Dezember 1979
Tabellenstand:	Platz 6
Amtszeit:	9 Monate
Nachfolger:	Dietmar Schwager

Oktober 1979. Die Medien schwärmen von „wiedererstarkten Schalkern", die Zuschauer strömen ins Parkstadion, die Königsblauen klettern in der Tabelle bis auf Rang 3. Schalkes Welt ist rosarot, so kann es weitergehen. **November 1979.** Norbert Nigbur ist geschockt. „Das war ja grausam", stammelt er nach dem 1:0-Zittersieg über Braunschweig. Ganze 8.000 Zuschauer waren ins Parkstadion gekommen und hatten dem Armutszeugnis einer mit so vielen Hoffnungen in die Saison gestarteten Mannschaft beigewohnt, die die bis dato teuerste der Schalker Vereinsgeschichte war. „Ich begreife nicht, mit welcher Einstellung einige bei uns in solch ein Spiel gehen. Ich bin der Meinung, daß endlich einmal Fraktur geredet werden muß", mahnt Nigbur an. Ist da versteckte Kritik an Trainer Lorant zu hören? Eine Einschätzung, die bei genauerem Hinsehen Nahrung bekommt. Lorants Vorliebe für die beiden Jugoslawen Dzoni und Boljat beispielsweise, die trotz mäßiger Leistungen regelmäßig aufgestellt werden, löst bei den Spielern regelmäßig Kopfschütteln aus, und der Ungar, der erst im März mit so lauten Tönen sein Amt auf Schalke angetreten hatte, ist zu einer Lachnummer verkommen. Schalkes Krise geht jedoch tiefer als nur bis zum Trainer. „Der Verein hat sich das krasse Nachlassen des Zuschauerinteresses selbst zuzuschreiben. Dieser Bundesliga-Verein mit dem Management eines Kreisklassenklubs tut alles, um die Öffentlichkeit, um die Zuschauer und die Presseleute zu vergrämen. Nirgends im Fußball-Westen haben die Journalisten so schlechte Arbeitsbedingungen wie in Schalke. Und der Service an die Zuschauer ist gleich null!", weist der »kicker« auf eklatante Fehler im Management hin. **1. Dezember 1979.** Schalke verliert daheim im 0:2 gegen Aufsteiger Leverkusen, erhält „eine Lektion im modernen Fußball". Trainer Lorant, gefeierter Propagandist der modernen Raumdeckung, ist ratlos. Hinter den Kulissen geht es drunter und drüber. Präsident Siebert, auf dem Höhepunkt der Krise gerade im Urlaub, steht im Zentrum einer kochenden Gerüchteküche, in der zudem von dubiosen finanziellen Transaktionen die Rede ist. Am Abend nach dem 0:2 gegen Leverkusen tritt Siebert zurück, wird zum „Technischen Direktor" degradiert. Nachfolger ist der 44jährige Unternehmensberater Dr. Fenne, der vor allem eines sichern soll: Die Kreditfähigkeit bei den Banken. Fenne fordert „saubere Darstellung und Selbstdarstellung unseres Vereins in der Öffentlichkeit" ein und nimmt Kontakt zur Mannschaft auf. Ergebnis: Keiner will mehr mit Lorant zusammenarbeiten. Sonntagmittag bringt eine Krisensitzung 5:0-Stimmen pro Lorant-Entlassung, die am Dienstagmorgen Mannschaft und Öffentlichkeit mitgeteilt wird. „Diese Entscheidung des Vorstandes war überfällig. In letzter Zeit wurden bei uns im Training nur noch Runden gelaufen", gibt sich Mannschaftssprecher Klaus Fischer erleichtert.

Wolfgang Weber, 93

Verein:	Werder Bremen
Vorgänger:	Fred Schulz
Erster Amtstag:	1. Juli 1978
Tabellenstand:	Platz 15 (Saison 1977/78)
Letzter Amtstag:	29. Januar 1980
Tabellenstand:	Platz 15
Amtszeit:	19 Monate
Nachfolger:	Rudi Assauer bzw. Fritz Langner

Eigentlich hatte man an der Weser nie wieder zittern wollen. Zu Saisonbeginn hatte man daher sogar ganz tief in die Tasche gegriffen und für rund 400.000 Mark mit Dave Watson den englischen Nationallibero verpflichtet. Werder-Manager Assauer, einst selbst Libero, glaubte mit Watson einen guten Fang gemacht zu haben: „Spiele werden in der Abwehr gewonnen, dort vor allem müssen wir investieren". Doch Watson war vom ersten Tag an Fremdkörper. Seine Frau Penny erwies sich als extravagantes Problem, derweil das Verhältnis zwischen dem fußballerisch überragenden Watson und seinen eher normalbegabten Mitspielern norddeutsch unterkühlt war. Watson gab sich ganz als schillernder Star. Deutsch lernen war seine Sache nicht, und so mußte Benno Möhlmann, der als einziger in der Mannschaft Englisch sprach, Übersetzer spielen. Es dauerte nicht lange, da war der Eklat da. Am zweiten Saisonspieltag flog Watson nach einem Schubser gegen den Münchner Bitz vom Platz und erhielt acht Wochen Sperre. Hintergrund war ein Artikel in einer Münchner Zeitung, in der von „Revolte gegen Watson" die Rede gewesen war. Werder-Coach Weber hatte dem Engländer den Inhalt kurz vor dem Spiel übersetzt und seinen Libero damit in unangenehmer Art motiviert.

Wolfgang Weber! 1978 hatte der Ex-Kölner das Fußball-Lehrer-Examen mit Auszeichnung bestanden und schien als zukunftsorientierter und „hungriger" Mann geeignet, das schlingernde Werder-Schiff endlich in ruhigere Gewässer zu geleiten. 78/79 war es auch gut gegangen. Mit den Neuzugängen Möhlmann und Wunder war Werder Elfter geworden, hatte erstmals seit Jahren nicht zittern müssen. Doch Weber war schon damals nicht unumstritten gewesen. „Keiner hat eine solch gute Kondition, wie Wolfgang Weber", lästerten Werders Trainingskiebitze, derweil Fachleute darauf hinwiesen, daß der Coach „zu sehr auf die Selbstverantwortung der Spieler" vertraue. Für Werders Team, im Vergleich zu anderen Klubs eher noch auf der Suche nach einer „harten Hand", fatal. Weber geriet zunehmend in die Kritik, derweil die Mannschaft, ihres umstrittenen Liberos Watson beraubt (nach Ablauf seiner Sperre ging er zurück nach England), in den Tabellenkeller sauste. Höhepunkt war das 4:6 im Weserstadion gegen München 60. Am Montag darauf war Schluß. „Beurlaubt", hieß das so nett klingende und in der Realität so brutale Urteil über Weber, dessen Posten Manager Assauer einnahm. „Die Ursache der Misere ist eher im Verein zu suchen, als in der Person Wolfgang Weber", wagte der »kicker« anzumerken und wies auf die unglücklich verlaufene Watson-Geschichte hin. Letztendlich aber war es vor allem so, daß der moderne Weber und der etwas antiquierte SV Werder einfach nicht zusammenpaßten. Pech für Werder, daß man das zu spät erkannte, denn am Saisonende stiegen die Grün-Weißen erstmals aus dem Oberhaus ab.

Heinz Höher, 94

Verein:	MSV Duisburg
Vorgänger:	Rolf Schafstall
Erster Amtstag:	1. Juli 1979
Tabellenstand:	Platz 13 (Saison 1978/79)
Letzter Amtstag:	10. Februar 1980
Tabellenstand:	Platz 16
Amtszeit:	8 Monate
Nachfolger:	Friedhelm Wetzlaff

Daß es schlecht stand um den MSV Duisburg, das war man inzwischen ja gewohnt. Seit Jahren schon kämpften die Meidericher Zebras regelmäßig gegen den Abstieg, dem sie nach Ansicht so ziemlich aller Experten Jahr für Jahr aufs neue geweiht waren. 1979/80 war das nicht anders. Nach den Abgängen der Stammspieler Worm, Jakobs, Weber und Bregman (das Geld, das Geld...) galt der MSV mal wieder als Abstiegskandidat Nummer 1. Manager Neuhaus sah das anders. „Die Bundesliga wird sich, wie so oft, über den MSV wundern!", prophezeite er vor Saisonbeginn optimistisch.

Neuhaus behielt recht - allerdings im negativen Sinne. Im Februar 1980 steckten die Zebras mal wieder im tiefsten Abstiegsstrudel. Bei der 1:2-Heimschlappe gegen Schalke wurden ihre Defizite überdeutlich. „Die Schalker brauchten nicht einmal eine überragende Leistung, um einen schwachen, wie gelähmt spielenden MSV eindeutig zu bezwingen", urteilte der »kicker« und konstatierte: „Beim MSV herrscht nach dieser Niederlage höchste Alarmstufe". Schuldiger in solchen Fällen ist in der Regel der Trainer – und im Fall Duisburg wohl nicht ganz zu Unrecht. Selbst „Enatz" Dietz, Seele, Herz und Hirn des MSV, aber alles andere als ein Revoluzzer, konnte seine Unzufriedenheit über Heinz Höher jedenfalls kaum verbergen. „Mit keinem Trainer habe ich bislang so wenig gesprochen", verriet er den Journalisten – und erzählte dem MSV-Vorstand am Morgen nach dem Schalke-Spiel offenbar noch andere Dinge, denn als um 11.30 Uhr Höhers Entlassung bekanntgegeben wurde, hieß es: „Es kann nicht immer maßgebend sein, was die Spieler denken. Aber sie haben uns doch etliche Argumente geliefert, die es uns ratsam scheinen ließen, uns von Höher zu trennen".

Höhers Rauswurf war unvermeidlich gewesen. Beim Schalke-Spiel hatte der Coach einen taktischen Fehler nach dem anderen gemacht. Zum wiederholten Male war er mit nur einem einzigen Stürmer (Seliger) angetreten – und das in einem Heimspiel. Den defensiv starken Fenten hatte er gegen Schalkes hängenden Linksaußen Kremers spielen lassen; den offensivstarken Dronia hingegen gegen Flitzer Abramczik. Damit hatte er den Zebras jegliche Chance zum Offensivspiel genommen. Regisseur und Publikumsliebling Jara, mit dem Höher seit Wochen im Clinch lag, wurde nach siebzig Minuten ausgewechselt, und von der vieldiskutierten Raumdeckung war im MSV-Spiel nur die Negativseite zu sehen: Löcher, wo immer man hinschaute. „Es ist für uns nicht fünf, sondern schon drei Minuten vor zwölf", konstatierte Präsident Märzheuser und beurlaubte Höher, dem das alles schleierhaft war. „Ich habe mir in Duisburg nichts zu Schulden kommen lassen. Ich bin überzeugt, daß ich den MSV vor dem Abstieg bewahren würde." Das aber tat ein anderer: Friedhelm Wenzlaff, bis dato Co-Trainer.

Hennes Weisweiler, 95

Verein:	1. FC Köln
Vorgänger:	Georg Stollenwerk
Erster Amtstag:	1. Juli 1976
Tabellenstand:	Platz 4 (Saison 1975/76)
Letzter Amtstag:	15. April 1980
Tabellenstand:	Platz 4
Amtszeit:	46 Monate
Nachfolger:	Karl-Heinz Heddergott

Im Zusammenhang mit Trainerentlassungen wird ja oft martialisch von einer „Bombe, die einschlägt", gesprochen. Und wenn dann ein derart renommierter Name wie der von Hans, genannt „Hennes", Weisweiler beteiligt ist, dann hat der Sprengkörper oft doppelte und dreifache Wirkung. Im Falle Weisweiler/Köln kam zudem eine Mehrfachzündung hinzu. Die erste Detonation wurde Ende Januar 1980 registriert, als „Don Hennes", der die Geißböcke 1978 zum vielumjubelten Double geführt hatte, überraschend seinen Abgang zu Cosmos New York verkündete. Nächster Einschlag war Weisweilers Begründung: „Daß ich nach Amerika gehe, hängt nur mit meiner Selbstachtung zusammen. Zu einem Präsidenten wie Peter Weiand konnte ich kein Vertrauen mehr haben. Meine Vertragsverhandlungen wurden, obwohl ich bereit war zu bleiben, immer wieder hinausgeschoben. Weiand erklärte sogar öffentlich, daß ihm Zweifel am Sinn einer weiteren Zusammenarbeit gekommen seien. Das konnte ich nicht mit mir machen lassen."

Das saß! Vergeblich hatte der völlig konsternierte Präsident Weiand Weisweiler umgehend einen unterschriftsreifen Zweijahresvertrag angeboten: Weisweiler, der eigentlich liebend gerne in Köln geblieben wäre, sagte konsequent nein, und Weiand mußte sich auf die Suche nach einem Nachfolger machen. Während der mit DFB-Sportlehrer Heddergott bald gefunden wurde, verdüsterte sich die Stimmung in Müngersdorf. Da war der Streit um Geißbock-Star Schuster, da waren die allmählich davonschwimmenden Felle im Titelrennen – kurzum: eine vorzeitige Trennung rückte allmählich in den Bereich des Möglichen. Sechs Spieltage vor Serienende war es soweit. Eine Woche nach dem Aus im Titelrennen durch eine Heimpleite gegen Bayern München leisteten sich die Geißböcke eine blamable 0:1-Schlappe bei Abstiegskandidat Hertha BSC, woraufhin Detonation Nummer 3 eintrat. Für Mittwoch, den 16. April, beraumte der FC-Vorstand eine Krisensitzung ein, auf der, da waren sich alle einig, Weisweiler abgeschossen werden sollte. Der Trainerfuchs kam dem jedoch zuvor und bat nach dem Vormittagstraining selbst um seine Beurlaubung. „Bei dem gestörten Verhältnis zum Präsidenten sehe ich keine Möglichkeiten zu einer erfolgreichen Zusammenarbeit mehr", erklärte Weisweiler, der am Montag noch verkündet hatte: „Ich gehe nur, wenn der Vorstand von sich aus wegen einer frühzeitigen Vertragsauflösung an mich herantritt. Jedenfalls ergreife ich selbst nicht die Initiative. Schließlich steht viel Geld auf dem Spiel." Letztendlich war dem Erfolgstrainer, der anschließend vorzeitig seinen Job in New York antrat (wie auch sein designierter Nachfolger Heddergott in Köln), seine Würde wichtiger als der schnöde Mammon. Hennes Weisweilers letztes Spiel als Bundesligacoach war somit die 0:1-Niederlage gegen Hertha BSC.

Dietmar Schwager, 96

Verein:	Schalke 04
Vorgänger:	Gyula Lorant
Erster Amtstag:	5. Dezember 1979
Tabellenstand:	Platz 6
Letzter Amtstag:	20. April 1980
Tabellenstand:	Platz 7
Amtszeit:	5 Monate
Nachfolger:	Fahrudin Jusufi

Es war ein Abschuß auf Raten, und es war einer, der einen ziemlich schalen Beigeschmack hinterließ. Im Dezember 1979 war Dietmar Schwager bereitwillig eingesprungen, den unter Gyula Lorant mächtig ins Schlingern geratenen Schalke-Kahn zu übernehmen und ihn wieder in sicheres Fahrwasser zu geleiten. Fünf Monate später kündigte Platz 7 von Schwagers durchaus erfolgreicher Mission.

Allerdings nur optisch, denn bei genauerem Hinsehen stand es schauerlich um Schalke. Nach dem 3:1-Pokalsieg über Bayreuth hieß es beispielsweise, daß Schalke „keine Mannschaft, sondern nur mehr einen Sauhaufen" habe, es dem Team an Selbstvertrauen und „Geist" mangele und erschreckende Schwächen im Spiel ohne Ball zu sehen seien. Die Vorwürfe des »kicker« gipfelten in der Aussage: „In der Tat war das, was die Schalker gegen Bayreuth boten, für die nur 4.000 Zuschauer eine Zumutung". Im Mittelpunkt der Kritik stand Trainer Schwager, der sämtliche Autorität eingebüßt hatte. Supertalent Wolfram Wuttke beispielsweise konnte sich ständig Disziplinlosigkeiten leisten, ohne das der Chefcoach den 18jährigen in den Griff bekam. Nach dem Bayreuth-Spiel kündigte Präsident Fenne Konsequenzen an. „Hier hilft am Ende der Saison nur der ganz große Schnitt, wenn je wieder Disziplin und Ordnung in diesen Kader kommen soll".

Eine Woche später wurden Nägel mit Köpfen gemacht. Der Vertrag mit Schwager werde „auf keinen Fall verlängert", hieß es, und daß Schalke „am Ende der Saison den großen Schnitt machen" werde. Anschließend wurden die entsprechenden Weichen gestellt. Der Jugend wollte man eine Chance geben, und zwar möglichst rasch und konsequent, gab Dr. Fenne als neue Richtung vor. Dazu mußte natürlich auch eine entsprechender Trainer her: Fahrudin Jusufi, einstmals für Eintracht Frankfurt am Ball und inzwischen erfolgreicher Jugendcoach auf Schalke. In der laufenden Saison hatte Jusufi Schalkes A-Jugend zur souveränen Westfalenmeisterschaft geführt und schien für das Fenne'sche Konzept der radikalen Verjüngung der geeignete Mann zu sein.

Von Dietmar Schwager sprach niemand mehr. Bis zum Saisonende wolle man noch zusammenarbeiten, hieß es zunächst, doch nach einer 1:4-Niederlage in Düsseldorf – zugleich das Ende aller heimlichen UEFA-Cup-Hoffnungen – war bereits fünf Spieltage vor Saisonende Schluß. Schwager hatte es offensichtlich geahnt. „Ich will der Angelegenheit zwar nicht vorgreifen, aber mir wurde angedeutet, daß meine vorzeitige Ablösung im Bereich des Möglichen liegt", orakelte der Ex-Co-Trainer unmittelbar nach dem Schlußpfiff im Rheinstadion – und war auch schon entlassen. Montag, 15 Uhr, leitete mit Fahrudin Jusufi der 14. Trainer der Schalker Bundesligageschichte das Übungsprogramm der Königsblauen.

Karl-Heinz Heddergott, 97

Verein:	1. FC Köln
Vorgänger:	Hennes Weisweiler
Erster Amtstag:	16. April 1980
Tabellenstand:	Platz 4
Letzter Amtstag:	13. Oktober 1980
Tabellenstand:	Platz 12
Amtszeit:	6 Monate
Nachfolger:	Rinus Michels

Man konnte getrost vom „Mißverständnis des Jahres" sprechen. Karl-Heinz Heddergott, Fußball-Theoretiker aus den Reihen des DFB, und der 1. FC Köln, emotionsgeladener Fußballklub mit dem besonderen Markenzeichen „Klüngel" – das paßte einfach nicht zusammen. Schon gar nicht, nachdem die Geißböcke vor der Saison als Topfavorit ausgemacht worden waren. Zu Recht übrigens, denn die erfolgreiche deutsche EM-Elf hatte mit Schumacher, Schuster, Zimmermann und Cullmann gleich vier Kölner in ihren Reihen gehabt, für die meisten Positionen standen Heddergott gleich zwei Ausnahmekönner zur Verfügung und die Neuzugänge Bonhof, Botteron und Woodcock waren salopp gesagt „allererste Sahne". Daß Heddergott als Verbandstrainer eher einen gemütlichen Job gewohnt war und keinerlei Erfahrungen im schnellebigen Bundesligageschäft aufwies, wurde nur als geringfügiges Problem angesehen.

Es dauerte nicht lange, da bekam die Liaison Heddergott/Köln erste Risse. Heddergott verstrickte sich in so ziemlich alles und erwies sich als völlig überfordert. Er legte sich mit diversen Spielern an und leistete sich peinliche Auftritte wie das 1:1 im Pokal gegen den Sport-Club Freiburg, bei dem ganzen 1.800 Unverdrossenen im Müngersdorfer Stadion vor Entsetzen die Pfiffe im Hals steckengeblieben waren. Spötter sprachen längst vom „Konditionstrainer" Heddergott, der „mit der Kritik nicht umgehen" könne. Nach der Freiburg-Schlappe beispielsweise griff er das Publikum an und machte die „Atmosphäre" als Ursache aus, die „wie ein Alptraum auf meiner Mannschaft lastete". Kommentar des »kicker«: „Dann wird es wohl auch hier nicht mehr lange dauern, bis man in Köln nach Gesundbetern und Regenmachern ruft oder aus dem afrikanischen Busch Zaubermedizin einfliegen läßt". Auf der Führungsetage des Ex-Meisters machte sich derweil die Erkenntnis breit, daß Heddergott als Nachfolger des legendären Hennes Weisweiler wohl nicht der Richtige gewesen war – zumal das Team unter den internen Querelen buchstäblich auseinanderbrach. Regisseur Schuster beispielsweise stand in aussichtsreichen Verhandlungen mit Cosmos New York, Torjäger Dieter Müller kündigte frustriert seinen Abgang zum Saisonende an, und hinter den Kulissen brodelte es gewaltig. Gerüchte machten die Runde, die FC-Führung habe bereits mit dem ehemaligen niederländischen Bondscoach Rinus Michels Kontakt aufgenommen, derweil Heddergott mit dem Ehrendivisionär ADO Den Haag in Verbindung gebracht wurde (was sich allerdings als Ente erwies). Am zweiten Oktober-Wochenende „einigten" sich schließlich beide Seiten auf die einzig mögliche Lösung, die vorzeitige Trennung. Nachfolger wurde in der Tat Rinus Michels, der allerdings keine Trainerlizenz besaß und daher „nur" Technischer Leiter der Lizenzspieler-Abteilung wurde.

Hans-Dieter Tippenhauer, 98

Verein:	Arminia Bielefeld
Vorgänger:	Otto Rehhagel
Erster Amtstag:	16. Oktober 1979
Tabellenstand:	Platz 2 (2. Bundesliga Nord)
Letzter Amtstag:	20. Oktober 1980
Tabellenstand:	Platz 18
Amtszeit:	13 Monate
Nachfolger:	Willy Nolting bzw. Horst Franz

Sachlich-nüchtern analysierte der »kicker« in seiner Donnerstagausgabe vom 23. Oktober 1980: „Am Montag, ein Jahr nach der Verpflichtung in Bielefeld, beendete Hans-Dieter Tippenhauer seine Tätigkeit als Cheftrainer. Es war ein Abschied auf Raten, den nur ein Tatbestand hätte verhindern können: der Erfolg."

Die Trennung zwischen Aufsteiger Bielefeld und Tippenhauer war der letzte Akt einer wenig erbaulichen Schmierenkomödie, an der beide Seiten ihren Anteil hatten. Zunächst hatte alles recht nett ausgesehen. Tippenhauer, der im Oktober 1980 die Nachfolge Otto Rehhagels angetreten hatte, war mit der Arminia förmlich ins Oberhaus gestürmt und als „bester Aufsteiger aller Zeiten" gefeiert worden. Doch der Lorbeer des einst bei Arminias Lokalrivalen VfB 03 aktiven 36jährigen Betriebswirts war rasch verwelkt. 1:11-Punkte zum Auftakt der Bundesligasaison 80/81 hatten für Ernüchterung gesorgt – und die Stimmung umschlagen lassen. Dann passierte Tippenhauer ein bedauerliches Mißgeschick: Er verunglückte auf dem Weg ins Trainingslager und zog sich eine schwere Gehirnerschütterung sowie eine Schädelprellung zu. Arminias Vorstand nutzte die „Gunst der Stunde" und reagierte auf Tippenhauers Krankmeldung mit der Beurlaubung. Fünf Vorstandsmitglieder, die der „alten Schule" zugerechnet wurden, sahen „Tippis" Unfall als Chance, den als progressiv geltenden Fußball-Lehrer durch einen „Schleifer" vom alten Schlag zu ersetzen. Die unbarmherzige Vorgehensweise der Arminen löste Entsetzen und Proteste aus. Beim Heimspiel gegen Düsseldorf kam es zu turbulenten Szenen, woraufhin die Beurlaubung wieder rückgängig gemacht wurde und Manager Willy - genannt Amman - Nolting das Training interimsweise übernahm.

Die nächsten Wochen waren geprägt von Zweifeln, sportlichen Rückschlägen und Gerüchten. Tippenhauer bemühte sich nach Kräften, war aber gesundheitlich stark angeschlagen und hätte eigentlich Ruhe gebraucht. Als der krankgeschriebene Coach nach Rotterdam fuhr, um mit Kees Bregman einen Libero für die löchrige DSC-Abwehr zu verpflichten, brach er zusammen und bekam vom Arzt 14 Tage strengste Bettruhe verordnet, ansonsten habe er „mit bleibenden Schäden zu rechnen". Nun waren Tippenhauers Tage auf der Alm endgültig gezählt, zumal Interims-Nachfolger Nolting in der Zwischenzeit 3:1-Punkte geholt und sich das Vertrauen der Mannschaft erworben hatte. „Es wäre doch das beste, mit Nolting bis Saisonende durchzumachen", sprach Gerd-Volker Schock aus, was viele in Bielefeld dachten. Tippenhauer zog daraufhin die Notbremse. Nach dem 1:1 gegen Bayer Leverkusen beendete er seine Tätigkeit auf der Alm aus gesundheitlichen Gründen. Doch das war nur die halbe Wahrheit, denn eigentlich war Tippenhauer am ausbleibenden Erfolg gescheitert.

Otto Rehhagel, 99

Verein:	Fortuna Düsseldorf
Vorgänger:	Hans-Dieter Tippenhauer
Erster Amtstag:	12. Oktober 1979
Tabellenstand:	Platz 16
Letzter Amtstag:	5. Dezember 1980
Tabellenstand:	Platz 16
Amtszeit:	14 Monate
Nachfolger:	Heinz Höher

Am 1. Dezember 1980 meldete die Presse noch: „Fortuna macht mit Otto Rehhagel weiter!" Statt den Trainer zu entlassen, hatten die krisengeschüttelten Rheinländer einen Vorstandswechsel vorgenommen. Für Kurt Schneider ("Ich fühle mich beruflich überlastet, kann mich nicht in dem Maße um den Verein kümmern, wie das nötig wäre. Zudem geht es mir gesundheitlich nicht gut") war Vize Hans Noack auf den Posten des Vereinspräsidenten gerückt. Allerdings wurde hinter den Kulissen kolportiert, daß Rehhagel nur deshalb einer vorzeitigen Trennung entgangen wäre, weil die „Situation auf dem Trainermarkt in personeller und finanzieller Hinsicht nicht optimal ist"...

Rehhagels Bilanz seit Amtsantritt im Oktober 1979 wies Licht und Schatten auf. Einerseits hatte das als „Krisentrainer" bezeichnete Kind der Bundesliga mit den Düsseldorfern sowohl den Klassenerhalt als auch die Verteidigung des DFB-Pokals feiern können, andererseits waren die Negativschlagzeilen des „Showmanns Rehhagel" (»kicker«) reichlich gewesen, und in der Tabelle sprach Abstiegsplatz 16 Bände - wenngleich die Fortuna mit Baltes, Brei, Zimmermann, Schmitz und Dreher diverse schwer ersetzbare Langzeitverletzte zu beklagen hatte. Als es im November Niederlagen gegen Duisburg und Kaiserslautern setzte, brach im Rheinstadion hektische Betriebsamkeit aus. „Ich bin der Überzeugung, daß wir nach Abwägung aller Dinge versuchen sollten, mit Rehhagel und mit der Mannschaft gemeinsam aus dem Tief herauszukommen", hatte sich Neu-Präsident Noack nach der eingangs erwähnten Krisensitzung dennoch optimistisch gegeben und versprochen „eine Trainerentlassung ist für uns kein Thema mehr". Vier Tage später, 24 Stunden vor Fortunas nächstem Bundesligaspiel, wurde Rehhagel plötzlich doch entlassen – eine überraschende Kehrtwendung, die Präsident Noack mit „zum Zeitpunkt dieser Aussage (siehe oben) war noch keine Alternative für Herrn Rehhagel in Sicht" begründete. Eine bitterböse Schmierenkomödie, wie sie in Düsseldorf nicht zum ersten Mal abgelaufen war, hatte ihr Bauernopfer gefordert! Für die Fans war der wahre Schuldige klar: „Noack, Du Sau", hallte es beim 0:0 gegen Köln durchs Rheinstadion; „Vorstand raus" wurde gefordert. „Ich bin jetzt 22 Jahre im Geschäft. Diesen Anzug ziehe ich mir nicht an. Wir konnten gar nicht anders handeln...", verteidigte Noack sein Vorgehen. Rehhagel, der lautstarke Showman, war jedenfalls weg, und nach dem 0:0 gegen Köln unter Regie von Co-Trainer Beiroth übernahm mit Heinz Höher ein Vertreter der ruhigen Art den Job im Rheinstadion. Höher, der sich nach seinem Rauswurf in Duisburg im Februar 1980 bei Ethnikos Piräus verdingt hatte, sollte die Fortuna noch auf Platz 13 führen. Otto Rehhagel heuerte derweil bei einem Zweitligisten namens Werder Bremen an und startete eine „neue" Karriere. So waren am Ende dann wohl doch alle zufrieden.

Branko Zebec, 100

Verein:	Hamburger SV
Vorgänger:	Arkoc Özcan
Erster Amtstag:	1. Juli 1978
Tabellenstand:	Platz 10 (Saison 1977/78)
Letzter Amtstag:	18. Dezember 1980
Tabellenstand:	Platz 1
Amtszeit:	30 Monate
Nachfolger:	Aleksandar Ristic

Ausgerechnet zum Jubiläum liefert die Bundesliga eine der tragischsten Trainerentlassungen ihrer Historie. Laufende Nummer 100 ist Branko Zebec, einer der erfolgreichsten Trainer der Erstligageschichte und der erste Coach seit 1963, der als Tabellenführer entlassen wird. Die Kündigung hat keine sportlichen Gründe, Zebec ist krank: Alkohol. Rückblick. Am 13. Dezember 1980 spielte sich nach dem 3:0-Sieg des HSV in Bochum eine erschütternde Szene ab. Gestützt von HSV-Manager Netzer wankte der sichtlich betrunkene Zebec zur Pressekonferenz. Nach und nach wurden Hintergründe bekannt – Hintergründe, die durch die zeitgleich stattfindende Sensationsverpflichtung von Franz Beckenbauer durch den HSV verdrängt worden waren. Seit einer Bauchspeicheldrüsenoperation vertrug der 51jährige Zebec nur noch geringe Mengen Alkohol, hatte aber dennoch weiter getrunken. „Ich bin ein leidender Mensch", war seine Standardaussage gewesen. Der Trainingsbetrieb hatte erheblich gelitten, und spätestens nachdem Zebec am 3. Dezember 1980 mit Hinweis auf ein angebliches Angebot aus Zagreb von sich aus gekündigt hatte, hatte der Erfolgscoach als „nicht mehr zurechnungsfähig" gegolten. Die Ausfälle hatten sich gehäuft. Vor dem Nachholspiel gegen 1860 hatte Zebec mit seinen Akteuren bis tief in die Nacht Karten gespielt. Vor dem UEFA-Cup-Spiel gegen Saint Étienne hatte er eine lediglich zweieinhalb Minuten dauernde Taktikbesprechung gehalten – und ein 0:5-Heimdebakel geerntet. Zum Rückspiel in Saint Étienne war Zebec mit Tabletten „fitgemacht" worden, und nach den Vorfällen von Bochum kam der HSV endgültig nicht mehr umhin, zu handeln. „Das alles ist eine große menschliche Tragödie", erklärte Vizepräsident Naumann. „Nur wenn man einen Menschen liebt, kann man so lange mit einem Alkoholiker zusammenarbeiten. Was glauben Sie, was Günter Netzer alles mitmachen mußte. Aber einmal ist man dann mit seiner Kraft am Ende". „Wir wissen alle, daß Branko Zebec sich nicht helfen lassen will", fügte Schatzmeister Kallmann den letztendlich entscheidenden Grund für die Beurlaubung hinzu. Trotz Beteuerung des HSV, Zebec „moralisch und finanziell" zu unterstützen, endet die Geschichte allerdings als Schmierenkomödie. Zwei Tage vor Heiligabend schickt der HSV dem in Zagreb weilenden Zebec ein Telegramm, mit dem ihm gekündigt wird man ankündigte, Zebec würde lediglich noch sein Dezember-Gehalt von 22.000 Mark bekommen. Zebec' Ehefrau Dusica antwortet, ihr Mann würde pünktlich zum Trainingsauftakt am 2. Januar 1981 wieder in Ochsenzoll sein, und der HSV möge ihn lediglich für eine Zeitlang für eine ärztliche Behandlung freistellen. Am 2. Januar ist Zebec tatsächlich in Ochsenzoll, doch längst hat sein Assistent Ristic die Trainingsleitung übernommen, und Zebec trifft sich nur noch mit Dr. Klein zu Verhandlungen.

Horst Heese, 101

Verein:	1. FC Nürnberg
Vorgänger:	Robert „Zapf" Gebhardt
Erster Amtstag:	1. Juli 1980
Tabellenstand:	Platz 1 (2. Bundesliga Süd)
Letzter Amtstag:	3. März 1981
Tabellenstand:	Platz 12
Amtszeit:	9 Monate
Nachfolger:	Fritz Popp bzw. Fred Hoffmann

Im Nürnberger Frankenstadion, der nach Schalke „turbulentesten" Skandalbühne der Bundesliga in den frühen achtziger Jahren, ging es mal wieder hoch her. Drei Wochen vor Saisonbeginn hatte Chefcoach Robert „Zapf" Gebhardt, mit dem der ruhmreiche FCN den vielumjubelten Wiederaufstieg geschafft hatte, aus heiterem Himmel gekündigt. Gebhardt war sauer, weil sein Co-Trainer Erich Tauchmann ohne seine Zustimmung entlassen worden war. Nürnbergs exzentrischer Präsident Michael A. Roth, der nach einem Motorradunfall gerade im Krankenhaus lag, packte die Gelegenheit beim Schopfe und ersetzte Gebhardt durch den bei den Offenbacher Kickers in Amt und Würden stehenden Horst Heese. Alsdann waren Roth und Heese einkaufen gegangen: Volkert, Frank, Heck, Eggert etc. – insgesamt hatte das Duo rund 2 Mio. Mark ausgegeben, für die mehr als nur der Klassenerhalt her sollte.

Nach der Winterpause stand der Club jedoch da, wo er nie wieder hatte hinkommen wollen: Mitten im Abstiegskampf. Grund war unter anderem eine eklatante Heimschwäche – sieben Heimniederlagen kassierten die Franken im Saisonverlauf. Eine davon war das 1:2 gegen München 1860 am Faschingsdienstag 1981, nach der der fränkischen Millionenelf (Roth: „Die Profis erkennen nicht, daß sie an dem Ast sägen, auf dem sie selbst sitzen") vom »kicker« attestiert wurde: „Nürnbergs Spiel wirkte zu überhastet, ohne klare Konzeption". Schuld war der Trainer. Wie schon zwei Wochen zuvor nach dem 0:4 in Bochum geriet Horst Heeses Stuhl ins Wanken, wurde über seine bevorstehende Ablösung gerätselt.

Guter Rat war teuer am Valznerweiher – und zwar im wahrsten Sinne des Wortes. Nachdem Roth und Heese sich unmittelbar nach dem 1860-Spiel noch unisono mit „darüber muß gesprochen werden" geäußert hatten, flatterte Heese nur 24 Stunden später plötzlich die „Beurlaubung" ins Haus. „Daß wir uns zu diesem Schritt entschließen mußten, tut mir am meisten leid", erklärte Präsident Roth, der Heese vor Saisonbeginn als seinen „Wunschtrainer" bezeichnet hatte, aber „wir können nicht erst dann eingreifen, wenn nichts mehr zu retten ist". Im Mannschaftskreis stieß Heeses Entlassung – übrigens der zwanzigste Trainerwechsel beim Club seit 1963 – auf vehementen Protest. Norbert Eder trat sogar erbost von seinem Posten als Kapitän zurück, akzeptierte aber schließlich die Entlassung sowie die Ernennung von Fritz Popp, der Nürnbergs Amateure in die Spitzengruppe der Bayernliga geführt hatte, zum neuen Chefcoach. Letzteres stieß allerdings auf Probleme mit dem DFB, denn Popp hatte keine Bundesligalizenz. Als Strohmann mußte daher Altmeister Fred Hoffmann herhalten, unter dessen „Ägide" es schließlich doch noch die nötigen Punkte zum Klassenerhalt gab.

Udo Lattek, 102

Verein:	Borussia Dortmund
Vorgänger:	Carlheinz Rühl
Erster Amtstag:	1. Juli 1979
Tabellenstand:	Platz 12 (Saison 1978/79)
Letzter Amtstag:	10. Mai 1981
Tabellenstand:	Platz 7
Amtszeit:	23 Monate
Nachfolger:	Rolf Bock

In Dortmund sprachen alle nur noch von „Europa". Der BVB und seine Fans vom Europacup, dessen Erreichen erstmals seit 1967 wieder möglich war, BVB-Coach Lattek hingegen eher von Barcelona, von dem der einstige Münchner Meistermacher seit Mitte April ein ebenso heimliches wie lukratives Angebot vorliegen hatte. „Ich habe mit Barcelona verhandelt. Aber noch ist nichts entschieden", teilte Lattek der überraschten BVB-Führung Anfang Mai auf Nachfrage mit. Für die war es übrigens „der zweite Aufguß aus dem letzten Sommer". Schon damals hatte Barcelona Lattek ein „traumhaftes Angebot" gemacht, das der Coach seinerzeit abgelehnt hatte. Diesmal sah es anders aus. „Ich wäre ein Idiot, wenn ich es abschlagen würde", deutete Lattek einen Sinneswandel an.

Latteks neue Haltung zum Barça-Angebot hatte einen tieferen Hintergrund: Kurz zuvor war sein Sohn Dirk gestorben, woraufhin „viele Dinge in meinem Leben eine neue Wertigkeit erhalten haben. Irgendwie bin ich aus dem Tritt geraten. Ich brauche einen neuen Schub, einen neuen Anreiz." Da kam das Angebot aus Barcelona gerade recht. Monatlich rund 35.000 Mark netto bei einem 2-Jahresvertrag mit Option auf ein drittes eröffneten Lattek die Chance auf Erfüllung seines Traums „mit spätestens 50 aus dem Job auszusteigen". Die Entscheidung war längst pro Barcelona gefallen, als Lattek sich öffentlich noch immer zierte – sehr zur Verärgerung des BVB-Vorstands, der den Erfolgscoach nur ungern gehen lassen wollte. Schließlich hatten die Schwarz-Gelben unter ihm endlich den Anschluß ans Spitzenfeld geschafft. Für den Fall der Fälle kündigte Schatzmeister Vogt schon mal an: „Dann werden wir beraten müssen, ob wir Lattek freigeben. Schließlich haben wir mit Lattek auch gewisse Konzepte entwickelt, die noch nicht verwirklicht sind. Wir werden alles tun, um Udo Lattek zu halten. Aber hinten rein kriechen wir keinem". Lattek verstrickte sich derweil immer tiefer in sein Versteckspiel. Einerseits legte er ein öffentliches Treuegelöbnis zum BVB ab – andererseits flog er nach Spanien, um mit Barcelona alles klar zu machen. Dortmund fühlte sich zu recht betuppt. „Feige und schäbig hatte er sich verabschiedet. Mit Friedensangebot kehrte er zurück und zerstörte noch mehr Porzellan. Udo Latteks Wiederkehr dauerte genau einen Tag. Dann wurde die Akte Lattek bei der Borussia endgültig zugeklappt", schrieb der »kicker« über den letzten Akt in der Trennungsgeschichte zwischen dem BVB und dem „wort- und vertragsbrüchigen Trainer". „Seine publik gemachten Rechtfertigungsversuche klingen wie blanker Hohn. Der Ausspruch von der fehlenden Motivation in der Bundesliga, daß Motiv vom Tod seines Sohnes Dirk und als Höhepunkt dieses Zitat: ‚Finanzen haben bei meinem Schritt keine Rolle gespielt'". Leidtragender war der BVB, dessen UEFA-Cup-Chancen unter dem Tohuwabohu zerplatzten.

Fahrudin Jusufi, 103

Verein:	Schalke 04
Vorgänger:	Dietmar Schwager
Erster Amtstag:	21. April 1980
Tabellenstand:	Platz 7
Letzter Amtstag:	26. Mai 1981
Tabellenstand:	Platz 18
Amtszeit:	13 Monate
Nachfolger:	R. Assauer bzw. H. Redepennig

Schalke, das stolze Schalke, war Letzter – und das drei Runden vor Serienende. Noch hatten die Königsblauen bei nur zwei Punkten Rückstand auf den rettenden Platz zwar eine reelle Chance auf den Klassenerhalt, doch „wenn wir den Club nicht schlagen, dann...", äußerte sich Präsident Dr. Fenne vor dem Schicksalspiel gegen Nürnberg am 30. Mai 1981 vieldeutig. Optimismus war nicht unbedingt angesagt, denn zuvor hatten die Königsblauen daheim gegen Bochum (0:6) und in Duisburg (1:5) böse Schlappen einstecken müssen, die auch Trainer Jusufi in die Kritik gebracht hatten.

Daß Jusufi das Nürnberg-Spiel schon nicht mehr auf der Bank erlebte, kam dennoch überraschend. „Die Mannschaft hat zwar nicht den Kopf des Trainers gefordert, aber der Dissens zwischen Trainer und Mannschaft – unter Abwägung aller Fakten – konnte nicht mehr bereinigt werden. Die Kontroverse ging durch die ganze Elf, ob jung oder alt, bekannt oder unbekannt", begründete Schalkes Präsident Dr. Fenne die plötzlich „Beurlaubung". Hintergrund war ein Geheimtreffen zwischen Neu-Manager Assauer und den Spielern, bei dem sich der Großteil der Mannschaft gegen ihren Coach ausgesprochen hatte. Dr. Fenne fiel die Entscheidung schwer. Schließlich war es sein Konzept der Verjüngung gewesen, das den ehemaligen Schalker Jugendcoach Jusufi im April 1980 ins Amt gehoben hatte und das nun als „gescheitert" angesehen werden mußte. Vier Wochen lang hatte Dr. Fenne Jusufi unermüdlich den Rücken gestärkt, selbst nach den herben Niederlagen gegen Bochum und Duisburg noch beruhigende Worte gefunden – doch nach dem Spielervorum konnte nun auch der Präsident den Trainer nicht mehr retten. Dr. Fenne: „Ich bedaure zwar die Entscheidung gegen Jusufi unter menschlichen Gesichtspunkten – aber es ging nicht anders". Drahtzieher im Hintergrund war Rudi Assauer, der anschließend gemeinsam mit Schalkes Jugendcoach Heinz Redepennig die Trainingsleitung übernahm. „Wenn ich komme, dann mit einem großen Schaufelbagger, denn ein eiserner Besen wird wohl nicht ausreichen, um in Schalke aufzuräumen", hatte der eigentlich noch bis zum 1. Juli 1981 in Bremen unter Vertrag stehende designierte Manager Assauer angekündigt. Eine Dauerlösung auf der Trainerbank wollte er freilich nicht sein - das sollte mit Assauers ehemaliger Mannschaftskamerad Held werden. Der gab sich keinerlei Illusionen hin: „Die 2. Liga, das macht mir nichts aus". Wenige Tage später titelte der »kicker« „In Schalke gehen die Lichter aus". Die Königsblauen hatten gegen Nürnberg nur ein 1:1 geholt, und selbst Klaus Fischer resignierte: „Wenn Schalke nicht absteigt, wäre das wie ein Sechser im Lotto". Zwölf Monate später war Schalke wieder da. Mit Held auf der Trainerbank. Dem hatte die 2. Liga tatsächlich nichts ausgemacht.

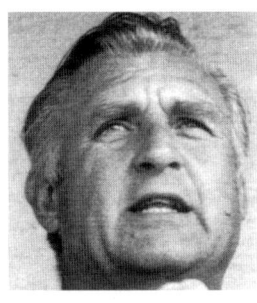

Heinz Elzner, 104

Verein:	1. FC Nürnberg
Vorgänger:	Fred Hoffmann
Erster Amtstag:	1. Juli 1981
Tabellenstand:	Platz 14 (Saison 1980/81)
Letzter Amtstag:	8. September 1981
Tabellenstand:	Platz 18
Amtszeit:	3 Monate
Nachfolger:	Udo Klug

Wenn eine Mannschaft aus ihren ersten fünf Saisonspielen nicht einen Punkt holt und 14 Gegentore kassiert, dann gerät der Trainer in die Kritik. Vor allem wenn er in Nürnberg arbeitet, *dem* Schleudersitz der Liga, auf dem allein im Jahre 1981 fünf Herren Platz nahmen: Horst Heese, Fritz Popp, Fred Hoffmann, Heinz Elzner und dessen Nachfolger Udo Klug. Der zuvor in Bayreuth und Hof so erfolgreiche erstligaunerfahrene Coach hatte seine Verpflichtung vor allem der knappen Finanzdecke am Valznerweiher zu verdanken, die nicht nur zum Verkauf von Beierlorzer und Oberacher geführt hatte, sondern vor allem einen strengen Sparkurs nach sich zog. Elzners größtes Plus war, daß er billig war. Zwei Spiele waren bestritten, da geriet die Club-Welt ins Wanken. Präsident Roth reagierte mit der eiligen Verpflichtung des langzeitverletzten Werner Dreßel, der die Talfahrt jedoch nicht stoppen konnte. Nach der bitteren 2:3-Niederlage in Duisburg am fünften Spieltag sprach Kapitän Hintermaier Klartext: „Elzner macht nur Fehler, er ist für die Bundesliga nicht geeignet. Nürnberg ist eben nicht Bayreuth oder Hof." Freilich vergaß Hintermaier zu erwähnen, daß er in der 77. Minute ausgewechselt worden war, weil er „jeglichen Einsatz vermissen" ließ, wie FCN-Schatzmeister Zeitz empört feststellte. So waren sie eben, die Zustände beim Club im Herbst 1981.

Herr über allem war ein Teppichhändler namens Michael A. Roth, der so viel Geld in den FCN gesteckt hatte wie noch niemand zuvor, und dem die Angst, daß seine Mannschaft nun absteigen und sein Geld verloren sein könnte, im Nacken saß. „Kein Zweifel – es muß etwas geschehen! Wir hätten wenigstens drei Punkte haben müssen. Aber was noch schlimmer ist: Es wurden in der Personalpolitik vom Management entscheidende Fehler gemacht. Wir haben keine Stürmer von Format mehr", tobte Roth nach der Niederlage in Duisburg und wurde in seiner Kritik von Schatzmeister Zeitz unterstützt: „Es ist eindeutig, daß es in der Mannschaft nicht mehr stimmt. Dafür sind Herr Fleschenberg und Herr Elzner verantwortlich. Ich persönlich bin für einen Wechsel auf diesen Positionen". Das Schicksal von Elzner (und Manager Fleschenberg) war somit bereits vor der Krisensitzung nach dem Duisburg-Spiel entschieden. Für den »kicker« war die Entwicklung Grund für eine tiefergehende Analyse, bei der sich Elzner nicht als der Hauptschuldige entpuppte. Vielmehr hagelte es Kritik am Führungsstil von Präsident Roth, der es an monarchistischen Zügen nicht mangeln ließ und über den Vizepräsident Gebhardt sagte: „Was der in den letzten zweieinhalb Jahren gemacht hat, hat dem Verein sehr geschadet". Letztendlich war es aber Roth, der das Geld brachte – und damit auch die Macht hatte. So ging Heinz Elzner und es kam der zuvor in Frankfurt gefeuerte Udo Klug. Spitzfindige Schlagzeile des »kicker«: „Wird der Club endlich klug?".

Willibert Kremer, 105

Verein: Bayer Leverkusen
Vorgänger: Radoslav Momirski
Erster Amtstag: April 1976
Tabellenstand: Platz 14 (2. Bundesliga Nord)
Letzter Amtstag: 22. November 1981
Tabellenstand: Platz 14
Amtszeit: 68 Monate
Nachfolger: Gerd Kentschke

Seit April 1976 arbeitete Willibert Kremer nun schon in Leverkusen. Unter ihm hatten sich die Pillenkicker von einem biederen Zweitligisten zu einem respektablen Erstliga-team gemausert. Stets war Kremer dabei unumstritten gewesen. Bis zur Saison 1981/82. Da war schon nach wenigen Begegnungen erste Kritik am Coach aufgekommen. Die Harmonie zwischen Trainer und Mannschaft sei gestört, hieß es. Doch als Kremer als Nachfolger für den in Nürnberg geschaßten Heinz Elzner ins Gespräch kam, reagierten Leverkusens Bosse ablehnend und drohten gar mit Anwälten, „wenn der Club noch einmal anfragt". Also blieb Kremer in Leverkusen – und harrte aus. Nach 1:9-Punkten in Folge geriet sein Stuhl im November abermals ins Wanken - zu einem Zeitpunkt, als Kremer längst die Nase voll von Leverkusen hatte. Gefragt, ob er an einen freiwilligen Ausstieg dachte, verneinte er, schloß aber zugleich eine mögliche Verlängerung seines noch bis Juni 1983 laufenden Vertrages aus: „Nein, dann geht hier nichts mehr".

So lange mußte Kremer auch gar nicht mehr warten, denn nach der 1:2-Niederlage im Schicksalsspiel beim MSV Duisburg war bereits im November 1981 Schluß. Ein umstrittenes Tor hatte Bayer die Niederlage eingebracht, nicht zum ersten Mal übrigens durch fragwürdige Schiedsrichterentscheidungen. „Einige Spieler haben erklärt, daß dies kein Zufall sein kann, sondern hier mit System gegen Bayer Leverkusen gepfiffen wird. Der Grund: Die Werksfußballer in Leverkusen hätten es besser als andere Spieler und Vereine in der Bundesliga, weil ein Konzern dahinter steht", gibt der »kicker« böse Vermutungen aus Spielerkreisen wieder. Anschließend überschlugen sich die Ereignis-se. Beim 5:0-Pokalsieg über Kölns Amateure saß plötzlich Co-Trainer Kentschke auf der Bank – für den als „erkrankt" gemeldeten Kremer. „Herr Kremer ist wirklich krank, unser Mannschaftsarzt Dr. Grieser kann das bestätigen", beeilte sich Manager Heit-mann zu erklären, denn „es tut sich nichts Neues in der Trainerfrage, denn erstens ist Vereinspräsident Dr. Schwericke auf Dienstreise in Afrika, zweitens haben wir immer gesagt, daß wir eine solche Entscheidung nicht von einem Spiel abhängig machen". Das machten sie auch nicht – denn Kremer durfte kein weiteres Spiel mehr leiten. Nachdem er noch am Freitag erklären konnte, er gehe davon aus, seinen Vertrag erfül-len zu können, wurde er am Sonntagmorgen aus dem Training geholt und davon unter-richtet, daß man seine Dienste nicht mehr schätze. „Sicher bin ich enttäuscht, denn was sollten die Lippenbekenntnisse vor Wochen, wenn man mir jetzt doch das Vertrauen entzieht", kommentierte Kremer, dem „Abnutzungserscheinungen" vorgeworfen wur-den. Andere hingegen zeigten sich erleichtert: „Es fehlte an Begeisterung, besonders nach Niederlagen, es kam einfach kein Funke rüber", hieß es aus Spielerkreisen.

Manfred Krafft, 106

Verein:	Karlsruher SC
Vorgänger:	Rolf Schafstall bzw. Walter Baureis
Erster Amtstag:	1. Juli 1978
Tabellenstand:	Platz 7 (2. Bundesliga, Saison '77/78)
Letzter Amtstag:	26. November 1981
Tabellenstand:	Platz 12
Amtszeit:	41 Monate
Nachfolger:	Max Merkel

Manchmal ist der Wirbel um den Nachfolger eines geschaßten Trainers größer als der Trubel um den Entlassenen. So zweifelsohne in Karlsruhe, wo am 26. November 1981 gleich zwei Bomben einschlugen: Zunächst wurde Manfred „Manni" Krafft, bei Fans und Spielern gleichermaßen beliebter und geachteter Fachmann, der den KSC aus den Niederungen der 2. Liga ins Oberhaus geführt hatte, abgesägt, und dann kam mit Max Merkel der große Zampano der 60er und 70er Jahre zurück. Einen roten Teppich legten sie dem Österreicher nicht gerade aus im Wildparkstadion. Im Gegenteil. Gellende Pfiffe brannten auf, als Merkel vor seinem ersten Spiel gegen Köln die Tartanbahn betrat, überall waren Transparente wie „Wir wollen Krafft" oder „Merkel go home" zu sehen.

Neunzig Minuten später zeigte sich Merkel tiefbewegt. Die Hände in den Manteltaschen versteckt, die Mütze tief ins unbewegte Gesicht gezogen – das Antlitz eines geschlagenen Mannes. 1:4 hatten seine Kicker gegen die Geißböcke verloren – was die Schlaglichter urplötzlich wieder auf den eigentlichen Auslöser der Geschichte warf: die umstrittene Entlassung von Manni Krafft und deren Drahtzieher, Präsident Schmider sowie Geschäftsführer Amerell.

Jahre später wurde KSC-Präsident Schmider mit den Worten „Ich hätte den Manni nicht entlassen dürfen", zitiert. Grund für die späte Einsicht war die Unruhe, die die Merkel-Verpflichtung brachte, und die den Wildpark um ein Haar zum Tollhaus hätte mutieren lassen. Unter Krafft hatte man behutsam und bedächtig gearbeitet, war Fachwissen groß geschrieben worden. 1980/81 hatten sich die Badenser souverän im Oberhaus gehalten, alles schien in Ordnung zu sein. Doch Schmider wollte mehr, und löste damit die KSC-Leidensstory aus. Es begann mit einem brutalen Foul von Emanuel Günther an Braunschweigs Hasse Borg, das Günther zum „Treter der Nation" und den KSC zur „Knüppeltruppe" machte. Folge: Die verunsicherte Mannschaft rutschte in den Tabellenkeller. Manni Krafft machte den Medienrummel als Ursache aus: „Seit Günthers Foul an Borg scheinen einige Spieler im Duell Mann gegen Mann Angst zu zeigen", erklärte er nach dem 1:3 in Nürnberg, seinem, wie sich herausstellen sollte, letzten Spiel als KSC-Coach. Daß er zu jenem Zeitpunkt bereits in der Schußlinie stand, hatte niemand geahnt. Doch hinter den Kulissen hatten Schmider und Amerell bereits fleißig Strippen gezogen und Kontakt zu Merkel aufgenommen, dessen schillernder Name dem KSC sein Image als Graue Maus abnehmen sollte.

Ein Vorhaben, das nur bedingt gelang: Zum Ende der Saison 81/82 kehrte Merkel dem Wildpark wieder den Rücken, und zwölf Monate später fand sich der KSC in der 2. Liga wieder.

Friedhelm Wenzlaff, 107

Verein:	MSV Duisburg
Vorgänger:	Heinz Höher
Erster Amtstag:	11. Februar 1980
Tabellenstand:	Platz 16
Letzter Amtstag:	29. November 1981
Tabellenstand:	Platz 18
Amtszeit:	22 Monate
Nachfolger:	Kuno Klötzer

So etwas hatte die Bundesliga noch nie erlebt: Drei Trainerrauswürfe in einer Woche! Nach Willibert Kremer in Leverkusen und Manni Krafft in Karlsruhe erwischte es Friedhelm Wenzlaff in Duisburg, dem die 2:3-Niederlage in Darmstadt und das damit verbundene Abrutschen der Zebras auf Rang 18 zum Verhängnis wurde. Dabei hatten die Westdeutschen am Böllenfalltor gar nicht so schlecht ausgesehen - doch Lilien-Keeper Berlepp und die zielsicheren Konter der Heimelf hatten sie letztendlich vor unlösbare Probleme gestellt und ihnen einen zwischenzeitlichen 0:3-Rückstand beschert.

Nach dem Spiel waren die wochenlangen Beteuerungen des MSV-Präsidiums, „treu zu Wenzlaff zu stehen", plötzlich Makulatur: Wenzlaff flog – und zwar auf ziemlich eigentümliche Art und Weise. Dazu ein Auszug aus dem »kicker« vom 30. November 1981: „Es ist gerade 10.45 Uhr Sonntag morgen. Anruf von kicker-Redakteur Rainer Franzke beim Duisburger Trainer Wenzlaff. ‚Guten Morgen, Herr Wenzlaff!'' – ‚Guten Morgen, Herr Franzke, aber… warum rufen sie denn schon so früh an, wir wollten doch erst gegen Mittag miteinander reden?' – Der kicker-Reporter: ‚… ja, aber, da ist doch eine Menge passiert seit gestern.' Wenzlaff ahnungslos: ‚Weshalb denn?' – ‚Sie sind doch entlassen worden!' Wenzlaff: ‚Was?! Davon weiß ich noch gar nichts."

Wenzlaff war erschüttert. Noch viel erschütterter war er jedoch, als er die näheren Umstände erfuhr. Seine Entlassung war nämlich bereits eine Woche zuvor beschlossen worden – nach dem 2:1 über Leverkusen. Trotz des Sieges hatte der MSV-Vorstand einstimmig beschlossen, Wenzlaff im Falle einer weiteren Niederlage sofort zu entlassen – natürlich ohne dem Coach davon etwas zu erzählen. Auch ein Nachfolger stand schon bereit: Kuno Klötzer, der in der Vorsaison nach einem Autounfall in Bremen durch Otto Rehhagel ersetzt worden war. Klötzer zeigte sich überzeugt, „daß der MSV kein potentieller Abstiegskandidat ist". Die Schmierenkomödie um Wenzlaff hatte natürlich eine Vorgeschichte. Bereits in der Spielzeit 1980/81 hatte der MSV den seit Februar 1980 im Wedaustadion wirkenden Ex-Assistenzcoach entlassen wollen. Seinerzeit hatte sich der gesamte Spielerkader noch dagegen ausgesprochen, doch Wenzlaffs Uhr war unaufhaltsam weitergetickt. „Es war abzusehen, daß es so kommen würde", gab sich Kapitän Dietz nach Bekanntwerden der Entlassung folglich wenig überrascht. „Friedhelm Wenzlaff ist ein guter Trainer, er hat auch gut gearbeitet. Aber er hat zu sehr an das Gute in den Spielern geglaubt. Einige dachten bei ihm, daß sie tun und lassen können, was sie wollen." Kommentar des »kicker«: „Bei den ‚Fließband-Abschüssen' der letzten Woche muß man sich fragen: Wer ist der Nächste? So hektisch hat die Bundesliga eigentlich noch nie reagiert".

Werner Olk, 108

Verein:	Darmstadt 98
Vorgänger:	Jörg Berger
Erster Amtstag:	21. Januar 1980
Tabellenstand:	Platz 9 (2. Bundesliga Süd)
Letzter Amtstag:	13. März 1982
Tabellenstand:	Platz 17
Amtszeit:	26 Monate
Nachfolger:	Manfred Krafft

„Kein Freilaufen, kein Direktspiel, also kein Tempo, kein Überraschungsmoment. Erst wurde ein Gegner umspielt, dann der eigene Mann gesucht". Der »kicker« ging hart ins Gericht mit den Darmstädter Lilien, die am Böllenfalltor mit 2:3 gegen Braunschweig verloren und damit auf Abstiegsrang 17 abgerutscht waren. „Rudolf verhinderte Schlimmeres", deutet die Artikelüberschrift an, daß es um die Lilien schlecht stand. Das sah auch der Vorstand so. Nachdem Schatzmeister Lampert unmittelbar nach Schlußpfiff noch erklärt hatte „Konsequenzen werden jetzt erst einmal in der Mannschaft gezogen. Mit dieser Gruppenbildung geht es nicht mehr weiter!", vollzog die Führung der 98er nur eine knappe Stunde später die totale Kehrtwendung und gab Trainer Olk den Laufpaß. Schatzmeister Lampert durfte die unliebsame Aufgabe übernehmen, den einstigen Münchner Meisterkicker von der neuen Entwicklung telefonisch in Kenntnis zu setzen. Dabei sparte Lampert nicht mit Lob: „Er ist ein vorzüglicher Mensch und vielleicht ein bißchen zu anständig für dieses Geschäft", erklärte er gegenüber der Presse. Na ja.

Begründet wurde die Entlassung mit „öffentlichem Druck", dem sowohl Lampert als auch Präsident Georg Schäfer „nicht mehr standhalten" könnten. Tatsächlich aber waren es interne Gründe. Ein Mann stand dabei im Mittelpunkt: Roland Gerber, während der Saison vom 1. FC Köln gekommener Libero. Statt wie erhofft als Verstärkung hatte sich Gerber als Unruheherd entpuppt und eine Spaltung im Kader ausgelöst. „Es gibt in der Mannschaft drei Fraktionen. Die Profis, die unbedingt in der Bundesliga bleiben wollen, die Alteingesessenen, die auch gerne gemütlich in der 2. Bundesliga spielen würden, und diejenigen, die sich aus allem heraushalten. Normalerweise läßt sich bei solcher Zusammensetzung der Klassenerhalt nicht schaffen", wies Wolfgang Trapp nach der Niederlage gegen Braunschweig auf hausgemachte Probleme hin. Kapitän Cestonaro schlug in dieselbe Kerbe: „In Darmstadt ging der Erfolg stets in erster Linie über die Kameradschaft, die herrscht jetzt nicht mehr. Daran sind auch die Neuzugänge schuld, denn es ist nicht möglich, daß jeder nur seinen Weg geht und dann am Samstag im Spiel eine Einheit sein soll". Cestonaro schlug allerdings auch „anders" zu: Nach dem Braunschweig-Spiel trat er Gerber in den Hintern, woraufhin sich eine regelrechte Prügelei entwickelte, die erst von Werner Olk gestoppt werden konnte. Der Anfang vom endgültigen Olk-Ende. „Mein Fehler war, daß ich den ehemaligen Kapitän Willi Wagner nach seiner Suspendierung zu Beginn der Rückrunde wieder in die Mannschaft aufgenommen habe. Er hat die Gruppe jener Spieler um sich geschart, die lieber gemütlich Kaffee trinkt, statt hart zu trainieren", wußte Olk, wo das Darmstädter Problem lag. Ein Problem, das auch sein Nachfolger Manfred „Manni" Krafft nicht in den Griff bekam. Am Ende stand der Abstieg.

Helmut Senekowitsch, 109

Verein:	Eintracht Frankfurt
Vorgänger:	Lothar Buchmann
Erster Amtstag:	1. Juli 1982
Tabellenstand:	Platz 8 (1981/82)
Letzter Amtstag:	17. September 1982
Tabellenstand:	Platz 17
Amtszeit:	2 ½ Monate
Nachfolger:	Branko Zebec

Bundesligageschichte geschrieben hat Helmut Senekowitsch wahrlich nicht. Ganze 78 Tage wirkte der Österreicher im bundesdeutschen Oberhaus, und es waren keine angenehmen 78 Tage. Gestartet als einer der Hoffnungsträger beim völligen Neubeginn am Riederwald – neben einem neuen Trainer gab es einen neuen Vizepräsidenten (Zenker), einen neuen Schatzmeister (Knispel), einen neuen Manager (Tresselt), einen neuen Verwaltungsrat und ein neues Mannschaftskonzept ("Verjüngung") –, wurde Senekowitsch Opfer der Frankfurter Finanznot. Erst am 29. Juni 1982 hatten die Adlerträger ihre Erstligalizenz erhalten, und Senekowitschs Saisonvorbereitung war von einem Begriff geprägt gewesen: Sparen. Für Senekowitsch, der zuvor erfolgreich in Mexiko, Griechenland und Spanien, nie aber in der Bundesliga gearbeitet hatte, eine kaum lösbare Aufgabe – zumal es ihm von Beginn an Rückendeckung fehlte. Nach fünf Spielen hatte sein Team erst einen Sieg auf dem Konto, war im Pokal schmählich bei Zweitligist Waldhof gescheitert und schlitterte einem finanziellen Debakel entgegen. „Nach nur 21.000 Zuschauern in den ersten drei Spielen war ein absoluter Minusrekord erreicht", begründete Präsident Schander die einen Tag vor dem Spiel bei Bayern München vollzogene Trainerentlassung. „Diese Maßnahme ist keine Panikentscheidung. Unser Entschluß wurde sorgfältig und unter Berücksichtigung aller Konsequenzen gefaßt".

Mit Senekowitsch war einmal mehr das berühmte „schwächste Glied in der Kette" gefunden worden. Vergeblich hatte der Österreicher sich nach dem Pokal-Aus in Waldhof über die Einstellung seiner Mannschaft beklagt ("Ich bin sehr enttäuscht. Keine Bewegung, keine Ideen, keine Kombinationen"), vergeblich hatte er vom Präsidium einen Stürmer gefordert. Als Vizepräsident Zenker ihn nach der Heimpleite gegen Eintracht Braunschweig gefragt hatte, was mit der Mannschaft los sei, hatte er müde auf die Ersatzbank gedeutet, auf der mit Trieb, Sievers, Gulich und Müller ausschließlich Nachwuchskräfte saßen. Folge der radikalen Verjüngungspolitik, deren Konsequenzen Senekowitsch allein tragen mußte. Nach einer neuerlichen Heimpleite – 0:1 gegen Bochum – herrschte Ratlosigkeit. Zerknirscht gab Helmut Senekowitsch zu, daß „wir heute auch fünf oder sechs Gegentore hätten einfangen können", derweil Vize Zenker forderte: „Wir müssen endlich aufhören, uns selbst zu bemitleiden." Das tat dann auch keiner mehr, denn Präsident Schander eilte nach Zagreb, nahm Kontakt zu Branko Zebec auf, dessen Kontrakt in Dortmund wegen seiner Alkoholprobleme nicht verlängert worden war, und kaum war Zebec' „Ja" gekommen, hatte Senekowitsch den Laufpaß erhalten. Beim 0:4 in München betreute Co-Trainer Meyer die Elf, dann kam Zebec – und durfte wenig später mit Jupp Kaczor die von Senekowitsch vergeblich geforderte Sturmverstärkung begrüßen.

Jörg Berger, 110

Verein:	Fortuna Düsseldorf
Vorgänger:	Heinz Höher
Erster Amtstag:	1. Juli 1981
Tabellenstand:	Platz 13 (1980/81)
Letzter Amtstag:	25. Oktober 1982
Tabellenstand:	Platz 17
Amtszeit:	16 Monate
Nachfolger:	Willibert Kremer

Es war mal wieder eine Schmierenkomödie, wie sie sich wohl nur in Düsseldorf ereignen konnte. Minuten nach dem 3:3 im „Schicksalsspiel" in Schalke stärkte Fortunas frischberufener Präsident Bruno Recht Trainer Berger noch öffentlich den Rücken und erklärte „die Entlassung war kein Thema" - um nur wenige Stunden später Willibert Kremer als Berger-Nachfolger unter Vertrag zu nehmen. Schlußpunkt einer turbulenten Entwicklung, die die Fortuna in den Tabellenkeller hatte abstürzen lassen, und die von Querelen auf und neben dem Spielfeld gekennzeichnet war.

Ihren sportlichen Offenbarungseid hatte die Fortuna-Elf kurz zuvor beim Pokalspiel gegen den VfB Stuttgart abgeliefert, als der Pokalsieger von 1979 und 1980 vor 7.500 entsetzten Zuschauern im Rheinstadion sang- und klanglos mit 0:2 untergegangen war. „Nebenan im Messezentrum tagten die deutschen Apotheker, und man hätte Fortuna-Trainer Jörg Berger empfehlen mögen, sich dort noch während des Spiels einige Rezepte abzuholen. Wogegen allerdings, das blieb die Frage, denn die Düsseldorfer Mannschaft präsentierte sich gleich mit einem Dutzend gefährlichster Krankheitssymptome", hatte der »kicker« nach Fortunas erster Pokalheimniederlage seit 1976 mit spitzer Feder geschrieben und kein gutes Haar an Berger, der im Juli 1981 Heinz Höher abgelöst hatte, gelassen: „Beängstigend sind die technischen Mängel vieler Spieler, absolut ungenügend ist das Spiel ohne Ball, überhaupt nicht erkennbar sind Taktik und System".

Es folgten „tolle Tage" im Rheinstadion. Plötzlich machten Gerüchte die Runde, Hannover 96 wolle Jörg Berger im Tausch mit seinem Coach Diethelm Ferner verpflichten, derweil sich Präsident Recht und Schatzmeister Hengstermann einen Machtkampf lieferten, der sich auch um Bergers Kopf drehte. Während Hengstermann Bergers Ablösung forderte und mit dem Ex-Leverkusener Kremer bereits einen Nachfolger parat hatte, wollte Recht, der Hengstermann kurz zuvor wegen der desolaten Finanzlage der Fortuna noch eine ernsthafte Verwarnung hatte zukommen lassen, Berger halten – vor allem aus finanziellen Gründen. Doch nach dem 3:3 auf Schalke war Bergers Ablösung nicht mehr zu verhindern. Lediglich das alte Fortuna-Präsidium um Ex-Präsident Noack stand noch hinter dem Sachsen – doch das hatte ja nichts mehr zu sagen. Im internen Kompetenzgerangel hatte sich derweil Schatzmeister Hengstermann durchgesetzt, der am Dienstagmorgen Bergers Entlassung bekanntgeben durfte und wenig später dessen Nachfolger Kremer präsentierte. Ein Wechsel, der sich zumindest in sportlicher Hinsicht auszahlte, denn am Saisonende war Düsseldorf Neunter – und damit hatte nach dem Stuttgarter Pokaldebakel nun wahrlich keiner gerechnet. Manchmal kehren neue Besen eben doch besser als alte.

Sigfried Held, 111

Verein:	Schalke 04
Vorgänger:	Rudi Assauer bzw. Heinz Redepennig
Erster Amtstag:	1. Juli 1981
Tabellenstand:	Platz 17 (Saison 1980/81)
Letzter Amtstag:	20. Januar 1983
Tabellenstand:	Platz 18
Amtszeit:	19 Monate
Nachfolger:	Jürgen Sundermann

Zwei Tage vor dem Rückrundenstart ging es auf Schalke drunter und drüber. Nach einem kräfteraubenden Trainingslager sowie Freundschaftsspielen in Lüdenscheid und Münster krochen die Spieler auf dem Zahnfleisch. „Wir müssen etwas unternehmen", beschlossen die Akteure um Kapitän Drexler – und meuterten gegen Trainer Held.

„1. Das Training ist völlig falsch aufgebaut; 2. Er kann die Mannschaft nicht richtig einstellen; 3. Er ist für den Abstiegskampf nicht der geeignete Mann; 4: Er strahlt keine Begeisterung und kein Engagement aus", lautete der knallharte Analysenkatalog, den sie Manager Assauer und Präsident Dr. Fenne vorlegten. Das Präsidium zeigte sich geschockt. „Ich wollte zunächst selbst zurücktreten, aber das hätte nach Fahnenflucht ausgesehen. Ich setzte mich am Mittwochabend und am Donnerstagmorgen mit Sigi zusammen und erklärte ihm die Lage. Er zog die Konsequenzen", gab Manager Assauer einen Einblick in sein Gefühlsleben „danach", sprich nach Helds freiwilliger Demission. Vielen erschien Assauers Aussage als „geheuchelt", denn irgendwie waren sie auf der Schalker Führungsetage eher erleichtert über die Entwicklung – schließlich war Held, der die Königsblauen im Vorjahr sensationell mit einer fast namenlosen Truppe aus der 2. Liga ins Oberhaus zurückgeführt hatte, schon kurz nach Saisonbeginn in die Kritik geraten. Nach außen hatte sich Schalke stets vor seinen Trainer gestellt, doch intern waren die Zweifel an dem stillen und eigenbrödlerischen Arbeiter nie abgeklungen. Schon gar nicht in Spielerkreisen. Während der Rückrundenvorbereitung war den Akteuren der Kragen geplatzt. Grund für ihre Meuterei war vor allem Helds Vorliebe für Ausdauertraining. Kapitän Drexler: „Wir hatten den Sigi in der Vorrunde mehrmals gebeten, das Training zu ändern. Wir spürten, daß es so nicht weiterging. Aber er wollte nicht auf uns hören." Wenngleich die Vorwürfe der Spieler nicht von der Hand zu weisen waren, blieb ein schaler Beigeschmack - vor allem wegen der Einkaufspolitik. Clute-Simon und Abel galten als „Fehleinkäufe", die während der Saison verpflichteten Junghans, Lorant und Wuttke als „Panikkäufe". Mit unzähligen miserablen Auftritten hatten die Königsblauen die Nerven der Fans ausgedünnt, was sich im ersten Heimspiel unter dem bei einer Nacht-und-Nebel-Aktion geholten Jürgen „Wundermann" Sundermann in vehementen Fanprotesten äußerte. Ziel der Kritiker bei der 1:3-Schlappe gegen den VfB Stuttgart war Manager Assauer, dem die schlechte Einkaufspolitik angelastet und der von einem Fan sogar tätlich angegriffen wurde. „Verrückte gibt es immer wieder. Sie spiegeln nicht die Meinung der Masse wider", kommentierte Präsident Dr. Fenne, was der »kicker« mit den Worten „so einfach darf man sich das in Schalke nicht machen" nicht stehen ließ.

Horst Franz, 112

Verein:	Karlsruher SC
Vorgänger:	Max Merkel
Erster Amtstag:	1. Juli 1982
Tabellenstand:	Platz 14 (1981/82)
Letzter Amtstag:	31. Januar 1983
Tabellenstand:	Platz 16
Amtszeit:	7 Monate
Nachfolger:	Lothar Strehlau

So schnell ändern sich die Zeiten. Im November 1981 hatten sie Max Merkel im Karlsruher Wildparkstadion nach seinem damaligen Amtsantritt als Nachfolger von Manni Krafft noch mit Pfiffen und „Merkel, go home"-Transparenten empfangen. Keine anderthalb Jahre später forderte das Volk beim torlosen Unentschieden gegen Bochum den Kopf von Merkel-Nachfolger Horst Franz – und wollten den von Max Merkel als Franz-Nachfolger. „Ich bin mit dem Max gut befreundet, aber ein zweites Mal mit ihm eine Rettungsaktion durchzuziehen, erachte ich für äußerst schwierig", erteilte KSC-Präsident Schmider den Fan-Forderungen umgehend eine Absage – offenbarte damit aber zugleich, daß auch er die Trennung von Franz längst im Kopf hatte.

Tatsächlich: „Ich kann nicht die Augen vor dem verschließen, was sich heute getan hat. Das wäre unverantwortlich, so einfach werde ich es mir nicht machen. Die Mannschaft hat alles gegeben und konnte doch nicht erfüllen, was sie versprochen hat", brummte der mächtige Mann im Wildpark nach dem Bochum-Spiel, und erklärte, das Thema „Für und Wider eines Trainerwechsels" zu Wochenbeginn ins Präsidium tragen zu wollen.

Nur einen Tag nach Beginn der Rückrunde tobte im Wildpark also schon wieder das Chaos – und das gleich auf mehreren Ebenen. Die Spieler standen längst nicht uneingeschränkt hinter Franz, Manager Amerell, dessen Vertrag zum 30. September 1983 auslief, hatte gleich bis zum 4. Juni (!) Urlaub genommen, und Horst Franz stand eine Klage vom Verwaltungs-Vorsitzenden Günther Rüssel ins Haus, den er als „fußballerischen Embryo" tituliert haben soll. „Bei diesen Voraussetzungen wäre alles andere als ein Rauswurf des Trainers in dieser Woche eine Überraschung", kommentierte der »kikker«. Tatsächlich schlug Franz' letzte Stunde beim KSC sogar schon am Sonntagabend. „Wir mußten angesichts der bedrohlichen Lage einfach handeln", begründete Schmider die Trennung von dem Mann, der seinem in Bielefeld erworbenen Ruf als „Wundermann" in Karlsruhe nie hatte gerecht werden können. Franz-Nachfolger wurde nach langem Hickhack, in dem zunächst Friedel Rausch ("dieser Job ist zu unsicher"), dann Sepp Stabel als „neuer Besen" gehandelt worden war, schließlich Lothar Strehlau, der mit den KSC-Amateuren kurz vor dem Oberligaaufstieg stand. Der vierte KSC-Trainer binnen 15 Monaten hatte vor allem einen Vorteil: Er war billig, was angesichts der 17.000 Mark, die Franz monatlich noch bis zum Saisonende zustanden, ein nicht von der Hand zu weisendes Argument für die finanzklammen Badenser war. Und ganz so schlecht kehrte der unbekannte Besen Strehlau auch gar nicht. Der Einstand des hauptberuflichen Sportlehrers ging mit einem 1:6 bei Bayern München zwar mächtig in die Hose, am Ende feierte Strehlau aber mit dem KSC den Klassenerhalt.

Rudi Kröner, 113

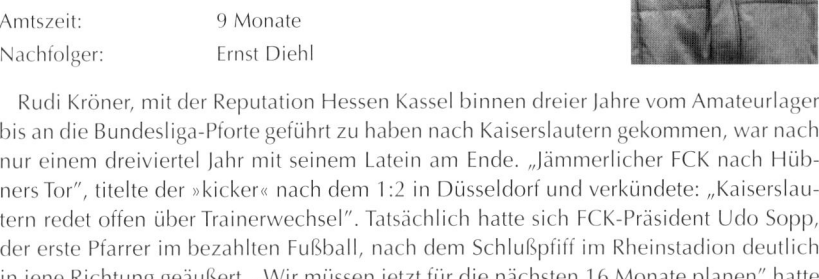

Verein:	1. FC Kaiserslautern
Vorgänger:	Karl-Heinz Feldkamp
Erster Amtstag:	1. Juli 1982
Tabellenstand:	Platz 4 (Saison 1981/82)
Letzter Amtstag:	21. März 1983
Tabellenstand:	Platz 7
Amtszeit:	9 Monate
Nachfolger:	Ernst Diehl

Rudi Kröner, mit der Reputation Hessen Kassel binnen dreier Jahre vom Amateurlager bis an die Bundesliga-Pforte geführt zu haben nach Kaiserslautern gekommen, war nach nur einem dreiviertel Jahr mit seinem Latein am Ende. „Jämmerlicher FCK nach Hübners Tor", titelte der »kicker« nach dem 1:2 in Düsseldorf und verkündete: „Kaiserslautern redet offen über Trainerwechsel". Tatsächlich hatte sich FCK-Präsident Udo Sopp, der erste Pfarrer im bezahlten Fußball, nach dem Schlußpfiff im Rheinstadion deutlich in jene Richtung geäußert. „Wir müssen jetzt für die nächsten 16 Monate planen" hatte er gesagt – exakt der Zeitraum, über den sich Kröners Vertrag noch erstreckte.

Kröner hatte ein schweres Amt auf dem Betzenberg übernommen. Da war zum einen der übermächtige Schatten des Vorgängers Feldkamp, der den FCK aus seinem schier unendlich scheinenden Mittelmaß herausgerissen und in die Spitzengruppe der Bundesliga geführt hatte. Zum anderen war da die Investition von rund 2 Mio. Mark, die der FCK vor Saisonbeginn in Torbjörn Nilsson und Thomas Allofs investiert hatte, und die die Roten Teufel einem enormen Leistungsdruck ausgesetzt hatte. „Wenn in der Bundesliga nicht ab sofort vorne mitgespielt und in DFB- und UEFA-Pokal über mehrere Runden mitgewirkt wird, heißt es noch vor Weihnachten verkaufen", hatte der »kicker« schon vor Saisonbeginn die düsteren Folgen eines Scheiterns an die Wand gemalt.

Die Bilanz im März 1983 fiel niederschmetternd aus. In der Bundesliga nur Siebter, im UEFA-Cup am rumänischen Durchschnittsklub Craiova gescheitert und im DFB-Pokal bereits in Runde 1 schmählich gegen den FSV Frankfurt herausgeflogen. Im Mittelpunkt der Kritik stand Rudi Kröner, dem mangelnde Qualifikation für die Bundesliga vorgeworfen wurde - vor allem aus den Reihen der Spieler. „Kröner war ein hervorragender Typ, aus menschlicher Sicht tut mir der Schritt leid. Aber das Verhältnis Trainer/ Mannschaft war zu stark belastet, wir mußten handeln", begründete Sopp die am Sonntag nach dem Düsseldorf-Debakel ausgesprochene Kündigung. Der Geschaßte witterte derweil einen Komplott seiner Spieler, dessen Drahtzieher er in Intimfeind Thomas Allofs vermutete. Eine Vermutung, die sein Assistent und Nachfolger Ernst Diehl umgehend als völlig aus der Luft gegriffen bezeichnete: „Unsere Mannschaft lebt von ihrer Zweikampfstärke, und dazu müssen eindeutige Absprachen bestehen. Wir spielen ab sofort wieder das, was den FCK groß gemacht hat", brachte Diehl statt dessen deutliche Kritik an der Trainingsleitung seines Ex-Chefs an. Wie richtig (und auch wichtig) der Trainerwechsel war, zeigte sich eine Woche später, als die Roten Teufel wie befreit aufspielten und den KSC mit 7:0 vom Platz fegten. Der Betzenberg tobte, als sich der FCK erstmals seit Monaten wieder als kämpfende Einheit präsentierte. Die heile Welt der Pfälzer war wieder hergestellt.

Karl-Heinz Feldkamp, 114

Verein:	Borussia Dortmund
Vorgänger:	Branko Zebec
Erster Amtstag:	1. Juli 1982
Tabellenstand:	Platz 6 (1981/82)
Letzter Amtstag:	5. April 1983
Tabellenstand:	Platz 6
Amtszeit:	10 Monate
Nachfolger:	Helmut Witte

Eine derartige Demütigung hatte ein Bundesligist im DFB-Pokal noch nie erfahren. 0:5 war der BVB um seinen rumänischen Superstar Marcel Raducanu im Kölner Südstadion untergegangen. 0:5 – ohne Gegenwehr hatten sich die hochbezahlten Schwarz-Gelben den Underdogs der Kölner Fortuna unterworfen, ihre zahlreichen mitgereisten Fans buchstäblich vor den Kopf geschlagen – dabei hatte Vorstopper Rüssmann wenige Tage zuvor die Verletzungsprobleme, mit denen der BVB seit Saisonbeginn haderte, noch mit „es spricht für unsere Moral, daß wir diese Ausfälle immer wieder weggesteckt haben" weggewischt. Und nun das. 0:5 - von Moral keine Spur! Nicht wenige Dortmunder Fans waren noch während des Spiels mit fliegenden Fahnen zur wie entfesselt aufspielenden Fortuna übergewechselt. Andere hingegen hatten einen Buhmann gesucht – und ihn mit Karl-Heinz Feldkamp rasch gefunden. Der Ex-Pfälzer, der zu Saisonbeginn den wegen seiner Alkoholprobleme ausgeschiedenen Branko Zebec abgelöst hatte, hatte nie einen Draht zum BVB gefunden – was freilich auch mit den Turbulenzen im Westfalenstadion zusammengehangen hatte. Nachdem BVB-Präsident Rauball, unter dem endlich Ruhe eingekehrt war, sein Amt zu Saisonbeginn zur Verfügung gestellt hatte, war der BVB umgehend wieder ins altbekannte Chaos gestürzt; begleitet von einem schier unfaßbaren Verletzungspech (Raducanu, Tenhagen, Zorc, Koch, Abramczik, Huber etc.).

Erstmals in Bedrängnis geriet Feldkamp nach der 1:2-Heimniederlage gegen Düsseldorf am 25. März 1983. Nicht allerdings wegen der dargebotenen Leistung der Schwarz-Gelben, sondern weil er plötzlich als Wunschkandidat von Arminia Bielefeld, dessen Coach Köppel im Sommer zum DFB wechseln wollte, gehandelt wurde. In Dortmund war Feldkamp zu jenem Zeitpunkt längst umstritten. Den Vorwurf beispielsweise, taktische „Nachhilfe" von Burgsmüller und Rüssmann zu bekommen, hatte er stets mit „ich kann Spiele nicht allein verlieren, wie ich Spiele auch nicht allein gewinnen kann" kommentiert – den damit einhergehenden Autoritätsverlust hatte er freilich nicht auffangen können. Dann kam die Pokalpleite. „Am Trainer allein hat es nicht gelegen", kommentierte Rüdiger Abramczik die anschließend „auf öffentlichen Druck" (BVB-Präsident Vogt) vorgenommene Entlassung Feldkamps, dessen Aufgabe zunächst Assistent Witte übernahm – jener Witte, der Feldkamp anno 1978 bei Wattenscheid 09 schon einmal „beerbt" hatte. Alsdann bahnte sich ein ungewohnter „Ringtausch" an: Feldkamp vom BVB zu Bielefeld, Köppel von Bielefeld zum DFB und Dietrich Weise vom DFB zum BVB. Doch erstens kommt es anders, und zweitens als man denkt. Ins Dortmunder Tollhaus wollte so recht keiner – bis auf Uli Maslo, der in Braunschweig um vorzeitige Entlassung nachsuchte und zur Saison 1983/84 Interimscoach Witte ablöste.

Uli Maslo, 115

Verein:	Eintracht Braunschweig
Vorgänger:	Heinz Lucas
Erster Amtstag:	14. Oktober 1979
Tabellenstand:	Platz 18
Letzter Amtstag:	23. April 1983
Tabellenstand:	Platz 13
Amtszeit:	43 Monate
Nachfolger:	Heinz Patzig

„Ich lege keinen großen Wert mehr auf einen Trainer, der mit seinem Herzen und seinen Gedanken schon bei einem anderen Verein weilt", gab Braunschweigs Präsident Hennes Jäcker am 16. April 1983 gallenbitter zu Protokoll. Gerade war seine Eintracht mit 0:6 in Bremen untergegangen, was dem Eintracht-Präsident endgültig die ohnehin schon miese Laune verdorben hatte. Jäcker war sauer auf Trainer Maslo, der seit 1979 durchaus erfolgreich an der Hamburger Straße gewirkt hatte. Drei Tage vor dem Bremen-Spiel war Maslo mit der Bitte um vorzeitige Freigabe zu ihm gekommen. Ihm lag ein Angebot von Borussia Dortmund vor, das der aus dem Westen stammende Coach anzunehmen gedachte.

Nach dem Motto „Reisende soll man nicht aufhalten" hatte Jäcker anschließend grünes Licht signalisiert – nicht ohne allerdings zuvor seiner Enttäuschung über Maslos Verhalten Luft zu verschaffen. Da kam das 0:6 von Bremen gerade „recht" – allerdings nicht im Sinne von Uli Maslo. Während das Debakel den Braunschweigern den gedanklichen Abschied von Maslo sichtlich erleichterte und Assistent Patzig bereits auf die bevorstehende Übernahme der Position des Cheftrainers vorbereitet wurde (Jäcker: „Es gibt kein Zurück mehr"), überschlugen sich in Dortmund die Ereignisse. Dort war plötzlich der gesamte BVB-Vorstand ins Trudeln geraten, wodurch auch die Maslo-Verpflichtung, in Spielerkreisen ohnehin nicht gerade mit Begeisterung aufgenommen, fraglich geworden war. Maslos Vorhaben „ich werde doch nicht so dumm sein, in Braunschweig alle Türen hinter mir zuzuwerfen, ohne einen festen Weg vor den Füßen zu haben", war geplatzt: In Braunschweig waren sämtliche Türen bereits zugefallen, in Dortmund noch keine geöffnet. Die Trennung zwischen Maslo und Braunschweig war unumgänglich. Wenngleich Präsident Jäcker nicht müde wurde, Maslos Verdienste für die Eintracht herauszustellen und auch die leise Kritik aus dem Spielerkreis (Torhüter Franke: „Drei Jahre für einen Trainer sind genug") zurückzuweisen, war an der Hamburger Straße für den einstigen Schalker kein Platz mehr. Dort wurde nur noch über seinen designierten Nachfolger diskutiert. Am wegen des Länderspiels gegen die Türkei freien Wochenende 23./24. April war es schließlich soweit. Zwei Stunden, nachdem Maslo mit Dortmund alles klar gemacht hatte – am 1. Juli 1983 wollte er im Westfalenstadion beginnen – traf er sich in Bad Karlshafen mit Eintracht-Präsident Jäcker, den er um die vorzeitige Lösung seines noch bis zum 30. Juni 1984 laufenden Vertrages bat. Zum Abschluß betonten beide Seite noch einmal „Wir sind als gute Freunde auseinandergegangen", und erteilten den bösen Stimmen, die von „Abnutzungserscheinungen" und „Problemen in der Zusammenarbeit zwischen Mannschaft und Trainer" gesprochen hatten, eine Absage.

Pal Csernai, 116

Verein:	Bayern München
Vorgänger:	Gyula Lorant
Erster Amtstag:	16. Dezember 1978
Tabellenstand:	Platz 6
Letzter Amtstag:	16. Mai 1983
Tabellenstand:	Platz 4
Amtszeit:	53 Monate
Nachfolger:	Reinhard Saftig

Kaum etwas in der Bundesliga ist spannender als ein Trainerwechsel bei Bayern München – das war auch 1983 schon so. Noch bevor der Schlußpfiff beim Heimspiel gegen den 1. FC Kaiserslautern ertönt war, sah sich Bayerns ungarischer Coach Pal Csernai von Fotografen umringt. Regungslos, die Beine übereinandergeschlagen und mit herabhängenden Mundwinkeln verfolgte der wortkarge Ungar unter Blitzlichtgewitter die letzten Minuten eines Spiels, das sich als sein letztes entpuppen sollte.

Viereinhalb Jahre lang hatte Csernai den Bayern seinen Stempel aufgedrückt. Hatte große Erfolge gefeiert (1980 und 1981 Deutscher Meister, 1982 Pokalsieger, 1982 Einzug ins Landesmeisterfinale), revolutionäre taktische Neuerungen eingeführt ("Pal-System") und den allumfassenden Umbruch des Vereins nach der Demission Neudeckers überstanden. Die Auflösungserscheinungen, die der Bayern-Kader im Frühling 1983 zeigte, überstand Csernai jedoch nicht. Die Ursachen der Krise lagen allerdings tiefer, denn nachdem der FC Bayern 1982 nicht Meister geworden war, hatten sich erste deutliche Risse im Kader gezeigt, die im Verlauf der Saison 82/83 stetig größer geworden waren. „So ungeordnet wie in der letzten Stunde gegen Kaiserslautern hat diese Truppe wohl unter Csernai noch nie gespielt", hieß es nach dem 0:1 gegen Lautern, Csernais letztem Spiel. Sportlich drohte nach der peinlichen Heimschlappe selbst der sicher geglaubte UEFA-Cup-Platz in Gefahr zu geraten – Grund genug für das Bayern-Präsidium, zu reagieren.

Am darauffolgenden Montag wurden Csernai schließlich die Papiere in die Hand gedrückt ("im gegenseitigen Einvernehmen") und der Ungar mit guten Worten verabschiedet. Die Bayern bewiesen damit erstaunliche Kontinuität, denn zum fünften Mal in Folge hatten sie sich vorzeitig von ihrem Trainer getrennt. Csernai blieb als Trost immerhin eine Abfindung von rund 100.000 Mark netto. Csernai war allerdings nicht nur über die sportliche Talfahrt bzw. die internen Probleme gestolpert, denn im Hintergrund hatte Bayern-Hauptsponsor Iveco die Fäden gezogen. Der ungarische Musikliebhaber mit dem unvermeidlichen seidenen Halstuch sei „arrogant" und ein „schlechter Werbeträger", hatte die Konzernleitung geklagt. Und daß den Bayern die gute Laune ihres Sponsors wichtiger als ihr Trainer war, zeigte ein Blick in die Kasse der Münchner, die seinerzeit gähnend leer war. „Wir hatten Angst, von oben zu verschwinden", gab Schatzmeister Scherer später zu. Um das zu verhindern, wurde in der Saison 1983/84 schließlich Udo Lattek verpflichtet, nachdem Assistent Reinhard Saftig zuvor noch Platz 4 und damit die Qualifikation für den UEFA-Cup sichern durfte.

Rinus Michels, 117

Verein:	1. FC Köln
Vorgänger:	K.-H. Heddergott bzw. Rolf Herings
Erster Amtstag:	30. November 1980
Tabellenstand:	Platz 7
Letzter Amtstag:	23. August 1983
Tabellenstand:	Platz 18
Amtszeit:	33 Monate
Nachfolger:	Hannes Löhr

Schon vor Saisonbeginn hatten sich die Ereignisse bei Pokalsieger 1. FC Köln plötzlich regelrecht überschlagen. „Rinus Michels lebt wie in einer Wasserburg. Ich war der einzige Steg zu ihm. Aber auch der ist eingebrochen. Es muß ein anderer Trainer her, der junge Leute einbauen kann. Manager Löhr kann gleich mitgehen", hatte Nationaltorhüter Toni Schumacher in einem Interview einer Kölner Boulevardzeitung anvertraut. Starker Tobak, für den die FC-Verantwortlichen Schumacher sogleich eine Abmahnung und 2.000 Mark Geldstrafe aufbrummten.

Der anschließend geschlossene „Frieden" war ein Scheinfrieden, denn hinter den Kulissen wurde weiter fleißig an der Entmachtung Michels gearbeitet, was die Saisonvorbereitung doch empfindlich störte. In Spielerkreisen hatte Michels deutlich an Akzeptanz eingebüßt, löste seine harsche und unzugängliche Art zusehends Unverständnis aus. Folge war ein verpatzter Saisonstart mit zwei Niederlagen in zwei Spielen, dem Michels mit einem „Maulkorb-Erlaß" beikommen wollte. „Wir dürfen nichts mehr sagen. Nur noch Sachen, die uns selber angehen", erklärte Harald Konopka, der wie Schumacher bereits eine Geldstrafe wegen „ungebührlichen Benehmens" bekommen hatte, nach der Niederlage in Düsseldorf am zweiten Spieltag. Die Domstädter waren Letzter, hatten keinerlei Aufbäumen gezeigt und standen vor einer schwierigen Phase. Michels' eiserne Hand hatte vor allem ihre negative Seite gezeigt: Die Mannschaft zerbrach, niemand sprach mehr miteinander – nicht zuletzt aus Furcht vor Sanktionen. Guter Rat war teuer – auf beiden Seiten. Während eines Blitzturniers im spanischen Gijon, an dem der FC teilnahm, fiel schließlich die Entscheidung, und schon am Sonntagabend tickerte die Meldung aus dem Fernschreiber: „Herr Michels hat den Vorstand des 1. FC Köln gebeten, das Vertragsverhältnis zu lösen, da er unter den gegebenen Umständen nicht mehr in der Lage ist, so zu arbeiten, wie er es für erforderlich hält, um in dieser Situation erfolgreich zu sein. Der Vorstand hat seinem Wunsch entsprochen."

„Michels ist an seinem autoritären Führungsstil gescheitert. Er sprach zu wenig mit den Spielern, setzte einige Leute falsch ein. Doch mitschuldig sind auch die Spieler, an denen zuvor bereits Karl-Heinz Heddergott und Hennes Weisweiler gescheitert waren", übte der »kicker« Kritik an beiden Seiten und stellte fest: „Die Spieler, die mit Michels ein so böses Spiel getrieben hatten und deren Wünsche schon in die Nähe von Erpressungen gingen, sind jetzt gefordert". Die Akteure gaben sich derweil erleichtert über die Entwicklung. Kapitän Pierre Littbarski: „Es ging ein Aufatmen durch die Mannschaft. Gegen Offenbach schießen wir mindestens fünf Tore. Für jeden Treffer, den wir weniger erzielen, zahle ich 200 Mark an ein Waisenhaus." Eine Aussage, die Littbarski 800 Mark kostete, denn Köln gewann nur 1:0.

Branko Zebec, 118

Verein:	Eintracht Frankfurt
Vorgänger:	Helmut Senekowitsch
Erster Amtstag:	19. September 1982
Tabellenstand:	Platz 17
Letzter Amtstag:	17. Oktober 1983
Tabellenstand:	Platz 18
Amtszeit:	13 Monate
Nachfolger:	Dietrich Weise

Etwas mehr als ein Jahr war es gut gegangen, dann hatte das tragische Bundesligakapitel „Branko Zebec" einen neuen tragischen Höhepunkt erreicht. Zebec' Alkoholprobleme ließen der Frankfurter Führung keine andere Wahl, als den Jugoslawen zu entlassen. Schon mehrfach war Zebec unangenehm aufgefallen. Bei der sensationellen 2:4-Pokalniederlage beim Drittligisten Göttingen 05 beispielsweise hatte er im volltrunkenen Zustand die Pressekonferenz besucht, der Respekt aus Spielerkreisen vor dem unumstrittenen Fachmann war kontinuierlich gesunken, und wie zuvor in Hamburg und Dortmund hatte vor allem das Training unter Zebec' Eskapaden gelitten. Nachdem die Eintracht dadurch sportlich in schwere See geraten war, hatte selbst Präsident Dr. Gramlich, der lange Zeit zu Zebec stand ("eine Trennung ist überhaupt kein Thema") Konsequenzen „nicht mehr ausgeschlossen".

Verwelkt waren all die Lorbeeren, die sich Zebec in dreizehn Monaten Frankfurt erworben hatte. Nach Ablösung des glücklosen Österreichers Senekowitsch hatte der Jugoslawe die abstiegsbedrohte Eintracht in der Saison 1982/83 noch bis auf Rang 10 geführt und den Generationswechsel erfolgreich vollzogen. So lange der Erfolg dagewesen war, hatte Ruhe geherrscht. Doch nach dem schlechten Start in die Saison 1983/84 mit nur einem Sieg in neun Spielen war die Luft für Zebec allmählich dünner geworden. Nach der 1:4-Niederlage in Bochum passierte es: „So geht es nicht mehr weiter. Ich mache das nicht mehr länger mit", hatte Kapitän Körbel öffentlich erklärt. Zum wiederholten Male hatte es keine Mannschaftsbesprechung gegeben, war die Mannschaft ohne Traineranweisungen ins Spiel gegangen. Sogar das Essen vor dem Spiel war ausgefallen - Zebec hatte es vergessen. Wie einst in Hamburg war Bochum erneut Zebec' letzte Bühne für einen Auftritt als Bundesligacoach. „Ich mache den Weg für einen Nachfolger frei. Vielleicht kann er mit Hilfe des psychologischen Effekts die Eintracht retten", erklärte er am darauffolgenden Montagvormittag vor laufenden Kameras – „im dunkelblauen Anzug, weißem Hemd und Binder", wie der »kicker« zu berichten wußte. Zebec hatte von sich aus gekündigt und war damit der Kündigung seitens der Eintracht zuvorgekommen. Es war das letzte Kapitel in der ebenso erfolgreichen wie tragischen Bundesligageschichte von Branko Zebec, der nie wieder im Oberhaus gesehen wurde und am 26. September 1988 in seiner Heimatstadt Zagreb starb. Für die Eintracht brachen derweil harte Zeiten an. Nach einem 1:1 gegen Gladbach unter dem Interimstrainer-Duo Jürgen Grabowski und Klaus Mank übernahm der in Kaiserslautern unzufriedene Dietrich Weise die Adlerträger, die sich erst in der Relegation gegen den Zweitligadritten MSV Duisburg ein weiteres Jahr Bundesliga sichern konnten.

Uli Maslo, 119

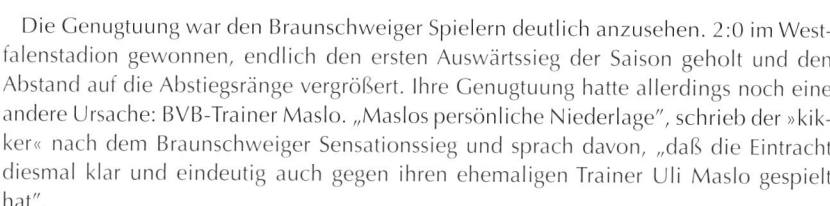

Verein:	Borussia Dortmund
Vorgänger:	K.-H. Feldkamp bzw. Helmut Witte
Erster Amtstag:	1. Juli 1983
Tabellenstand:	Platz 7 (Saison 1982/83)
Letzter Amtstag:	23. Oktober 1983
Tabellenstand:	Platz 16
Amtszeit:	4 Monate
Nachfolger:	Hans-Dieter Tippenhauer bzw. Horst Franz

Die Genugtuung war den Braunschweiger Spielern deutlich anzusehen. 2:0 im Westfalenstadion gewonnen, endlich den ersten Auswärtssieg der Saison geholt und den Abstand auf die Abstiegsränge vergrößert. Ihre Genugtuung hatte allerdings noch eine andere Ursache: BVB-Trainer Maslo. „Maslos persönliche Niederlage", schrieb der »kikker« nach dem Braunschweiger Sensationssieg und sprach davon, „daß die Eintracht diesmal klar und eindeutig auch gegen ihren ehemaligen Trainer Uli Maslo gespielt hat".

In Dortmund schlug die Heimpleite vor der Minuskulisse von 13.500 („entweder sind sie mit dem VfL Bochum nach Hamburg oder zur Friedenskundgebung nach Bonn", zitierte der »kicker« einen unbekannten BVB-Fan bezüglich der ausbleibenden Zuschauer) derweil hohe Wellen. Von einem „Platz zwischen eins und vier" hatte Interimspräsident Cramer vor Saisonbeginn gesprochen und Neutrainer Maslo satte 2,5 Mio. Einkaufsgeld in die Hand gedrückt. Der Ex-Braunschweiger hatte davon jedoch statt der verfügbaren Hrubesch oder Cha nur Amateure wie Asche, Walz, Semlits und - als einzigen „fertigen" Spieler - Uli Bittcher von Absteiger Schalke nach Dortmund geholt. Angesichts der Verkäufe von Burgsmüller und Abramczik konnte das nicht gutgehen. Der BVB rutschte in die Abstiegszone, die Fans blieb aus, und auf der Vorstandsebene herrschte Dauerchaos. Leidtragender war vor allem Uli Maslo, der nach elf Spieltagen mit seinem Latein am Ende war. „Jetzt brennt der Baum", meinte Uli Bittcher nach der Heimpleite gegen Braunschweig, bei der die Fans ihrem Unmut mit Rufen wie „Wir wollen Branko!" und „Maslo raus" Luft gemacht hatten. Hintergrund war die eine Woche zuvor vorgenommene Kündigung des ehemaligen BVB-Coachs Zebec in Frankfurt. Von Maslo sprach da schon niemand mehr - zu sehr hatte sich der in Spielerkreisen ohnehin unbeliebte Trainer selbst ins Abseits manövriert, als das er noch irgendwelche Fürsprecher gehabt hätte. Zu häufig hatte er nach Niederlagen händeringend nach fadenscheinigen Entschuldigungen gesucht, jegliche Eigenverantwortung abgelehnt.

24 Stunden nach dem Braunschweig-Spiel kam die Kündigung. „Öffentlicher Druck" sei der Grund gewesen, hieß es, und das nun Branko Zebec zurückkommen solle. Daraus wurde allerdings nichts. Zebec wollte einen längerfristigen Vertrag – der BVB ihm nur einen bis zum Saisonende geben, da ihm das Risiko mit dem alkoholkranken Jugoslawen, dem ein DFB-Ermittlungsverfahren drohte, zu groß erschien. Wunschkandidat Nummer 2, der in Kaiserslautern umstrittene Dietrich Weise, konnte sich nicht so recht entscheiden, und so machten die BVB-Verantwortlichen den eilig aus Uerdingen losgeeisten Hans-Dieter Tippenhauer zum Manager und „Interimstrainer", ehe am 16. November mit Horst Franz ein „qualifizierter Trainer" gefunden wurde.

Udo Klug, 120

Verein:	1. FC Nürnberg
Vorgänger:	Heinz Elzner
Erster Amtstag:	9. September 1981
Tabellenstand:	Platz 18
Letzter Amtstag:	25. Oktober 1983
Tabellenstand:	Platz 16
Amtszeit:	26 Monate
Nachfolger:	Rudi Kröner

Lange nichts mehr aus Nürnberg gehört. Der in den späten Siebzigern und frühen Achtzigern so häufig in den Negativschlagzeilen stehende Club hatte nun schon über zwei Jahre denselben Trainer und befand sich zudem auf einem (verhältnismäßigen) sportlichen Hoch. Nach der Verpflichtung von Burgsmüller, Lottermann, Habiger und Grahammer sollte das Ziel von FCN-Präsident Roth – „der Club darf keinesfalls eine graue Maus werden" – in der Saison 1983/84 mit dem Sprung ins obere Tabellendrittel endgültig verwirklicht werden.

Im Oktober 1983 sah die Realität erschreckend aus. Es hatte mit einer nie erwarteten 2:4-Auftakt-Heimpleite gegen Uerdingen begonnen – und war mit Pleiten weitergegangen. Ganze acht Punkte standen nach elf Spielen auf dem Club-Konto – das war allerdings noch nichts im Vergleich zu dem, was den Nürnbergern noch bevorstand, denn die Spielzeit 83/84 sollte die wohl traurigste Saison der gesamten Club-Geschichte werden: Platz 18, nur 14 Punkte und nicht ein einziger Auswärtszähler lautete die bittere Bilanz. Statt Zähler zu holen, verbrauchte der Club Trainer. Nummer 1 war Udo Klug, der seit September 1981 in seiner Doppelfunktion als Manager und Trainer durchaus Überzeugendes geleistet hatte. Nicht so in der Saison 83/84. Nach der 1:3-Heimschlappe gegen Köln (der »kicker« sprach von „hypernervösen Nürnbergern") begann Klugs unwürdige Demontage. „Zur Zeit gibt's sowieso nicht viel zu managen, die Arbeit wird auf die Herren Hauge, Schramm und mich verteilt", begründete FCN-Präsident Roth die unmittelbar nach dem Spiel beschlossene „Befreiung" Udo Klugs von seiner Managertätigkeit. Einen Trainerwechsel schloß Roth hingegen aus: „Wie die Mannschaft aus dieser kritischen Phase herauskommt, müßte doch keiner besser wissen, als Herr Klug. Darauf soll er sich jetzt voll konzentrieren". FCN-Schatzmeister Zeitz schlug in dieselbe Kerbe - allerdings mit deutlicheren Worten: „Herr Klug hat uns in diese Situation gebracht, jetzt muß er die Mannschaft da wieder herausholen. Geschieht das nicht, muß man weitersehen". Drei Tage später war alles Makulatur. Da war Klug plötzlich kein Trainer mehr, sondern wieder FCN-Manager (Roth „neues" Argument: „Wir haben zu lange an ihm als Trainer festgehalten. Denn eigentlich haben wir ihn vor zwei Jahren ja als Manager geholt"), derweil der zuvor in Kaiserslautern gescheiterte Rudi Kröner das Training der abstiegsbedrohten Club-Elf leitete. Udo Klug fand das „Bäumchen-wechsel-dich-Spielchen" gar nicht witzig. „Laut Vertrag muß ich zwar als Manager weiterarbeiten. Ich hätte mir aber auch zugetraut, die Mannschaft auch diesmal vor dem Abstieg zu retten. Von einem freiwilligen Rückzug kann jedenfalls keine Rede sein, und ich möchte auch künftig wieder als Trainer tätig sein". Alles weitere siehe unter laufender Nummer 122.

Dietrich Weise, 121

Verein:	1. FC Kaiserslautern
Vorgänger:	Ernst Diehl
Erster Amtstag:	1. Juli 1983
Tabellenstand:	Platz 6 (Saison 1982/83)
Letzter Amtstag:	26. Oktober 1983
Tabellenstand:	Platz 12
Amtszeit:	4 Monate
Nachfolger:	Manfred Krafft

In Kaiserslautern fielen sie aus allen Wolken. „Ich bin von Weises Entschluß total überrascht, aber er hat so gewichtige Gründe vorgebracht, daß wir seine Entscheidung akzeptieren mußten", kommentierte FCK-Vizepräsident Rainer Pochert die Meldung, die am 26. Oktober 1983 um 16.30 Uhr aus dem Ticker der Agenturen gekommen war: „Dietrich Weise hat den Vorstand des 1. FC Kaiserslautern gebeten, ihn aus seinem Vertrag zu entlassen". Über die Hintergründe der Weise-Demission schwiegen sich beide Seiten beharrlich aus. „Wir haben Stillschweigen vereinbart", meinte Vizepräsident Pochert, und Mittelfeldspieler Rainer Geye ahnte: „Die wahren Gründe werden wir wohl nie erfahren". Doch man mußte nicht allzuviel spekulieren. Zwar waren die Lauterer nach einem 2:0 im Kurpfalzderby gegen Waldhof Mannheim gerade erst auf Rang 12 der Bundesligatabelle vorgerückt, hatten allerdings abermals, wie schon während der gesamten Saison, erschreckende spielerische Defizite gezeigt. Zudem befanden sich die Betzenberg-Kicker inmitten turbulenter Wochen. Desolate Leistungen der Roten Teufel hatten die Nerven bei Trainer, Mannschaft, Fans und Präsidium ausgedünnt, zumal mit dem zu Saisonbeginn in die Bundesliga aufgestiegenen SV Waldhof erstmals direkte Konkurrenz in der Nachbarschaft aufgekommen war, die dem FCK sein Monopol streitig machte. Und dann der Lauterer Kader! „Sag mir wo die Stürmer sind...", hatte der »kicker« schon zu Saisonbeginn warnend geschrieben, und die Weise-Schützlinge trotzdem in den Rang eines „UEFA-Cup-Kandidaten" gehoben...

Nicht nur der Sturm war ein Problem. Bei 25 Gegentoren in nur zehn Spielen hatte Weise zweifelsohne zunehmend kalte Füße bekommen, zumal er angesichts der Sturmprobleme ("Wir müssen viel mehr Angriffsspieler ausbilden, da das Angebot an Abwehr- und Mittelfeldspielern übergroß ist") kaum Perspektiven sah. Einen weiteren Beitrag zur überraschenden Kündigung des Ex-DFB-Trainers lieferte schließlich die Bundesligatrainer-Kündigungswelle zwischen dem 17. und dem 25. Oktober, als nacheinander in Frankfurt, Dortmund und Nürnberg Trainerposten frei wurden. Während Schleudersitz Nürnberg für Weise uninteressant war, boten die Positionen in Dortmund und Frankfurt dem bedächtigen Weise durchaus Interessantes. Und richtig: Am 30. Oktober kehrte Dietrich Weise zur Frankfurter Eintracht zurück, bei der er zwischen 1973 und 1976 schon einmal erfolgreich gearbeitet hatte und mit der er zweimal Pokalsieger geworden war.

Und in Kaiserslautern? Da übernahm zunächst Ernst Diehl das Training, ehe mit dem beim Drittligisten Offenburger FV untergetauchten Manfred „Manni" Krafft ein „echter" Nachfolger gefunden wurde. Unter ihm wurde Platz 12 erzielt – natürlich viel zu wenig für die ehrgeizigen Lauterer.

Rudi Kröner, 122

Verein:	1. FC Nürnberg
Vorgänger:	Udo Klug
Erster Amtstag:	26. Oktober 1983
Tabellenstand:	Platz 15
Letzter Amtstag:	6. Dezember 1983
Tabellenstand:	Platz 17
Amtszeit:	6 Wochen
Nachfolger:	Heinz Höher

Quo vadis, FCN? Am Valznerweiher kamen sie einfach nicht zur Ruhe. Nach den Turbulenzen um die „Abschiebung" von Trainer/Manager Klug auf den Managerposten im Oktober kochte die heikle fränkische Fußballsuppe namens „Club" nur sechs Wochen später schon wieder über.

Einen kümmerlichen Punkt hatte Klug-Nachfolger Kröner in vier Spielen geholt. Niederlagen gegen das Spitzentrio Bayern München, VfB Stuttgart und HSV hatten sie dem Ex-Lauterer ja verziehen, doch das kärgliche 0:0 daheim gegen die ebenfalls abstiegsbedrohte Frankfurter Eintracht war den Fans nur schwer zu vermitteln gewesen.

Nicht nur den Fans. Nürnbergs allgewaltiger Präsident Roth schimpfte und tobte von seinem Urlaubsort Jamaika aus, derweil Vizepräsident Gerd Schmelzer eine Woche später nach dem 0:4 beim HSV schon mal begann, neue Strippen zu ziehen. Udo Klug, einen Monat zuvor noch ziemlich unsanft abserviert und letztendlich freiwillig aus dem Blickfeld getreten („Ich habe es absichtlich getan, um den neuen Trainer nicht bei seiner Einarbeitungszeit zu stören"), sollte nun doch wieder „voll ins Geschehen eingreifen" – was immer das hieß.

Klug und Kröner gaben sich zunächst als einsichtiges Pärchen. „Ich kann mich nicht damit abfinden, daß der Verein sang- und klanglos absteigt. In Gesprächen mit Herrn Kröner und der Mannschaft werde ich unterstützend wirken. Ich bin nicht bereit, Verantwortung zu tragen und nichts dafür zu tun", verkündete Klug, derweil Kröner sich mit „für Tips von Klug bin ich immer dankbar. Und ich werde ihn auch darum bitten, künftig wieder mit bei der Mannschaft zu sein" ebenfalls zustimmend äußerte. Wenige Tage später war von dem friedlichen Miteinander allerdings nichts mehr zu sehen.

Nach dem 3:4 daheim gegen Kaiserslautern ("Oh FCN, oh FCN, wie lasch sind deine Spieler!", hatten die Fans höhnisch gesungen) redete Kröner statt dessen Klartext. Sprach von einer „kaputten Mannschaft", die er übernommen habe, haderte mit „Verletzungspech". Darüber hinaus klagte er die „verfehlte Einkaufspolitik" an – Udo Klugs Ressort. Der reagierte umgehend. Kröner bekam eine Abmahnung – und drehte nun erst richtig auf. Auf einer Pressekonferenz am Nikolaustag forderte er, Udo Klug solle aus der Mannschaft herausgehalten werden, warf dem Präsidium vor, mit „zweierlei Zunge" zu sprechen und ihn in „die Affäre hineingezogen" zu haben. Starker Tobak – mit Konsequenzen. Viereinhalb Stunden später war Kröner entlassen. Fristlos. Grund: „Vereinsschädigung".

Das hätte man einigen FCN-Präsidialen allerdings auch vorwerfen können.

Lothar Buchmann, 123

Verein:	Offenbacher Kickers
Vorgänger:	Franz Brungs
Erster Amtstag:	1. Juli 1982
Tabellenstand:	Platz 3 (2. Bundesliga 1981/82)
Letzter Amtstag:	15. März 1984
Tabellenstand:	Platz 18
Amtszeit:	21 Monate
Nachfolger:	Hermann Nuber

Über dem Bieberer Berg lag Trauer. Mit 0:4 waren die Kickers gegen den HSV untergegangen, hatten damit zwar zwei Tore weniger als beim Hinspiel im Volksparkstadion
kassiert (0:6), dennoch die höchste Heimniederlage der letzten acht Jahre hinnehmen
müssen. Allenthalben war Resignation zu spüren. „Spielerisch reicht es einfach nicht
für die Bundesliga", konstatierte beispielsweise Ex-Torjäger Erwin Kostedde, der auf der
Tribüne das Debakel mitverfolgt hatte. „Die Kickers haben sich schon selbst aufgegeben", befand derweil Jimmy Hartwig, einst aus Offenbach gekommen und inzwischen
in Reihen des Gegners aus Hamburg. Wie in Offenbach häufig der Fall, löste die sportliche Misere eine Vereinskrise aus. Zwei Tage vor dem HSV-Spiel war bereits Ex-Präsident Walter Müller aus Verärgerung über die Vereinspolitik von seinem Posten als „Berater des Präsidiums" zurückgetreten. „Hier gibt es weder Koordination noch Koopera-
tion", war seine Begründung gewesen. Chaos in Offenbach – und das ausgerechnet drei
Tage vor dem Spiel beim FC Bayern. Im Münchner Olympiastadion leisteten die Schützlinge von Lothar Buchmann, einst mit Darmstadt 98 sensationell ins Oberhaus aufgestiegen und anschließend beim VfB Stuttgart bzw. Eintracht Frankfurt eher gescheitert,
dann ihren endgültigen Offenbarungseid. 0:9! „So einen jämmerlichen Auftritt sah die
Bundesliga lange nicht!", konstatierte der »kicker« und sprach davon, daß sich die Kik-
kers aufgegeben haben: „Keine Gegenwehr, keine Einstellung, keine Moral. Von bun-
desligareifen fußballerischen Qualitäten ganz zu schweigen".

Schuld war der Trainer. Wenngleich Kapitän Kutzop versicherte „an diesem 0:9 hat
nicht der Trainer schuld", wurden noch am Dienstagabend Nägel mit Köpfen gemacht.
„Wir brauchen einen neuen Geist!", sprach Vizepräsident Bittner, und leitete die Trennung ein. Der Mann, der Offenbach nach sieben Jahren Zweitklassigkeit endlich ins
Oberhaus zurückgeführt hatte, war allerdings nicht etwa schuldloses Opfer unschöner
Umstände. Er hatte sich seine Entlassung durchaus selbst zuzuschreiben. Diverse skurrile Geschichten rankten sich um den stets lächelnden Buchmann, dem ein distanzier-
tes Verhältnis zur Mannschaft („er ist allzu oft im PKW von den Auswärtsspielen nach
Hause gefahren und hat die Mannschaft alleine gelassen") und Motivationsprobleme
vorgeworfen wurden. Vor dem München-Spiel hatte er beispielsweise zwei Amateure
zum Training bestellt – um ihnen lediglich mitzuteilen, daß er sie nicht mitnehmen
würde. In München hatte er dann vor Journalisten geschimpft, er hätte diese Spieler
nicht mitnehmen dürfen. In der bitteren Stunde der Not erinnerten sich die Rot-Weißen
an ein Idol. „Wenn es um die Wurst geht, kommt Metzger Nuber", titelte die FAZ, denn
der OFC-Ehrenspielführer und Metzgermeister übernahm die Trainingsleitung.

Karl-Heinz Feldkamp, 124

Verein:	Arminia Bielefeld
Vorgänger:	Horst Köppel
Erster Amtstag:	1. Juli 1983
Tabellenstand:	Platz 8 (Saison 1982/83)
Letzter Amtstag:	22. März 1984
Tabellenstand:	Platz 9
Amtszeit:	9 Monate
Nachfolger:	Gerd Roggensack

Arminia Bielefeld, zehn Spieltage vor Saisonende auf einem ausgezeichneten neunten Rang gelegen, stand Ärger ins Haus. Erfolgscoach Karl-Heinz „Kalli" Feldkamp hatte keine Lust mehr, wollte die Alm mit der Krefelder Grotenburg vertauschen. Im Klartext: Bayer 05 Uerdingen, dessen Erfolgscoach Timo Konietzka zur neuen Saison zu Borussia Dortmund wechselte, suchte einen Nachfolger, und der sollte Karl-Heinz Feldkamp heißen.

Feldkamp gab sich durchaus wechselwillig. „Hier wird die Arbeit, die sich in 23 Punkten und Platz 9 niederschlägt, gar nicht gewürdigt. Das ist am Niederrhein anders", stellte er Bielefelds Präsidium ein schlechtes Zeugnis aus. Dennoch bat der 49jährige Arminias Präsidium nicht um die Freigabe aus seinem noch bis zum 30. Juli 1985 laufenden Vertrag, sondern überließ „den Bielefeldern die Entscheidung". Denen fiel sie offensichtlich nicht allzu schwer. Während DSC-Manager Müller sich noch über das Gebaren der Uerdinger aufregte („Es ist schon erstaunlich, daß die Uerdinger keinen von den vielen arbeitslosen Trainern verpflichten, sondern wieder für Negativschlagzeilen um die Bundesliga sorgen, indem sie einen unter Vertrag stehenden Trainer abwerben"), wurden hinter den Kulissen bereits die Weichen gestellt. Man wollte Feldkamp bei seinem Wechselwunsch keinesfalls im Weg stehen – die Frage war nur noch, ob der Coach die Freigabe sofort oder erst zum Saisonende bekommen würde.

Letztendlich kam es zur sofortigen Trennung, und Feldkamp saß schon beim nächsten Spiel gegen Bayer Leverkusen nicht mehr auf der Arminia-Bank. Zwei Tage zuvor hatte der DSC-Vorstand Feldkamp von seinen Pflichten entbunden und dessen „Co" Gerd Roggensack zum Nachfolger ernannt. Eine Trennung ohne die ansonsten üblichen Reibereien im Bundesligageschäft – so schien es. Tatsächlich aber hatte es in Bielefeld schon lange gegärt - und Feldkamp hatte schlicht frühzeitig den Absprung schaffen wollen. Er verpaßte ein Debakel: Ein Jahr später stieg Arminia aus der 1. Liga ab, 1988 fand sie sich plötzlich sogar in der Drittklassigkeit wieder und war quasi pleite.

Da ging es Kalli Feldkamp doch um einiges besser: 1985 gewann er mit Uerdingen den DFB-Pokal, ein Jahr später gelang mit den Pillenkickern die Qualifikation für den UEFA-Cup.

Timo Konietzka, 125

Verein:	Borussia Dortmund
Vorgänger:	Horst Franz
Erster Amtstag:	1. Juli 1984
Tabellenstand:	Platz 13 (Saison 1983/84)
Letzter Amtstag:	24. Oktober 1984
Tabellenstand:	Platz 17
Amtszeit:	4 Monate
Nachfolger:	Erich Ribbeck

Er war mit so dicken Vorschußlorbeeren an den Borsigplatz gekommen. Timo Konietzka, einst als kongenialer Partner von Siggi Held und mit dem BVB überaus erfolgreich, sollte den Borussen nicht nur ein guter Trainer sein – immerhin hatte er die graue Maus Bayer Uerdingen zu einem schillernden Sternchen gemacht –, sondern mit seiner schwarzgelben Vergangenheit zudem aus Marketinggründen die richtige Wahl sein. Manager Tippenhauer gab sich jedenfalls optimistisch: „Wir planen den langfristigen Aufbau einer Spitzenelf, wissen aber auch, daß wir schon kurzfristig Erfolg haben müssen". Erfolg, den Konietzka mit Offensivfußball und einer „Festung Westfalenstadion" garantieren wollte.

Nach acht Spieltagen war von all dem nichts mehr zu sehen. Da zierte der BVB mit mageren vier Punkten Platz 17, hatte erst zweimal gewonnen und wurde von internen Querelen geschüttelt. Präsident Roring, Geschäftsführer einer Eiscremefabrik, für die der BVB Werbung lief, hatte im Verbund mit Manager Tippenhauer ein Tollhaus produziert und war mächtig in Bedrängnis geraten. Im Oktober überschlugen sich die Ereignisse. Zunächst konnte Konietzka, der bereits seit der 2:3-Heimniederlage gegen Gladbach am dritten Spieltag in der Kritik stand („Die Mannschaft wird Spiel für Spiel geändert und ist mit taktischen Tüfteleien überfrachtet und überfordert") nach dem zweiten Saisonsieg (2:1 gegen Leverkusen) zwar ein wenig ruhiger in die Zukunft schauen, doch von den von ihm angekündigten „fetten Wochen", die angesichts der nächsten (schlagbaren) Gegner KSC und Lautern auf den BVB zukämen, war weit und breit nichts zu sehen. Fett waren allenfalls die Schlagzeilen. „Immel verhinderte ein Debakel", titelte beispielsweise der »kicker« nach der 0:2-Heimschlappe gegen den KSC. „Die Mannschaft präsentierte sich in der gleichen desolaten und hilflosen Verfassung wie der Vorstand, und ihre Bemühungen verdienten eher Mitleid als Kritik." Für die Fans war das Maß nun voll. Kurzerhand besetzten sie das Spielfeld, wollten die Pressekonferenz stürmen, um die offenkundigen Urheber der Krise zur Verantwortung zu ziehen: Konietzka, Tippenhauer und Roring. 24 Stunden später endete die größte Krise in der BVB-Geschichte mit dem Rücktritt des Vorstands und des Wirtschaftsrates, der interimistisch durch Reinhard Rauball und Dr. Gerd Niebaum ersetzt wurde. Deren erste Amtshandlung war die Wiederberufung von Walter Maahs als Geschäftsführer sowie die Entlassung von Manager Tippenhauer und Trainer Konietzka, die jeglichen Kredit bei Fans und Spielern verspielt hatten.

Konietzkas Nachfolger wurde Erich Ribbeck, der kurz zuvor enttäuscht beim DFB gekündigt hatte, weil seine Hoffnungen auf den Bundestrainerposten abrupt geplatzt waren: Der DFB hatte ihm einen Teamchef namens Beckenbauer vor die Nase gesetzt.

Werner Olk, 126

Verein:	Karlsruher SC
Vorgänger:	Lothar Strehlau
Erster Amtstag:	1. Juli 1983
Tabellenstand:	Platz 17 (Saison 1982/83)
Letzter Amtstag:	22. März 1985
Tabellenstand:	Platz 18
Amtszeit:	21 Monate
Nachfolger:	Lothar Buchmann

2:18-Punkte zehrten mächtig an den Nerven. Auch wenn KSC-Keeper Rudi Kargus nach der 0:1-Heimniederlage gegen Gladbach noch davon sprach „hier gibt sich keiner auf" – sieben Tage später in Bochum konnte man einen ganz anderen Eindruck gewinnen. 2:5 verlor der KSC im Ruhrstadion - trotz einer 2:1-Halbzeitführung und rund fünfzig Minuten akzeptabler Leistung. Es war Schlag auf Schlag gegangen: 53. Minute Ausgleich, 55. 2:3, 57. 2:4, 59. 2:5 – und Niederlage Nummer 12 hatte festgestanden.

Noch am selben Tag trennten sich die Wege von Werner Olk, unter dem der ständig finanzklamme KSC gerade erst ins Oberhaus zurückgekehrt war, und den Badenern um ihren mächtigen Präsidenten Schmider. Scheinbar schiedlich-friedlich, ohne Angabe von Gründen. Über die wahren Hintergründe wurde nur hinter vorgehaltener Hand diskutiert. Kapitän Emanuel Günther beispielsweise sprach von „zuvielen Gruppen und Grüppchen im Kader", was er im übrigen trotz seines Kapitänsamtes nicht habe verhindern können. „Wenn ich versucht hätte, massiv auf die Spieler, den Trainer und die Chefetage einzuwirken, das hätte für mich bestimmt schlecht geendet. Ich hätte wenig bewegt und wäre vielleicht auf die Tribüne geflogen! Zudem setzte sich mein Gehalt fast zu zwei Dritteln aus Prämien zusammen."

Eine Ansicht, der ausgerechnet Uwe Dittus, der mit Beginn der Rückrunde von Werner Olk gemeinsam mit „Jogi" Löw ausgemustert worden war, deutlich widersprach. „So große Freundschaften, wie zum Beispiel mit dem späteren Trainer des VfB Stuttgart, ‚Jogi' Löw, gab's vorher und danach nie mehr. Das war ein Superkader, trotz Mißerfolgs zerfleischte keiner den anderen. Es lief beim KSC zuvor fast zwei Jahre lang optimal, und solche Situationen waren die Leute einfach nicht gewohnt. Zuvor hatte das Team immer alle Schwierigkeiten selbst geregelt, Olk hielt sich meist raus, aber wir hätten damals, als plötzlich Sand im Getriebe war, einen richtigen ‚Feger' als Trainer gebraucht."

Wie 1982 in Darmstadt war Werner Olk also vor allem daran gescheitert, daß er „zu gutmütig" war, den Spielern mit seiner loyalen Art zuviel Freiraum gelassen hatte. KSC-Präsident Schmider tat anschließend das, was die Spieler zu brauchen meinten - er holte mit Lothar Buchmann einen „Feger", der den Abstieg allerdings auch nicht verhindern konnte. Werner Olk zog es derweil in die beschauliche Schweiz: Er übernahm den FC St. Gallen und kehrte nie wieder auf einen Chefsessel in der Bundesliga zurück.

Willibert Kremer, 127

Verein:	Fortuna Düsseldorf
Vorgänger:	Jörg Berger
Erster Amtstag:	26. Oktober 1982
Tabellenstand:	Platz 17
Letzter Amtstag:	14. April 1985
Tabellenstand:	Platz 15
Amtszeit:	30 Monate
Nachfolger:	Dieter Brei

In Düsseldorf kam mal wieder alles zusammen: Allerhöchste Abstiegsgefahr, desolate sportliche Darbietungen, ein verunsicherter Kader und (natürlich) Turbulenzen auf der Vorstandsebene. Vor allem der Machtkampf zwischen Schatzmeister Hengstermann und Präsident Förster – Grund: die leere Fortuna-Kasse – verdüsterte den Himmel über dem Rheinstadion. Davon betroffen war auch Willibert Kremer, seit zweieinhalb Jahren für die Fortunen tätig (für Düsseldorfer Verhältnisse eine erwähnenswert lange Zeit), noch mit einem Vertrag bis Saisonende ausgestattet, und wochenlang im Ungewissen über seine Zukunft gelassen. Anfang April hatte der Gemütsmensch Kremer schließlich die Nase voll gehabt und beim Fortuna-Vorstand seine Kündigung zum Saisonende eingereicht – was den Verantwortlichen der Rheinländer laut »kicker« die Entscheidung abgenommen hatte, „vor der man sich ohnehin wochenlang gedrückt hat".

Alles andere als gute Voraussetzungen im harten Abstiegskampf, in dem die Düsseldorfer nach einer 1:2-Heimschlappe gegen Nachbar Köln am 3. April wieder bis zur Halskrause steckten. Vor dem anstehenden Gastspiel im Stuttgarter Neckarstadion kochte demzufolge die Gerüchteküche auf Hochtouren. Namen möglicher Kremer-Nachfolger machten die Runde, derweil dem (noch) amtierenden Coach eine schwere Zukunft prognostiziert wurde, sollte in Stuttgart nicht mindestens ein Punkt herausspringen.

Nach der 2:5-Niederlage beim VfB wußte Willibert Kremer, das sein letztes Stündlein geschlagen hat. Statt mit der Mannschaft nach Düsseldorf zurückzufahren, eilte er direkt von Stuttgart aus nach Österreich, wo er angeblich eine Trainertagung besuchen wollte. Dem war aber nicht so, denn wie Fortuna-Präsident Förster am Sonntag erfahren mußte, war Kremer statt dessen zu Verhandlungen mit einigen Klubs ("VÖEST Linz? Wacker Innsbruck? Rapid Wien?", spekulierten die Medien) in die Alpenrepublik gereist. So mußte Förster auf die Überbringung seiner Botschaft – am Sonntagabend um 19 Uhr hatte das Fortuna-Präsidium nach hitzigen Debatten tatsächlich die vorzeitige Entlassung Kremers beschlossen – noch ein wenig warten.

Kremer interessierte es ohnehin nicht mehr. Der hatte längst mit Düsseldorf abgeschlossen und war mit den Gedanken bei seiner näheren Zukunft, was ihm angesichts der fragwürdigen Begleitumstände und völlig fehlender Rückendeckung auch niemand verdenken konnte.

Bleibt nur noch die Chronistenpflicht, nämlich daß Kremer nicht nach Österreich, sondern zu Eintracht Braunschweig ging, und daß die Fortuna unter Dieter Brei aufgrund ihres um zwei Treffer besseren Torverhältnisses gegenüber Bielefeld dem Abstieg entging.

Aleksandar Ristic, 128

Verein:	Eintracht Braunschweig
Vorgänger:	Heinz Patzig
Erster Amtstag:	1. Juli 1983
Tabellenstand:	Platz 15 (Saison 1982/83)
Letzter Amtstag:	15. April 1985
Tabellenstand:	Platz 17
Amtszeit:	22 Monate
Nachfolger:	Heinz Patzig

Im sonst so beschaulichen Braunschweig brannte die Luft. Nach der 0:2-Heimschlappe gegen Leverkusen ließen die Fans ihrem Unmut mit lautstarken Protesten freien Lauf. Ziel der Anhänger der abstiegsbedrohten Blau-Gelben waren Peter Lux und Trainer Aleksandar Ristic, die die Gemeinsamkeit aufwiesen, Braunschweig zum Saisonende verlassen zu wollen: Lux zum HSV, Ristic nach Kaiserslautern. Für Braunschweigs Führungsspitze waren die Proteste freilich kein Anlaß, irgend etwas zu unternehmen – zumal sich bei einer Unterredung zwischen Spielern, Vorstand und Trainer herausgestellt hatte, daß es „Quatsch" sei, „dem Trainer die Schuld zuzuschieben" und sich die Mannschaft schon „vor einigen Tagen eindeutig für Ristic ausgesprochen" habe (Torjäger Worm).

48 Stunden später war Aleksandar Ristic entlassen. Präsident Mast, Geldgeber und mächtiger Mann im von ihm mit beinahe diktatorischen Mitteln geführten Verein, hatte persönlich die Reißleine gezogen und interveniert. Das „Warum" blieb Mast allerdings schuldig: „Dies zu begründen ist bei leitenden Angestellten nicht erforderlich", erklärte der Likörexperte lapidar und schob lediglich noch ein „der Blick auf die Tabelle sagt alles" nach. Der sah Eintracht Braunschweig auf Rang 17 mit drei Zählern Rückstand auf einen rettenden Platz bei noch acht ausstehenden Spielen. Grund zur Panikmache war also nicht unbedingt gegeben. Braunschweigs Mannschaft reagierte entsprechend erschüttert auf Masts Alleingang. „Jetzt steigen wir ab", bekannte beispielsweise Libero Heiner Pahl enttäuscht, derweil der Betroffene frustriert bekannte: „Der Präsident hat stets erklärt, daß das Finanzielle den Vorrang habe und daß erst dann das Sportliche komme. Das Ergebnis sieht man nun".

Für Braunschweig war nach der Ristic-Entlassung tatsächlich alles vorbei. Wenige Tage später gab es ein 1:4 in Karlsruhe, bei dem Peter Lux nach einem Gerangel mit Günther vom Platz flog, womit die Klassenerhaltshoffnungen einen heftigen Dämpfer erhielten. „Wenn eine Mannschaft mit Ausnahme von einigen wenigen so schlecht spielt, dann hat sie auch in der obersten Spielklasse nichts zu suchen", gab Vizepräsident Schäfer anschließend frustriert bekannt - inwieweit er einen Zusammenhang zwischen der schlechten Leistung und der Ristic-Entlassung sah, ist nicht überliefert. Und auch für Aleksandar Ristic war die Reihe der Schicksalsschläge noch nicht beendet. Wenige Tage nach seinem Rauswurf in Braunschweig ging bei seinem designierten Arbeitgeber Kaiserslautern Präsident Sopp von Bord. Als dessen Nachfolger „Atze" Friedrich den Jugoslawen über die wahren finanziellen Verhältnisse am Betzenberg aufklärte, zog es Ristic vor, auf seinen Dienstantritt zur Saison 1985/86 zu verzichten.

Turbulente Wochen in der Bundesliga.

Werner Biskup, 129

Verein:	Hannover 96
Vorgänger:	Gerd Bohnsack
Erster Amtstag:	25. Oktober 1983
Tabellenstand:	Platz 19 (2. Bundesliga)
Letzter Amtstag:	21. November 1985
Tabellenstand:	Platz 14
Amtszeit:	25 Monate
Nachfolger:	Jürgen Rynio bzw. Jörg Berger

„Biskups Rasselbande" hatte es im November 1984 noch geheißen, als Hannover 96, in die Niederungen der 2. Liga abgestürzter Traditionsklub und seit Jahren kurz vor dem finanziellen Exitus, urplötzlich auferstanden war. Zu verdanken war dies vor allem Trainer Biskup, seit Oktober 1983 im Amt und ein Mann, der mit der Jugend umzugehen verstand. Um den alten Haudegen Franz Gerber hatte Biskup eine blutjunge und namenlose Mannschaft formiert, die vor Saisonbeginn als „Kindergarten" veräppelt worden war – und nach Saisonende als Aufsteiger gefeiert wurde.

Im Oberhaus war dann aber alles schiefgegangen. Der Abgang von Torjäger Hartmann zum FC Bayern war nicht zu verschmerzen gewesen, und als 96 ans Tabellenende zurückfiel, brannte die Luft. Anfang November geriet nach einer 1:5-Schlappe bei Waldhof Mannheim plötzlich auch der bei den Fans beliebte Werner Biskup in die Schlagzeilen. Er mache sein Team „madig" hieß es, und eine lokale Boulevardzeitung wollte gar wissen, daß die Mannschaft kein Vertrauen mehr zu ihrem Fußball-Lehrer habe. Alles Blödsinn, erklärten Trainer, Präsidium und Spieler. Und der vermeintliche Machtkampf entpuppte sich als Sturm im Wasserglas. Oder doch nicht? Eine Woche später setzte es eine 1:2-Heimniederlage gegen Bochum („96 ohne Druck und Ideen") und harsche Kritik an Biskup, der in der Pressekonferenz behauptet hatte: „Ich weiß nicht, was ich bei meiner Mannschaft noch verbessern soll". Ernsthafte Zweifel am Geisteszustand Biskups wurden laut. Zweifel, die bei der anschließenden erneuten 1:5-Pleite in Waldhof (Pokal) sowie dem darauffolgenden Gastspiel in Frankfurt genährt wurden. Auf Anordnung von Präsident Henze hatte Biskup Rückkehrer Heidenreich einsetzen müssen und war Mitte der ersten Halbzeit vom Schiedsrichter auf die Tribüne verbannt worden. Trotz Hannovers erstem Auswärtssieg (3:1) wurde nun Klartext gesprochen: „In Frankfurt haben wir ohne Trainer gespielt. Vielleicht haben wir auch gewonnen, weil wir keinen Trainer hatten", hieß es aus Spielerkreisen, und es wurde immer deutlicher: Werner Biskup hatte ein Alkoholproblem. „Es ist schade für diesen Mann. Der Mensch ist krank und muß sich sofort krankschreiben lassen", meinte Vizepräsident Franke und bot Biskup „Kur oder Urlaub" an. Sollte er dieses Angebot nicht annehmen, müsse „er gehen". Unter den 96-Fans löste diese Ankündigung Unmut aus, und auf der Geschäftsstelle stand das Telefon fortan nicht mehr still. Erboste Fans kündigten an, „das Klubhaus in die Luft zu jagen, wenn Biskup entlassen wird". Das half dem uneinsichtigen Biskup ("Es ist doch alles in Ordnung. Wir haben in Frankfurt doch gewonnen") allerdings auch nicht mehr: Nach einem selbst für 96-Verhältnisse ungewöhnlich facettenreichen Possenspiel wurde ihm am Donnerstag um 16.30 Uhr die fristlose Kündigung in die Hand gedrückt.

Hannes Löhr, 130

Verein:	1. FC Köln
Vorgänger:	Rinus Michels
Erster Amtstag:	24. August 1983
Tabellenstand:	Platz 18
Letzter Amtstag:	6. Februar 1986
Tabellenstand:	Platz 11
Amtszeit:	30 Monate
Nachfolger:	Georg Kessler

Hannes Löhr war enttäuscht, tief enttäuscht. Nachdem es im ersten Spiel des Jahres 1986 bereits eine derbe 1:5-Schlappe in Dortmund gesetzt hatte, war nun auch noch die Heimpremiere danebengegangen. Ausgerechnet gegen Nachbar Leverkusen kassierten die Geißböcke ihre zweite Heimniederlage der Saison: 2:3. Der Schwung, den sich die Geißböcke beim Vorbereitungslager im sonnigen Israel geholt hatten, war längst dahin, und Löhr blieb nur noch die harte Hand.

„Vorbei ist's mit netten Worten und kumpelhaften Gesten. (...) Löhr will sich nicht erweichen lassen, an die Spieler wird sowieso kein privates Wort mehr gerichtet", klärte der »kicker« seine Leserschaft über die näheren Umstände auf, derweil Löhr zu für Kölner Verhältnisse allerhärtesten Mitteln griff: „Karneval ist abgesagt. In dieser Woche wird gearbeitet", gab er nach der Heimpleite gegen Bayer bekannt. Bei den Spielern, die zweieinhalb Jahre zuvor Löhr-Vorgänger Rinus Michels eigenmächtig abgesägt hatten, stieß Löhrs Verhalten durchaus auf Verständnis. „Den Hannes für das verantwortlich zu machen, ist die allergrößte Ungerechtigkeit", stärkte Nationalkeeper Schumacher seinem Coach den Rücken. Auf der Vorstandsebene der Geißböcke sah man das anders. Freitagmittag, 12 Uhr, wenige Stunden vor Abfahrt der Mannschaft zum Spiel in Bremen, wurde eine Krisensitzung anberaumt, auf der es auch um die seit Wochen hinausgezögerte Frage gehen sollte, ob der FC über die laufende Saison hinaus mit Löhr zusammenarbeiten wollte. „Unsere sportliche Situation ist zur Zeit ja nicht rosig. Eine Entscheidung über den Trainervertrag ist umso mehr erforderlich, damit in dieser Hinsicht keine Unruhe in der Mannschaft aufkommt", begründete Geschäftsführer Michael Meier diese plötzliche Sitzung, die Toni Schumacher aus dem fernen Italien, wo er mit der Nationalelf weilte, mit den Worten „es wäre eine Unverschämtheit, den Trainer jetzt zu entlassen", kommentierte. Nun, der FC-Vorstand beging diese „Unverschämtheit". Löhr bestand während der Krisensitzung auf einen „Vertrauensbeweis" in Form der wenige Wochen zuvor nur noch als Formsache behandelten Vertragsverlängerung – und bekam die sofortige Kündigung. „Wir hatten keine Wahl", kommentierte der ob der Entscheidung stark kritisierte FC-Vorstand, derweil der heftig mit einigen italienischen Vereinen flirtende Pierre Littbarski frustriert bekanntgab: „Jetzt fällt es mir leichter, den FC zu verlassen." Und der Betroffene? „Hier haben sie sogar den Besten, Hennes Weisweiler, gefeuert. Tschik Cajkovski mußte gehen, weil er zu lustig war. Heddergott war zu weich, Michels zu hart. Und ich, in bin dann eben zu nachsichtig mit den Spielern gewesen, obwohl ich Strack und Hartwig wegen Faulheit rausgeschmissen habe." Sprach's und entschwand Richtung DFB, derweil Nachfolger Kessler auf dem Schleudersitz Platz nahm.

Otto Baric, 131

Verein:	VfB Stuttgart
Vorgänger:	Helmut Benthaus
Erster Amtstag:	1. Juli 1985
Tabellenstand:	Platz 10 (Saison 1984/85)
Letzter Amtstag:	4. März 1986
Tabellenstand:	Platz 6
Amtszeit:	9 Monate
Nachfolger:	Willi Entenmann

Ende Februar 1986 trat Otto Baric frustriert vor die Öffentlichkeit und bekannte: „Der Verein hat für die Zukunft augenscheinlich andere Vorstellungen als ich." Alle seinen Wünsche und Forderungen nach Neuzugängen waren ungehört an der VfB-Führung abgeprallt. Das liebe Geld, das liebe Geld. „Otto Maximal" hatte dennoch unverdrossen weitergebohrt und sogar mit Kündigung für den Fall gedroht, daß seine Wünsche nicht erfüllt würden. Vergeblich. Am 4. März 1986 gab Baric schließlich entnervt auf und teilte mit, daß er „mit sofortiger Wirkung von dem bis zum 30. Juni 1987 datierten Vertrag zurücktrete." Ob es nun Baric' alleinige Entscheidung oder aber die Demission von der VfB-Führung initiiert worden war (wie kolportiert wurde), war einerlei: Das Kapitel VfB/Baric war beendet.

Dabei hatte es mit soviel Zuversicht begonnen. „Endlich wieder Spaß am Spiel", hatte Baric, der mit der Referenz eines frischgebackenen Europapokalfinalisten (mit Rapid Wien) nach Bad Cannstatt gekommen war, nach seinem Amtsantritt am 1. Juli 1985 als zentrales Ziel ausgegeben. Doch Baric hatte ein schweres Erbe übernommen: Das von Helmut Benthaus, der den VfB 1984 sensationell zur deutschen Meisterschaft geführt hatte – und ein Jahr später ebenso sensationell abgestürzt war: Platz 10! Wie Benthaus scheiterte auch der temperamentvolle und stets optimistische Kroate vor allem an der mysteriösen Stuttgarter Einkaufspolitik, die eher eine „Nicht-Einkaufspolitik" war. Stuttgarts erneut abgespeckter Kader – Ohlicher, Niedermayer und Kempe waren zu Saisonbeginn ausgeschieden – und der von VfB-Boß Mayer-Vorfelder vorgegebene „Weg der Vernunft" (= auf den Nachwuchs bauen) hatten Baric' Bundesligadebüt zum Alptraum werden lassen. Und wenn nicht Karlheinz Förster gewesen wäre, hätte der VfB seine UEFA-Cup-Ambitionen vermutlich frühzeitig zu Grabe tragen können.

Baric war freilich nicht unumstritten. Als „Quasselstrippe" wurde er von einigen Akteuren hinter vorgehaltener Hand bezeichnet, als jemand, der „rund um die Uhr unter Strom steht" wurde er von den Medien bezeichnet. Das nervte, und so waren nicht wenige VfB-Akteure froh, als Baric das Handtuch warf (bzw. es werfen mußte) und spielten entsprechend befreit auf. Vier Tage, nachdem Co-Trainer Willi Entenmann auf den Posten des Cheftrainers gerückt war, schickten die Schwaben den 1. FC Nürnberg mit 3:1 nach Hause und heimsten erstmals seit Monaten wieder Lob in puncto „Spielfreude" ein.

Für Otto Baric blieb der VfB die einzige Bundesligastation.

Jörg Berger, 132

Verein:	Hannover 96
Vorgänger:	Werner Biskup bzw. Jürgen Rynio
Erster Amtstag:	13. Januar 1986
Tabellenstand:	Platz 17
Letzter Amtstag:	17. März 1986
Tabellenstand:	Platz 18
Amtszeit:	2 Monate
Nachfolger:	Helmut Kalthoff

„Reich an Geld, arm an Geltung", prangte in dicken Lettern auf dem Cover des »kik-ker« vom 17. März 1986. „Hannover 96: Warnungen gab es früh genug", ist der Artikel überschrieben, in dem das Fachblatt seinen Lesern Erschreckendes mitteilt. Von völlig verfehlter Personalpolitik bei Hannover 96 ist da die Rede, von einem „Neureichen", der zurück müsse ins „Armenhaus", und von unzähligen Skandalen. In der Tat: Bei Hannover 96, dem Aufsteiger, war so ziemlich alles schiefgegangen – bis auf die Sache mit der Zuschauerzahl. Sportlich steckten die Roten bis zum Anschlag in der Krise. Erst das Getöse um die umstrittenen Neuverpflichtungen zu Saisonbeginn (Reich, Gulich, Geschlecht etc.), dann die Geschichte um den alkoholkranken Trainer Biskup, und schließlich auch noch interne Querelen mit Geldstrafen für Maximilian Heidenreich und einige andere Akteure: Tollhaus Niedersachsenstadion.

Mittendrin Jörg Berger, erst im Januar für Interimscoach Jürgen Rynio gekommen und seither geneigt, 96 mit der „Peitsche" zum Erfolg zu verhelfen. Eine Methode, die nicht unumstritten war. „Was die Mannschaft jetzt braucht, sind Streicheleinheiten", meinte beispielsweise sein inzwischen bei Arminia Hannover untergekommener Vorgänger Werner Biskup. Fakt war, daß 96 nach 23 Spieltagen Rang 18 belegte und bereits sieben Punkte Rückstand auf einen rettenden Platz aufwies – hartes Brot vor dem anstehenden Match beim 1. FC Köln. Jenes war denn auch Bergers letztes in Diensten der Roten.

„Berger raus", brüllte die kleine Schar der mitgereisten 96-Fans noch lange nach Spiel-schluß: 96 hatte abermals verloren, und die fünfte Niederlage in Folge zehrte gewaltig an den Nerven aller Beteiligten. Während Jürgen Sundermann bereits als Berger-Nach-folger gehandelt wurde, gab sich die 96-Führung noch bedeckt. „Keine sofortige Tren-nung", sei vorgesehen, versicherte Präsident Henze am Sonntag danach, „wir legen allerdings unserem Trainer keinen Stein in den Weg, wenn er mit anderen Vereinen verhandelt und möglicherweise vor Ende der laufenden Saison um eine Lösung des bis zum 30. Juni mit uns geschlossenen Vertrages bittet."

Ein Wink mit dem Zaunpfahl für Berger, dessen Zukunftsperspektiven im Niedersach-senstadion offenkundig alles andere als rosig waren. Berger tat denn auch das einzig Richtige und bat den Vorstand um vorzeitige Vertragsauflösung. „Ich mußte so handeln. Ich mußte mein Gesicht wahren", begründete er und übergab Manager Kalthoff die Trainingsleitung. Unter dessen Regie ging die Talfahrt weiter, denn kaum war Kalthoff 24 Stunden im Amt, setzte es daheim gegen den HSV die sechste Niederlage in Folge. Beobachter am Rande war übrigens Werner Biskup, der von den Fans euphorisch gefei-ert wurde. Kommentar des »kicker«: „Das Karussell dreht sich weiter."

Uwe Klimaschefski, 133

Verein:	1. FC Saarbrücken
Vorgänger:	Dieter Schulte
Erster Amtstag:	29. März 1982
Tabellenstand:	Platz 2, Oberliga Südwest
Letzter Amtstag:	11. April 1986
Tabellenstand:	Platz 17
Amtszeit:	49 Monate
Nachfolger:	Wolfgang Seel/Walter Müller

Im Sommer 1985 war Uwe Klimaschefski noch gefeierter Held gewesen. Er hatte das Wunder wahr gemacht und den 1. FC Saarbrücken, ewig kränkelnder Liebling der Saarländer, ins Oberhaus zurückgeführt. Doch dort sah es düster aus. „Wir sind eine Zweitligamannschaft, die sich mit der Bundesliga messen muß", hatte Klimaschefski schon kurz nach Saisonbeginn frustriert festgestellt, und damit Recht behalten. Neun Spieltage vor Saisonende belegten seine Blau-Schwarzen Rang 17 und standen bereits mit einem Bein in der Zweitklassigkeit.

Klimaschefski hatte längst seine Konsequenzen gezogen und den Abgang zum Saisonende angekündigt. Klimas Ziel war der Schweizer Erstligist FC St. Gallen. Sein Nachfolger, auch das war bereits klar, sollte Otto Luttrop werden, der bis zum Saisonende noch beim FC Lugano in der Schweiz unter Vertrag stand. So weit, so gut. Doch Klimas Lichter im Ludwigspark gingen vorzeitig aus. Nachdem sich im März 1986 die Hiobsbotschaften gehäuft hatten und eine sportliche Negativserie von 1:9-Punkten, der Rückzug von Hauptsponsor Peugeot, eine Vorstandskrise sowie der nach dem schlappen 1:1 daheim gegen Düsseldorf quasi feststehende Abstieg (»kicker«: „Alle Lichter gehen aus: Jetzt droht der Ausverkauf") die Nerven endgültig blank gelegt hatten, explodierte der Volkszorn nach der 1:2-Heimschlappe gegen Uerdingen am 9. April endgültig. Unter der Überschrift: „Steine auf Klimaschefski", berichtete der »kicker« über erstaunliche Vorgänge, die sich an jenem Tage im Ludwigspark ereignet hatten. „Nachdem schon in der Endphase von der Vortribüne Steine in Richtung Trainerbank flogen, warteten die Fans außerhalb des Stadions auf ihr ‚Opfer'. ‚Verräter' und andere üble Schimpfworte mußte sich ‚Klima' gefallen lassen, als er unter Polizeischutz seinen Heimweg antrat."

Nach diesen Vorgängen zog es die FCS-Führung vor, Klimaschefski ("Mit der Länge der Saison sind wir kleiner geworden") den Laufpaß zu erteilen und dem verletzten Ex-Nationalspieler Wolfgang Seel sowie Kapitän Walter Müller das Trainingszepter für die noch ausstehenden vier Spiele zu übertragen. Eine Entscheidung, die nicht gerade auf allgemeine Zustimmung traf, denn die zwei Tage nach der Uerdingen-Schlappe von Präsident Strassel eigenmächtig verkündete Klima-Entlassung wurde postwendend von einigen Vorstandskollegen angezweifelt, so daß am Freitagmorgen eine erneute Abstimmung innerhalb des FCS-Präsidiums stattfinden mußte, auf der Klima schließlich endgültig entlassen wurde. Den juckte das ohnehin nicht mehr, denn er weilte längst mit seiner Familie im sonnigen Israel und lachte sich eins ins Fäustchen ob des Tohuwabohu im Ludwigspark.

Pal Csernai, 134

Verein:	Borussia Dortmund
Vorgänger:	Erich Ribbeck
Erster Amtstag:	1. Juli 1985
Tabellenstand:	Platz 14 (Saison 1984/85)
Letzter Amtstag:	20. April 1986
Tabellenstand:	Platz 16
Amtszeit:	10 Monate
Nachfolger:	Reinhard Saftig

Viele hatten es von Anfang an gewußt: Borussia Dortmund, der Traditionsklub mit dem Flair eines Arbeitervereins, und Pal Csernai, vornehmer Ungar mit einer Vorliebe für Seidentücher – das paßte einfach nicht zusammen. Tatsächlich war von Beginn an alles schiefgelaufen. Die angesichts der desaströsen Finanzlage nur notdürftig verstärkte Mannschaft holte ganze drei Punkte aus den ersten sechs Spielen und stand früh mit dem Rücken zur Wand. Nach dem 1:6 in Bochum forderten die Fans erstmals Csernais Kopf – da schrieb man erst den siebten Spieltag!

Hatte sich Präsident Rauball seinerzeit noch kämpferisch gegeben ("Vor Csernai gehe ich, da kann mein Nachfolger ja gleich von der Südtribüne kommen"), war die Situation im weiteren Saisonverlauf zunehmend schwieriger geworden. Dem BVB drohte eine saftige DFB-Strafe wegen Verstoßes gegen die Lizenzauflagen, und die anhaltende sportliche Talfahrt ließ spätestens ab Frühjahr 1986 ernsthafte Bedenken bezüglich des Klassenerhalts (und der Fähigkeiten Csernais) aufkommen. Nach der 0:3-Heimpleite gegen Bayern München (Jürgen „Kobra" Wegmann: „Wir mußten mit 3:0 führen und verlieren dann mit drei Toren Unterschied. Unglaublich!") kam es gegen Nachbar Bochum zum Schicksalsspiel – auch für Pal Csernai. Dank eines Treffers von Marcel Raducanu blieben die Punkte zwar im Westfalenstadion, doch für Csernai war es nur ein Aufschub. Drei Tage später präsentierte sich seine Mannschaft in Stuttgart wie ein Absteiger und ließ sich mit 0:4 kräftig das Fell über die Ohren ziehen. Ohne Kampfkraft, völlig verunsichert und mit einer falschen taktischen Einstellung ("Wir werden Sigurvinsson keinen Bewacher auf die Füße stellen. Dazu sind wir viel zu höfliche Menschen", hatte Csernai vor dem Spiel angekündigt. Konsequenz: Der unbewachte Sigurvinsson konnte schalten und walten, wie er wollte) war der BVB ins Spiel gegangen. „Jetzt schrillen die Alarmglocken", konstatierte der »kicker« und empfahl Csernai, sich „nach einer neuen Devise" umzusehen. Der konnte sich auch gleich nach einem neuen Job umsehen. Zwei Spieltage vor Saisonende zog die BVB-Führung nämlich die Notbremse und gab Csernai den Laufpaß. Co-Trainer Saftig übernahm, und hatte zum Einstand mit dem Derby gegen Schalke die denkbar schwerste Aufgabe zu losen. Am Ende der 90 Minuten stand ein 1:1, das den BVB nicht so recht weiterbrachte. Nach einem 4:1-Sieg am letzten Spieltag in Hannover fehlten schließlich ganze zwei Tore auf Platz 15, den statt dessen Frankfurt einnahm. Für die Borussia hieß es derweil, in der Relegation gegen Fortuna Köln den Klassenerhalt zu sichern – was nur mit allergrößter Mühe und durch einen Treffer von „Kobra" Wegmann gelang. Ausgerechnet Wegmann, der nach der Saison zu Schalke 04 wechselte. Es war schon eine verrückte Saison für den BVB – aber zumindest eine mit „Happy End".

Fritz Fuchs, 135

Verein:	FC Homburg
Vorgänger:	Albert Müller
Erster Amtstag:	1. Juli 1985
Tabellenstand:	Platz 16 (2. BL, Saison 1984/85)
Letzter Amtstag:	22. August 1986
Tabellenstand:	Platz 17
Amtszeit:	14 Monate
Nachfolger:	Udo Klug

Oh Homburg! Schon vor Saisonbeginn hatte niemand einen Pfifferling auf den Klassenerhalt des Neulings aus der kleinsten Bundesligastadt der Geschichte gesetzt. Doch nach dem Saisonstart sah es noch viel düsterer aus, als von den Experten prognostiziert: Zwei Spiele, zwei Niederlagen, 0:6 Tore! Fritz Fuchs, seit 1985 in Diensten der Saarländer, blieb dennoch gelassen. „Die Partie in Stuttgart war für uns noch ein Vorbereitungsspiel", erklärte der einstige Alsenborner Spielmacher nach dem 0:4 im Stuttgarter Nekkarstadion allen Ernstes. FCH-Boß Geitlinger verbreitete derweil schon mal Durchhalteparolen. „Wir können nur beten, daß wir drinbleiben", meinte er – wie gesagt, man schrieb erst den zweiten Spieltag! Fritz Fuchs war um seine Aufgabe jedenfalls nicht zu beneiden. Vier Tage vor dem Freitagnachmittagsspiel gegen Schalke 04 (Homburg hatte noch kein Flutlicht...) gab es einen jämmerlichen 4:2-Test gegen Verbandsligist Saar 05 Saarbrücken, der zur Pause sogar mit 2:0 geführt hatte. Neuzugang Schäfer hatte einen Schlag auf die Achillesferse bekommen und drohte für das Schalke-Spiel auszufallen, was Fritz Fuchs endgültig beschwor, von „bevorstehenden schlaflosen Nächten" zu sprechen. Die waren vor allem für seine Spieler lang, denn Fuchs hatte inzwischen die disziplinarische Daumenschraube angezogen: „Ab sofort hat jeder Spieler abends um acht Uhr zu Hause zu sein. Das überprüfe ich. Sonntag abends können die Spieler meinetwegen ausgehen. Am wichtigsten ist jetzt, daß Ruhe einkehrt." Drei Tage nachdem Fuchs dies gesagt hatte war er entlassen. Das Spiel gegen Schalke war kaum beendet und hatte den FCH mit einem 1:1 immerhin den ersten Punkt feiern lassen, als sich Fuchs' vor der Saison geäußerte Prognosen erfüllten: „Wenn es am Anfang nicht läuft, bin ich im Herbst weg und Uwe Klimaschefski kehrt zurück". Stimmte nur zum Teil, denn erstens war noch nicht Herbst sondern bestenfalls Spätsommer, und zweitens kam nicht Klimaschefski, obwohl der in St. Gallen gar nicht glücklich war, sondern Udo Klug. Ganze 270 Spielminuten hatte es also gedauert, bis die Saison 86/87 ihr erstes Traineropfer registrierte – rekordverdächtig. „Menschlich tut mir die Trennung von Fuchs leid, doch das Bundesligageschäft ist knallhart, fordert Maßnahmen, bei denen auf menschliche Gefühle keine Rücksicht genommen werden kann", begründete FCH-Boß Udo Geitlinger sein Vorgehen und gab „unterschiedliche Auffassungen beim Erreichen des Ziels Klassenerhalt" an. Fakt war, daß Fuchs' laxe Hand („Man kann mit dieser Mannschaft, die ja teilweise noch halbtags arbeitet, nicht so hart umspringen") vor allem Geitlingers kongenialem Kompagnon Ommer bzw. dessen umstrittenem Spielerfonds-Modell ein Dorn im Auge war und persönliche Gründe ebenfalls eine Rolle spielten. „In Homburg soll die Bundesliga um jeden Preis erhalten werden. Ob diese Rechnung aufgeht?", fragte sich nicht nur der »kicker«.

Georg Kessler, 136

Verein:	1. FC Köln
Vorgänger:	Hannes Löhr
Erster Amtstag:	7. Februar 1986
Tabellenstand:	Platz 11
Letzter Amtstag:	22. September 1986
Tabellenstand:	Platz 16
Amtszeit:	7 ½ Monate
Nachfolger:	Christoph Daum

In Köln hing der Vorschußlorbeer mal wieder ganz weit oben. Meister würde man gerne werden, hieß es vor Saisonbeginn aus der Vorstandsetage, und daß ein UEFA-Cup-Platz angesichts der insgesamt drei Mio. Mark teuren Neuzugänge (u.a. Olsen, Woodcock, Thomas Allofs) „Pflicht" sei. Schon nach drei Spielen schienen sämtliche Ziele jedoch außer Reichweite zu sein. 1:5-Punkte mitsamt eines erschreckenden 0:3 bei Bayern München, nach dem sich FC-Boß Weiand ziemlich echauffiert hatte, standen zu Buche – und sägten an Georg Kesslers Stuhl. Der durfte dennoch unwidersprochen äußern, daß „wir in Köln in Ruhe weiterarbeiten können", wofür ihm wohlwollend Naivität unterstellt wurde.

Denn Köln wäre nicht Köln, würde nicht ein 1:5-Punkte-Start die Wogen hochschlagen lassen. Zwar beruhigte sich die Situation kurzzeitig durch einen 4:0-Pokalsieg in Emmendingen, doch spätestens, als es am darauffolgenden Mittwoch ein 1:4 im heimischen Müngersdorfer Stadion gegen den Erzrivalen aus Leverkusen gab, brannte die Luft erneut. Das Geißbock-Ensemble war ein Schatten seiner selbst gewesen. Von Toni Schumacher bis zu den Allofs-Brüdern im Sturm hatte kein Akteur Normalform gezeigt. Kölns Krise lag aber nicht nur an der schwachen Vorstellung der Akteure. „Die von Trainer Kessler ausgegebene Taktik! Entweder es gab keine, oder die Spieler haben sie nicht begriffen", giftete der »kicker« in seiner Fehleranalyse.

Die FC-Führung hielt dennoch unverdrossen an Kessler fest. Selbst als der FC mit einem 0:2 in Waldhof mit ganzen 1:9-Punkten ans Tabellenende rutschte, sprach sich der Vorstand weiterhin stur gegen eine Entlassung aus. Es war ein Possenspiel, wie es peinlicher kaum hätte sein können! Nach dem anschließenden 3:0-Sieg gegen Tabellennachbar FC Homburg verkündete Vizepräsident Thielen vollmundig: „Georg Kessler bleibt Trainer des 1. FC Köln bis zum Ablauf seines Vertrages am 30. Juni 1987" - um nur sieben Tage später komplett umzufallen. Grund war das 1:3 in Uerdingen, nach dem die leidige und peinliche Trainergeschichte endlich zu Ende gebracht wurde. „Wir mußten handeln", meinte derselbe Vizepräsident Thielen plötzlich, denn „so ging es nicht weiter. Georg Kessler war ein Coach ohne ‚Fortune'". So plötzlich? Oh, falsche Bundesliga!

Kesslers Nachfolger wurde sein erst 32jähriger Co-Trainer, der lange Zeit als Jugendtrainer beim FC gearbeitet hatte und seit 1985 „Co" gewesen war. Sein Name war Christoph Daum.

Dietrich Weise, 137

Verein:	Eintracht Frankfurt
Vorgänger:	Branko Zebec
Erster Amtstag:	30. Oktober 1983
Tabellenstand:	Platz 18
Letzter Amtstag:	3. Dezember 1986
Tabellenstand:	Platz 12
Amtszeit:	37 Monate
Nachfolger:	Hans-Dieter Zahnleiter

So glücklich waren sie in Frankfurt lange nicht mehr gewesen. Sportlich beachtenswerter Zehner, und auch intern endlich konsolidiert. Wirtschaftlich gehe es der Eintracht gut, konnte Schatzmeister Knispel auf der Jahreshauptversammlung verkünden und dafür lang anhaltenden Beifall der 338 anwesenden Mitglieder einheimsen. So harmonisch sei schon lange keine Jahreshauptversammlung mehr verlaufen, gestanden selbst langjährige Eintracht-Mitglieder gerührt, und stießen mit einem Glas Äppelwoi auf die inzwischen aufgekommenen UEFA-Cup-Hoffnungen an. Sieben Tage später glich das Waldstadion plötzlich einem Tollhaus. Schon vor der 0:1-Heimniederlage gegen Schalke war der offene Krieg gegen Trainer Weise ausgebrochen, dem sie zwei Jahre zuvor nach vollzogenem Klassenerhalt am liebsten noch ein Denkmal errichtet hätten. Vor allem Wolfgang Kraus hatte kräftig gegen Weise gegiftet. Drei Wochen zuvor war der erst zu Saisonbeginn aus Zürich geholte 32jährige Mittelfeldspieler zum Eintracht-Manager erkoren worden, dessen Vertrag zwar erst am 1. Juli 1987 beginnen sollte, der sich aber „von sofort an in die neue Tätigkeit einzuarbeiten" habe. Für Dietrich Weise war dies ein böser Schlag ins Gesicht gewesen, denn diese Maßnahme hatte seine Kompetenzen als Trainer enorm beschnitten. Vor dem Schalke-Spiel hatte Weise entsprechend reagiert und Kraus in knappen Worten erklärt, daß er als Spieler ab sofort beurlaubt sei. „Wolfgang Kraus hat doch selbst in einigen Interviews angedeutet, daß er in der Rückrunde als Spieler möglicherweise nicht mehr zur Verfügung steht. Da er wegen der vierten Gelben Karte am kommenden Samstag in Dortmund ohnehin nicht spielen kann, haben wir jetzt schon den Schritt vollzogen. Nun kann er ganz seiner künftigen Aufgabe als Manager nachgehen", begründete Weise seinen Entschluß, der beim Präsidium der Adlerträger „Überraschung" auslöste. Der Machtkampf war in vollem Gange!

Am darauffolgenden Mittwoch, ziemlich genau um 12 Uhr, war er schon wieder beendet. Sieger war Wolfgang Kraus, denn Dietrich Weise hatte völlig überraschend seine Papiere in die Hand gedrückt bekommen. „Das Präsidium hat den Trainer suspendiert", erklärte die Eintracht, und schob auf bohrende Nachfragen nach: „Das ist wie ein Mosaik, wie ein Puzzle. Irgendwann fällt der letzte Stein." In Frankfurt war offenbar längst nicht alles so harmonisch gewesen, wie immer vorgegeben worden war! Im Gegenteil: „Die Suspendierung von Wolfgang Kraus als Spieler durch Herrn Weise am Sonntag war das Tüpfelchen auf dem i", erklärte Eintracht-Boß Gramlich, der Weise kurz zuvor noch den Rücken gestärkt hatte – und ließ sich nicht viel mehr entlocken. Allenfalls noch, daß Co-Trainer Zahnleiter nun gemeinsam mit Manager Kraus für die Mannschaft verantwortlich sei. „Der eine als Trainer, der andere als Manager."

Dieter Brei, 138

Verein:	Fortuna Düsseldorf
Vorgänger:	Willibert Kremer
Erster Amtstag:	15. April 1985
Tabellenstand:	Platz 15
Letzter Amtstag:	2. April 1987
Tabellenstand:	Platz 17
Amtszeit:	24 Monate
Nachfolger:	Gerd Meyer

Dieter Brei wußte es schon vorher: „Sie sind richtungsweisend für Verein, Spieler und schließlich mich selbst." Wovon der Fortuna-Coach da in jenen März-Tagen des Jahres 1987 sprach, waren die bevorstehenden Aufgaben der Rheinländer: In der Bundesliga daheim gegen den ebenfalls abstiegsgefährdeten FC Homburg, im Pokalhalbfinale bei Zweitligist Stuttgarter Kickers. Dem Traumszenario „Klassenerhalt und Pokalendspiel" stand die Schreckensvision „Abstieg und Pokal-Aus" gegenüber – eine schwierige psychologische Situation. „Mein Entscheidungsprozeß, ob ich hier bleibe, wird von der Leistung meines Teams in den beiden wichtigen Spielen gegen Homburg und die Stuttgarter Kickers maßgeblich beeinflußt", machte Brei dennoch seine eigene Zukunft davon abhängig.

Teil 1 der „Woche der Wahrheit" endete positiv. Ein 1:0-Sieg über Homburg hielt die Klassenerhaltshoffnungen der Düsseldorfer bei vier Punkten Rückstand auf einen rettenden Platz und zwölf noch ausstehenden Spielen am Leben. Doch schön war es nicht gewesen, was die Fortunen ihren 15.000 Zuschauern (darunter 10.000 mit Freikarten ausgerüstete Schüler) geboten hatten. „Drinbleiben hat nichts mit Leistung zu tun, sondern nur, welche zwei Teams noch blinder sind", interpretierte Homburgs Präsident Ommer das Gesehene und machte Düsseldorf folglich keine großen Hoffnungen: „Die sollten sich jetzt nicht einreden, in der Bundesliga zu bleiben." Dann kam das Pokalspiel bei den Stuttgarter Kickers, die nach ihrer 1:2-Niederlage gegen St. Pauli auf Rang 11 der 2. Bundesliga abgerutscht waren. Ein leichtes Spiel für den Erstligisten? Mitnichten! 0:3 hieß es nach neunzig Minuten, in denen die Düsseldorfer vor der versammelten Fernsehnation „wie Amateure vorgeführt" worden waren. Böse Gerüchte machten die Runde. Die Mannschaft habe gegen den Trainer gespielt, die Zügel schleifen und jeglichen Einsatz vermissen lassen – trotz des lockenden Pokalfinales. Dieter Brei schenkte diesen Verschwörungstheorien Glauben: „Gerd Zewe, Sepp Weikl und Jörg Schmadtke haben da eine ganz eindeutige Rolle gespielt", behauptete er und sprach davon, daß Zewe und Weikl ohnehin schon seit Monaten regelmäßig interne Dinge an die Öffentlichkeit gebracht haben. Breis Erregung war durchaus verständlich, denn nach der Pokalpleite wurde er regelrecht „geopfert". „Diese Art und Weise des Abschieds nach 15 Jahren bei der Fortuna als Spieler und Trainer schmerzt doch sehr", kommentierte er seine tags darauf vollzogene überraschende Beurlaubung. „Ich hatte geglaubt, daß das Präsidium wenigstens das Auswärtsspiel gegen Uerdingen abwartet." Doch in der Grotenburg betreute bereits Co-Trainer Meyer die Fortunen, die mit einer 1:4-Niederlage immer tiefer in den Abstiegsstrudel gerieten und letztendlich auch absteigen mußten.

Udo Klug, 139

Verein:	FC Homburg
Vorgänger:	Fritz Fuchs
Erster Amtstag:	30. August 1986
Tabellenstand:	Platz 17
Letzter Amtstag:	11. Mai 1987
Tabellenstand:	Platz 17
Amtszeit:	9 Monate
Nachfolger:	Gerd Schwickert

Also, in sportlicher Hinsicht war Aufsteiger FC Homburg bislang nicht unbedingt eine Bereicherung für das Oberhaus gewesen. Platz 17 und sechs Spieltage vor Saisonschluß bereits sechs Punkte von einem rettenden Tabellenplatz entfernt, mit ganzen 8.800 Zuschauern pro Spiel alles andere als ein Zuschauermagnet, und bei Renommierklubs wie Bayern und HSV als „graue Maus" gefürchtet – so richtig mochte Homburg niemand.

Aber als Komödienstadl eignete sich der FCH allemal, war er sogar eine „Bereicherung" für die Eliteliga. Im August 1986 beispielsweise hatten sich die Grün-Weißen mit Pauken und Trompeten von Aufstiegstrainer Fritz Fuchs getrennt, und nun, am 11. Mai des Jahres 1987, schlug auch die Stunde seines Nachfolgers. Auslöser war ein 0:6-Debakel im Bremer Weserstadion, nach dem dem FCH-Vorstand um Ommer und Geitlinger der ohnehin eher dünne Geduldsfaden gerissen war: Udo Klug, dem seit Wochen ständig widersprüchliche Aussagen wie „jetzt müssen wir handeln" oder „wenn wir absteigen, ziehen wir mit Klug einen Neuanfang durch" mitgeteilt wurden, erhielt die fristlose Kündigung. Bei seinem Training herrsche „Friedhofsstimmung", hieß es in der Begründung... Homburgs Schritt war überlegter als es schien und hatte einen klaren Zweck: Klug rauswerfen, für eine Übergangszeit Geschäftsführer Gerd Schwickert das Trainingszepter übergeben, um dann endlich „ihn" zurückzuholen: Uwe Klimaschefski, der Held von Homburg. Klima war durchaus einverstanden mit dem Coup. „Mit meinen Cowboybeinen würde ich nach Texas passen, mit meinem Namen zu Torpedo Moskau", charakterisierte sich der „Lautsprecher" gerne selbst, um dann, bei passender Gelegenheit (wie im Mai 1987), hinzuzufügen: „Am wohlsten aber fühle ich mich in Homburg." So schien es eine ausgemachte Sache zu sein, daß der kurz zuvor in St. Gallen entlassene „Klima" den Homburger Balltretern fortan die nötigen Raffinessen zum Erreichen des Klassenerhalts beibringen sollte. Von Udo Klug sprach da schon keiner mehr. Zwar tobte der Geschaßte, auf keinen Pfennig seines noch bis zum 30. Juni '88 laufenden Vertrages zu verzichten, doch in Homburg sprach man nur von Klima. Der aber kam gar nicht – zumindest nicht sofort! Klima lag nämlich im Krankenhaus. Am 4. April hatte er sich einer Knieoperation unterzogen und dabei mit einem „kosmetischen Eingriff seine O-Beine richten lassen" (»kicker«). Unangenehme Begleiterscheinung war, daß der impulsive Lockenkopf Gips trug – und zwar länger als erwartet. „Sobald er grünes Licht von den Ärzten erhält, wird er bei uns antreten", verkündete Manfred Ommer dennoch am Rande des ersten Spiels nach Udo Klug, das die Homburger mit 3:1 gegen Bochum gewannen, doch bis das grüne Licht der Ärzteschaft kam, war die Saison bereits beendet – und Homburg hatte sich über die Relegationsspiele gegen St. Pauli die Klasse gesichert.

Egon Coordes, 140

Verein:	VfB Stuttgart
Vorgänger:	Willi Entenmann
Erster Amtstag:	1. Juli 1986
Tabellenstand:	Platz 5 (Saison 1985/86)
Letzter Amtstag:	30. Juni 1987
Tabellenstand:	Platz 12
Amtszeit:	12 Monate
Nachfolger:	Arie Haan

In Stuttgart lagen so ziemlich alle Nerven blank – zumindest gingen sie VfB-Coach Egon Coordes beim Stuttgarter Auftritt im Frankfurter Waldstadion offensichtlich völlig durch. Empört schrieb der »kicker«: „Während die Polizei besondere Maßnahmen zum Schutz von Egon Coordes und auch seiner Familie getroffen hat, provozierte der Trainer zum Schrecken der Frankfurter Sicherheitskräfte die kleine Schar Stuttgarter Fans, indem er sich vor ihrem Block aufbaute. Noch peinlicher in der 6. Spielminute der Zwischenfall mit Fotoreporter Herbert Rudel. Als der Coordes ablichten wollte, warf der Trainer mit den Nummerntafeln für die Auswechselspieler nach ihm. ‚Ich habe keinen Fotografen gesehen, wollte nur probieren, wie der Wind steht', redete sich Coordes raus. Rudel behauptete das Gegenteil, spricht von einem Dialog mit Coordes, der mit folgenden Worten des Trainers geendet haben soll: ‚Nachher komm' ich und hau dir auf die Fresse'!". Zwar wurde eine Woche später eine Gegendarstellung Coordes' abgedruckt, in der der Trainer das Fachblatt in allen Punkten widerlegte, doch daß die Ehe VfB/Coordes, erst zu Saisonbeginn geschlossen, vom ersten Tag an eine Unglückliche gewesen war, konnte auch dies nicht mehr vertuschen. Trainer-Neuling Coordes war unnahbar, verteilte ständig verbale Attacken, griff seinen bei den Fans beliebten Vorgänger Willi Entenmann an und verdarb sich in Spielerkreisen so ziemlich alle Sympathien. Die Stimmung bei Heimspielen war schauderhaft gewesen. Schmährufe und gellende Pfeifkonzerte waren aufgekommen, wann immer Coordes und der VfB das heimische Neckarstadion betreten hatten. Eine Situation, mit der niemand glücklich sein konnte. Der VfB ließ sich dennoch Zeit mit seiner Entscheidung, ob es auch über die laufende Saison hinaus mit Coordes weitergehen sollte. „Am 25. Juli ist Mitgliederversammlung", hieß es lediglich. Schlußendlich war es Coordes selbst, der die Konsequenzen zog. In der zweiten Juni-Woche verkündete er, zum Saisonende vorzeitig von seinem Vertrag zurückzutreten. Eine Entscheidung, die allenthalben Erleichterung auslöste. Beim darauffolgenden Heimspiel gegen Bayern München gab es erstmals kein Pfeifkonzert für die Schwaben, aus Spielerkreisen wurde vorsichtige Zustimmung signalisiert, und die angesichts der Dauerquerelen um Coordes in Gefahr geratene sportliche Zukunft des VfB sah nun auch wieder besser aus. Problematisch war da allein der hohe Trainerverbrauch, den der VfB in den letzten Jahren gezeigt hatte. Nach der Ära Sundermann hatten sich Buchmann, erneut Sundermann, Benthaus, Baric, Entenmann und Coordes die Klinke gegenseitig in die Hand gedrückt – mit in der Regel eher kurzen Amtszeiten und höchst unterschiedlichem Erfolg. Nun sollte es ein ganz großer Name richten: Arie Haan, einstiger holländischer Nationalspieler bei Ajax Amsterdam.

Uwe Klimaschefski, 141

Verein:	FC Homburg
Vorgänger:	Gerd Schwickert
Erster Amtstag:	1. Juli 1987
Tabellenstand:	Platz 16 (Saison 1986/87)
Letzter Amtstag:	2. Oktober 1987
Tabellenstand:	Platz 17
Amtszeit:	3 Monate
Nachfolger:	Gerd Schwickert

„Jetzt wird alles gut", hatten sie in Homburg im Mai 1987 gejubelt. „Klima" sollte zurückkommen, das Idol der Homburger Jugend, der Held des Saarfußballs. Doch Klima ging an Krücken – im wahrsten Sinne des Wortes: Er hatte sich operativ die O-Beine richten lassen. Also mußte FCH-Geschäftsführer Gerd Schwickert den Klassenerhalt per Nachsitzen gegen den Zweitligadritten FC St. Pauli erreichen, und Klima kam erst zur Saison 87/88.

In der war Homburgs Markenzeichen der Saison 86/87 – Chaos – erneut aktuell. Kaum hatte sich Routinier Kelsch mit „Voraussetzung für einen erfolgreichen Saisonverlauf ist vor allem, daß der neue Trainer und die neu zusammengestellte Mannschaft zunächst einmal in Ruhe arbeiten können" geäußert, ging es auch schon rund. Klima geriet ins Kreuzfeuer der Kritik und wurde von den (wenigen) FCH-Fans mit „Klima raus"-Rufen bedacht. Zehn Spiele waren bestritten, da hatte sich Homburg schon wieder auf einem Abstiegsplatz eingenistet. Nach dem 0:3 in Köln kommentierte ein Fan bitter: „Die grünen Trikots passen gut zu dieser Gurkentruppe", derweil sich Kölns Geschäftsführer Michael Meier über die neunzigminütige Defensivtaktik der Klimaschefski-Schützlinge wunderte: „Die kamen ja selbst nach dem 2:0 für uns nicht raus."

Aber Moment mal - „Klima" hatte ja gar nicht auf der Bank gesessen! Daheim am Radio hatte er die Begegnung verfolgt, denn seine operierten Beine machten Probleme. Seit Wochen schon war er deshalb vertreten worden von Geschäftsführer Gerd Schwickert, der ja in der Vorsaison schon ein paar Erfahrungen auf dem Trainerstuhl hatte sammeln können. Doch nun gab es Ärger, denn eigentlich sollte Klima nach dem Köln-Spiel wieder auf der Trainerbank Platz nehmen. Eine Vorstellung, die einigen Herren in Homburg offensichtlich nicht gefiel. Präsident Ommer äußerte sich jedenfalls mit einem deutlichen „ich bin ein Schwickert-Fan, was den Trainer angeht." Ein Seitenhieb in Richtung seines Vorsitzenden Udo Geitlinger, der darauf bestand, seinem Freund Klima wieder die Verantwortung zu übergeben. Tollhaus Homburg - und dabei ging es doch jetzt erst so richtig los! Am Donnerstag bat nämlich Klimaschefski plötzlich von sich aus um vorzeitige Vertragsauflösung (gesundheitliche Gründe), der das zerstrittene FCH-Duo Geitlinger/Ommer postwendend nachkam. Nicht ohne schalen Beigeschmack. „Seit Wochen habe ich gehört, die Leute kämen wegen Klimaschefski nicht mehr. Daß 5.000 mehr kämen, wenn wir uns von ihm trennen würden. Jetzt sind es wieder nur 8.000, obwohl wir daheim die Bayern und Frankfurt geputzt haben. Einmal muß man hier einen Schlußstrich unter den Profifußball ziehen. Wofür treibt man eigentlich den ganzen Aufwand?", schimpfte Udo Geitlinger über das Homburger Publikum und drohte mit Rücktritt.

Josip Skoblar, 142

Verein:	Hamburger SV
Vorgänger:	Ernst Happel
Erster Amtstag:	1. Juli 1987
Tabellenstand:	Platz 2 (Saison 1986/87)
Letzter Amtstag:	9. November 1987
Tabellenstand:	Rang 9
Amtszeit:	4 ½ Monate
Nachfolger:	Willi Reimann

Ein schwereres Erbe war kaum vorstellbar. Ernst Happel, den Wiener Fußball-Grantler und begnadeten Strategen, hatte Josip „Joschi" Skoblar, einst in Sachen „Tore schießen" für Olympique Marseille und Hannover 96 unterwegs, beerbt. Auf Anraten von Branko Zebec war der Jugoslawe in den Volkspark gekommen. Dort hatte man jedoch so seine Zweifel, ob Skoblar der richtige Mann sei, den HSV-Dampfer auf Erfolgskurs zu halten. Sicher, er kam mit der Referenz, Hajduk Split zum Pokalsieg in Jugoslawien geführt zu haben, doch internationale Erfahrung hatte „Joschi" kaum aufzuweisen.

Was kam, war eine regelrechte „Horrorstory" – und das ausgerechnet zum 100. Vereinsjubiläum. Es begann mit dem Aussetzer von Uli Stein im Supercup-Spiel gegen Bayern München. Der Nationalkeeper schlug Jürgen Wegmann die rechte Faust ins Gesicht, wurde dafür des Feldes verwiesen und vom HSV wenig später entlassen. Damit hatte Skoblar plötzlich ein Torhüterproblem, das ein Mann namens Mladen Pralija lösen sollte. Der als „bester Torhüter Jugoslawiens" geltende Pralija schrieb jedoch ein wenig rühmliches Stückchen Bundesligageschichte. Bei seinem Einstand – einem 0:6 in München - hatte er ob seiner Leistung sämtliche Lacher auf seiner Seite und war fortan der „Fliegenfänger". Zwar war Pralija keineswegs der einzige HSV-Akteur, der neben sich stand, doch seine Eskapaden zwischen den Pfosten waren halt häufig spielentscheidend.

Die Talfahrt der Rautenträger war beängstigend. Nach 15 Spielen rangierte der Mitfavorit auf Rang 9 und hatte bereits 37 Gegentore eingefangen. Skoblar war da längst in die Schußlinie geraten. Zwar erhielt der Coach Rückendeckung von seiner Mannschaft (Thomas von Heesen: „Er kann doch nicht die Tore für uns schießen"), doch seine zurückhaltende Taktik (oft nur mit zwei Spitzen) und sein ständiges Aufstellungswirrwarr sorgte für Verstimmung. Nach der 0:2-Niederlage in Leverkusen waren Skoblars Tage gezählt. Während der »kicker« noch schrieb: „Ob Skoblar schon in dieser Woche beurlaubt wird, scheint allerdings unwahrscheinlich. Der neue Präsident Ernst Naumann ist erst sieben Tage im Amt – und er gilt als besonnener Mann", war Skoblar schon auf dem Weg in den „Urlaub". Tags zuvor hatte er selbst seinen Hut genommen und die Brocken hingeschmissen. „Joschi war viel zu weich für diesen HSV", kommentierte Ex-HSV-Manager Netzer und freute sich auf Nachfolger Reimann, der sich bei seinen vorherigen Stationen Altona 93 und FC St. Pauli den Ruf als „harter Hund" erworben hatte. Reimanns erste Maßnahme war, mit Jupp Koitka einen neuen Keeper zu verpflichten.

Hannes Bongartz, 143

Verein:	1. FC Kaiserslautern
Vorgänger:	Manfred Krafft
Erster Amtstag:	1. Juli 1985
Tabellenstand:	Platz 11 (Saison 1984/85)
Letzter Amtstag:	11. November 1987
Tabellenstand:	Platz 14
Amtszeit:	29 Monate
Nachfolger:	Josef Stabel

Eben noch hatte Hannes Bongartz über Neuzugänge nachgedacht. „Wenn wir voll überzeugt sind, das ist der Mann, den wir gebrauchen und auch finanzieren können, dann greifen wir zu", erklärte er Journalisten seine diesbezügliche Strategie. Gerade hatte der FCK beim 2:3 in Homburg die achte Auswärtsschlappe der Saison kassiert und war damit einen weiteren Schritt an die Abstiegszone herangerückt. Angesprochen auf einen vorzeitigen Ausstieg oder etwa seine mögliche Entlassung zeigte sich Bongartz optimistisch. Trotz der Talfahrt würde ihm das FCK-Präsidium unverändert den Rücken stärken. Vier Tage später sah die Welt völlig anders aus. Am Mittwoch, dem 11. November 1987, um 13 Uhr, ging nämlich plötzlich die Meldung über den Ticker, Bongartz sei entlassen worden. Eine skurrile Geschichte, die selbst in der an seltsamen Anekdoten wahrlich nicht armen Bundesliga hohe Wellen schlug. Die Ereignisse im Zeitraffer: Um 12.43 Uhr hatten Hannes Bongartz und FCK-Präsident Jürgen Friedrich, der am Dienstag gegenüber der Presse noch geäußert hatte „Bongartz ist der sportliche Leiter und natürlich muß über seine Position nachgedacht werden, wenn sich der Erfolg nicht einstellt. Eine Trennung wäre vielleicht die einfachste Lösung, aber vorerst denke ich nicht daran. Denn das wäre wieder ein geeignetes Alibi für die Spieler", bei einem Sektempfang anläßlich des 44. Geburtstags von „Atze" Friedrich noch mit Sekt angestoßen. Doch kaum waren Bongartz die ersten Schlucke des prickelnden Getränks die Kehle heruntergelaufen, hatte er eine ganz dicke Kröte schlucken müssen. Beiläufig hatte Friedrich seinem „Freund" (O-Ton Friedrich) mitgeteilt, daß er entlassen sei. Begründung: „Die Mannschaft hat sich auseinandergelebt, zu viele Gruppen existierten, der Keil hatte nicht mehr eine Spitze, sondern war ein Fünf-Zack." Bongartz gab sich gefaßt. „Wir haben auf Atzes Geburtstag angestoßen, dann haben wir uns getrennt", formulierte er seine Sicht der Dinge später, derweil der »kicker« schelmisch darauf hinwies, daß man ja den 11.11. schreibe: „Er wurde zu einem der närrischsten Tage in der Geschichte des 1. FC Kaiserslautern."

Nun, zum Lachen war wahrlich nicht jedem zumute. Bongartz sicher nicht, und auch seinem Co-Trainer Ernst Diehl nicht. Der nämlich verkündete wenige Stunden später aus Protest seinen Rücktritt und beschränkte sich fortan auf seinen Job als FCK-Jugendtrainer. Ein anderer hingegen dürfte sich das Schmunzeln kaum verkniffen haben: Wolfram Wuttke, der sich einen Dauerstreit mit Bongartz geliefert hatte und sich nach dessen Abschuß als Sieger fühlen konnte. Für die sportlichen Dinge auf dem Betzenberg war derweil FCK-Amateurtrainer Sepp Stabel verantwortlich, der nach einer Interimszeit eigentlich durch „Schlappi" Schlappner ersetzt werden sollte. Das aber unterblieb, da sich Lauterns Fans vehement gegen den Waldhöfer aussprachen. Verrückte Tage.

Horst Köppel, 144

Verein:	Bayer Uerdingen
Vorgänger:	Karlheinz Feldkamp
Erster Amtstag:	1. Juli 1987
Tabellenstand:	Platz 8 (Saison 1986/87)
Letzter Amtstag:	1. Dezember 1987
Tabellenstand:	Platz 14
Amtszeit:	5 Monate
Nachfolger:	Rolf Schafstall

Minuten nach Uerdingens 1:3-Niederlage beim FCN gab es im Nürnberger Frankenstadion plötzlich Unruhe im Bayer-Lager. „Wer hat ihnen das gesagt", giftete Manager Roder Journalisten an, die ihm zugetragen hatten, ein Spieler habe sich mit „die Fehler werden doch bei uns ganz woanders gemacht" geäußert. Dicke Luft in Krefeld-Uerdingen, wo man nach den fetten Jahren unter Kalli Feldkamp nun magere fürchtete. Nicht zu Unrecht, denn mit der Schlappe in Nürnberg waren die Bayer-Kicker auf Rang 14 abgerutscht und steckten mitten im Abstiegskampf. Auch Trainer Köppel war schockiert. „Das glaube ich ihnen nicht. Der Spieler soll mir das selbst sagen. Wer war das?", stammelte er gegenüber Journalisten, die ihm postwendend den Namen des Betreffenden verrieten: Friedhelm Funkel, in Nürnberg nicht zum Einsatz gekommen, aber von Köppel rund 25 Minuten lang zum Warmlaufen geschickt. Funkels Aussage schien keineswegs nur aus dem Frust des Nichteinsatzes getroffen worden zu sein, denn in Uerdingen lag einiges im Argen. Der von Köppel propagierte attraktive Angriffsfußball beispielsweise war längst kläglich gescheitert – Akteure wie Herget, Bommer und Kuntz schienen nicht dafür geeignet zu sein. Dennoch hatte sich der im Juli 1987 vom sicheren DFB-Job auf den Schleudersitz Bundesligatrainer gewechselte Köppel zuversichtlich gezeigt. „Ich will langfristige Arbeit verrichten, und der Vorstand steht hinter mir. Ich kenne die Leute zu gut, als daß ich mir Sorgen machen müßte", hatte er Mitte November in einem Interview geäußert. Ob es nun an mangelnder Menschenkenntnis lag oder Köppel einfach nur zu naiv war – keine zwei Wochen nach diesen optimistischen Äußerungen war er jedenfalls entlassen. Völlig überraschend für Außenstehende, und nach Ansicht einiger Spieler auch „bedauerlich". Köppel selbst war wie vor den Kopf geschlagen. „In der Winterpause müssen wir einen Schlußstrich ziehen und bei Null anfangen. Dann müßten wir in der Rückrunde noch etwas erreichen können", hatte er gerade noch die Weichen für seine Zukunft in Uerdingen gestellt - und nun stellten ihm die Bayer-Verantwortlichen plötzlich den Stuhl vor die Tür! Begründung: „Für unsere Fans war die Grenze des Zumutbaren überschritten. Wir mußten reagieren. Nach der Niederlage in Nürnberg wäre dem Trainer am Samstag in Uerdingen doch der blanke Haß entgegengeschlagen."

Für den »kicker« war der Fall klar: „Ein billiges Alibi, „denn mit jeder Niederlage hatte sich die Stimmung im Kader mehr gegen Köppel gewendet." Was genau passierte, blieb allerdings unter dem Deckmäntelchen der Verschwiegenheit: Die Spieler hatten einen Maulkorb bekommen, und Vorstand wie Köppel schwiegen beharrlich und gingen zum Tagesgeschäft über. Das hieß für Uerdingen Rolf Schafstall, und für Horst Köppel Dortmund, wo er im Sommer 1988 seine Zelte aufschlug.

Rolf Schafstall, 145

Verein:	Schalke 04
Vorgänger:	Diethelm Ferner
Erster Amtstag:	1. Juli 1986
Tabellenstand:	Platz 10 (Saison 1985/86)
Letzter Amtstag:	7. Dezember 1987
Tabellenstand:	Platz 16
Amtszeit:	18 Monate
Nachfolger:	Horst Franz

„Schicksalsspiel mit Zweitliga-Niveau", titelte der »kicker« nach Schalkes Auftritt im Niedersachsenstadion Hannover, wo die Königsblauen mit 1:3 verloren hatten. Platz 16, der drohende Verlust von Nationalspieler Olaf Thon (»kicker«: „80:20 – Thon geht nach Italien") und eine gelinde gesagt „bescheidene" Darbietung im Niedersachsenstadion ließen nachdenkliche Stimmung am Schalker Markt aufkommen.

Mitten hinein platzte am 7. Dezember 1987 die Bombe. „Ich war total überrascht. Am Montag um 17.15 Uhr erfuhr ich davon über Videotext im Fernsehen. Bis dahin war ich völlig ahnungslos. Selbst am Samstag bei der Weihnachtsfeier mit dem Trainer fiel darüber kein Wort", gab sich Olaf Thon entsetzt über das, was er gerade erfahren hatte: Rolf Schafstall hatte das Handtuch geworfen! Hintergrund war, daß sich Schafstall mit Bayer Uerdingen, wo kurz zuvor Horst Köppel entmachtet worden war, geeinigt hatte, noch vor dem Jahreswechsel das Training zu übernehmen. „Ich will nicht sagen, daß wir uns von ihm im Stich gelassen fühlen. Doch eigenartig ist das schon. Ob er mit Uerdingen erfolgreicher sein wird, muß sich zeigen", gab sich Thon ziemlich enttäuscht.

Schalkes Präsident Siebert war da schon fröhlicher. „Das war für uns ein vorweggenommenes Weihnachtsgeschenk", frohlockte er, denn das Präsidium der Königsblauen hatte Schafstall schon lange loswerden wollen, davon aber aus finanziellen Gründen immer wieder abgesehen. „Der liebe Gott hat mir die Entscheidung abgenommen", schmunzelte Siebert. Er und Schafstall hatten seit längerem im Clinch gelegen. Siebert hatte mehrfach deutlich gemacht, das er vor allem über das nach seiner Ansicht zu lasche Training enttäuscht sei.

Schafstall wollte sich nicht über die wahren Hintergründe äußern, meinte aber: „Ich war gerne in Schalke, weil dies in Deutschland ein ganz besonderer Klub ist. Doch ich möchte auch behaupten, daß bei keinem anderen Verein der Streß so groß ist. Ich kann mir gut vorstellen, daß in Uerdingen das Umfeld ruhiger ist."

Die Suche nach einem Schafstall-Nachfolger gestaltete sich schwierig. Nachdem zunächst mit Hannes Bongartz alles klar zu sein schien, mußte der schließlich schweren Herzens absagen, weil es mit seinem früheren Arbeitgeber 1. FC Kaiserslautern Probleme gab. So kam Kandidat Nummer 2, der ehemalige Bielefelder Wundermann Horst Franz, der aus seinem laufenden Vertrag bei Rot-Weiß Essen herausgekauft und von Günter Siebert als „der richtige Mann für uns" bezeichnet wurde. Das Ende vom Lied? Schalke wurde Letzter, stieg mit Pauken und Trompeten ab und stand vor einer unsicheren Zukunft. Spätestens da wußte Rolf Schafstall, daß er richtig gehandelt hatte. Er war nämlich mit Uerdingen sicherer Elfter geworden.

Gerd Schwickert, 146

Verein:	FC Homburg
Vorgänger:	Uwe Klimaschefski
Erster Amtstag:	3. Oktober 1987
Tabellenstand:	Platz 17
Letzter Amtstag:	6. Februar 1988
Tabellenstand:	Platz 18
Amtszeit:	4 Monate
Nachfolger:	Slobodan Cendic

Eben noch an der sonnigen Côte-d'Azur, mit viel Freude an der körperlichen Vorbereitung des um den Ex-HSVer Lothar Dittmer erweiterten Homburger Bundesligakaders gefeilt, und dabei mit eher mäßigen Ergebnissen bedacht worden (»kicker«: Homburg fehlte die mannschaftliche Geschlossenheit"), hatte Schwickert plötzlich die Nase voll. „Es hat keinen Zweck mehr. Ich höre auf. Sofort", teilte der erst im Oktober 1987 für den inzwischen bei Bayernligist München 1860 untergekommenen Uwe Klimaschefski eingesprungene und analog zu Franz Beckenbauer als „Teamchef" bezeichnete Schwickert seinem Manager Udo Klug beim Mittagessen vor dem Rückflug in die Heimat mit.

Homburgs umstrittene Führungsriege um Manager Klug, Vorsitzendem Geitlinger und Präsident Ommer war ratlos. Zwar gelang es ihr noch, Schwickert zum Weitermachen „bis wir einen Nachfolger haben" zu überreden, doch Schwickerts Entschluß stand unwiderruflich fest: „In Zukunft ohne mich." Was dem Geschäftsführer und „Teamchef" so die Laune verdorben hatte, waren die einzigartigen Homburger Begleitumstände, die zuvor schon Fritz Fuchs, Udo Klug und Uwe Klimaschefski den Kopf gekostet hatten. „Ich habe diesen Job übernommen, weil er mir Freude macht. Doch die Freude ist inzwischen vergangen. Die Zusammenarbeit mit der Mannschaft ist alles andere als befriedigend", begründete Schwickert seine freiwillige Demission.

Aber auch die außersportlichen Verhältnisse waren haarsträubend. Da war beispielsweise Präsident Ommer mit seinem umstrittenen Modell mit Spielern als Anlageobjekten, dessen Erfolg elementar vom Verbleib im Oberhaus abhängig war. Entsprechend mischte sich Ommer immer wieder in den Trainingsbetrieb ein und untergrub damit die Autorität seines Übungsleiters, der schon im November 1987 aus ähnlichen Gründen die Brocken hatte hinschmeißen wollen. Und da war Vorsitzender Geitlinger, dessen Herz so sehr am FCH hing, daß er sich viel zu häufig von seinen Emotionen leiten ließ. Auslöser für Schwickerts plötzlichen Rückzug war ein Vorfall im Trainingslager gewesen, als die Mannschaft bei einem fröhlichen Beisammensein um Mitternacht von Schwickert aufgefordert worden war, nun ins Bett zu gehen, jedoch unter ausdrücklicher Billigung von Ommer und Geitlinger noch eine weitere Stunde beim fröhlichen Zechen geblieben war. Dem derart düpierten Schwickert war danach keine andere Wahl geblieben, als seinen Hut zu nehmen. Trainer Nummer 5 in nur eineinhalb Bundesligajahren wurde Slobodan Cendic – Wunschkandidat Geitlingers, aber alles andere als Kandidat Nummer 1 von Ommer. Ärger war also vorprogrammiert. Gerd Schwickert konnte das egal sein. Der zog sich wieder auf den Posten des Geschäftsführers zurück und verfolgte von dort, wie die Saarländer mit reichlich Negativschlagzeilen aus dem Oberhaus abstiegen.

Reinhard Saftig, 147

Verein:	Borussia Dortmund
Vorgänger:	Pal Csernai
Erster Amtstag:	20. April 1986
Tabellenstand:	Platz 16
Letzter Amtstag:	26. Juni 1988
Tabellenstand:	Platz 13 (Saison 1987/88)
Amtszeit:	26 Monate
Nachfolger:	Horst Köppel

Die Saison hatte noch nicht angefangen, da war bei Borussia Dortmund schon wieder kräftig Feuer unterm Dach. Reinhard Saftig, seit rund zwei Jahren im Amt des BVB-Cheftrainers, hatte vom Vorstand Rückendeckung für die von ihm geplante Entmachtung Frank Mills als Kapitän gefordert. Als sich Präsident Niebaum zierte, zog Saftig seine Konsequenzen – und kündigte! Dabei hatte alles so optimistisch begonnen. Zum Trainingsauftakt waren rund 10.000 schwarz-gelbe Fähnchen verteilt worden, die Neuzugänge Michael Rummenigge, Matthias Ruländer und Thomas Kroth waren von ZDF-Reporter-Flaggschiff Töpperwien vorgestellt worden, und Reinhard Saftig hatte überaus optimistisch auf das bevorstehende Trainingslager in Erbismühle/Taunus geblickt.

Der Streit zwischen Saftig und Mill war nicht neu, sondern hatte lediglich seit Beginn der zeitgleich in Deutschland laufenden Europameisterschaft geruht. Bei einem „Friedensgespräch" hatte sich Saftig seinerzeit ausdrücklich das Recht ausgehandelt, den künftigen Kapitän selbst bestimmen zu dürfen. Ein Recht, auf das er nun pochte, und das ihm auch nicht streitig gemacht werden sollte – allerdings war der BVB-Vorstand der Meinung, daß „es mit der Kapitänswahl noch gut zwei bis drei Monate Zeit hat, in der Frank Mill weiter sein Amt ausüben" könne. War Saftig also an einer Lappalie gescheitert? Im Grunde genommen ja, wenngleich das Verhältnis zwischen Trainer und Mannschaft bzw. Vorstand schon seit längerem abgekühlt war. „Das Präsidium ist mir in den Rücken gefallen! Ich hatte im Vertrag alle Vollmachten, in Wirklichkeit hat sie mir der BVB nicht gegeben", schimpfte Saftig nach seiner Demission. „Ich wäre gerne in meine dritte Saison beim BVB gegangen, aber nicht unter solchen Voraussetzungen." Präsident Niebaum sah das ein wenig anders. „Ich bin menschlich maßlos enttäuscht von Reinhard Saftig. Ich habe ihn in der Vergangenheit, als die Mannschaft schon gegen ihn war, immer geschützt. Jetzt läßt er mich so im Stich, wirft uns sogar vor, wir hätten ihn verraten. Das ist einfach nicht wahr. Tatsache ist, daß er sich äußerst ungeschickt verhalten hat." Am meisten ereiferte sich Niebaum über Saftigs Aussage, „heute ist es der Mannschaftskapitän, den ich nicht alleine bestimmen kann, morgen redet man mir in die Mannschaftsaufstellung hinein." So war es wohl für beide Seiten am besten, sich zu trennen. Nachfolger Saftigs wurde der Ex-Uerdinger Horst Köppel, der als erstes feststellte: „Mill ist eine Führungsperson." Kommentar »kicker«: „Dortmund hat eigentlich ideale Voraussetzungen, um auf Dauer ein Spitzenverein werden zu können. Doch bisher sind die Dortmunder immer an sich selbst gescheitert. Kaum ein Coach konnte ruhig aufbauen, in 21 Jahren verschlissen die Dortmunder sage und schreibe 34 Trainer! Jetzt darf man gespannt sein, ob sich Horst Köppel durchsetzen kann."

Karlheinz Feldkamp, 148

Verein:	Eintracht Frankfurt
Vorgänger:	Hans-Dieter Zahnleiter
Erster Amtstag:	1. Juli 1987
Tabellenstand:	Platz 15 (Saison 1986/87)
Letzter Amtstag:	14. September 1988
Tabellenstand:	Platz 16
Amtszeit:	15 Monate
Nachfolger:	Pal Csernai

„In Frankfurt tickt eine Zeitbombe", schlagzeilte der »kicker« in seiner Donnerstag-ausgabe vom 18. August 1988. Gerade hatten die Adlerträger Kontakt zu einem Polen namens Dariusz Dziekanowski aufgenommen und damit einen weiteren Beweis ihres internen Durcheinander abgeliefert. Weder Manager Kraus noch Trainer Feldkamp hat-ten etwas davon gewußt, offenbar ein Alleingang von Schatzmeister Knispel. Kommen-tar Trainer Feldkamp: „Solange ich in diesem Verein Verantwortung mittrage, glaube ich, daß Spieler von der sportlichen Führung und nicht vom Schatzmeister verpflichtet werden." Sprach's und meldete sich krank: Bandscheibenschaden.

Nur zehn Wochen nach dem gewonnenen Pokalfinale gegen Bochum herrschte in Frankfurt also schon wieder dicke Luft – und all die zwischenzeitlich schwelenden Probleme kamen wieder hoch. Sicher, 1987/88 hatten die Adlerträger den Klassener-halt geschafft und waren Pokalsieger geworden – doch berauschend war es zu keiner Zeit gewesen, was die Feldkamp-Schützlinge geboten hatten. Feldkamp hatte sich zu-dem vorwerfen lassen müssen, an Andy Möllers Wechsel zu Borussia Dortmund nicht unbeteiligt gewesen zu sein: Feldkamp und Möller mochten sich nicht. Nachdem zu Saisonbeginn dann auch noch Spielmacher Detari die Eintracht verlassen hatte, war das sportliche Chaos ausgebrochen und die Eintracht mit 0:6-Startpunkten ans Tabellenen-de gerutscht. Angesichts dessen hatte Ex-Eintracht-Star Hölzenbein bereits unverblümt die Ablösung Feldkamps gefordert und die Verpflichtung eines jungen Jugoslawen, der bei Oberligist Rot-Weiß Frankfurt Schlagzeilen machte, angeregt. Doch der von Höl-zenbein ins Spiel gebrachte Dragoslav Stepanovic kam nicht. Statt dessen betreute zu-nächst Co-Trainer Zahnleiter die Mannschaft, derweil Feldkamp krankgeschrieben da-heim blieb.

Wie es weitergehen sollte, wußte niemand. Zwei Tage nach dem 1:0-Sieg über Köln (19. August) wurde Feldkamp für vier weitere Wochen krankgeschrieben. Der Frage, ob er überhaupt zurückkommen wolle, entging er zunächst, ließ aber später durch seine Frau mitteilen, daß er das sehr wohl tun würde. So zog sich die Geschichte bis Mitte September hin. Täglich gab es unterschiedliche Aussagen, derweil „Timo" Zahnleiter das Training leitete. Als Feldkamp Anfang September für weitere vier Wochen krankge-schrieben wurde und zudem eine anschließende Kur beantragte, platzte den Frankfur-tern der Kragen. Feldkamp und Manager Kraus wurden gefeuert – über die Gründe vereinbarten beide Seiten Stillschweigen. Angesichts der Vorgeschichte mußte man je-doch nicht lange suchen, um zu konstatieren, daß eine Rückkehr Feldkamps von bei-den Seiten offensichtlich nicht mehr gewünscht worden war. Nachfolger wurde Pal Csernai, der rasch Bekanntschaft mit dem „Tollhaus Waldstadion" machen sollte.

Jürgen Wähling, 149

Verein:	Hannover 96
Vorgänger:	Helmut Kalthoff
Erster Amtstag:	1. Juli 1986
Tabellenstand:	Platz 18 (Saison 1985/86)
Letzter Amtstag:	19. September 1988
Tabellenstand:	Platz 18
Amtszeit:	27 Monate
Nachfolger:	Hans Siemensmeyer

„Nicht alles, was aus Dänemark kommt, muß Käse sein", hatte eine hannoversche Tageszeitung im Sommer 1986 spitzfindig geschlagzeilt. Mit Jürgen Wähling war ein Mann ins Niedersachsenstadion gekommen, den so gut wie niemand kannte und dessen Verpflichtung von so ziemlich allen Experten mit Skepsis beurteilt wurde. Seit 1974 hatte der gebürtige Deutsche in Dänemark gearbeitet und war in Deutschland ein völlig unbeschriebenes Blatt. „Mit dem sollen wir wieder aufsteigen können?", fragten die 96-Fans ungläubig.

Zwölf Monate später waren die Roten wieder im Oberhaus. Wähling hatte ganze Arbeit geleistet und die 96-Fans, die noch immer Werner Biskup nachtrauerten, auf seine Seite gebracht. Doch Hannover 96 wäre nicht Hannover 96, würde man sich nicht im Erfolgsmoment selbst Knüppel zwischen die Beine werfen. Statt die Aufstiegsmannschaft zu halten, holte 96-Präsident Henze, genannt „Stumpen-Fredo", für 4 Mio. Mark Neuzugänge, die keinerlei Verstärkung darstellen sollten. Nicht nur wegen der Investitionen schlagzeilte der »kicker« in seinem Sonderheft zur Saison 87/88: „Kein Zweifel: 96 ist zum Erfolg verdammt. Einen neuerlichen Abstieg dürften die Fans dem Verein nicht so leicht verzeihen." 96 hatte tatsächlich Erfolg: Im Mai 1987 nahmen die Wähling-Schützlinge sogar Kontakt zu den UEFA-Cup-Rängen auf und beendeten die Saison als Zehnter. Hannover war eine Insel der Glückseligkeit.

In der Sommerpause schlug „Stumpen-Fredo" erneut zu. Unbrauchbare Spieler wurden geholt, dagegen Leistungsträger entlassen. Wähling klagte: „Hoffentlich habe ich für die neue Saison wenigstens so viele Leute, daß ich eine vernünftige Mannschaft aufstellen kann." Hatte er nicht. Nach acht Spielen zierte 96 abgeschlagen das Tabellenende. Trotz der zwischenzeitlichen Verpflichtung von Dieter Schatzschneider sah es düster aus. Schuld war, zumindest nach Ansicht von Präsident Henze, der Trainer. „Ich weiß wirklich nicht, wie es weitergehen soll", murmelte er vielsagend nach einer 0:4-Schlappe in Dortmund, die 96 noch tiefer in den Abstiegssumpf riß. Ausschlaggebend war dann ein peinliches 5:10 in einem Freundschaftsspiel gegen Odense BK. Tags darauf war Schluß für Wähling.

Gerüchten zufolge soll die Chemie zwischen Trainer und Mannschaft nicht mehr gestimmt haben. Torhüter Raps jedenfalls wich auf die Frage, ob Wähling die Mannschaft hatte führen können, vielsagend aus: „Es lag nicht an der weichen Welle, sondern daran, daß es bei Wähling keine klare Linie gab." Für den „zu weichen" Wähling kam mit Hans Siemensmeyer ein „harter Hund". Der langjährige 96er hatte zwischenzeitlich Dorfklub TSV Havelse in die 3. Liga geführt und stand vor einer „mission impossible".

Felix Latzke, 150

Verein:	SV Waldhof Mannheim
Vorgänger:	Klaus Schlappner
Erster Amtstag:	1. Juli 1987
Tabellenstand:	Platz 14 (Saison 1986/87)
Letzter Amtstag:	16. November 1988
Tabellenstand:	Platz 14
Amtszeit:	17 Monate
Nachfolger:	Günter Sebert

Einen Klaus Schlappner zu beerben ist alles andere als eine dankbare Aufgabe. Zumal Waldhofs Volksheld, der seinen Buben im Sommer 1987 den Rücken gekehrt hatte, auch noch eine Legende hinterlassen hatte, die bereits am Bröckeln war. Waldhofs Buben waren erwachsen (und schwierig) geworden – oder hatten den Verein verlassen –, das jahrelange Drama um die ungeklärte Stadionfrage hatte an den Nerven gezehrt, und der Zuschauerzuspruch im Ausweichdomizil Ludwigshafen war deutlich nach unten gegangen. Nicht ohne Folgen. Zwar kickten die Waldhöfer seit August 1988 wieder in Mannheim, doch die sportliche Talfahrt war nicht mehr aufzuhalten. Nachdem es 1987/88 nur im Nachsitzen gegen die ausgerechnet von Schlappner trainierten Darmstädter Lilien zum mehr als glücklichen Klassenerhalt gereicht hatte, drohten im Herbst 1988 schon wieder sämtliche Lichter am Alsenweg auszugehen. Schlappner-Nachfolger Felix Latzke stand da längst in der Kritik. Vor dem Spiel beim 1. FC Köln am 2. November stand er erstmals auf der Abschußliste, vermochte seine Demission dank eines überraschenden 2:1-Sieges (»kicker«: „Fußball verkehrt im Müngersdorfer Stadion – Waldhof machte aus drei Chancen zwei Tore") jedoch noch einmal hinauszuzögern. Vier Tage später saß beim Heimspiel gegen die Stuttgarter Kickers dennoch Co-Trainer Sebert auf der Waldhof-Bank. Hintergrund war der Tod von Latzkes Schwiegervater, zu dessen Beerdigung Waldhofs Coach in seine Heimatstadt Wien geeilt war. Waldhofs Vorstand schob den aufkommenden Spekulationen jedoch sofort einen Riegel vor. Mit der Aussage „wir brauchen uns nicht vor oder hinter den Trainer zu stellen", wies man Gerüchte über eine bevorstehende Entlassung Latzkes zurück.

Doch wie so häufig kam es ganz anders. Nach dem 1:5 im Hamburger Volksparkstadion war Latzkes letzte Stunde auf dem Waldhof deutlich nähergerückt. „Wir hätten leicht höher verlieren können", diktierte Latzke nach dem Schlußpfiff traurig in die Stenoblöcke der Journalisten und gab sich kämpferisch: „Wir müssen jetzt eben gegen Hannover und St. Pauli punkten." Drei Tage später gab es ein 1:1 gegen Hannover 96, das sich als letztes Spiel unter Latzkes Ägide entpuppen sollte. „Es ist genug geredet worden, jetzt muß gehandelt werden", hatte der Österreicher vor Spielbeginn noch gefordert und sein Team total umgekrempelt. Vergeblich. Nach Bockenfelds Führungstreffer hatte 96 quasi mit dem Schlußpfiff den Ausgleich erzielt, der Latzke den Job kostete.

Unmittelbar nach Spielschluß zog sich Waldhofs Präsidium zu einer Krisensitzung zurück, an deren Ende Latzke arbeitslos und Co-Trainer Günter Sebert neuer Waldhof-Coach war. „Wir müssen mit dem Unentschieden leben", waren Latzkes Worte nach dem Spiel gewesen. Es waren seine letzten als Waldhof-Coach.

Pal Csernai, 151

Verein:	Eintracht Frankfurt
Vorgänger:	Karlheinz Feldkamp
Erster Amtstag:	15. September 1988
Tabellenstand:	Platz 16
Letzter Amtstag:	12. Dezember 1988
Tabellenstand:	Platz 15
Amtszeit:	3 Monate
Nachfolger:	Jörg Berger

Der Begriff "Theater" fällt ja gerne mal im Zusammenhang mit einer Trainerentlassung. Was sich jedoch im Spätherbst 1988 bei Eintracht Frankfurt ereignete, hatte den Begriff Theater längst nicht mehr verdient. Erst drei Monate zuvor hatte Pal Csernai das Ruder der Riederwälder in seine Hände genommen – als es ihm auch schon wieder weggenommen wurde. Hintergrund war ein Führungswechsel auf der Frankfurter Vorstandsetage. Mit Präsident Matthias Ohms, Vizepräsident Bernd Hölzenbein und Manager Jürgen Friedrich hatte zwei Wochen zuvor ein neues Team die Geschicke der Adlerträger übernommen und sofort hart durchgegriffen. "Pal Csernai ist nicht mehr tragbar", hieß es plötzlich. Auslöser waren Vorgänge beim 1:0-Sieg der Eintracht über Hannover 96 am 3. Dezember, als der Ungar vom Frankfurter Publikum mit Hohn und Spott übergossen worden war. Die Frankfurter Zuschauer kamen mit der verschlossenen Art Csernais nicht klar und konnten sich auch mit dem zweckgebundenen Defensivfußball des Ex-Bayern-Coaches nicht anfreunden.

"In der Form, in der Pal Csernai diskreditiert worden ist, war eine weitere Zusammenarbeit nicht mehr möglich", begründete Manager Friedrich, der kurz zuvor noch in Diensten des Eintracht-Rivalen 1. FC Kaiserslautern gestanden hatte, Csernais Entlassung unmittelbar nach Beginn der Winterpause. Zweifelsohne war Csernai nicht unschuldig an der Entwicklung gewesen: Er hatte sich mit Vizepräsident Hölzenbein angelegt, sich von den Zuschauern provozieren lassen und die Mannschaft öffentlich schlechtgeredet. Doch daß er deshalb gleich "untragbar" sein solle, spottete jeder Beschreibung.

"Es ist betont worden, daß man mit meiner Arbeit zufrieden sei. Doch wenn ein neuer Präsident kommt, will er auch neue Leute um sich haben. Das erlebt man im Fußball häufiger. Im September war ich die neue Motivation. Drei Monate später ist es schon überraschend, daß man wieder keinen anderen Sündenbock als nur den Trainer fand", gab sich der Betroffene geschockt über die Entwicklung. Die wurde nun immer skurriler. Nachfolger Csernais sollte nämlich ausgerechnet Hannes Bongartz werden, ein Freund von Manager Friedrich. Das roch kräftig nach abgekartetem Spiel!

Doch weil Bongartz aus seinem laufenden Vertrag beim FC Zürich nicht herauskam, kam schließlich Jörg Berger, den die Frankfurter für viel Geld vom Sport-Club Freiburg loseisen mußten. Bergers Plus war, daß er genügend Erfahrungen mit Chaosklubs wie Eintracht Frankfurt hatte: Er war zuvor schon in Düsseldorf und Hannover gescheitert.

Hans Siemensmeyer, 152

Verein:	Hannover 96
Vorgänger:	Jürgen Wähling
Erster Amtstag:	19. September 1988
Tabellenstand:	Platz 18
Letzter Amtstag:	21. März 1989
Tabellenstand:	Platz 17
Amtszeit:	6 Monate
Nachfolger:	Reinhard Saftig

Auf der Tribüne im Leverkusener Ulrich-Haberland-Stadion ging es hoch her. "Da drüben", tuschelten einige 96-Fans, "sitzt der Henze, und labert mit dem Rainer Bonhof." "Was soll das bedeuten?", fragten sich die mitgereisten Fans der Roten. 96-Boß Henze blieb eine Stellungnahme schuldig und redete sich heraus. "Ich habe heute nicht nur mit Bonhof gesprochen, sondern mit vielen Leuten. Da wird nichts übers Knie gebrochen." Moment mal – "übers Knie gebrochen?" Noch war doch Hans Siemensmeyer, 96-Urgestein und erst im September für den glücklosen Wähling ans Ruder getreten, im Amt! Der hatte schließlich auch auf der Pressekonferenz seine Meinung zum Gesehenen zum Besten geben dürfen – als amtierender 96-Trainer wohlgemerkt. "Es gab Spieler, an denen lief das Spiel vorbei", erklärte Siemensmeyer nach der 1:3-Schlappe beispielsweise, was Gregor Grillemeier ziemlich empörte: "Dann soll er auch Namen nennen", forderte der Stürmer und bestätigte einmal mehr, daß es mit der Harmonie bei den Niedersachsen nicht weit her war. Dennoch: Sollte man gleich den Trainer wechseln? Nun, offiziell ging es eigentlich auch "nur" um einen Coach zur nächsten Saison, denn da sollte/wollte Siemensmeyer definitiv nicht mehr auf der Brücke des schwankenden 96-Schiffes stehen. Von "sofort" aber war niemals die Rede gewesen. Auch nicht im Zusammenhang mit Reinhard Saftig, der ebenfalls in Leverkusen gewesen war und sich mit Henze unterhalten hatte. "Wir haben mit ihm gesprochen, aber von konkreten Angeboten kann keine Rede sein", bestätigte Henze – und ließ offen, was nun geschehen würde. In den darauffolgenden Tagen kochte die Gerüchteküche mal wieder auf Hochtouren. Am Dienstag trat Präsident Henze vor die Öffentlichkeit und sprach von einem geheimnisvollen "Mr. X", dessen Namen er erst in der Woche nach Ostern bekanntgeben wolle. Alsdann entwickelte der hannoversche Kalender ein interessantes Eigenleben – 24 Stunden später war nämlich plötzlich Ostern! Und das Ei, das im Nest der 96er lag, war dann auch keineswegs ein "Mr. X", sondern Reinhard Saftig. Überraschend war neben dem Zeitpunkt der Verkündung vor allem der Zeitpunkt des Wechsels: Sofort nämlich, weil, kaum daß Hans Siemensmeyer von der Saftig-Verpflichtung erfahren hatte, er auch schon die Brocken hingeworfen hatte. "Damit hat Saftig die Chance, die Mannschaft auch in bezug auf die neue Saison aufzubauen." Saftig war es recht. "Sicher ist es besser, wenn ich sofort anfangen kann. So gibt es kein böses Blut", meinte er, und nannte als Grund für sein Kommen "das tolle Publikum in Hannover. Die Fans sind begeisterungsfähig, und mit dieser Unterstützung sollte der Abstieg zu vermeiden sein." Eine Einschätzung, die wohl nicht ganz richtig war. Kaum war die Saison vorbei und 96 abgestiegen, verzichtete er auf die Verlängerung seines Kontraktes und verließ 96.

Rinus Michels, 153

Verein:	Bayer Leverkusen
Vorgänger:	Erich Ribbeck
Erster Amtstag:	1. Juli 1988
Tabellenstand:	Platz 8 (Saison 1987/88)
Letzter Amtstag:	13. April 1989
Tabellenstand:	Platz 12
Amtszeit:	10 Monate
Nachfolger:	Jürgen Gelsdorf

Man konnte den Verantwortlichen bei Bayer 04 wahrlich nicht vorwerfen, keine Geduld zu haben. Zig Gespräche und Krisensitzungen hatte es schon gegeben, die sich allesamt um eine Frage gedreht hatten: Rinus Michels. Erst im Juli 1988 war der ehemalige niederländische Bondscoach ins Ulrich-Haberland-Stadion gekommen und sollte beim frischgebackenen UEFA-Cup-Sieger internationales Flair verbreiten. Was er produzierte, war jedoch vor allem Zank, Streit, Unzufriedenheit und sportliche Ratlosigkeit.

Platz 12 belegten die mit so vielen Ambitionen gestarteten Leverkusener nach 26 Spieltagen und konnten sich ihren Traum vom Europacup abschminken. Der Grund für die sportliche Berg- und Talfahrt war nach Ansicht vieler bei Trainer Michels zu suchen. Dessen Raumdeckung habe die Mannschaft völlig verwirrt, und zudem, so wurde kolportiert, habe er nie einen Draht zu den Spielern gefunden. "Das ist ein Generationsproblem: Er erreicht sie nicht, kann sie deshalb nicht motivieren", erklärte Bayers Fußballchef Volrath Hoene vor dem brisanten Nachbarschaftsderby gegen den 1. FC Köln und bat Michels einmal mehr zum "Rapport". Die Forderungen der Bayer-Verantwortlichen waren klar: Michels solle endlich eine überzeugende Konzeption darlegen – sowohl für die tägliche Arbeit als auch langfristig -, und sich vor allem "ändern". "Der Trainer hat für die Motivation zu sorgen. Es ist sein Job, die nötigen Streicheleinheiten zu verteilen. Von ihm müssen die Ideen kommen. Dabei kann ihm der Vorstand nicht helfen", erklärte Hoene und forderte "eine sofortige Verbesserung der Atmosphäre. Die Diskussion ist in der Endphase", deutete der Leverkusener Fußballboß an, daß man in der Bayer-Führungsetage bereits über Konsequenzen nachgedacht hatte.

Michels selbst hielt sich bedeckt. Während viele noch rätselten, was den knorrigen Holländer überhaupt in Leverkusen halten würde ("es ist das Geld", munkelte man), war ihm kein Wort zu entlocken. Auch nicht nach seiner Entlassung, die unmittelbar nach dem erwähnten "Rapport" – also noch vor dem Köln-Spiel – verkündet wurde. Was geschehen war, wurde nie bekannt. Michels wurde noch einmal in allerhöchsten Tönen gelobt (und mit 350.000 Mark abgefunden), sein Nachfolger Jürgen Gelsdorf ging sofort zur Tagesordnung über, und für die Spieler galt: "Alles was war, ist vergessen." Sportlich fruchtete der "Besenwechsel". Im ersten Spiel unter Gelsdorf erkämpften sich die Bayer-Kicker ein 0:0 gegen Titelfavorit Köln und konnten ihre Fans erstmals seit Wochen wieder überzeugen. "Statt der ‚hohen Schule' des Rinus Michels gab es das ‚kleine Fußball-Einmaleins' des Jürgen Gelsdorf", kommentierte der »kicker«, und ging ebenfalls zur Tagesordnung über. Das Experiment "Bayer Leverkusen und internationales Flair" war fürs erste gescheitert.

Franz-Josef Tenhagen, 154

Verein:	VfL Bochum
Vorgänger:	Hermann Gerland
Erster Amtstag:	1. Juli 1988
Tabellenstand:	Platz 12 (Saison 1987/88)
Letzter Amtstag:	30. Juni 1989
Tabellenstand:	Platz 15
Amtszeit:	12 Monate
Nachfolger:	Reinhard Saftig

Franz-Josef Tenhagen kann man getrost als "Galionsfigur des VfL Bochum" bezeichnen – schließlich hatte der einst aus Oberhausen nach Bochum gekommene Verteidiger das Jersey der grauen Bundesligamaus eine halbe Ewigkeit getragen. Ledigliche zwischen 1981 und 1984 hielt er kurzzeitig die Knochen für Borussia Dortmund hin.

Insofern schien es eine gute Wahl zu sein, als der VfL nach der überraschenden Demission von Hermann Gerland im Frühjahr 1988 auf Tenhagen zurückgriff. Der frischgebackene Pokalfinalist sah auch kein Problem darin, daß Tenhagen über keinerlei Erfahrung als Cheftrainer – geschweige denn Bundesligacoach – verfügte. "Ich habe als Spieler unter Leuten wie Heinz Höher oder Branko Zebec trainiert. Und was ich dort gelernt habe, werde ich meiner Truppe zu vermitteln versuchen", versicherte Tenhagen – und stürzte sich gemeinsam mit Assistent Klaus Fischer ins Haifischbecken Bundesliga. Wenige Monate später war die Tristesse groß. Bochum dümpelte einmal mehr im Mittelfeld – obwohl erstmals seit Jahren kein Stammspieler hatte verkauft werden müssen. Und Jupp Tenhagen, der seit März zudem dabei war, seinen Trainerschein zu machen, hatte sich nicht nur Freunde gemacht. Vor allem sein Dauerstreit mit Kapitän Lothar Woelk hatte für Ärger gesorgt und Woelk sogar veranlaßt, das Kapitänsamt niederzulegen. Als der VfL am vorletzten Spieltag das Schlüsselspiel gegen den bereits feststehenden Absteiger Hannover 96 auf eigenem Platz mit 1:3 verlor und tief in den Abstiegsstrudel rutschte, war guter Rat teuer. Die Abstiegsgefahr war trotz fünf Niederlagen in Folge völlig unterschätzt worden. Tenhagen und Fischer beispielsweise hatten am Tag vor der Schlappe gegen 96 noch bei den VfL-Amateuren mitgespielt, um deren Aufstieg in die Oberliga zu sichern. Nun saß man in der Patsche. Ein Spiel stand noch aus, und das führte die Westfalen ausgerechnet zum FC Bayern, der sich just in jenem Spiel die deutsche Meisterschaft sichern wollte und den VfL folglich gleich mit 5:0 nach Hause schickte. Den Bochumern blieb die Relegation nur erspart, weil Frankfurt lediglich 1:1 in Hannover spielte und damit hinter dem VfL zurückblieb. Nach der Erleichterung über den glücklichen Klassenerhalt wurde Klartext geredet: "Ata" Lameck, 17 Jahre lang Profi beim VfL und vor der Saison ebenfalls als Trainer im Gespräch, beispielsweise meinte: "Mit Tenhagen und Fischer ist es so, als wenn ich Trainer bei Bayern wäre und Beckenbauer mein Assistent." Eine Einschätzung, die von VfL-Präsident Wüst geteilt wurde. Zwei Tage später teilte er Tenhagen mit, das sein bis 1990 datierter Vertrag gekündigt würde – die erste vorzeitige Trainerentlassung in Bochums Bundesligageschichte! Gescheitert sei Tenhagen vor allem an der Doppelbelastung Trainerlehrgang und Bundesligatrainer sowie der "Einstellung einzelner Spieler, die ihm im Regen haben stehen lassen."

Wolf Werner, 155

Verein:	Borussia Mönchengladbach
Vorgänger:	Jupp Heynckes
Erster Amtstag:	1. Juli 1987
Tabellenstand:	Platz 3 (Saison 1986/87)
Letzter Amtstag:	21. November 1989
Tabellenstand:	Platz 18
Amtszeit:	29 Monate
Nachfolger:	Gerd vom Bruch

24 Jahre lang war der Gladbacher Bökelberg die heile Welt in der Trainergilde gewesen. Einen Coach zu entlassen – diese Frage hatte sich in Mönchengladbach-Eicken nie ernsthaft gestellt. Das lag einerseits an der Klasse solch hochkarätiger Experten wie Hennes Weisweiler, Udo Lattek und Jupp Heynckes, andererseits aber auch an der Bundesliga-untypischen Geduld und Führungsstärke der Borussia.

Am 21. November 1989 begann eine neue Ära auf dem Bökelberg: Die der Entlassungen. Erstes von diversen noch folgenden Opfern war Wolf Werner, der seit Sommer 1987 das Fohlentraining leitete und zuvor bei so illustren Klubs wie Stern Misburg und TuS Esens den Trainerstab geschwungen hatte. Unter Werner war die ruhmreiche Borussia ein wenig aus dem Blickfeld geraten (87/88: Platz 7, 88/89: Platz 6), was freilich nicht unbedingt dem Coach zuzuschreiben war, sondern den immer wieder nötigen Spielerverkäufen. Nichtsdestotrotz geriet Werner nach und nach in die Kritik. Als die Borussia in der Saison 89/90 nach sechs Niederlagen in Folgen sogar auf Rang 18 abrutschte und am 10. November 1989 beim Oberligisten Offenbach auch noch aus dem Pokal flog, herrschte plötzlich ziemlich dicke Luft auf dem Bökelberg. Dennoch wurden Präsident Dr. Beyer und Manager Grashoff nicht müde, Wolf Werner den Rücken zu stärken. "Wir haben nur ein Problem – die Stürmer treffen nicht", erklärten sie geduldig. Was faktisch nicht falsch war – Criens, Budde, Max und Bodden trafen tatsächlich nicht, und Stareinkauf Igor Belanow hatte sich bislang als Flop entpuppt – reichte offensichtlich nicht mehr allen Beteiligten als Begründung. Gladbachs dritter Vorsitzender Dr. Gerhardt hatte sich nämlich bereits dahingehend geäußert, daß für ihn auch die Trainerfrage kein Tabu mehr sei.

Nun ging es plötzlich hoch her auf dem einst so beschaulichen Bökelberg. Manager und "Mister Borussia" Helmut Grashoff kündigte überraschend seinen Rückzug zum Saisonende an, der öffentliche Druck auf Wolf Werner, dem fehlendes Charisma und eine unglückliche Hand bei Neueinkäufen vorgeworfen wurde, wurde immer größer – und dann verlor Borussia auch noch das Nachbarschaftsderby gegen Uerdingen. Turbulente Szenen schlossen sich an. Die Polizei mußte anrücken, um Werner und Grashoff vor den wütenden Fans zu schützen, selbst Grashoff schloß einen Trainerrauswurf nun nicht mehr aus, und große Teile der Mannschaft hatten in den vorangegangenen neunzig Minuten deutlich gemacht, daß sie offenbar nicht bereit waren, für ihren Trainer zu kämpfen. Dienstagmorgen war es soweit, reihte sich Mönchengladbach in die Riege jener Klubs ein, die ihre Trainer auch schon mal vorzeitig entlassen. "Erfolglosigkeit", wurde als Grund angegeben. Nach sieben Niederlagen in Folge eine Begründung, die auch Wolf Werner akzeptieren mußte. Nachfolger wurde sein Assistent Gerd vom Bruch.

Willi Reimann, 156

Verein:	Hamburger SV
Vorgänger:	Josip Skoblar
Erster Amtstag:	11. November 1987
Tabellenstand:	Platz 9
Letzter Amtstag:	4. Januar 1990
Tabellenstand:	Platz 14
Amtszeit:	26 Monate
Nachfolger:	Gerd-Volker Schock

Es war starker Tobak: "Tatsache ist, daß der HSV seit seiner Amtsübernahme nach einem kurzzeitigen Zwischenhoch wieder rückwärts gegangen ist und heute schlechter spielt als zu Skoblars Zeiten. Schlußforderung: Herr Reimann, nehmen sie ihren Hut!", forderte ein Leserbriefschreiber im ersten »kicker« des Jahres 1990. Zuvor hatte er Willi Reimann bezichtigt, nicht der Selbstkritik fähig zu sein und das Hauptproblem im HSV-Spiel (mangelnde Torgefährlichkeit) standhaft zu leugnen.

Es ist nicht bekannt, ob die HSV-Führung den kritischen Leserbrief zum Anlaß nahm, die Personalie Willi Reimann neu zu überdenken. Fakt ist jedenfalls, daß sie es tat. Nachdem nämlich Anfang Dezember 1989 die Vertragsverlängerung für Reimann nur noch Formsache gewesen war, hieß es Ende Dezember plötzlich, man müsse "neue Prioritäten setzen". Angesichts der sportlichen Talfahrt der Rothosen (2:12-Punkte in Folge) sei man ins Grübeln geraten, wiewohl sich "an der grundsätzlichen Tendenz (also pro Reimann, d. Verf.) nichts geändert" habe. Hatte sich doch, denn am 4. Januar durfte sich Reimann plötzlich seine Papiere abholen. Bei einem Teil der Mannschaft gelte er als "zu hart", und die Fans hätten von seiner zurückhaltenden Taktik – zumeist mit Jan Furtok als einzigem Stürmer – die Nase voll, hieß es nun.

Man wurde den Eindruck nicht los, daß ein Sündenbock gesucht worden war. Die nicht von der Hand zu weisenden sportlichen und spielerischen Defizite waren näm-lich durchaus auch der klammen HSV-Kasse zuzuschreiben. Nach den fetten Jahren unter Zebec und Happel waren im Volksparkstadion die mageren angebrochen. Zu Saisonbeginn beispielsweise war mit Uwe Bein einer der Leistungsträger gegangen, und der neue Präsident Ernst Naumann hatte von seinem Vorgänger Dr. Klein satte 2,3 Mio. Mark Schulden geerbt. Da blieb nicht viel Raum für sportliche Höhenflüge.

Deshalb war beim HSV in der Frage des Reimann-Nachfolgers auch guter Rat teuer. Uwe Reinders sollte es sein, wurde kolportiert, doch der Ex-Bremer stand bei Zweitli-gist Eintracht Braunschweig unter Vertrag – und Geld, um ihn dort herauszukaufen, hatte der HSV nicht. Also wurde zur einfachsten (und billigsten) Lösung gegriffen. "Schock für Reimann", titelte der »kicker« am 8. Januar 1990 herrlich zweideutig, denn Rei-mann-Nachfolger wurde dessen Co-Trainer Gerd-Volker Schock. Schock war es vorbe-halten, das offenbar ziemlich zerschlagene Porzellan zwischen Spielern und sportli-cher Leitung wieder zu reparieren. "Mit mir hatte Reimann seit Saisonbeginn noch nicht gesprochen...", ließ beispielsweise Kapitän Beiersdorfer keinen Zweifel daran, daß er über den Reimann-Abgang durchaus erleichtert war.

Gerd Roggensack, 157

Verein:	1. FC Kaiserslautern
Vorgänger:	Josef Stabel
Erster Amtstag:	1. Juli 1989
Tabellenstand:	Platz 9 (Saison 1988/89)
Letzter Amtstag:	25. Februar 1990
Tabellenstand:	Platz 17
Amtszeit:	8 Monate
Nachfolger:	Karl-Heinz Feldkamp

Wenn man in Kaiserslautern Trainer ist, sollte man tunlichst vermeiden, ausgerechnet gegen Waldhof Mannheim zu verlieren. Zu groß sind die Animositäten zwischen den Nachbarklubs, als das die Fans einen solchen Lapsus bereitwillig verzeihen würden. Und wenn man als Trainer dann auch noch verhältnismäßig unbeliebt beim zahlenden Volk ist, dann kann so eine Niederlage ganz schnell in eine Entlassung münden.

Womit wir bei Gerd Roggensack sind. Erst zu Saisonbeginn auf den Betzenberg gekommen, hatte der gebürtige Westfale von Beginn an gegen die berühmten Mühlen mahlen müssen. Nach einer 0:4-Schlappe gegen die Waldhof-Buben war nach 22 Spielen auf dem Cheftrainer-Sessel beim FCK Schluß. Wie schon in der Saison 1967/68, als er als Aktiver für ganze 32 Spiele das Jersey der Roten Teufel getragen hatte, war ihm auch als Trainer kein Erfolg beim FCK vergönnt. Roggensacks Problem hieß Josef Stabel. Der war bei den Fans beliebt, hatte die Pfälzer aber unter ziemlich dubiosen Umständen zum Ende der Saison 88/89 verlassen.

Vom ersten Tag an war Roggensack mit kritischer Elle gemessen, war jeder Fehler von ihm gnadenlos kritisiert worden. "Ich war von Beginn an das ungeliebte Kind", meinte der vor der Saison als "Wunschtrainer" von Manager Geye und Präsident Thines an den Betzenberg geholte Coach über seine Rolle in Kaiserslautern. Daß Roggensacks Aufenthalt dort folglich zeitlich begrenzt war, überraschte demzufolge niemanden – wohl aber der Zeitpunkt der schlußendlichen Kündigung. Schließlich hatte die FCK-Führung Roggensack in den gerade abgelaufenen sechs Wochen Vorbereitung auf die Rückserie noch vehement den Rücken gestärkt – um nun nach nur einem Spiel in der Rückrunde plötzlich die komplette Kehrtwende zu vollziehen. "Die Hoffnung auf einen Neubeginn hat sich nicht erfüllt. So wie sich die Mannschaft beim 0:4 in Mannheim präsentierte, mußten wir reagieren. Wir hatten Roggensack alle Möglichkeiten gegeben, in Ruhe zu arbeiten. Mehr können wir nicht tun. Jetzt müssen wir alles versuchen, den Ligaerhalt zu schaffen", begründete Manager Geye. Der Betroffene nahm es mit Fassung. "Das Vertrauen zu mir war nicht mehr 100 Prozent da, bewegte sich zuletzt auf ganz dünnem Eis", erklärte Roggensack und ärgerte sich lediglich über die Art und Weise der Trennung. "Erst hat ihn die Mannschaft, dann bei der Pressekonferenz die Verantwortlichen schmählich im Stich gelassen", erläuterte der »kicker« und zitierte FCK-Präsident Thines, der darauf angesprochen, warum er bei der Roggensackschen Entlassungs-Pressekonferenz zunächst nicht auf dem Stuhl neben dem Trainer Platz genommen habe, mit den interessanten Worten antwortete: "Ich war nicht wie üblich eingeladen worden."

So etwas passiert einem Präsidenten wohl auch selten...

Arie Haan, 158

Verein:	VfB Stuttgart
Vorgänger:	Egon Coordes
Erster Amtstag:	1. Juli 1987
Tabellenstand:	Platz 12 (Saison 1986/87)
Letzter Amtstag:	26. März 1990
Tabellenstand:	Platz 5
Amtszeit:	33 Monate
Nachfolger:	Willi Entenmann

Als Arie Haan am Montagmorgen sein Horoskop las, wußte er nicht, was er davon halten sollte. "Sie bekommen die Chance, eine Stufe auf der Karriereleiter höher zu klettern. Ihr Wissen und ihre Routine wird höheren Orts gelobt. Die Zukunft wird strahlend und hell...". War das etwa ein gutes Omen für das anstehende Gespräch mit seinem Präsidenten Mayer-Vorfelder, zu dem Haan in der Nacht zum Montag um 0.30 Uhr gebeten worden war?

Nun, wohl eher nicht, denn auf der Stuttgarter Geschäftsstelle bekam Haan in knappen Worten mitgeteilt, daß er entlassen sei. Ganze 15 Sekunden soll Mayer-Vorfelders Auftritt gedauert haben – dann hatte der Niederländer fassungslos vor VfB-Geschäftsführer Schäfer gestanden und mit dem Kopf geschüttelt. "Ich weiß nicht, warum", gab er noch am selben Tag in einem Exklusiv-Interview mit dem »kicker« zerknirscht zu Protokoll.

Gründe für Haans Rauswurf zu finden, war in der Tat nicht einfach. In der Tabelle standen die Schwaben auf Rang 5, waren auf UEFA-Cup-Kurs, hatten durch die unter Haan errungenen UEFA-Cup-Triumphe aus der Spielzeit 88/89 ein paar Extra-Mark im Tresor und gerade erst mit Dieter Hoeneß einen Manager verpflichtet. Das internationale Ansehen des VfB war deutlich gestiegen, und mittelfristig sollte die Meisterschaft drin sein. Wieso also die Kündigung? Nach und nach wurde das Bild klarer. Die wochenendliche 0:1-Heimniederlage gegen Kaiserslautern hatte die Nerven blank gelegt und den VfB unter Erfolgsdruck gesetzt, wollte er den UEFA-Cup-Platz nicht aufs Spiel setzen. Wichtiger aber war, daß Mayer-Vorfelder bei dem Spiel offenbar ein paar Vorfälle eingefallen waren, die bereits länger zurücklagen. Daß Arie Haan im Herbst beispielsweise einen Flug verschlafen hatte, der ihn zum Beobachten nach Leningrad hatte bringen sollen. Oder daß der Niederländer einen Tag zu später aus dem Urlaub gekommen war. So lange der Erfolg da gewesen war, hatte niemand Anstoß daran genommen. Im Januar hatten die Stuttgarter sogar noch vehement um Arie Haan gekämpft, als der kokett und ein wenig zu öffentlich mit dem belgischen Klub KV Mechelen geflirtet hatte. Nun war alles Vergangenheit. "Das Präsidium glaubt, daß der UEFA-Cup-Platz eher mit Willi Entenmann zu schaffen ist", hieß es in dürren Worten, was Kapitän Buchwald wie folgt kommentierte: "Wir waren alle total überrascht. Ich bin nicht der Meinung, daß uns Arie Haan nicht mehr motivieren konnte, bin sicher, daß wir auch mit ihm den UEFA-Cup-Platz geschafft hätten."

Arie Haan erinnerte sich derweil an sein morgendliches Horoskop. Wenige Tage später verhandelte er bereits mit dem 1. FC Nürnberg, den er am 1. Juli 1990 offiziell übernahm. Ob das allerdings ein Aufstieg war, sei dahingestellt.

Hermann Gerland, 159

Verein:	1. FC Nürnberg
Vorgänger:	Heinz Höher
Erster Amtstag:	1. Juli 1988
Tabellenstand:	Platz 5 (Saison 1987/88)
Letzter Amtstag:	9. April 1990
Tabellenstand:	Platz 9
Amtszeit:	22 Monate
Nachfolger:	D. Lieberwirth bzw. A. Haan

7. September 1988. Stadio Flaminio in Rom. Dieter Eckstein und Souleyman Sane schießen den 1. FC Nürnberg zu einem sensationellen 2:1-Sieg beim AS Rom. Beim ersten internationalen Auftritt des Clubs seit exakt zwanzig Jahren überzeugen die Rot-Schwarzen die internationalen Experten. Als Vater des Erfolges gilt Hermann Gerland, seit Saisonbeginn für den auf den Managerposten gerückten Heinz Höher im Amt, und auch "eiserner Hermann" genannt. **3. Oktober 1988.** Der FCN verliert in der Baustelle Frankenstadion mit 1:4 gegen den HSV. Kurz zuvor hat Publikumsliebling Dieter Eckstein den Club mit der Begründung: "Ich habe einfach keine Lust mehr, weiter in Nürnberg zu spielen" verlassen. Buhmann der Fans ist Manager Höher, dem falsche Einkaufspolitik vorgeworfen wird. Trotz sieben Mio. Mark an Transfererlösen hatte er keinen gleichwertigen Ersatz für die Abgänge Reuter, Grahammer und Eckstein geholt. **13. Februar 1989.** Manager Höher wird entlassen. Er schiebt seinem Ex-Freund Hermann Gerland die Schuld in die Schuhe. "Es war ein Fehler von mir, ihn nach Nürnberg geholt zu haben. Dieses Boot ist zu groß für ihn." Am Ende feiert der Club mit Hermann Gerland den Klassenerhalt. **25. November 1989.** Der FCN fegt den FC Bayern mit 4:0 vom Platz. 46.000 Fans singen "So ein Tag, so wunderschön wie heute." Hermann Gerland strahlt. Seine Arbeit scheint sich auszuzahlen. **9. April 1990** Hermann Gerland wird entlassen. Auslöser ist ein Interview mit dem Nachrichtenmagazin »Spiegel«, in dem Gerland FCN-Präsident Schmelzer heftig angreift ("Der Schmelzer hätte seine Glatze nicht so oft in die TV-Kamera halten sollen.") Gerland ärgert sich, mit dem »Spiegel« überhaupt gesprochen zu haben, spricht von einem Mißverständnis: "Ich wollte das Interview eigentlich nicht, sondern in Ruhe weiterarbeiten. Da sind Sachen geschrieben worden, die ich so nicht gemeint habe. Ich hätte das Erscheinen dieses Artikels verhindern müssen." Es kommt zu einer öffentlichen Schlammschlacht, in der sich Schmelzer und Gerland gegenseitig mit bitterbösen Worten angreifen. Gerland wettert über Schmelzer: "Er ging mit Kritik an die Öffentlichkeit, ohne mit mir vorher gesprochen zu haben, rief nicht zurück, wenn ich ihn sprechen wollte. Sein Taktieren mit der Presse kam hinzu. Da standen wörtliche Zitate über mich in den Zeitungen, die er anschließend nicht gemacht haben wollte. Ich war völlig verunsichert, und irgendwann platzt einem eben der Kragen." **10. April 1990.** Gerd Schmelzer gibt die Verpflichtung von Arie Haan als Gerland-Nachfolger bekannt. Haan kommt zwar offiziell erst zur Saison 1990/91, übernimmt aber ab sofort gemeinsam mit Dieter Lieberwirth das Training. Der FCN holt in sieben Spielen acht Punkte und feiert den Klassenerhalt. Hermann Gerland schlüpft derweil beim FC Bayern unter und kümmert sich fortan um dessen Jugendarbeit.

Josef Stabel, 160

Verein:	FC Homburg
Vorgänger:	Slobodan Cendic
Erster Amtstag:	1. Juli 1989
Tabellenstand:	Platz 2 (Saison 88/89, 2. Bundesliga)
Letzter Amtstag:	11. April 1990
Tabellenstand:	Platz 18
Amtszeit:	10 Monate
Nachfolger:	Manfred Lenz

Schön war es wirklich nicht, was sich da im April 1990 im Homburger Waldstadion abspielte. Als sich Cheftrainer Sepp Stabel Anfang des Monats wegen eines Nierenleidens krankschreiben lassen mußte, versicherten noch alle Seiten, daß es "kein Abschuß auf Raten sei". Selbst die Tatsache, daß Stabel seine Tätigkeit beim bereits mehr oder weniger abgestiegenen saarländischen Skandalklub zum Saisonende ohnehin beenden wollte ("rien ne va plus", hatte er in perfektem Französisch nach der 0:1-Schlappe in Düsseldorf gemeint), war kein Problem. Beim Spiel in Karlsruhe sollte Ex-FCH-Kapitän Manfred Lenz auf dem Trainerstuhl Platz nehmen, ehe Stabel zurückkehren und bis zum Saisonende Homburgs Coach bleiben sollte.

So weit, so gut. Homburg gewann sensationell mit 2:0 in Karlsruhe, die Spieler freuten sich und verkündeten "Wir spielten für Stabel", der telefonisch vom Spielverlauf unterrichtet worden war und frohlockte: "Nach diesem Geschenk werde ich mit Sicherheit schneller gesund." Nur einer spielte im Homburger Jubeltheater nicht mit – und machte daraus eine billige Seifenoper. Manfred Ommer, Präsident und mächtiger Mann bei den Grün-Weißen.

"Ich weiß gar nicht, wie er sich seine Rückkehr vorstellt. Als er sich krankgemeldet hatte, war ich davon ausgegangen, daß sich das Thema bis zum 30.6. erledigt hat. Er sollte jetzt niemand mehr in Verlegenheit bringen und mehr Fingerspitzengefühl beweisen", legte er Stabel plötzlich den Rücktritt nahe. Stabel reagierte verärgert. "Wenn Herr Ommer so denkt, muß der FC Homburg die Konsequenzen ziehen. Ich bin doch nicht verrückt und trete zurück, während ich krankgeschrieben bin."

Mußte er auch nicht, denn Ommer warf ihn kurzerhand raus. Eine Maßnahme, die allerorten Empörung auslöste. "Es ist traurig, wie die Beurlaubung unseres Trainers gelaufen ist. Man hätte die Mannschaftskapitäne oder den Spielerrat früher informieren müssen. Die Mannschaft bedauert sehr, daß Sepp Stabel weg ist. Er hat in jeder Phase zu uns gehalten", meinte beispielsweise Torhüter Gundelach und kündigte verärgert seinen Weggang vom FCH an.

Gescheitert war Stabel aber nicht nur am allmächtigen Ommer, sondern auch an einer beispiellosen sportlichen Talfahrt. 4:20-Punkte hatte die schauerliche Bilanz gelautet; aus den letzten fünf Heimspielen unter Stabels Regie war lediglich ein Punkt und ein Torverhältnis von 6:14 herausgesprungen. So etwas bringt jeden Trainerstuhl ins Wackeln – nicht nur in Homburg.

Dort aber besonders...

Christoph Daum, 161

Verein:	1. FC Köln
Vorgänger:	Georg Kessler
Erster Amtstag:	23. September 1986
Tabellenstand:	Platz 16
Letzter Amtstag:	28. Juni 1990
Tabellenstand:	Platz 2 (Saison 1989/90)
Amtszeit:	45 Monate
Nachfolger:	Erich Rutemöller

Sonntagabend, 24. Juni 1990. Im Mailänder Meazza-Stadion schlägt Deutschland die Niederlande mit 2:1. Ein überragender Jürgen Klinsmann sichert den Beckenbauer-Schützlingen den Einzug ins WM-Viertelfinale; der "Spuck-Zweikampf" zwischen Rudi Völler und Frank Rijkaard macht Schlagzeilen. Kölns Cheftrainer Christoph Daum sitzt auf der Tribüne und macht sich nebenbei erste Gedanken, was er vier Tage später seinen Kölner Jungs zum Trainingsauftakt erzählen wird. Donnerstag, 28. Juni 1990. Christoph Daum sitzt nicht im Kölner Geißbockheim, sondern in seinem italienischen WM-Domizil. Er ist soeben entlassen worden. Der komplette FC-Vorstand um Präsident Artzinger-Bolten war ins deutsche WM-Quartier nach Erba gereist und hatte die FC-Nationalspieler vom Abschuß ihres Chefs unterrichtet. Teamchef Beckenbauer war die Angelegenheit sichtlich peinlich: "Wenn wir das vorher gewußt hätten, wären wir dazwischen gegangen." Christoph Daum, der "Lautsprecher der Liga", der den FC Köln mit seiner provokativen Art in die Schlagzeilen, aber auch zu sportlichem Erfolg gebracht hatte, nimmt es mit Humor. "Es ist doch keiner gestorben", lacht er die Reporter an – doch hinter seinem Lachen ist die persönliche Niederlage nicht zu übersehen.

"Warum?", fragt sich nicht nur Christoph Daum.

Auf den ersten Blick gibt es keine Antworten. Der FC war endlich wieder erfolgreich, war zweimal Vizemeister geworden, hatte das Halbfinale im UEFA-Cup erreicht. Warum also den Trainer entlassen? Das "Vertrauensverhältnis zwischen Vorstand und Trainer war erheblich zerstört", hieß es in der offiziellen Stellungnahme, und das "eine Zusammenarbeit nicht mehr möglich" sei. Ziemlich dürftig. Daum habe arbeitsrechtliche Anweisungen nicht eingehalten und damit den gesamten Vorstand gegen sich aufgebracht, erfuhr man später immerhin noch. Jahre später gab Präsident Artzinger-Bolten dann bekannt, Daum habe sich trotz eines ehrenwörtlichen Versprechens aktiv um den Transfer von Thomas Häßler nach Turin gekümmert und sich in dieser Angelegenheit seinerzeit mit Häßler, dessen damaliger Ehefrau sowie einigen ominösen Herren zu einem Geheimtreffen in einem Kölner Hotel getroffen. Weil der FC über die Boulevardpresse davon Kenntnis erhalten hatte, war es zu Daums Rauswurf gekommen. Ein Sachverhalt, der bis heute nicht vollständig aufgeklärt wurde. Fakt ist zweifelsohne, daß Daum mit seinem frechen Mundwerk einigen im FC-Vorstand zu laut geworden war und sie ihn deshalb loswerden wollten. Fakt ist aber außerdem, daß der Geißbock seitdem nie wieder auf die Beine kam. Schon gar nicht unter Nachfolger Rutemöller, der die stocksauren FC-Fans dennoch über ein Jahr mit langweiligem Gekicke und wenig aufregenden Äußerungen quälen sollte. Das war doch unter dem Lautsprecher alles noch ganz anders gewesen.

Werner Fuchs, 162

Verein:	Hertha BSC Berlin
Vorgänger:	Jürgen Sundermann
Erster Amtstag:	8. Oktober 1988
Tabellenstand:	Platz 18 (2. Bundesliga)
Letzter Amtstag:	13. November 1990
Tabellenstand:	Platz 18
Amtszeit:	26 Monate
Nachfolger:	Pal Csernai

Hertha BSC war zurück! Nach einer atemberaubenden Berg- und Talfahrt, die die Berliner Skandalnudel phasenweise bis in die Oberliga hatte absacken lassen, war es Werner Fuchs gelungen, den Hertha-Kahn endlich wieder flott zu bekommen. Vier Spieltage vor Ende der Saison 89/90 – ausgerechnet jener Saison, in der Berlins Fußball wiedervereinigt wurde - war den Blau-Weißen mit einem 1:1 in Aachen der langersehnte Aufstieg ins Oberhaus gelungen. Gefeierter Held war Werner Fuchs, der sogleich vollmundig erklärte: "Wir wollen kein Komet sein, der so schnell wie er auftaucht, auch wieder von der Bildfläche verschwindet". Und Hertha war auch kein Komet - sondern nur eine Sternschnuppe. Fehler Nummer 1: Man wollte mit dem Aufstiegskader die Klasse halten. Fehler Nummer 2: Die unzähligen "frei" gewordenen Ostberliner Talente gingen überall hin – nur nicht zur Hertha. Damit wurde die historische Chance verpaßt, ein Gesamtberliner Verein zu werden. Fehler Nummer 3: Mit Uwe Rahn wurde ein Akteur verpflichtet, der seinen Zenit bereits überschritten hatte, mit seinem Namen jedoch die Erwartungshaltung bei den Fans ins Unermeßliche schraubte. Die Folgen waren fatal. Durch einen klassischen Fehlstart von 1:11-Punkten stürzten die Herthaner sofort ans Tabellenende, wo sie sich rasch einnisteten. Buhmann, Sündenbock und Opfer war zunächst Manager Horst Wolter, der vergeblich versucht hatte, Profistrukturen bei Hertha zu schaffen - und dafür entmachtet wurde: Wolter bekam den ehemaligen Uerdinger Reinhard Roder vor die Nase gesetzt. Nächstes Opfer war Trainer Fuchs, über den Hertha-Präsident Roloff am 18. September auf einer als "Ehrenwort-Pressekonferenz" in die Annalen eingegangenen Sitzung noch erklärt hatte, seine Entlassung sei "nur über meine Leiche" möglich. "... Das Präsidium wird mit dem Trainer bis zum Ende der Saison - und möglicherweise darüber hinaus – zusammenarbeiten. Für diese Saison wird die Trainerfrage im Präsidium keine andersgearteten Beschlüsse auslösen", hieß es seinerzeit. Nur gut 50 Tage später, nach der 1:3-Schlappe in Wattenscheid, waren von Neu-Manager Roder jedoch ganz andere Töne gekommen. "Ein Trainer steht niemals außerhalb der Diskussion", hieß es nun. Zwei Tage später war Fuchs entlassen. Während Hertha-Präsident Roloff den Journalisten mit Dingen wie "schlaflose Nächte" und "Druck der Mitglieder" den Bruch seines Ehrenwortes zu erklären versuchte ("Man muß auch die Realität sehen"), tobte bei der Skandalnudel eine regelrechte Schlammschlacht. Ex-Präsident Holst zog im Hintergrund die Fäden, Ex-Manager Wolter schimpfte über das Präsidium, Präsident Roloff über Wolter. Nur Werner Fuchs hielt sich zurück. "Erfolge kann niemand garantieren", kommentierte er seinen Rauswurf und harrte gespannt der Dinge, die sein Nachfolger Pal Csernai anders machen würde.

Willi Entenmann, 163

Verein:	VfB Stuttgart
Vorgänger:	Arie Haan
Erster Amtstag:	27. März 1990
Tabellenstand:	Platz 5
Letzter Amtstag:	19. November 1990
Tabellenstand:	Platz 15
Amtszeit:	8 Monate
Nachfolger:	Christoph Daum

Vor der Saison war der VfB Stuttgart noch als Mitfavorit gehandelt worden. Nun, nach 13 Spieltagen, saß den Schwaben plötzlich die Abstiegsangst im Nacken. 10:16-Punkte und damit Platz 15 – so schlecht waren die Cannstatter zuletzt 1974/75 gewesen. Und da waren sie abgestiegen... VfB-Manager Dieter Hoeneß ließ dennoch keine Kritik an Trainer Entenmann zu. "Das einzige, was man dem Willi vorwerfen kann ist, daß er kein Glück hat". Auch aus Spielerkreisen kam überwiegend Lob für den in sich gekehrten Schwaben, der sein Trainerdiplom mit der Traumnote 1,2 abgeschlossen hatte. Er mache "ein einmalig gutes Training" schwärmte beispielsweise Karl Allgöwer. Warum stand der VfB also so schlecht? Hinter vorgehaltener Hand wurde immer wieder der Name Mayer-Vorfelder genannt, dem man vor allem fehlende Geduld vorwarf. In der Vorsaison beispielsweise hatte er Arie Haan gefeuert, obwohl der VfB auf UEFA-Cup-Platz 5 gestanden hatte – am Ende waren die Schwaben unter Entenmann nur Sechster geworden und hatten Europa verpaßt. Nichtsdestotrotz hatte sich MV stets vor den vom Schuldienst beurlaubten Entenmann gestellt. Kritiker behaupteten, in erster Linie "um sein Gesicht nicht zu verlieren". Und weil auf dem Trainermarkt die "richtige" Alternative fehlen würde. Diesbezüglich hatte sich seit dem 28. Juni allerdings eine neue Situation ergeben, denn an jenem Tag war Christoph Daum in Köln entlassen worden. "Das wäre einer für den VfB", munkelten viele. Doch selbst als die sportliche Talfahrt am 17. November mit einer 0:2-Niederlage in Mönchengladbach – dem zehnten sieglosen Spiel in Folge - fortgesetzt wurde, hielt man dort unverändert an Entenmann fest. "Das Stuttgarter Trauerspiel um Willi Entenmann bleibt wohl noch ein paar Tage auf dem Programm", kommentierte der »kicker« daraufhin bitter und analysierte: "Der VfB – angetreten mit großen Zielen – steckt tief in der Krise, und keiner ist schuldiger, als die Beteiligten selbst. Der Trainer, weil er den Spielern scheinbar den Ernst der Lage nicht klarmachen kann. Die Spieler, weil sie sich hinter Ausreden verstecken. Der Präsident, weil ihm die Dinge aus der Hand gleiten." Schließlich war es Entenmann selbst, der dem unwürdigen Theater um seine Person ein Ende machte. Nach einem Gespräch mit der VfB-Führung bat er am Montag nach dem Gladbach-Spiel um die Auflösung seines Vertrages und verließ nach 27 Jahren beim VfB den Cannstatter Wasen.

Der Nachfolger stand bereits parat: Christoph Daum, der nur wenige Stunden später auf einer Pressekonferenz vorgestellt wurde. Nach Entenmann war nun auch Co-Trainer Köstner enttäuscht, der sich Hoffnungen auf den Sprung auf die Cheftrainer-Position gemacht hatte, dem aber "keine Möglichkeit, vor dem Vorstand meine Vorstellungen darzulegen", eingeräumt worden war. So ist das eben in Stuttgart.

Horst Wohlers, 164

Verein:	Bayer Uerdingen
Vorgänger:	Rolf Schafstall
Erster Amtstag:	1. Juli 1989
Tabellenstand:	Platz 14 (Saison 1988/89)
Letzter Amtstag:	25. November 1990
Tabellenstand:	Platz 16
Amtszeit:	17 Monate
Nachfolger:	Timo Konietzka

1:3 daheim gegen Dortmund, Wolfgang Funkel nach einem Foul an Povlsen vom Platz geflogen, in der Tabelle auf Aufstiegsrang 16 abgerutscht – in Uerdingen grassierte die Hektik. Mittendrin Manager Magath, der wenige Stunden nach Spielschluß seinem Coach Horst Wohlers ziemlich unverblümt den Rat gab, sich "einen sauberen Abgang zu verschaffen". Magath war sauer, denn für die Fans war er zuvor der Buhmann gewesen. Transparente, die seine Einkaufspolitik angeprangert hatten, hatten den Brillenfetischisten verärgert. "Für die Einkäufe von Rolff und Klein schäme ich mich nicht. Mehr war bislang nicht möglich, weil alle guten Spieler unter Vertrag stehen. Wer hat denn im April, Mai und Juni die Verantwortung getragen, zu einer Zeit also, wenn normalerweise die Weichen für eine neue Saison gestellt werden?", giftete Magath.

Ein klarer Affront gegen Horst Wohlers, in der von Magath angesprochenen Zeit interimsweise auch Manager, da diese Position seit dem Abgang von Reinhard Roder verwaist gewesen war. Wenn Magath gekonnt hätte, wie er wollte, hätte er Wohlers wohl auch längst entlassen. Allein: Es war ausgerechnet Wohlers gewesen, der ihn im Sommer nach Krefeld geholt hatte, und da konnte er doch nicht...

Horst Wohlers aber hatte selbst die Nase voll vom Uerdinger Schmierentheater. Am Sonntagmorgen nach der Dortmund-Pleite gab er auf einer Pressekonferenz seine Demission bekannt. "Die unterschiedlichen Auffassungen in der Personalpolitik zwischen Vorstand und Manager sowie mir als Trainer haben keine Basis mehr für eine vertrauensvolle und konstruktive Zusammenarbeit gegeben".

Seine Nachfolge trat ein alter Bekannter an: Timo Konietzka, seit zwei Jahren Schweizer Staatsbürger und 1983/84 schon einmal in Uerdingen tätig. Konietzka haute bei seiner ersten Pressekonferenz auch gleich mächtig auf den Tisch und kündigte vollmundig an: "Wenn ich das hier nicht schaffe, schafft es niemand."

Für die Bayer-Akteure brachen nun andere Zeiten an. "Große Diskussionen wie bei Horst Wohlers wird's mit Sicherheit nicht mehr geben", ahnte beispielsweise Dietmar Klinger, der schon 1983/84 unter Konietzka gearbeitet hatte, was auf ihn zukam. Der große Retter war Konietzka freilich auch nicht – wie in Kapitel 1/2 nachzulesen ist...

Horst Wohlers brauchte derweil nur drei Monate zu warten, ehe er in die Bundesliga zurückkehrte. Am 19. Februar 1991 trat er die Nachfolge von Helmut Schulte in St. Pauli an.

Aleksandar Ristic, 165

Verein:	Fortuna Düsseldorf
Vorgänger:	Gerd Meyer
Erster Amtstag:	1. Juli 1987
Tabellenstand:	Platz 17 (Saison 1986/87)
Letzter Amtstag:	15. Dezember 1990
Tabellenstand:	Platz 9
Amtszeit:	42 Monate
Nachfolger:	Josef Hickersberger

Fortuna-Libero Ralf Loose ahnte es schon nach dem 1:3 der Düsseldorfer in Bremen. "Ich habe das Gefühl, daß in der Trainerfrage gleich zu Beginn der Winterpause eine Entscheidung fällt". Kurz zuvor hatte sich sein Coach Aleksandar Ristic bei der Pressekonferenz ziemlich weit aus dem Fenster gelehnt und behauptet, "es kann gut sein, daß ich schon im Januar bei Schalke arbeite".

Nicht zum ersten Mal war Ristic in die Diskussion geraten. Schon seit Wochen hatte der Bosnier mit seinem Rückzug gedroht, und Düsseldorfs Führungsspitze damit sowohl unter Druck gesetzt als auch düpiert. Sein Alleingang, sich von der Kleberfirma "Pattex" sponsern zu lassen, seine unverblümte Forderung, ihn aus seinem laufenden Vertrag zu entlassen, damit er nach Schalke wechseln könne, um dann wieder vom "UEFA-Cup mit Düsseldorf" zu sprechen, hatte die Nerven im Rheinstadion aufgerieben. Der Schlingerkurs des bei den Fans überaus beliebten Ristic konnte Fortuna-Präsident Förster längst nicht mehr beeindrucken. "Das sind Sprüche, ich betrachte sie nicht einmal als Provokation. Herr Ristic erfüllt seinen Vertrag bis zum Ende der Saison", versicherte er nach dem Bremen-Spiel mit regungsloser Miene.

Eine Woche später saß Förster erneut mit regungsloser Miene da. Soeben hatte er ein Schauspiel gesehen, das die Bundesliga in ihrer Geschichte noch nicht erlebt hatte. Nach dem 4:1-Sieg der Fortunen über Mönchengladbach war Aleksandar Ristic in der Kabine verschwunden, wenig später im Weihnachtsmannkostüm zurückgekehrt, und hatte – mit einem dicken künstlichen Rauschebart um das Kinn – verkündet, daß dies sein letztes Spiel für die Fortuna gewesen sei. Zuvor hatte Ristic Düsseldorfs Vorstand mit allen möglichen Tricks bearbeitet, ihn endlich zum Zweitligisten Schalke 04 ziehen zu lassen. "Die Situation hat sich zugespitzt. Es gab keine andere Möglichkeit mehr. Wir haben für Schalke 04, Fortuna Düsseldorf und Herrn Ristic eine zufriedenstellende Lösung gefunden", gab Präsident Förster zähneknirschend zu Protokoll.

"Aleksandar Ristic, der mit dem ständigen Hickhack um seine Person in den letzten Wochen für viel Wirbel sorgte, hat einmal mehr seinen Kopf durchgesetzt", kommentierte der »kicker« vielsagend.

Helmut Schulte, 166

Verein:	FC St. Pauli
Vorgänger:	Willi Reimann
Erster Amtstag:	11. November 1987
Tabellenstand:	Platz 3 (2. Bundesliga)
Letzter Amtstag:	19. Februar 1991
Tabellenstand:	Platz 16
Amtszeit:	40 Monate
Nachfolger:	Horst Wohlers

Nix war mehr mit fröhlicher Feierstimmung auf St. Pauli. Auch die Bananen, mit denen der Südfruchtfan und elementarer Träger des "Mythos St. Pauli" Helmut Schulte von den Fans stets ausgiebig beglückt wurde, blieben aus. "Palastrevolution auf St. Pauli", titelte der »kicker« am 21. Februar 1991. Das Unglaubliche war geschehen: Helmut Schulte war entlassen worden – zwei Wochen, nachdem sein Vertrag um ein weiteres Jahr verlängert worden war, und unmittelbar vor Beginn der Rückrunde.

Warum?

"Das Team kam aus einem optimalen Trainingslager und spielte schlechter als vorher", begründete St. Paulis Geldgeber Nummer 1, Architekt und Vereinspräsident Heinz Weisener, von den Fans bis zu diesem Zeitpunkt liebevoll "Papa" gerufen, den Schritt. Und Weisener erklärte noch etwas: "Die Spieler waren gegen Schulte". Aha – also wirklich eine "Palastrevolution"?

Tatsächlich hatte sich die Mehrzahl der Stammspieler zuvor deutlich gegen ihren Trainer ausgesprochen. Als Rädelsführer machte der »kicker« André Golke sowie Dirk Zander aus, die sich am Montag in einer Boulevardzeitung zu Wort gemeldet hatten. "Bei uns weiß keiner, welche Rolle er spielt. Es wird ständig umgebaut. Wir sind nicht eingespielt", hatten die beiden behauptet. Starker Tobak, der die Vereinsführung handeln ließ. Helmut Schulte verstand die Welt nicht mehr. "Der erste Sturm kommt auf und die Kameraden fallen gleich um", kommentierte er fassungslos und ließ kein gutes Haar an Präsident Weisener und Vizepräsident Hinzpeter. "Ich bin total enttäuscht, weil man mir nicht die Möglichkeit gab, die schwierige Lage zu meistern".

Die Entlassung Schultes löste turbulente Tage am Millerntor aus. Ex-Präsident Dr. Paulick warnte, "was zehn Weise in zehn Jahren aufgebaut haben, kann ein Tor in einem Jahr kaputtmachen", und auch die Fans übten harsche Kritik an der Vereinsführung. "Noch vor einiger Zeit war die Ablehnung der Erfolg-um-jeden-Preis-Strategie fester Bestandteil des Werbekonzepts beim FC St. Pauli. Endgültig aus und vorbei! Hätte der Verein die sprichwörtliche Großmutter, die er verkaufen könnte, um dem Abstieg zu entgehen – er würde es tun", giftete die Fanstimme »Millerntor Roar«.

Am 19. Februar 1991 erhielt der "Mythos FC St. Pauli" erste deutliche Risse. Risse, die sich im Saisonverlauf zu regelrechten Spalten entwickeln sollten, und als St. Pauli durch eine 1:3-Niederlage im Relegationsspiel gegen die Stuttgarter Kickers aus dem Oberhaus absteigen mußte, bedrohliche Ausmaße annahmen.

Pal Csernai, 167

Verein:	Hertha BSC Berlin
Vorgänger:	Werner Fuchs
Erster Amtstag:	13. November 1990
Tabellenstand:	Platz 18
Letzter Amtstag:	12. März 1991
Tabellenstand:	Platz 18
Amtszeit:	4 Monate
Nachfolger:	Peter Neururer

200.000 Mark Abfindung für 118 Arbeitstage sind sicherlich nicht zu verachten. Doch Pal Csernai hätte wohl gerne auf die Summe verzichtet, denn sie war ihm als Versüßungshäppchen zu einer ganz bitteren Pille gereicht worden – für eine Leistung, die seinen bis dato guten Trainer-Ruf sichtlich in Verruch gebracht hatte. "Die Stürmer müssen Abwehraufgaben verrichten und den Gegenspielern 30 bis 40 Meter hinterherlaufen. Aus dem Mittelfeld darf nur steil nach vorne gespielt werden. In den vergangenen beiden Wochen haben wir ausschließlich defensiv trainiert. Wenn das alles richtig ist, habe ich in Mönchengladbach und Köln zehn Jahre lang falsch Fußball gespielt", ließ beispielsweise Kapitän Uwe Rahn nach dem 0:3-Debakel im Karlsruher Wildparkstadion kein gutes Haar an Pal Csernai, der erst im November Werner Fuchs abgelöst hatte. Sogar KSC-Spielmacher Harforth war sich sicher: "Hertha ist abgestiegen" - dabei hatten die Berliner erst 19 von 34 Spielen absolviert!

Schon eine Woche vor dem Spiel in Karlsruhe war erstmals Kritik an Csernai laut geworden. Schatzmeister Striek hatte den Ungarn öffentlich in Frage gestellt und wollte nach dem Debakel von Karlsruhe nun auch "nicht mehr meine Hand ins Feuer dafür legen, daß Csernai gegen Kaiserslautern auf der Hertha-Bank sitzt". Saß er auch nicht, denn bereits am Montag darauf wurde Csernais Entlassung beschlossen und mit dem in Schalke losgeeisten Peter Neururer ein Nachfolger präsentiert. Herthas dritter Trainer der laufenden Saison galt als kumpelhafter Motivationskünstler, der, so hoffte man, einen "besseren Zugang zu den Spielern hat als Csernai".

Dessen Ruf war in Spielerkreisen übrigens rasch beschädigt. Nach einer Serie von 4:2-Punkten unter seiner Regie hatte sich zwar zunächst Euphorie breitgemacht, doch im winterlichen Trainingslager war sämtliche Harmonie wie eine Seifenblase zerplatzt. Bis auf den Gefrierpunkt sei das Verhältnis zwischen Spielern und Trainer dort abgesunken, hieß es anschließend. Csernai fand auch danach nie einen Draht zur Mannschaft und wirkte mit seinem feinen Gehabe stets wie im falschen Film. Darüber hinaus legte er sich mit den Medien und der Öffentlichkeit an.

"Pal Csernai konnte uns nicht mehr motivieren", wiederholte Kapitän Rahn noch einmal, nachdem er vom Trainerwechsel erfahren hatte. Und irgendwie wirkte er dabei erleichtert.

Jörg Berger, 168

Verein:	Eintracht Frankfurt
Vorgänger:	Pal Csernai
Erster Amtstag:	18. Dezember 1988
Tabellenstand:	Platz 15
Letzter Amtstag:	13. April 1991
Tabellenstand:	Platz 7
Amtszeit:	29 Monate
Nachfolger:	Dragoslav Stepanovic

In Frankfurt lagen die Nerven blank. Nach dem 0:6-Heimdebakel gegen den HSV spielten sich turbulente Szenen im Waldstadion ab. Zunächst jagte Eintracht-Keeper Stein einen Fan, der ihm an den Kragen wollte, mit wütenden Gesten davon, dann drehte Trainer Berger durch. "Wie ein gereizter Stier", so berichtete ein Frankfurter Betreuer, sei Berger nach dem Spiel aus der Kabine zur Pressekonferenz gestürmt. Dort hatte er ausgepackt. Hatte der Öffentlichkeit von einer Präsidiumssitzung am letzten Montag berichtet, auf der seine weitere Tätigkeit "zur Disposition" gestanden hätte. Selbst der eigentlich entmachtete Manager Klaus Gerster sei dabeigewesen, giftete Berger, der selbst nicht eingeladen war und auch erst tags darauf von der Sitzung erfahren hatte. Doch nicht nur er – sondern auch die Mannschaft. "Wenn so etwas in der Mannschaft bekannt wird, dann gibt man ihr ein Alibi. So haben einige Spieler denn auch gespielt. Für mich kommt daher diese Niederlage nicht überraschend", schob Berger dem Präsidium eine Mitschuld an dem 0:6-Debakel in die Schuhe.

Starker Tobak! Der »kicker« sprach auch prompt von einer "selbstmörderischen Attacke gegen Präsidium und Manager", mit der sich Berger "selbst um Kopf und Kragen geredet hat". In der Tat: Seitens der Spieler wurde sofort dementiert, sie hätten beim 0:6 gegen ihren Trainer gespielt, Präsident Ohms klagte: "Es kann nicht sein, daß ein Angestellter des Vereins öffentlich über alle anderen Angestellten herfällt", und Bergers Intimfeind und heimlicher Herrscher im Eintracht-Lager, Manager Gerster, gab lediglich zu bedenken: "Ich bin nicht Bergers Mülleimer". Konsequenz: Am nächsten Tag leitete nicht Jörg Berger, sondern der vom Oberligisten Rot-Weiß Frankfurt geholte Dragoslav Stepanovic das Eintracht-Training.

Berger war zweifelsohne nicht nur an seinem Wutausbruch gescheitert. Die Luft für ihn war schon seit längerem dünner geworden. Anfangs erfolgreich, hatte sich eine üble sportliche Durststrecke eingestellt. Nur zwei Siege in elf Bundesligaspielen hatten den Verdacht von "Abnutzungserscheinungen" aufkommen lassen, den auch der Einzug der Adlerträger ins Pokalhalbfinale nicht hatte überdecken können. Dazu war der unsägliche "Fall Möller" gekommen, der die Eintracht monatelang in Trab gehalten hatte und zu Eifersucht und Futterneid führte, denen Berger nicht mehr Herr geworden war – zumal Möller-Intimus Gerster die Zügel längst fest in der Hand hatte. "Die Feuerchen, die der Bundesliga-Retter von 1989 im Stroh des Frühjahrs 1991 noch zu entfachen versuchte, erstickten im Gestrüpp der Intrigen und Fallenstellerei", konstatierte der »kicker«, denn "am Ende waren Mannschaft und Umfeld der Rolle des furchtlosen Routiniers, mit der der Trainer seine Schwierigkeiten zu überspielen versuchte, überdrüssig."

Reinhard Saftig, 169

Verein:	VfL Bochum
Vorgänger:	Franz-Josef Tenhagen
Erster Amtstag:	1. Juli 1989
Tabellenstand:	Platz 15 (Saison 1988/89)
Letzter Amtstag:	22. April 1991
Tabellenstand:	Platz 14
Amtszeit:	22 Monate
Nachfolger:	Rolf Schafstall

Nach dem 2:4 in Leverkusen pfiffen es die Spatzen von den Dächern. "Jetzt fliegt Saftig". Doch der Bochumer Coach flog nicht. Noch nicht. Obwohl er längst angekündigt hatte, zum Saisonende ohnehin Bochum verlassen zu wollen, hielt man auch nach der vierten Niederlage in Folge an ihm fest.

Dabei waren Saftigs Arbeitsbedingungen im Ruhrstadion alles andere als gut. Seit dem beschlossenen Verkauf von Thorsten Legat zu Werder Bremen waren sich Saftig und der VfL alles andere als grün. Verletzungspech und lautstarker Widerstand sowohl beim zahlenden Fußvolk als auch innerhalb des Vereins hatten dem Coach das Leben ziemlich schwer gemacht. Teile des Vorstands sowie der designierte Co-Trainer Michael "Ata" Lameck hatten Saftigs Arbeitsmethoden scharf gerügt. Der jedoch ließ sich nicht erschüttern. "Ich werde von mir aus keine Konsequenzen ziehen. Ich will meine Aufgabe erfüllen", versicherte er auch nach der Niederlage in Leverkusen – und flog zwei Tage später raus. Am Montagabend war die Entscheidung gefallen. Nicht ganz einstimmig zwar, doch der Pro-Saftig-Stimme von Präsident Ottokar Wüst hatte das Votum von Wirtschaftsratsvorsitzendem Altegoer, den Vizepräsidenten Christopeit und Hossiep sowie Erwin Höffken vom Spielausschuß gegenübergestanden.

"Reinhard Saftig konnte die Mannschaft nicht mehr motivieren. Er hat manche Spieler auf dem Gewissen, zum Beispiel Ridder, der nach einem guten Spiel auf der Tribüne landete. Er hat Sliwowski nicht gebracht, obwohl wir das zur Beurteilung gebraucht hätten. Natürlich hat der Trainer im sportlichen Bereich das Sagen, aber er muß mit sich reden lassen. Das war bei Saftig nicht der Fall", stellte Vizepräsident Christopeit dem geschaßten Coach zum Abschluß ein schlechtes Zeugnis aus.

Saftig wollte von all dem nichts wissen. Er, der von seiner Entlassung erst aus dem Fernsehen erfuhr, sprach von einer Retourkutsche, und davon, daß das Verhältnis zum VfL-Vorstand "nach dem Verkauf von Legat und der Kritik am Vorstand beim Spiel gegen den HSV" frostig gewesen sei. Auch den Vorwurf, er könne die Mannschaft nicht mehr motivieren, wies er weit von sich. "Vom Vorstand wurde in der Vergangenheit versucht, durch ständiges Befragen dies den Spielern zu suggerieren. Man wollte einen Keil zwischen mich und die Mannschaft treiben".

Während Rolf Schafstall die Westfalen in den verbleibenden Saisonspielen noch auf einen Klassenerhaltsplatz bugsierte, einigte sich Reinhard Saftig mit Bayer Leverkusen, ab 1991/92 im Ulrich-Haberland-Stadion das Trainerzepter zu schwingen.

Peter Neururer, 170

Verein:	Hertha BSC Berlin
Vorgänger:	Pal Csernai
Erster Amtstag:	13. März 1991
Tabellenstand:	Platz 18
Letzter Amtstag:	28. Mai 1991
Tabellenstand:	Platz 18
Amtszeit:	2 ½ Monate
Nachfolger:	Karsten Heine

So etwas hatte die Bundesliga noch nie erlebt. Trainer Nummer 4 in der laufenden Saison – das war Rekord! Doch bei Hertha BSC war offensichtlich alles möglich. Nach Fuchs und Csernai hatte sich auch der mit so vielen Hoffnungen angetretene Peter Neururer die Zähne am Tollhaus Hertha ausgebissen. Geahnt hatte er es schon lange, denn wenige Wochen nach seinem Amtsantritt hatte Neururer die wahren Ausmaße der Turbulenzen bei Hertha erkannt und der Vereinsführung signalisiert, das man besser nicht über das Saisonende hinausw mit ihm planen möge.

Während Neururer sich anschließend mit dem 1. FC Saarbrücken einig geworden war, im Sommer 1991 seine Zelte im Ludwigspark aufzuschlagen, ging in Berlin noch einmal alles drunter und drüber. In der Tabelle auf den Spuren Tasmanias wandelnd und drei Spieltage vor Schluß ganze 12 Punkte auf seinem Konto verzeichnend, lieferte Hertha vor allem hinter den Kulissen ausreichend Schlagzeilen. Mittendrin Peter Neururer, dessen Frust durchaus zu verstehen war, der aber andererseits auch über ein bekanntlich loses Mundwerk verfügte. "Vizepräsident Bob und Manager Roder sind die Totengräber des Vereins. Roder ist ein Angsthase, Bob ein linker Typ", wurde Neururer beispielsweise in einer Boulevardzeitung zitiert. Obwohl der Coach die Aussagen sofort dementierte ("Das habe ich nie gesagt"), war danach Schluß für ihn. Mit den Worten "wir mußten reagieren", setzte Präsident Roloff ein drittes Mal in der laufenden Saison ein Entlassungsschreiben auf und gab auch Neururer die Papiere.

Drei Spieltage vor Saisonende und nur 78 Tage nach seinem Amtsantritt war die Ära Neururer damit beendet. Kommentar des Geschaßten: "Drei gefeuerte Trainer sagen doch genug". Da hatte er irgendwie recht.

Neururers Chancen, mit der völlig verunsicherten Mannschaft noch den Klassenerhalt zu schaffen, waren von Anfang an gering gewesen. Hertha hatte kein Team, sondern lauter Einzeldarsteller, denen die Bindung zum Verein und die Bereitschaft, sich für ihn einzusetzen, offenkundig fehlte. Zerbrochen ist Hertha in jener denkwürdigen Saison 1990/91 aber vor allem an ihrem Chaos auf der Führungsebene. Insbesondere die Tatsache, daß Manager Roder sowohl von Fuchs als auch von Csernai und zuletzt Neururer heftig kritisiert wurde, hätte der Vorstandsetage zu Denken geben müssen.

So aber übernahm Co-Trainer Karsten Heine bis zum Saisonende das Training, ehe mit Bernd Stange ein neuer Coach verpflichtet wurde, unter dem die Talfahrt eine Etage tiefer weiterging.

Jürgen Gelsdorf, 171

Verein:	Bayer Leverkusen
Vorgänger:	Rinus Michels
Erster Amtstag:	13. April 1989
Tabellenstand:	Platz 12
Letzter Amtstag:	31. Mai 1991
Tabellenstand:	Platz 8
Amtszeit:	26 Monate
Nachfolger:	Peter Hermann

Freitag, 31. Mai 1991. Eigentlich geht es nur um die Frage, ob Jürgen Gelsdorf auch in der Saison 1991/92 noch seinen Vertrag als Trainer bei Bayer Leverkusen erfüllen wird. Doch seit der 1:3-Pleite bei Eintracht Frankfurt und dem damit verbundenen Abrutschen auf Rang 8 – also außerhalb jeglicher internationaler Ansprüche – ist plötzlich Eile geboten. Nach wochenlangem Hickhack – die Torjäger Ulf Kirsten und Heiko Herrlich sind zerstritten, Bayer hangelt sich mit ständigen Unentschieden von Spiel zu Spiel, und der Vorstand setzt Gelsdorf mit ständig neuen Trainernamen unter Druck – stehen die Zeichen plötzlich schlecht. In Leverkusen ist man der ständigen "Schonfristen" für Gelsdorf überdrüssig. "Wir werden am Freitag keine Entscheidung bekanntgeben, bevor wir nicht mit Jürgen Gelsdorf gesprochen haben", versichert Bayers gewichtiger Manager Calmund zwar nach dem Frankfurt-Spiel noch einmal, doch die Entscheidung ist längst gegen Gelsdorf gefallen. Inzwischen hat Bayer nämlich mit diversen Herren Kontakt aufgenommen: Christoph Daum, Hennes Löhr und Hans Krankl beispielsweise. Da die drei jedoch allesamt absagten, einigte man sich mit dem zuvor in Bochum entlassenen Reinhard Saftig, ihm die Trainingsleitung für die Saison 1991/92 zu übertragen. An besagtem Freitag wird er als Gelsdorf-Nachfolger präsentiert – und Gelsdorf gleichzeitig gekündigt. Für den Rest der laufenden Saison soll Co-Trainer Hermann das Training leiten. Trainerwechsel Nummer 10 innerhalb einer Spielzeit – das war Bundesligarekord – schlägt freilich keine großen Wellen. Zu lange hatte man schon darauf gewartet, daß Bayer Gelsdorf den Laufpaß geben würde.

Dennoch: Gelsdorfs Ära bei Bayer 04 endete damit tragisch. 1989 als Nachfolger von Rinus Michels geholt, galt der langjährige Abwehrspieler zunächst als "unbeschriebenes Blatt". Bayer hatte sich zuvor eine Abfuhr von Berti Vogts abgeholt und wollte es nunmehr mit dem Nobody probieren. Zunächst erfolgreich, denn vier Wochen nach Amtsantritt hatten ihm die Bayer-Verantwortlichen einen Zweijahresvertrag gegeben. In der Saison 1989/90 begann der Ärger. Gelsdorf legte sich mit Superstar Herbert Waas an, dessen Ausbootung auf massive Kritik stieß. Gelsdorf rechtfertigte seine harte Maßnahme - und hatte Erfolg: Platz 5. 1990/91 kam der sportliche Einbruch - und Gelsdorf geriet in die Kritik. Hinter seinem Rücken nahm Bayer 04 Kontakt zu Christoph Daum, Winfried Schäfer und Ex-DDR-Nationaltrainer Eduard Geyer auf. Fast täglich gab es neue Hiobsbotschaften. Gelsdorfs Vermutung, die Mannschaft stehe hinter ihm, erwies sich als falsch (lediglich Torhüter Vollborn und Jorginho bekannten sich zu ihm), und so wurde der Coach allmählich demontiert. Bis zum 31. Mai, als er die Papiere bekam. Vier Monate später heuerte Gelsdorf in Mönchengladbach an.

Timo Konietzka, 172

Verein:	Bayer Uerdingen
Vorgänger:	Horst Wohlers
Erster Amtstag:	26. November 1990
Tabellenstand:	Platz 16
Letzter Amtstag:	3. Juni 1991
Tabellenstand:	Platz 17
Amtszeit:	7 Monate
Nachfolger:	Friedhelm Funkel

Nach der 0:1-Niederlage in Dortmund war Timo Konietzka stocksauer. Nicht etwa, weil dadurch der Abstieg der Uerdinger mehr oder weniger feststand, sondern vielmehr über die Art und Weise, wie das Spiel verloren gegangen war. Auf der anschließenden Pressekonferenz machte „Timo" seinem Frust lautstark Luft. "Jetzt können wird den Sarg zumachen", hakte er zunächst das Kapitel Bundesliga ab, um dann eine Abrechnung in eigener Sache vorzunehmen. "Hier gibt es zwar einige feine Spieler, aber keine Malocher", schimpfte er, und sprach davon, daß die Mannschaft "verwöhnt und verzogen" sei. "Es war kein Spieler da, der die Ärmel hochkrempelt, der auch mal auf den Tisch haut. Traurig, daß ich das erst sagen muß. Unter dem Bayer-Kreuz läßt es sich ja gut leben". Anschließend kam Manager Magath, mit dem sich schon Konietzka-Vorgänger Wohlers überworfen hatte, an die Reihe. "Die Manager verdienen heute hunderttausende von Mark. Klar, daß die sich auf die Seite des Vorstandes stellen, wenn es kriselt." Magath nahm die Kritik gelassen zur Kenntnis. "Ich kann das nicht ernst nehmen. Wenn ich höre, was Konietzka alles erzählt, dann muß er gehen", legte er seinem Coach unverblümt den Rücktritt nahe – auch das hatte er übrigens schon mit Wohlers gemacht... 48 Stunden später war Konietzka arbeitslos. "Er wollte aus seinem Vertrag raus, und wir haben ihm den Gefallen getan", kommentierte Magath süffisant. Es war der traurige Abschluß einer seit Wochen tobenden Schlammschlacht, in der nicht zuletzt Magath im Mittelpunkt gestanden hatte. Schon vor dem Dortmund-Spiel hatte Konietzka dem Bayer-Vorstand mitgeteilt, er würde über das Saisonende hinaus nicht mehr zur Verfügung stehen. "Es ist schlimm, was ich in den letzten Tagen an Graben- und Positionskämpfen erlebt habe", begründete er seinen Schritt – zur selben Zeit beschloß Uerdingen übrigens, Konietzka im Abstiegsfalle ohnehin kündigen zu wollen... In Krefeld-Uerdingen brach nun alles zusammen. Vorsitzender Klinkert sah sich einer "Kampagne" ausgesetzt und kündigte seinen Rückzug an, im Vorstand bildete sich eine Opposition, die Konietzka halten und Magath abschießen wollte, und mit Schatzmeister Plenker und Vorstandsmitglied Wolf warfen zwei Offizielle schon mal die Brocken hin. Doch lag es nur an internen Querelen? Fakt war, daß es dem Team vor allem an kämpferischer Qualität mangelte. Kapitän Fach war zu sehr Individualist, als das er das Ruder hätte herumreißen können, und der dazu fähige Wolfgang Rolff war beleidigt, weil Konietzka Fach zum Kapitän gemacht hatte. Auch Konietzka machte Fehler: Er verlangte zwar Ordnung und Disziplin, versäumte es aber zugleich, den Konkurrenzkampf zu fördern und verlor dadurch zunehmend an Autorität. Das der Manager dem ganzen Treiben gelassen zuschaute, gab der Mischung, die Bayer in die 2. Liga trieb, den Rest.

Horst Köppel, 173

Verein:	Borussia Dortmund
Vorgänger:	Reinhard Saftig
Erster Amtstag:	27. Juni 1988
Tabellenstand:	Platz 13 (Saison 1987/88)
Letzter Amtstag:	30. Juni 1991
Tabellenstand:	Platz 10 (Saison 1990/91)
Amtszeit:	36 Monate
Nachfolger:	Ottmar Hitzfeld

Nach den fetten Jahren mit dem Höhepunkt des Pokalgewinns 1989 war in der Saison 90/91 für Borussia Dortmund der sportliche Einbruch gekommen. Obwohl die Schwarz-Gelben mit Flemming Povlsen den bis dato teuersten Transfer ihrer Geschichte getätigt hatten, war das Team weit unter seinen Möglichkeiten geblieben und hatte die Fans ein ums andere Mal enttäuscht. Begonnen hatte es mit dem Pokal-Aus bei Viertligist SpVgg Fürth; Tiefpunkt war die 0:7-Niederlage beim VfB Stuttgart gewesen, bei der die Schwarz-Gelben von der Vision "Wir können Meister werden" (Jürgen Wegmann nach dem 3:2-Sieg bei Bayern München) himmelweit entfernt gewesen waren. Dorn im Auge war den Fans aber vor allem die Heimschwäche der Schwarz-Gelben. Ganze vier der 17 Begegnungen im Westfalenstadion endeten mit Siegen des BVB.

Dabei hatte Trainer Horst Köppel zu Saisonbeginn gerade auf die Heimstärke gesetzt. "Das Westfalenstadion muß wieder eine Festung werden!", hatte der Coach, unter dem die Borussia den Anschluß an die nationale Spitze geschafft hatte, gefordert. Logisch, daß angesichts von nur 15:19-Heimpunkten auch Köppel allmählich ins Gerede gekommen war. BVB-Präsident Niebaum hatte jedoch vor unpopulären Maßnahmen zurückgeschreckt. "Köppel hat für den BVB den ersten Titel seit 23 Jahren geholt. Es kann nicht angehen, daß wir diesen Mann wie einen begossenen Pudel aus dem Tempel jagen", brachte der Rechtsanwalt im Bundesligageschäft eher unübliche ethische und moralische Erwägungen vor. Auf Dauer war Köppel jedoch nicht zu halten, und so handelten beide Seiten gemeinsam. Bereits im April 1991 wurde verkündet, daß sich die Wege von Horst Köppel und Borussia Dortmund zum Saisonende auf Wunsch von Horst Köppel vorzeitig trennen würden. "Am Trainer lag unsere Misere nicht", dementierte BVB-Manager Meier anschließend die Gerüchte, Köppel sei damit seinem Rauswurf zuvorgekommen, und garantierte, bis zum 30. Juni an dem bedächtigen Coach festhalten zu wollen: "Mit Köppel gehen wir notfalls auch in die Relegation." Gleichwohl hatte man sich auch auf der Dortmunder Vorstandsetage seine Gedanken gemacht... Die Gründe für Köppels Scheitern waren vielschichtig: Millionenzugang Povlsen war weit unter seinen Möglichkeiten geblieben, ständiges Verletzungspech (Mill, Lusch) hatte den BVB immer wieder zurückgeworfen, und um den Geist in der Mannschaft stand es offensichtlich auch nicht allzu gut. "Spannungen sind da, die rechte Perspektive fehlt. Vielleicht die beste Lösung", meinte beispielsweise Michael Zorc vieldeutig. Alsdann konzentrierte sich das Interesse auf die Frage nach dem Köppel-Nachfolger. Das wurde, nachdem lange Zeit Namen wie Morten Olsen, Otto Rehhagel, Tomislav Ivic und Dick Advocaat kursierten, ein weithin unbekannter Mann namens Ottmar Hitzfeld.

Josef Hickersberger, 174

Verein:	Fortuna Düsseldorf
Vorgänger:	Aleksandar Ristic
Erster Amtstag:	4. Januar 1991
Tabellenstand:	Platz 9
Letzter Amtstag:	28. August 1991
Tabellenstand:	Platz 18
Amtszeit:	8 Monate
Nachfolger:	Rolf Schafstall

Fünf Spiele, fünf Niederlagen. Mitsamt des Absturzes zum Ende der Saison 90/91 hatte Josef Hickersberger mit den Düsseldorfer Fortunen nun 2:22-Punkte in Folge eingefahren. Kein gutes Omen für einen Trainer. Dennoch stärkte ihm das Fortuna-Präsidium auch nach der 1:3-Niederlage in Dortmund den Rücken. "Am Dienstag in Mönchengladbach wird unser Trainer Josef Hickersberger heißen", versicherten Präsident Förster, Vizepräsident Gärtner und Schatzmeister Faßbender unisono.

In Düsseldorf wußte man, daß die Misere nicht allein dem Trainer in die Schuhe zu schieben war. Schließlich hatte Hickersberger frühzeitig Verstärkungen angemahnt, mit Christian Schreier aber lediglich einen "fertigen" Spieler bekommen. In diesem Zusammenhang war auch Manager Karl-Heinz Thielen in die Kritik geraten, der von seinen ausgiebigen Erkundungsreisen stets mit leeren Händen zurückgekommen war. "Jetzt ist die Mannschaft gefordert. Ich gehe davon aus, daß die Spieler in Gladbach ein Zeichen setzen und auch für den Trainer spielen", gab Präsident Förster seiner Hoffnung Ausdruck. Doch auf dem Gladbacher Bökelberg leistete die Fortuna-Elf ihren Offenbarungseid. 1:3 verloren, damit die Serie auf den neuen Bundesligarekord von 0:12-Startpunkten geschraubt und alles andere als für Hickersberger gespielt – so lautete das bittere Fazit nach neunzig Minuten. Und da man nicht die ganze Mannschaft austauschen kann, griff man in Düsseldorf nun doch zum beliebten Allheilmittel Trainerwechsel. "Man fragt sich, ob der Trainer nicht zu schade ist für diese Mannschaft", gab Förster Hickersberger noch mit auf den Weg, ehe er ihm die Entlassungspapiere überreichte.

Hickersberger war an einer offenbar nicht zu durchbrechenden Spaltung im Team gescheitert. Torhüter Schmadtke und Libero Loose gingen sich seit langem aus dem Weg, Superstar Thomas Allofs, der in Gladbach zunächst hatte pausieren müssen "weil ihm die Frische fehlt" (Hickersberger), schmollte. "Bei uns geht es zur Zeit drunter und drüber, da wundert mich gar nichts mehr", hatte er gegiftet und dafür von Präsident Förster "disziplinarische Schritte" angedroht bekommen. Hickersbergers Rauswurf hatte somit den schalen Beigeschmack des Trainers als "Opfer". Die verfehlte Einkaufspolitik, die Formschwäche wichtiger Akteure – alles Dinge, die der Trainer vorausgeahnt und für deren Vermeiden er Lösungen angemahnt hatte. Sie waren nicht gekommen. Nun mußte er als einziger den Kopf hinhalten. Nichtsdestotrotz traf die Entscheidung auch auf Verständnis – kein Wunder, war die Fortuna doch seit dem 20. April 1991 (3:2 über St. Pauli) ohne Bundesligasieg. Und so drückten auch alle Hickersberger-Nachfolger Schafstall, der in der Vorsaison schon Bochum gerettet hatte, die Daumen. Vergebens, denn am Saisonende stieg die Fortuna ab – und fand sich zwei Jahre später gar in der 3. Liga wieder.

Erich Rutemöller, 175

Verein:	1. FC Köln
Vorgänger:	Christoph Daum
Erster Amtstag:	29. Juni 1990
Tabellenstand:	Platz 2 (Saison 1989/90)
Letzter Amtstag:	30. August 1991
Tabellenstand:	Platz 16
Amtszeit:	14 Monate
Nachfolger:	Hannes Linßen bzw. Jörg Berger

Umstritten war er schon lange – eigentlich seit jenem Tag im Sommer 1990, an dem er das schwere Erbe von Christoph Daum angetreten hatte. Die Saison 90/91 war ein regelrechtes Spießrutenlaufen für Erich Rutemöller gewesen. Von den Fans verlacht, von den Medien verhöhnt, mit dem FC trotz Erreichen des Pokalfinales den Sprung ins internationale Geschäft verpaßt – und dann auch noch mit Udo Lattek konfrontiert. Der sogenannte "Sportdirektor" war der heimliche Herrscher von Müngersdorf.

"Wir wollen zurück in die Bundesligaspitze, in zwei Jahren Meister sein", kündigte Lattek vor Beginn der Saison 91/92 vollmundig an – nicht etwa Cheftrainer Rutemöller. "Ich habe 14 Titel geholt und jede Menge Erfahrung gesammelt. Dieses Wissen muß ich doch einbringen. Und diesen Druck muß Erich Rutemöller aushalten, das hat nichts mit seiner Person zu tun. Mir wäre am liebsten, er erringt einen Titel nach dem anderen. Dann hätte ich mehr Ruhe und könnte mich um Spielertransfers kümmern. Ich falle ihm bestimmt nicht ins Kreuz. Wenn es nicht läuft, muß er sich ja auch selbst fragen, wo die Ursachen dafür liegen", gab der alte Fuchs seinem Trainerkollegen eine schwere Hypothek mit in die Saison. Der als "grundehrliche Haut" bezeichnete Rutemöller, der sich über den Druck durchaus bewußt war ("UEFA-Cup ist ein Muß"), wies derweil auf Schwächen im Team hin. Vor allem im Sturm mangelte es ihm an Alternativen und er forderte "einen Typ wie Hrubesch". Vergeblich – Köln setzte weiterhin nur auf die Dienste von "Mucki" Banach, der in der Vorsaison erhebliche Ladehemmung gehabt hatte.

Es fing alles prächtig an. Zur Saisoneröffnung kamen 7.000 Fans zum Geißbockheim, sahen ein 11:1 gegen Kreisligist Nippes 78 und einen Trainer, der fröhlich bekanntgab: "Im Kopf habe ich die Formation perfekt". Doch dann kamen die Enttäuschungen. Im ersten Spiel "nur" 2:2 in Bochum, dann im ersten Heimspiel ein erbärmliches torloses Unentschieden gegen Aufsteiger Stuttgarter Kickers, bei dem es zum ersten Affront Latteks gegen Rutemöller kam. Lerby und Rostocks Erfolgscoach Reinders wurden hinter vorgehaltener Hand bereits als Nachfolger gehandelt, als der gutmütige Geißbock-Coach mit einem 1:1 bei Meister Kaiserslautern den Kopf noch einmal aus der Schlinge zog. Doch nach einem weiteren Unentschieden – 1:1 daheim gegen Frankfurt – wurde die Kritik wieder lauter. Die Spannung zwischen Rutemöller und Lattek wuchs. Dann kam das Mittwochspiel in Nürnberg, bei dem Rutemöller ein spielentscheidender Fehler unterlief. Er ließ Greiner auf der Bank und brachte statt dessen Steinmann auf der rechten Seite. Folgen: Eine 0:4-Niederlage und das "Aus" für Rutemöller. Udo Lattek erwehrte sich derweil der Gerüchte, er habe ihn abgeschossen. "Der hat sich selbst abgeschossen. Weil er sich mit mir angelegt hat. Und dann braucht er schon den nötigen Erfolg."

Gerd vom Bruch, 176

Verein:	Borussia Mönchengladbach
Vorgänger:	Wolf Werner
Erster Amtstag:	22. November 1989
Tabellenstand:	Platz 18
Letzter Amtstag:	25. September 1991
Tabellenstand:	Platz 20
Amtszeit:	22 Monate
Nachfolger:	Jürgen Gelsdorf

Die Zeiten für Trainer wurden rauher – auch am Gladbacher Bökelberg, dem einstigen Paradies der sicheren Trainerstühle. Zwei Jahre nach dem ersten Trainerwechsel in der Mönchengladbacher Bundesligageschichte war bereits Nummer 2 fällig: Gerd vom Bruch. Überraschend kam die Entlassung nicht. Zwar hatte vom Bruch Gladbachs berühmte Talentschmiede reaktiviert und Akteure wie Wynhoff, Pflipsen und Max erfolgreich ins Rennen geworfen, doch aus dem erhofften Sprung auf die UEFA-Cup-Plätze war weder 89/90 noch 90/91 etwas geworden. 1991/92 schienen sogar schwere Zeiten anzubrechen. 6:16-Punkte zum Auftakt, sechs Auswärtsniederlagen in Folge, ganze elf Tore in elf Spielen und Platz 20 in der Tabelle ließen am Bökelberg die Abstiegsglocken läuten. Nun geriet auch der einst gefeierte vom Bruch in die Diskussion. Plötzlich war keine Rede mehr davon, daß sein Kader mit Ausnahme des aus Uerdingen geholten Holger Fach im Durchschnitt deutlich unter 25 Jahre alt war, daß Leitfiguren wie Criens und Hochstätter seit Wochen ausfielen und das vom Bruch trotzdem mit der Borussia das Viertelfinale im DFB-Pokal erreicht hatte.

Wenige Stunden nach dem dazu nötigen 2:0-Sieg über Fortuna Köln platzte die Bombe. Am Mittwochabend, 18.24 Uhr, lief die Meldung über den Ticker: "In beiderseitigem Einvernehmen beurlaubt Borussia den Cheftrainer mit sofortiger Wirkung. Sein bisheriger Arbeitsvertrag ist heute durch eine entsprechende neue Vereinbarung aufgehoben worden." Unterzeichnet war das Schreiben von Präsident Dr. Beyer und Schatzmeister Frantzen.

Ganz astrein war die Sache allerdings wohl nicht gewesen, denn es roch stark nach Kompetenzstreitigkeiten im Management. Manager Rüssmann jedenfalls, der gerade in Schweden weilte, um Martin Dahlin von Malmö FF loszueisen, war offensichtlich übergangen worden und zeigte sich völlig überrascht von der Entwicklung. Noch am Mittwochmorgen hatte er erklärt: "Gerd kann völlig ohne Streß mit der Mannschaft weiterarbeiten." Nun hatte er selbst das Training in der Hand, sollte es gemeinsam mit Konditionstrainer Drygalski und Co-Trainer Krauss leiten, bis ein Nachfolger gefunden war. Daß der Rainer Bonhof heißen könnte, war am Bökelberg übrigens schon vor vom Bruchs Entlassung dementiert worden. "Bonhof ist für uns kein Thema", hatte Rüssmann stets versichert. So kam schließlich am 3. Oktober der Ex-Leverkusener Jürgen Gelsdorf, der sich allerdings in Mönchengladbach nicht nur Freunde machen sollte. Dazu mehr unter der Nummer 189. Gerd vom Bruch nahm die Entwicklung gelassen. "Irgendwie hatte ich mich darauf eingerichtet", bekannte er, denn "die Borussia ist mittlerweise ein Klub wie jeder andere. Wenn die Herren der Meinung sind, es geht nicht mehr, dann Bitteschön."

Jupp Heynckes, 177

Verein:	Bayern München
Vorgänger:	Udo Lattek
Erster Amtstag:	1. Juli 1987
Tabellenstand:	Platz 1 (Saison 1986/87)
Letzter Amtstag:	8. Oktober 1991
Tabellenstand:	Platz 12
Amtszeit:	52 Monate
Nachfolger:	Sören Lerby

Backpfeifen waren Jupp Heynckes und den Bayern reihenweise versetzt worden: 1:2 daheim gegen Aufsteiger und Nobody Hansa Rostock, 2:4 daheim im Pokal gegen Zweitligist FC Homburg, 0:2 daheim gegen den VfL Bochum – was war mit den Münchnern los? "Es tut weh, den FC Bayern so zu sehen. Das ist nicht die Münchner Mannschaft, die man sich wünschen muß. Schade um diese große Mannschaft. Schade, wirklich schade", kommentierte selbst Homburgs Präsident Ommer nach der sensationellen Heimpleite gegen seinen Zweitligisten traurig. Mittendrin Jupp Heynckes, über den die Meinungen weit auseinander gingen, und der schon seit der Rostock-Niederlage auf der Abschußliste stand. Während das treue Fanvolk auf der Südtribüne Heynckes dabei stets den Rücken stärkte, wetterte das Nobelpublikum auf der Haupttribüne mitsamt der berüchtigten Münchner Boulevardpresse bei jeder sich bietenden Gelegenheit gegen den ein wenig eigenwilligen Ex-Nationalspieler. Das "Bayern-Magazin" mußte das Publikum sogar zu "Besonnenheit" aufrufen und dazu, die "lautstarken Duelle zwischen Südtribüne und Haupttribüne wegen Trainer Jupp Heynckes" einzustellen.

All das war Makulatur, als die Bayern sich am 5. Oktober 1991 von Aufsteiger Stuttgarter Kickers eine neuerliche Heimpleite zufügen ließen: 1:4. "Wir sind den Bayern dankbar für ihre Spielweise. Die spielen so offen, die muß man bestrafen", wies Stuttgarts Torjäger Marcus Marin auf deutliche taktische Probleme beim Münchner Renommierklub hin. Keine Hierarchie, kein System, kein Kampf – beim FC Bayern lag alles darnieder. "Wir sind nur noch eine Durchschnittsmannschaft", brachte es Thomas Strunz auf den Punkt. Jupp Heynckes war nun nicht mehr zu halten. Der Druck von außen, so bekannte Bayern-Präsident Dr. Scherer, sei so groß geworden, "daß wir keine Ruhe, keine Geduld mehr hatten". "Damit im Umfeld endlich Ruhe herrscht", habe man Heynckes geopfert, fügte Manager Uli Hoeneß hinzu – derselbe Hoeneß, der stets eisern zu Heynckes gestanden und vor der Saison noch erklärt hatte, angesichts der personellen Zäsur sei das Saisonziel "Nichtabstieg". Bayerns Krise hatte freilich nicht nur sportliche Gründe. Auf der Führungsetage der Münchner schwelte ein Machtkampf zwischen Uli Hoeneß und Dr. Scherer, Jupp Heynckes war mit seiner mürrischen Art schon länger umstritten, und sein Co-Trainer Egon Coordes wurde von Teilen der Mannschaft sogar gemieden. Grabenkämpfe innerhalb der Mannschaft waren die Folge gewesen, was, gepaart mit einer wenig durchschaubaren Einkaufspolitik, zum Absturz geführt hatte. Jupp Heynckes gab sich nach seiner Entlassung gelassen. Er habe nach Saisonende sowieso gehen wollen, bekannte er. Das Bayern-Drama ging derweil weiter. Mit Sören Lerby wurde einem Mann das Zepter übergeben, der keinerlei Trainererfahrung hatte.

Rolf Schafstall, 178

Verein:	Fortuna Düsseldorf
Vorgänger:	Josef Hickersberger
Erster Amtstag:	28. August 1991
Tabellenstand:	Platz 20
Letzter Amtstag:	23. Januar 1992
Tabellenstand:	Platz 20
Amtszeit:	5 Monate
Nachfolger:	Hans-Jürgen Gede

"Alles bestens", frohlockte Rolf Schafstall. Arbeitsbedingungen und Betriebsklima beim Düsseldorfer Trainingslager auf Gran Canaria seien perfekt, und die Verletzungen von Ralf Loose und Christian Schreier seien bis zum Wochenende ebenfalls ausgeheilt. "Hier ist alles ruhig. Es gibt keine Wogen bei Fortuna Düsseldorf", wischte er zugleich die Gerüchte, es krisele bei den Rheinländern, vom Tisch. Es konnte also losgehen mit der heißen Phase der Rückrundenvorbereitung!

Oder etwa doch nicht? "Zweite Trainerentlassung – Die Mannschaft sprach sich gegen ihren Coach aus. Schafstall wuchs der Mist über den Kopf", schlagzeilte der »kikker« nur vier Tage später plötzlich. "Er hatte nicht nur die Wogen, er hatte die Sturmflut übersehen, wurde ohne Vorwarnung weggespült", analysierte das Fachblatt und zitierte Fortuna-Präsident Förster: "Wir mußten handeln. Herr Schafstall hatte die Übersicht verloren. Er hat, glaube ich, gar nicht mitgekriegt, daß die Mannschaft gegen ihn war. Denn die Mannschaft hat sich zusammengesetzt, dann Allofs und Loose geschickt, um beim Präsidium gegen Schafstall zu stimmen."

So lautete zumindest die offizielle Stellungnahme über die nach Josef Hickersberger zweite Trainerentlassung der laufenden Saison in Düsseldorf. Eine Version, der Kapitän Thomas Allofs in einem nicht uninteressanten Punkt widersprach. "Es ist nicht richtig, daß wir um ein Gespräch gebeten haben, sondern Vizepräsident Gärtner und Schatzmeister Buddenberg haben uns angesprochen. Richtig ist aber, daß die überwiegende Mehrheit der Spieler kein Vertrauen mehr gehabt hat." Im Kern zwar kein Widerspruch, jedoch blieb die (unaufgeklärte) Frage, wer denn nun Auslöser der Entlassung war: Mannschaft oder Vorstand?

Düsseldorfs an Peinlichkeiten ohnehin schon reiche Saison 91/92 hatte damit jedenfalls einen neuen Höhepunkt erreicht – und es ging fröhlich weiter. Der geschaßte Schafstall beispielsweise ließ kein gutes Haar an Vizepräsident Gärtner, der ebenfalls mit nach Gran Canaria gereist war. "Für mich kein relevanter Partner. Ein Unding, daß er überhaupt im Trainingslager auflief. Wir hatten allerdings wenig Berührungspunkte: Meist war ich auf dem Platz und er am Pool", wusch Schafstall in seiner Kritik auch gleich noch ein bißchen schmutzige Wäsche mit. Selbiges tat man übrigens auch mit ihm, denn Gerüchten zufolge sei er auf Gran Canaria mit einer unbekannten Dame im Hotelzimmer verschwunden. Kommentar Schafstall: "Ich habe mir nichts zuschulden kommen lassen." So war es wohl tatsächlich am besten, daß sich Fortuna und Schafstall am 23. Januar 1992 trennten. Für die Düsseldorfer war ihre peinliche Saison allerdings noch nicht beendet. Nachfolger Hans-Jürgen Gede durfte nämlich ebenfalls vorzeitig gehen.

Uwe Reinders, 179

Verein:	Hansa Rostock
Vorgänger:	Werner Voigt
Erster Amtstag:	1. Juli 1990
Tabellenstand:	Platz 6 (DDR-Oberliga, Saison 1989/90)
Letzter Amtstag:	6. März 1992
Tabellenstand:	Platz 14
Amtszeit:	21 Monate
Nachfolger:	Erich Rutemöller

Einst war er der Held Mecklenburg-Vorpommerns gewesen. In fulminanter Manier hatte Hansa Rostock unter Trainer Uwe Reinders die letzte Saison der abgewickelten DDR-Oberliga gewonnen und war regelrecht in die Bundesliga gestürmt. Dort war der Siegeszug der Ostseestädter weitergegangen: Am zweiten Spieltag hatten sie das Münchner Olympiastadion erstürmt, kurz darauf Borussia Dortmund mit 5:1 abgekanzelt – Fußball-Deutschland staunte, und Rostock feierte Uwe Reinders.

Dann holte Hansa die Realität ein. Die sportlichen Zeichen wiesen nach unten, Reinders fing sich einen DFB-"Strafbefehl" ein, weil er bei der 0:1-Niederlage in Bremen Unflätiges von sich gegeben hatte, und intern rüttelte Hansas seit Juni 1991 amtierender Präsident Gerd Kische kräftig an Reinders' Stuhl. Kische warf dem Erfolgscoach böse Dinge vor. Neben seinem üppigen Gehalt bezöge er zahlreiche Zusatzeinnahmen durch eigenverantwortliche Werbeverträge, arbeite nebenberuflich als Grundstücksmakler (»fuwo«: "Der Trainer hat viel Bauland gekauft und läßt Supermärkte hochziehen. Diese wiederum vermietet er über Geschäftspartner, unter anderem in Bad Doberan und Kühlungsborn"), habe sich in seinen Vertrag zahlreiche Nachträge und Nebenreden einbauen lassen, die ihm u.a. garantierten, daß Reinders sonntags generell frei habe und er – losgelöst vom Leistungsstand der Mannschaft – ausschließlich persönlich über seine Arbeits- und Freizeit verfügen könne. Härteste Vorwürfe waren die der "Konzeptlosigkeit" sowie des "rüden Umgangs mit seiner Umgebung". Nach dem Pokal-Aus bei Fortuna Köln beispielsweise hatte Reinders angeblich gegiftet: "Jetzt muß ich mit den Arschlöchern auch noch acht Stunden Bus fahren."

Im gleichen Maße, wie Hansas sportliche Kurve nach unten wies, eskalierte die interne Schlammschlacht zwischen Kische und Reinders. Als schließlich Anfang März auch noch kolportiert wurde, daß sich zwei Spieler beim Präsidium über Reinders beschwert hätten, griff Reinders zur Schreibmaschine. "Hiermit erkläre ich, daß ich mich zu keiner Zeit vor dem 3.3.92 beim Präsidium über den Trainer beschwert habe", schrieb er und ließ sich von seinen Spielern schriftlich das Vertrauen attestieren. "Zwanzig Spieler haben unterschrieben, zwei nicht. Mit denen wollte ich mich zusammensetzen", gab er anschließend bekannt. Allein: Er konnte die beiden nicht mehr befragen, denn nach dem 0:0 gegen den MSV Duisburg war Schluß. Von "zerrüttetem Vertrauensverhältnis" und "mangelnder Pflichterfüllung" war im Entlassungsschreiben die Rede, und das "wir ihn auch bei einem Sieg entlassen hätten".

In Rostock kippte ein Denkmal.

Gerd-Volker Schock, 180

Verein:	Hamburger SV
Vorgänger:	Willi Reimann
Erster Amtstag:	5. Januar 1990
Tabellenstand:	Platz 14
Letzter Amtstag:	10. März 1992
Tabellenstand:	Platz 13
Amtszeit:	27 Monate
Nachfolger:	Egon Coordes

Volkes Zorn kann unerbittlich sein. "Schock raus!" hallte es nach der 0:2-Niederlage des HSV gegen Nürnberg durch den Volkspark. Obwohl Gerd-Volker Schock seit seiner Amtsübernahme im Januar 1990 eine durchaus positive Bilanz vorweisen konnte, wurde ihm gemeinsam mit Präsident Hunke die Schuld für das Chaos am Rothenbaum in die Schuhe geschoben. Finanziell ging es dem HSV nach dem Doll-Verkauf zwar besser, doch sportlich war das Team völlig ausgeblutet. Dazu kam die vollkommen mißratene Transferpolitik. Vom HSV abgeschobene Akteure wie Bierhoff, Labbadia oder Marin beispielsweise brillierten woanders, derweil der HSV Halbinvaliden wie Cyron durchschleppen mußte.

Zwei Tage nach dem Nürnberg-Spiel zog Gerd-Volker Schock die Konsequenzen. "Für diesen Mist übernehme ich die volle Verantwortung", erklärte er und warf das Handtuch. Künftig wollte sich der 41jährige wieder, wie vor dem 5. Januar 1990, als Koordinator im Nachwuchs- und Amateurbereich des HSV engagieren. Sein überraschender Rückzug stahl selbst dem einstigen Sowjetpräsidenten Michail Gorbatschow, der zeitgleich in Hamburg weilte, eine Menge Presserummel.

Die Meinungen über den Abgang Schocks gingen weit auseinander. Einerseits galt der sture Holsteiner als Dickschädel, der die "Mannschaft klein gehalten hat" und "mit einem unsinnigen Kräftevergleich mit Thomas von Heesen zur Verunsicherung der Mannschaft beigetragen hat" (Ex-Nationalspieler Ditmar Jakobs). Andererseits galt er als eine "Demonstration von Charakterstärke und innerer Kraft" (»kicker«-Kommentator Hans-Günter Klemm), dem freilich keine andere Wahl blieb, als das Handtuch zu werfen, da er sonst wohl gefeuert worden wäre: "Immer hat er sich vor seine Profis gestellt. Rükkendeckung bis zur Selbstverleugnung."

Wie es beim HSV weitergehen sollte, wußte niemand. HSV-Präsident Hunke, dem fehlender Sachverstand vorgeworfen wurde, beschrieb seinen Idealtrainer mit: "Es muß der Beste sein, er muß bezahlbar sein – und er muß sofort frei sein", übergab zunächst Co-Trainer Möhlmann die Trainingsgeschäfte und holte dann mit Egon Coordes einen Mann, der zuvor vom »kicker« mit den Worten "Schleifer aus München, fehlt die Perspektive" eigentlich als chancenlos eingeschätzt worden war. Er galt Nummer 5 auf der HSV-Wunschliste. Tollhaus Volkspark.

Sören Lerby, 181

Verein:	Bayern München
Vorgänger:	Jupp Heynckes
Erster Amtstag:	9. Oktober 1991
Tabellenstand:	Platz 12
Letzter Amtstag:	11. März 1992
Tabellenstand:	Platz 11
Amtszeit:	5 Monate
Nachfolger:	Erich Ribbeck

"Den UEFA-Cup können wir mit Sicherheit abschreiben, und jetzt müssen wir kämpfen, sonst steigen wir ab." Stefan Effenberg gab nach der 0:4-Schlappe der Münchner Bayern auf dem Lauterer Betzenberg für den FC Bayern Ungewöhnliches von sich. Angst ging um beim Münchner Renommierklub, denn, so Effenberg, "der Verein ist es nicht gewöhnt, im Abstiegskampf zu stehen."

Die Saison 1991/92 zählte zweifelsohne zu den denkwürdigen der Bayern-Geschichte. Im Oktober 1991 erst war Sören Lerby mit den Aufgaben des Cheftrainers betraut worden, nachdem sich der FC Bayern in einem langwierigen Ablösungsprozeß von Jupp Heynckes getrennt hatte. Doch die dänische Stimmungskanone hatte nicht eingeschlagen. Die Bayern waren schlecht geblieben. Keine Einstellung, kaum Kampfkraft, wenig Disziplin und kein Teamgeist, dazu ständige interne Scharmützel – der FC Bayern München des März 1992 war nur ein Schatten seiner selbst. Dennoch: Noch einmal den Trainer wechseln, ein zweites Mal in der laufenden Saison? Bei den Bayern? Nein! Sören Lerby sollte bleiben, wie der frischgebackene Vizepräsident Franz Beckenbauer, der das 0:4-Debakel gegen Lautern als Premiere-Co-Kommentator live mitverfolgt hatte, nicht müde wurde zu betonen. "Es hat keinen Sinn, noch einmal den Trainer zu wechseln", erklärte der Kaiser – schob allerdings vielsagend nach: "Aber wenn wir gegen Hamburg und in Frankfurt verlieren, müssen wir uns neu zusammensetzen."

Also eine Galgenfrist für Lerby?

Nein – denn drei Tage später platzte die Bombe. Eigentlich sollte es geheim gehalten werden, doch wie schon so häufig in der laufenden Saison gab es an der Säbener Straße eine undichte Stelle und so sickerte bereits am Mittwochabend nach dem Lautern-Spiel durch, daß Erich Ribbeck den glücklosen Lerby ablösen würde. Und zwar sofort. Ribbeck hatte schon im Dezember kommen sollen, als ihn sein Freund Franz Beckenbauer von seinem Posten als Sportrepräsentant beim Bayern-Sponsor Opel loszueisen versuchte. Damals hatte Ribbeck abgelehnt, diesmal aber sagte er zu und stand schon am Donnerstagmorgen erstmals auf dem Trainingsplatz.

Nachdenklich gab sich derweil Manager Hoeneß, der von seinem Präsidenten Dr. Scherer mit der Ernennung von Franz Beckenbauer und Karl-Heinz Rummenigge zu Vizepräsidenten zwei renommierte Mitstreiter vor die Nase bekommen hatte. "Der Zeitpunkt der Heynckes-Entlassung war falsch. Man hätte ihm die Chance geben müssen, mehrere Spiele mit dem kompletten Kader zu bestreiten." Späte Einsicht.

Von Sören Lerby sprach da übrigens niemand mehr. Dessen Trainer-Gastspiel in der Bundesliga blieb ein kurzes.

Hans-Jürgen Gede, 182

Verein:	Fortuna Düsseldorf
Vorgänger:	Rolf Schafstall
Erster Amtstag:	24. Januar 1992
Tabellenstand:	Platz 20
Letzter Amtstag:	25. März 1992
Tabellenstand:	Platz 20
Amtszeit:	2 Monate
Nachfolger:	Horst Köppel

Zwei Trainer in einer Bundesligasaison zu verbrauchen, war für Fortuna Düsseldorf nichts Ungewöhnliches. Doch drei – das hatte man noch nie erlebt am Flingerbroich. Die Spielzeit 1991/92 machte es möglich. Nach Josef Hickersberger (im August 91) und Rolf Schafstall (im Januar 92) erwischte es nun auch Hans-Jürgen Gede, dem die 2:3-Heimniederlage gegen den Karlsruher SC zum Verhängnis wurde. Interessant übrigens, das sich die Düsseldorfer Tabellenposition bei keiner der Entlassungen geändert hatte: Fortuna war unter Hickersberger Tabellenletzter, blieb es auch unter Schaftstall, und war es noch immer, als Gede ging.

Das in Düsseldorf die Lichter ausgingen, konnte man durchaus symbolisch sehen, denn passenderweise fiel bei der erneuten Heimpleite (Nummer 5 in der laufenden Saison) kurz vor dem Anpfiff teilweise der Strom aus, so daß von dem Abstiegsthriller keine bewegten Bilder gezeigt werden konnten. "Das einzige, was in Düsseldorf noch brennt, ist das Schlußlicht", kommentierte der »kicker« bissig, was die Zuschauer während der neunzig verregneten Minuten zu sehen bekamen.

Von einer Entlassung Gedes war dennoch nichts zu hören. Düsseldorfs Sportdirektor Horst Köppel sprach unmittelbar nach Spielschluß davon, das man jetzt für die Zweite Liga plane ("Alles andere wäre Zeitverschwendung") und konstatierte "eine ganz ungewisse Situation". Die habe allerdings weniger mit der Trainerfrage, sondern vor allem mit den Querelen auf der Vorstandsetage zu tun. Dort lieferte sich nämlich der umstrittene Vorstand um Präsident Förster und Stellvertreter Gärtner erneut ein Scharmützel mit der vereinsinternen Opposition um Benno Beiroth, die zum wiederholten Mal den Rücktritt der beiden forderte.

Und diesmal war es soweit. Am Dienstag nach dem KSC-Spiel traten Förster und Gärtner von ihren Ämtern zurück und machten den Weg frei. Jürgen Hauswald, Geschäftsführer eines Düsseldorfer Autohauses, übernahm die Vereinsgeschäfte und entschied tags darauf: "Horst Köppel muß Trainer werden. Das ist unsere letzte Chance, den Klassenerhalt noch zu schaffen." Widerwillig mußte Köppel, der alles andere als Trainer sein wollte, einwilligen. "Mir blieb ja gar nichts anderes übrig." Leidtragender war Hans-Jürgen Gede, dem angeboten wurde, als Co-Trainer weiterzuarbeiten, was dieser verständlicherweise dankend ablehnte.

Und mit dem Klassenerhalt, das klappte auch nicht. Wie schon unter Hickersberger, Schafstall und Gede zierte die Fortuna auch unter Köppel Platz 20 und damit den letztmöglichen in der Bundesligatabelle. Eine Saison zum Vergessen – und dennoch wird genau das in Düsseldorf wohl keiner so schnell.

Willibert Kremer, 183

Verein:	MSV Duisburg
Vorgänger:	Detlef Pirsig
Erster Amtstag:	1. Juli 1989
Tabellenstand:	Platz 1 (Saison 1988/89, Oberliga Nordrhein)
Letzter Amtstag:	20. April 1992
Tabellenstand:	Platz 16
Amtszeit:	58 Monate
Nachfolger:	Uwe Reinders

Es war ein Abschied auf Raten. Am 25. März 1992 hatte Willibert Kremer die MSV-Fans mit der Nachricht "Zum Saisonende ist hier Schluß für mich" schockiert. Eine Nachricht, die seinerzeit niemand so richtig ernstgenommen hatte. Lothar Woelk beispielsweise hatte Kremer gar ungläubig aufgefordert: "Hören Sie auf, für Aprilscherze ist es noch zu früh!" Doch Willibert Kremer, der den MSV aus den Niederungen der Drittklassigkeit bis ins Oberhaus geführt hatte, hatte es ernstgemeint. "Der Entschluß ist unumstößlich. Ich habe es nicht nötig, mich hier mit Dreck bewerfen zu lassen. Die Attacken aus Teilen der Presse wurden zuletzt immer brutaler, gehässiger", zeigte sich Kremer entnervt von der Situation im Wedaustadion. Trotz Platz 13 wollte einfach keine Ruhe beim Aufsteiger einkehren. Die Mannschaft verstand des Trainers Botschaft. Drei Tage nach Kremers Demissionsankündigung schickte sie Dynamo Dresden mit 3:0 nach Hause und machte einen wichtigen Schritt in Richtung Klassenerhalt. "Wir waren alle heiß. Das hat man schon auf der Busfahrt und in der Kabine gemerkt. Jeder hat jeden angestachelt. Und wir wollten für den Trainer spielen. Anfangs waren wir durch Kremers Entschluß aufzuhören wie vor den Kopf gestoßen. Doch dann haben wir uns gesagt, jetzt zeigen wir allen, daß Kremer ein guter Mann ist", begründete Dirk Bremser die Leistungssteigerung.

Drei Wochen später war die Tristesse jedoch groß. Drei Niederlagen in Folge hatten das Abstiegsgespenst am Wedaustadion wieder aufleben und die Nerven bei den Zebras ausdünnen lassen. Nach der unglücklichen 1:2-Niederlage in Kaiserslautern – einmal mehr hervorgerufen durch individuelle Fehler – zog Kremers die Reißleine. Mit sofortiger Wirkung legte er sein Amt als Trainer nieder. "Es war eine Entscheidung, von der ich mir einen letzten Schub für die Mannschaft erhoffe", begründete er seinen Entschluß, der nach einem längeren Gespräch mit MSV-Präsident Fischdick gefallen war. "Er hat mich noch gefragt, ob ich denn die Gewißheit für eine Besserung sehe. Die konnte ich ihm natürlich nicht geben. Aber nachdem es vor Wochen geholfen hat, als ich meinen Abschied zum Saisonende bekanntgab, klappt es nun vielleicht wieder." Sprach's und übergab dem zuvor in Rostock geschaßten Uwe Reinders die Trainingsgeschäfte. Alles in allem war es eine "saubere Trennung", wie sie in der Bundesliga längst nicht mehr üblich war. Dementsprechend waren auch Kremers abschließende Worte zu interpretieren: "Ich wünsche Uwe Reinders alles Gute und dem MSV, daß er in der Bundesliga bleibt". Pech für Kremer, Reinders und den MSV, daß alle guten Worte nichts brachten: Am Ende stiegen die Zebras nämlich ab – und Willibert Kremer ward nie wieder gesehen auf einem Bundesliga-Chefsessel.

Aleksandar Ristic, 184

Verein:	Schalke 04
Vorgänger:	Peter Neururer
Erster Amtstag:	1. Januar 1991
Tabellenstand:	Platz 2 (2. Bundesliga)
Letzter Amtstag:	30. April 1992
Tabellenstand:	Platz 13
Amtszeit:	16 Monate
Nachfolger:	Klaus Fischer

Aleksandar Ristic war noch nie ein Kind von Traurigkeit. Als er beispielsweise zum Jahreswechsel 90/91 unbedingt von Fortuna Düsseldorf zu Schalke 04 wechseln wollte, provozierte er die Düsseldorfer Verantwortlichen so lange, bis sie den Bosnier entnervt gehen ließen. Auf Schalke feierte er alsdann den Aufstieg ins Oberhaus, wo sich die Königsblauen zu etablieren gedachten – und zwar mit Ristic. Es fing auch alles gut an. Schalke hielt sich prächtig im Mittelfeld der auf 20 Teilnehmer ausgeweiteten Liga, Ristic war mit allen gut Freund, auf Schalke herrschte Harmonie.

Dann setzte es erste sportliche Pleiten, und "Aleks der Große" geriet erst mit seiner Mannschaft in Zwist, und dann in die öffentliche Kritik. Nach dem torlosen Unentschieden gegen Düsseldorf eskalierte die Situation. "Geh doch zurück nach Düsseldorf, Du Schaumschläger", hieß es plötzlich. Die Erwartungshaltung der Fans war ins Unermeßliche gewachsen – trotz aller Warnungen von Ristic, daß "der Klassenerhalt (und nicht mehr) das Ziel sein muß". Während Ristic bei den Fans in Ungnade fiel, stand das Präsidium unverändert hinter ihm. "Die Situation ist in Ordnung. Wir haben eine durchschnittliche Mannschaft, die mal über dem Schnitt gespielt hat, jetzt unter dem Schnitt spielt. Im Mittel ist das eben durchschnittlich", erklärte Präsident Eichberg. Doch dann ging es plötzlich drunter und drüber. Erst setzte es eine 1:2-Heimniederlage gegen die Stuttgarter Kickers, die von der Minuskulisse von 24.860 Fans mit wütenden Pfiffen quittiert wurde. Nervös, ohne jegliches Konzept und ohne erkennbaren Spielaufbau hatten die Ristic-Schützlinge agiert. Dann wurde bekannt, daß sich Schalke und sein seit August 1991 amtierender "strategischer Berater" Günter Netzer getrennt hätten und das zu allem Übel im Juli auch noch Marketingchef Bruchhagen ausscheiden würde.

Ristic zog nun die Notbremse. "Ich will nicht, daß meine Jungs in dieser schwierigen Situation von den falschen Leuten beeinflußt werden. Deshalb nehme ich sie aus der Schußlinie", erklärte er und verschwand mit seinem Team ins Trainingslager im münsterländischen Billerbeck. Am Donnerstag bekam er dort Besuch von seinem Präsidenten, der ihm am Abend der Stuttgart-Niederlage noch mit den Worten "es gibt kaum einen Trainer, der so fest im Sattel sitzt wie Aleksandar Ristic", deutlich den Rücken gestärkt hatte. Auch diesmal hatte Eichberg einige Worte parat – die aber waren nicht ganz so nett. "Herr Ristic, Sie sind entlassen." Irgendwie hatte er Wind davon bekommen, daß sich Spieler und Trainer nicht mehr riechen konnten, und sein Versuch, den Zwist zu beseitigen, hatte er wegen der geballten Ablehnung seitens der Spieler rasch aufgeben müssen. Eichbergs Reaktion hatte einen bedenklichen Hintergrund: Sollte Schalke absteigen, drohte ein Lizenzverlust. Das sollte nun Klaus Fischer verhindern.

Karlheinz Feldkamp, 185

Verein:	1. FC Kaiserslautern
Vorgänger:	Josef Stabel
Erster Amtstag:	28. Februar 1990
Tabellenstand:	Platz 17
Letzter Amtstag:	30. Juni 1992
Tabellenstand:	Platz 5
Amtszeit:	28 Monate
Nachfolger:	Rainer Zobel

Schon seit Wochen pfiffen es die Spatzen von den Dächern: "Kalli Feldkamp hört zum Saisonende auf!" Doch wo und wann immer er mit diesem Gerücht konfrontiert wurde, sprang FCK-Erfolgscoach Kalli Feldkamp sofort auf und dementierte energisch. Nein, er wolle nicht aufhören, denke gar nicht daran!

Warum sollte er auch, denn eigentlich war ja auch alles in Butter auf dem Betzenberg. 1991 hatte Feldkamp die Roten Teufel überraschend zur Meisterschaft geführt, war daraufhin zum "Trainer des Jahres" gekürt worden und hatte auch in der Spielzeit 91/92 durchaus Respektables geleistet. Vor allem die Qualifikations-"Schlachten" zur Champions League-Endrunde gegen den FC Barcelona hatte die Fans begeistert. Dennoch war längst nicht alles nach Wunsch verlaufen. Auswärts hatten sich die Lauterer als harmlose Teufelchen präsentiert, und mit zunehmendem Saisonverlauf war der Kontakt zum Spitzentrio Dortmund/Frankfurt/Stuttgart mehr und mehr abgerissen. Nach dem 0:0 gegen Stuttgart hatten einige Fans sogar erstmals Stimmung gegen Feldkamp gemacht und "Aufhören! Aufhören!" gerufen. Seinerzeit war Kalli Feldkamp unmittelbar nach Spielschluß in den Flieger nach Spanien gestiegen, um dort "aufzutanken". Am Saisonende hatte es für Lautern zu einem UEFA-Cup-Platz gereicht, und auf dem Betzenberg waren sie scheinbar allesamt zufrieden gewesen. Wohl doch nicht alle, denn 24 Stunden nach dem letzten Saisonspieltag beendete Kalli Feldkamp plötzlich seine Tätigkeit auf dem Betzenberg. "Feldkamp teilte uns mit, daß sein Akku leer sei. Er habe zweieinhalb Jahre gepowert und momentan keine Kräfte mehr. Deshalb sei er zu dem Entschluß gekommen, um Vertragsauflösung zu bitten", erläuterte FCK-Schatzmeister Günter Klingkowski. Das FCK-Präsidium wurde von der Demission völlig überrascht. "Damit war nicht zu rechnen, nachdem mit Feldkamp alle Personalentscheidungen abgesprochen waren", erklärte Manager Geye, derweil Kapitän Stefan Kuntz durchaus Verständnis zeigte. "Ich kenne Kalli: So eine Spontanentscheidung ist immer bei ihm drin." Der Betroffene selbst gab an, mit dem FCK "alles erreicht und zu wenig Urlaub zum Auftanken neuer Kräfte für den an die Grenze menschlicher Belastbarkeit gehenden Bundesligastreß zu haben". "Es stürzt im Moment viel auf mich ein. Möglicherweise kann ich schon nächste Woche mehr sagen über das, was ich tun werde. Die Sache wird mit Sicherheit aber nicht in Richtung Fußball gehen." Kritische Stimmen blieben nicht aus. "Vielleicht hat der glänzende Rhetoriker ... gemerkt, daß dieser 1. FCK als Mannschaft ausgepowert ist. Psychisch und physisch", analysierte die »Rheinpfalz«, derweil hinter vorgehaltener Hand behauptet wurde: "Ein Trainer wie Feldkamp quetscht ein Team leistungsmäßig total aus. Nach zwei Jahren mußt du entweder die Mannschaft oder den Trainer wechseln."

Helmut Schulte, 186

Verein:	Dynamo Dresden
Vorgänger:	Reinhard Häfner
Erster Amtstag:	1. Juli 1991
Tabellenstand:	Platz 2 (Saison 90/91, NOFV-Oberliga)
Letzter Amtstag:	30. Juni 1992
Tabellenstand:	Platz 14
Amtszeit:	12 Monate
Nachfolger:	Klaus Sammer

Am Ende einer reichlich turbulenten Saison für Dynamo Dresden überschlugen sich die Ereignisse noch einmal. Mitten auf dem eigentlich zur Entspannung gedachten Amerikatrip eskalierte der seit Wochen schwelende Krach um und mit Trainer Helmut Schulte, indem der erst seit Juli 1991 in der Elbestadt tätige Ex-St. Paulianer um vorzeitige Vertragsauflösung bat. Schulte hatte die Nase gestrichen voll. Trotz diverser Roter Karten, aufgedeckter Stasi-Spitzel im Team und mächtig Unruhe auf der Vorstandsebene hatte er mit den Schwarz-Gelben den Klassenerhalt geschafft und sich dafür zu recht feiern lassen. Doch wenige Stunden nach dem erlösenden 0:0 gegen Köln, das Dynamo den endgültigen Klassenerhalt beschert hatte, war Schulte plötzlich drauf und dran gewesen, die Brocken hinzuwerfen. Grund war die überraschende Trennung Dynamos von Manager Dieter Müller, der nach offiziellen Angaben aus "privaten Gründen" gegangen, tatsächlich aber von der Dynamo-Führung gefeuert worden war. "Ich möchte mich bei Bernd Jakubowski, Dieter Müller sowie Horst Straßburger für die gute Zusammenarbeit bedanken. Sie haben wesentlichen Anteil am Klassenerhalt", hatte Schulte nach dem 0:0 gegen Köln mit Bitterkeit in der Stimme verkündet – von Präsident Ziegenbalg und Vizepräsident Paul war keine Rede gewesen. Nur die Intervention von Bernd Jakubowski hatte verhindert, daß Schulte noch am selben Tag seine Koffer gepackt und Dresden verlassen hatte. Nun tat er es also zwei Wochen später. "Das Umfeld im Klub wurde nicht in dem Maß verbessert, wie ich es erwartet hätte", begründete Schulte bei einer eilig improvisierten Pressekonferenz im Dresdner Urlaubsdomizil in Florida seinen sofortigen Rückzug. "Die wahren Gründe liegen allerdings offen auf der Hand. Der 34jährige Sauerländer ist stocksauer über die sächsische Vereinspolitik. Der Rausschmiß von Manager Dieter Müller brachte das randvolle Faß zum Überlaufen", reichte der »kicker« seinen Lesern ein paar weitere Gründe nach. Schultes Abgang war wahrlich keine Kurzschlußaktion. Seit Wochen schon hatte er im Training statt des gewohnten "wir müssen" nur noch von "ihr müßt" gesprochen, und in Mannschaftskreisen war dem Kulturliebhaber schon seit längerem die Akzeptanz abhanden gekommen. Ende 1991 beispielsweise hatte er vor dem Heimspiel gegen den HSV angesichts der Verletztenmisere beim Spielerrat um Rat nachgefragt – den anschließenden 3:0-Sieg über die Hamburger jedoch als seinen persönlichen Triumph verkauft. Und auch bei der Stasi-Geschichte hatte sich Schulte ziemlich egozentrisch präsentiert und gewettert: "So ein Mist, daß ausgerechnet ich für 40 Jahre Vergangenheitsbewältigung büßen muß. Das ist eine Katastrophe." Doch die Katastrophe stand für Dynamo erst noch bevor, denn schon wenige Monate später konnte Helmut Schulte froh sein, frühzeitig den Absprung aus dem sinkenden Boot 1. FC Dynamo geschafft zu haben. Der Rest dürfte bekannt sein.

Egon Coordes, 187

Verein:	Hamburger SV
Vorgänger:	Gerd-Volker Schock
Erster Amtstag:	12. März 1992
Tabellenstand:	Platz 15
Letzter Amtstag:	21. September 1992
Tabellenstand:	Platz 17
Amtszeit:	7 Monate
Nachfolger:	Benno Möhlmann

Abstiegsangst in der Bundesliga, Pokal-Aus bei Werder Bremen – der Start des HSV in die Saison 92/93 war wahrlich verkorkst. Der im Zentrum der Kritik stehende Präsident Hunke blieb dennoch gelassen. "Wir bitten unsere Fans um Geduld!", forderte er, und kündigte einen "Runden Tisch" an, für den Fall, das "wir gegen den KSC verlieren sollten". Egon Coordes, erst seit März Trainer am Rothenbaum, stand ebenfalls in der Kritik. Er sei eine "Mischung aus Dickkopf und Tyrann, der stur seinen Weg geht", hieß es wenig freundlich über den 1987 aus ähnlichen Gründen schon in Stuttgart gescheiterten gebürtigen Bremerhavener. "Egon führt ein hartes Regiment, was nicht unbedingt eine gesteigerte Zuneigung seiner Profis zur Folge hat", konstatierte der »kicker«.

Beim anschließenden 1:2 gegen die Badenser leistete der HSV seinen Offenbarungseid – und mit ihm Egon Coordes, der nach dem Schlußpfiff die geballte Wut der gefrusteten Fans abbekam. Eskaliert war die Situation in der 58. Minute, als Coordes ausgerechnet den einzigen Hamburger in Normalform – Thomas von Heesen – aus dem Spiel genommen hatte. Nicht nur von Heesen hatte darüber mit dem Kopf geschüttelt – die 15.000 Zuschauer hatten sich förmlich die Seele aus dem Leib gepfiffen. Um die Auswechslung rankten sich kuriose Gerüchte. Von Heesen gab an, Coordes habe ihm erklärt, er sei aus "taktischen Gründen" ausgewechselt worden, wohingegen der Trainer meinte, von Heesen habe ihm eine Verletzung signalisiert, von der wiederum von Heesen nichts wissen wollte. Alles in allem eine skurrile Geschichte, die bestens zu dem katastrophalen HSV-Auftritt paßte, dessen negativer Ausgang von Egon Coordes aufgrund der von ihm zum wiederholten Mal kräftig durcheinander gewürfelten Mannschaft durchaus mit zu verantworten war. Coordes gab sich dennoch weiterhin uneinsichtig. Nach dem Spiel eilte er sogar zu Präsident Hunke und forderte ultimativ die Entlassung von fünf Profis, mit denen er nicht mehr zusammenarbeiten könne: Rohde, Kober, von Heesen, Spörl und Bode. "Wenn nicht", drohte er, "so bitte ich um die Auflösung meines Vertrages." Es war das letzte Fettnäpfchen, in das Coordes tappte. Vor dem KSC-Spiel hatten die HSV-Profis nämlich bereits eine Abstimmung über den Trainer durchgeführt und sich mit 14:3-Stimmen gegen ihn ausgesprochen. Coordes' letzte Aktion mit der unsäglichen Entlassungsforderung ließ ihn endgültig sein Gesicht verlieren. Ein Dickschädel mit nicht spürbarer Kompromiß- und Gesprächsbereitschaft war gescheitert. Am Montag nach dem KSC-Spiel war Schluß. Coordes wurde entlassen, sorgte mit der Behauptung, von Heesen und Rohde hätten das Spiel gegen den KSC mit Absicht verschaukelt, noch für einen weiteren Skandal und wurde alsdann von Co-Trainer Benno Möhlmann abgelöst. Das Kapitel "Bundesliga-Trainer Egon Coordes" war damit beendet.

Holger Osieck, 188

Verein:	VfL Bochum
Vorgänger:	Rolf Schafstall
Erster Amtstag:	1. Juli 1991
Tabellenstand:	Platz 14 (Saison 1990/91)
Letzter Amtstag:	2. November 1992
Tabellenstand:	Platz 18
Amtszeit:	16 Monate
Nachfolger:	Jürgen Gelsdorf

Im Ruhrstadion herrschte Ausnahmezustand. Scheiben klirrten, Ausgänge wurden blok-kiert, und der Ordnungsdienst hatte alle Hände voll zu tun, den wütenden Mob der VfL-Fans zurückzudrängen. Kaiserslauterns Trainer Zobel, der mit seinen "Roten Teufeln" gerade mit 3:1 beim VfL Bochum gewonnen hatte, wurde ganz schön mulmig: "So etwas habe ich noch nie erlebt. Hier zeigt sich wieder, wie man in Deutschland mit Minderheiten umgeht. Wir Trainer sind auch eine Minderheit, wenn auch eine gutbe-zahlte." Der Zorn der Fans richtete sich gegen Holger Osieck, Ex-DFB-Trainer und seit 1. Juli 1991 in Bochum in Amt und Würden. Am 31. Oktober 1992 dürfte Osieck der meistgehaßte Mann Bochums gewesen sein. 1991 war Osieck noch Bochums Wunsch-trainer gewesen. Einen "intelligenten Mann, der Menschlichkeit zeigt und mit dem man langfristig zusammenarbeiten kann", hatte man nach dem Abgang von Rolf Schafstall verpflichten wollen: Holger Osieck. Doch bei den Fans war der ehemalige Beckenbau-er-Assistent rasch unten durch gewesen. Seine vollmundigen Versprechungen ("Über den VfL werden sich noch viele wundern") waren ins Leere gegangen, seine Vorliebe für schicke Sakkos nervte die Fans, und schon nach wenigen Wochen waren erstmals "Osieck-raus"-Rufe zu hören gewesen. Nach der 0:2-Niederlage gegen Stuttgart An-fang März 1992 war die Situation bereits einmal eskaliert. "Es hätte nicht viel gefehlt, und man hätte irgendeinen erschossen", faßte Osieck die Ereignisse an jenem Tag ziem-lich drastisch zusammen.

Dann legte sein Team einen imponierenden Schlußspurt hin, rettete sich knapp über die Ziellinie, und der Burgfrieden mit den Fans war geschlossen. Doch nicht lange. Erneut mit dem Ziel "nicht so lange zittern" in die Saison gegangen, wiederholte sich 1992/93 das Drama der Vorsaison. Diesmal aber gab es kein Happy-End. Nach 2:16-Punkten war, wie der »kicker« wußte, "das Ende der Fahnenstange" erreicht. "Die Mann-schaft hat mit wenigen Ausnahmen kein Feuer, sie lebt nicht mehr, bei allem Potential, das wahrscheinlich in ihr steckt. Holger Osieck kann es offenbar nicht ausreizen. Des-halb wird er gehen müssen." Der sprachgewandte, aber stets ein wenig emotionslos wirkende Osieck, der zwischenzeitlich sogar sein geliebtes Sakko gegen einen volksnä-heren Trainingsanzug getauscht hatte, war in der Tat nicht mehr zu halten. "Ich mußte mir die Frage stellen, wie ich es demnächst erreichen kann, daß Holger Osieck heil aus dem Stadion kommt", begründete Wirtschaftsratsvorsitzender Werner Altegoer die Ent-lassungsentscheidung, die 48 Stunden nach der Lautern-Niederlage fiel.

Als heißer Kandidat für die Nachfolge wurde zunächst Stuttgarts Co-Trainer Lorenz-Günter Köstner gehandelt. Allerdings nur bis zum 6. November. Da kündigte nämlich Jürgen Gelsdorf in Mönchengladbach und Bochum hatte einen Osieck-Nachfolger.

Jürgen Gelsdorf, 189

Verein:	Borussia Mönchengladbach
Vorgänger:	Gerd vom Bruch
Erster Amtstag:	3. Oktober 1991
Tabellenstand:	Platz 20
Letzter Amtstag:	6. November 1992
Tabellenstand:	Platz 14
Amtszeit:	13 Monate
Nachfolger:	Bernd Krauss

2. November 1992. Aufmerksam verfolgt Jürgen Gelsdorf die Geschehnisse beim VfL Bochum. Dort wird Holger Osieck nach vehementen Fan-Protesten fristlos entlassen, und bei der Suche nach einem Nachfolger ist auch sein Name im Spiel. Das paßt, denn schon lange fühlt sich Gelsdorf bei Borussia Mönchengladbach nicht mehr so recht wohl. Die von ihm propagierte Spielweise ist bei den Fans nicht sonderlich beliebt, und Gelsdorf gerät auch regelmäßig in die Kritik, wenn es vermeintlich vermeidbare Niederlagen gab. Sogar über eine Ablösung hat man seitens der Gladbacher bereits mehrfach öffentlich nachgedacht, den Schritt aber letztendlich stets gescheut. "Hätten die Borussen einen geeigneten Nachfolger in petto gehabt, hätten sie wohl Gelsdorf längst ausgetauscht", weiß der »kicker« zu berichten. Kein Wunder, daß Gelsdorf aufmerksam zuhört, als Bochums Wirtschaftsratsvorsitzender Werner Altegoer anruft und ihn fragt, ob er sich einen Wechsel nach Bochum vorstellen könne. In Bochum ist Gelsdorf Wunschkandidat. Man weiß von den Querelen in Mönchengladbach, und daß Gelsdorf auf dem Bökelberg nicht mehr glücklich ist. "Es soll nicht der Eindruck entstehen, als wären wir an einen Trainer rangegangen, der noch unter Vertrag stand", erklärt Altegoer, was so allerdings nicht stimmt, denn natürlich hat Gelsdorf einen laufenden Vertrag in Gladbach. Dennoch geht nun alles ganz schnell. Am Donnerstag eilt Jürgen Gelsdorf zur Gladbacher Geschäftsstelle, bittet um seine Vertragsauflösung, verabschiedet sich am nächsten Morgen von der Mannschaft und leitet schon am Freitagnachmittag erstmals das Training in Bochum. Gladbach ist derweil trainerlos. Was bleibt, ist ein sehr schaler Beigeschmack. Vergessen ist zum Beispiel, daß Gelsdorf zuvor stets versichert hatte, mit "dieser Gladbacher Mannschaft noch etwas zu erreichen". Vergessen ist auch, daß die Borussen-Fans ihm zuletzt deutlich den Rücken gestärkt hatten. Für die Gladbacher Spieler ist Gelsdorfs Schritt jedenfalls ein Schock. "Unvorstellbar, dieses Wechselspiel. Ich bin enttäuscht", bekennt Torhüter Kamps. Nichtsdestotrotz ist Gelsdorf mit seinem Abgang vom Bökelberg seiner ohnehin fälligen Entlassung wohl nur zuvorgekommen. "Tatsache ist, daß der Präsident und der Manager einen Trainer hatten, mit dem sie nicht mehr glücklich waren. Es war nicht einmal der Ansatz da, mich umzustimmen", meint Gelsdorf und erklärt, auch ohne das Bochumer Angebot um Vertragsauflösung gebeten zu haben: "Dann wäre ich arbeitslos gewesen". Auf dem Bökelberg drückt man derweil Co-Trainer Bernd Krauss den Trainerstab in die Hände. Zunächst nur interimsweise, doch als es wider Erwarten gut läuft, auf Dauer, womit der eigentlich als Gelsdorf-Nachfolger gehandelte Peter Neururer aus dem Rennen ist. Ach ja, und Jürgen Gelsdorf, der mußte am Saisonende mit Bochum den bitteren Gang in die 2. Liga antreten.

Udo Lattek, 190

Verein:	Schalke 04
Vorgänger:	Klaus Fischer
Erster Amtstag:	1. Juli 1992
Tabellenstand:	Platz 11 (Saison 1991/92)
Letzter Amtstag:	17. Januar 1993
Tabellenstand:	Platz 11
Amtszeit:	7 Monate
Nachfolger:	Helmut Schulte

Wenn das keinen Symbolcharakter hatte! Beim Hallenturnier in Rostock suchten viele Fans und Journalisten vergeblich nach Udo Lattek. Statt des einstigen Meistermachers saß Hans-Jürgen Gede auf der Bank der Knappen – "nur für das Turnier", wie es hieß. Udo Lattek vertrieb sich derweil im VIP-Raum bzw. als Zuschauer auf der Tribüne die Zeit. Nur wenige Tage später wurde es plötzlich ernst. Helmut Schulte solle den amtsmüden Udo Lattek ablösen, hieß es nun, wobei nicht sicher war, ob erst nur neuen Saison oder schon weitaus früher. Für Udo Lattek, der Dauerquerelen auf Schalkes Vorstandsebene längst überdrüssig, keine Frage: "Er sollte sich möglichst schnell einarbeiten. Notfalls setze ich mich auf die Tribüne, zum Wohl des FC Schalke."

Was so harmonisch aussah, war in Wirklichkeit eine Schmierenkomödie, die man auch als Machtkampf zwischen Präsident Eichberg und Trainer Lattek bezeichnen konnte. Die Ereignisse in Kurzform: Kurz vor Jahresende soll Lattek Gerüchten zufolge auf der Hochzeit von Präsident Eichberg um die Verlängerung seines bis zum 1. Juli 1993 laufenden Vertrages nachgesucht haben. Zu jenem Zeitpunkt stand für Eichberg jedoch längst fest, daß Helmut Schulte spätestens zur Saison 93/94 kommen würde. Für Eichberg war Lattek zu mächtig geworden. Unter dem Schalker "Sonnengott" Günter Eichberg war kontinuierliches Arbeiten kaum möglich. Mehr als einmal krempelte der Exzentriker alles um und sortierte die Dinge nach seinen Vorstellungen neu. Da waren die Querelen um den zunächst entlassenen und später wieder eingestellten Manager Helmut Kremers, da waren die Schlagzeilen, Eichberg wäre auf Schalke ein "Frühstücksdirektor", und da war die bedrohliche finanzielle Lage des Traditionsklubs. Neueste Entwicklung war seine Idee, sich ein Haus in "Essen oder Umgebung" zu suchen, "um täglich präsent zu sein". Bis dato hatte Eichberg stets verkündet, er wolle über kurz oder lang nach Florida auswandern. Aber auch Lattek war nicht schuldlos am Chaos. Mit seinem Wechselspiel, mal bleiben zu wollen, um dann wieder seinen baldigen Abschied anzukündigen, hatte er kontinuierlich an seinem eigenen Stuhl gesägt.

In der Woche zwischen dem 11. und dem 17. Januar überschlugen sich die Ereignisse. Zunächst die eingangs erwähnte Anekdote von Rostock, dann die verkündete Verpflichtung von Helmut Schulte als neuem Chefcoach für die Spielzeit 93/94, und am Samstagnachmittag dann der Knall: "Herr Lattek ist ab sofort nur noch Berater, der sich auch um Transfers kümmern soll" – Lattek war eiskalt in den "Vorruhestand" abserviert worden! Entsprechend verärgert gab sich der Coach. "Wenn jemand Fragen hat, stehe ich zur Verfügung", stellte er fest, was der just zurückgekehrte Manager Helmut Kremers süffisant mit: "Ich habe keine Fragen mehr", beantwortete. Tollhaus Schalke.

Jörg Berger, 191

Verein:	1. FC Köln
Vorgänger:	Erich Rutemöller
Erster Amtstag:	10. September 1991
Tabellenstand:	Platz 16
Letzter Amtstag:	28. Februar 1993
Tabellenstand:	Platz 16
Amtszeit:	16 Monate
Nachfolger:	Wolfgang Jerat

Lange Zeit hatte es so ausgesehen, als habe Jörg Berger in Köln keine über das Saisonende hinausgehende Zukunft. Zu katastrophal war die Hinserie der ambitionierten Geißböcke verlaufen (1:13-Startpunkte), als daß man sich vorstellen konnte, daß ihm eine längerfristige Chance eingeräumt werden würde – trotz ständiger Treuebekundungen von Präsident Klaus Hartmann. Im Januar war Berger sogar als designierter Nachfolger von Udo Lattek in Schalke gehandelt worden, was sich jedoch zerschlagen hatte. Im Februar kehrten sich die Dinge am Rhein plötzlich um. Nach Gewinn des Hallen-Masters durch den abstiegsbedrohten 1. FC Köln hieß es nunmehr, eine Entscheidung sei noch gar nicht gefallen, erst Mitte März würde man sich mit der Trainerfrage beschäftigen. "Dann werden wir uns zusammensetzen", erklärte Präsident Hartmann, was den »kicker« veranlaßte, "17 Spiele auf Bewährung für Berger" zu sehen.

Jörg Berger schien die ungeklärte Situation nicht zu stören. "Ständig auf dem Prüfstand zu stehen, belastet mich nicht. Eher das Gegenteil ist der Fall. Es ist eine zusätzliche Herausforderung." Doch schon nach dem ersten Spiel der Rückrunde stand Jörg Berger erneut in der Kritik. Bei der 0:3-Heimschlappe gegen Kaiserslautern hagelte es Häme für den gebürtigen Sachsen, und sämtliche Hoffnung, die nach der guten Rückrundenvorbereitung aufgekommen war, war verflogen. Bergers Entscheidung, mit einer Vierer-Abwehrkette zu spielen, war nach einhelliger Meinung aller Experten Ursache für die herbe Niederlage. "Eigentlich unverständlich, daß man mit nur 13 Punkten so einen Harakiri-Fußball spielt", kritisierte der Lauterer Keeper Gerry Ehrmann die gegnerische Taktik. Eine Woche später zog Berger die Konsequenzen, ließ mit einem traditionellen Abwehrverband spielen – und kassierte bei Eintracht Frankfurt dennoch die nächste Niederlage (1:2).

Es war seine letzte mit den Geißböcken. Während Berger am Samstagabend im Aktuellen Sportstudio der Fernsehnation noch zu erläutern versuchte, wie er die Kölner aus der Krise führen will, beschloß die FC-Führung bereits seinen Abschuß. Am Sonntagmorgen wurde die Entscheidung der Öffentlichkeit bekanntgegeben. Ebenfalls gehen mußte Bergers Assistent Hannes Linßen. "Es war dies der Schlußpunkt einer Entwicklung, die quasi seit Saisonbeginn gärte. Den hochgesteckten Erwartungen lief die Leistung der Mannschaft gnadenlos hinterher, zweimal mußte Berger schon mit dem Schlimmsten rechnen. Einmal rettete ihn der erste Saisonsieg, kurz vor der Pause dann eine Siegesserie in den Heimspielen", kommentierte der »kicker«, derweil Berger in seiner letzten Pressekonferenz bekannte: "Die Situation ist für mich nicht leicht, aber ich mußte damit rechnen. Daß wir in dieser Situation stecken, dafür bin ich verantwortlich."

Dragoslav Stepanovic, 192

Verein:	Eintracht Frankfurt
Vorgänger:	Jörg Berger
Erster Amtstag:	14. April 1991
Tabellenstand:	Platz 7
Letzter Amtstag:	30. März 1993
Tabellenstand:	Platz 3
Amtszeit:	24 Monate
Nachfolger:	Horst Heese

9. Januar 1993: Eintracht Frankfurt liegt mit 24:10-Punkten auf Rang 2 der Bundesliga, nur durch einen Zähler von Tabellenführer Bayern getrennt. Die Adlerträger haben die Fans landauf, landab mit herrlich anzusehendem Fußball begeistert, und in Frankfurt herrscht große Zuversicht. Mitten in diese Feierstimmung platzt die Meldung, daß Erfolgstrainer Stepanovic Frankfurt zum Saisonende verlassen und zu Bayer Leverkusen wechseln würde. "Ich habe meinen Vertrag nicht verlängert. Die Gründe sind unwichtig", hat Stepi seinen Spielern gerade mit kargen Worten verkündet und ein Trümmerfeld der Gefühle hinterlassen. Für Libero Manfred Binz "eine Katastrophe, denn Stepi hat eine Mannschaft aufgebaut und großartige Arbeit geleistet." Über Stepanovic' Gründe wurde viel spekuliert. Einerseits ging es ums Geld sowie um die Laufzeit seines Vertrages (Frankfurt hatte ein Jahr, Leverkusen zwei Jahre geboten), andererseits aber auch um persönliche Gründe, denn Manager Hölzenbein und Stepi waren längst keine Freunde mehr. Geplatzt war die Beziehung zwischen "Holz", der Stepanovic' einst von Oberligist Rot-Weiß Frankfurt zur Eintracht geholt hatte, und "Stepi" am 17. Dezember 1992, als sich bei ersten Vertragsverhandlungen unüberbrückbare Risse ergeben hatten. Erbost waren Hölzenbein und Eintracht-Präsident Ohms seinerzeit aufgestanden und hatten den Serben allein zurückgelassen – eine Demütigung, die Stepi nicht vergessen hatte. Nach seiner Vertragsunterzeichnung in Leverkusen waren dennoch alle traurig, und beide Seiten nahmen sich vor, in den verbleibenden 180 Tagen die Traumziele Meisterschaft und DFB-Pokal zu verwirklichen, um wenigstens erfolgreich auseinanderzugehen. Doch auch daraus wurde nichts. Lediglich sechsmal durfte Stepi die Eintracht noch betreuen, dann war Schluß. In der Zwischenzeit ereigneten sich zwei richtungsweisende Vorgänge. Zum einen fand die Eintracht mit Klaus Toppmöller einen Nachfolger, zum anderen gerieten die Adlerträger sportlich aus dem Tritt. Rang 3 und vier Zähler Rückstand auf Klassenprimus Bayern München hieß es nach der 0:3-Schlappe in Dortmund am 21. März. Schlimmer noch war das Zerwürfnis zwischen Trainer und Präsidium. "Die Mannschaft habe ich im Griff. Die Golfspieler im Präsidium nicht", kommentierte Stepi die Kritik, er würde kompromißlos seinen Weg gehen und damit für Unfrieden in der Mannschaft sorgen, mit wenig Fingerspitzengefühl. Just in dieser Situation stand das Pokalspiel gegen Stepis neuen Klub Leverkusen an, vor dem die Gerüchteküche natürlich auf Hochtouren kochte. Es sei Stepis Schicksalsspiel, hieß es, derweil der Serbe bekanntgab, selbst die Konsequenzen zu ziehen, wenn er es für nötig erachte. Dienstagabend erachtete Stepi es für nötig. 0:3 hatte seine aktuelle Elf gegen seine künftige verloren. Unmittelbar danach trat er vor die Kameras und verkündete: "Das war's!".

Klaus Sammer, 193

Verein:	Dynamo Dresden
Vorgänger:	Helmut Schulte
Erster Amtstag:	1. Juli 1992
Tabellenstand:	Platz 14 (Saison 1991/92)
Letzter Amtstag:	21. April 1993
Tabellenstand:	Platz 14
Amtszeit:	10 Monate
Nachfolger:	Ralf Minge

In Dresden hatte man doch wahrlich genug Sorgen. Finanzielle, administrative, sportliche – der Kanon an Diskussionsthemen bezüglich der Lage war breit gefächert. Nun kam auch noch eine Trainerdiskussion hinzu. Nach dem 0:3 bei Werder Bremen waren die Dynamos auf Rang 14 abgerutscht, nur noch zwei Punkte getrennt vom 1. FC Köln, der Abstiegsrang 16 einnahm. Die Luft für die leidgeplagten Sachsen wurde dünner.

Mittendrin – wie immer – Dresdens ebenso mächtiger wie umstrittener Präsident Otto. Nachdem Otto bereits Manager Häfner entmündigt, Jugendleiter Riedel geschaßt und mit dem sowohl fußballerisch als auch kaufmännisch völlig unerfahrenen Reber einen neuen Manager inthronisiert hatte, war nun das Dresdner Fußballidol Klaus Sammer dran. Auch Sammer hatte bereits mehrfach die "harte Hand" Ottos gespürt und einen Sturzversuch erfolgreich überstanden. Nun aber war auch er "reif" – und um es vorwegzunehmen: Was sich im April 1993 in Dresden abspielte, spottete jeder Beschreibung.

Einen Tag nach dem Spiel in Bremen mußte sich Klaus Sammer einem operativen Eingriff am rechten Knie unterziehen. Schäden an beiden Menisken und dem Innenband lautete die Diagnose. Präsident Otto, der offensichtlich mit einem längeren krankheitsbedingten Ausfall Sammers, den er längst im "Abschußvisier" hatte, rechnete, glaubte daraufhin seine Chance zu sehen, sich auf "sanfte" Art von ihm zu trennen: Mit der Ernennung von Co-Trainer Minge zum "Übergangscoach" leitete er die schleichende Ablösung Sammers ein. Doch der Präsident hatte die Rechnung ohne seinen Trainer gemacht. Der nämlich durchschaute das Spiel und kündigte bereits für Mittwoch, also nur vier Tage nach der Operation, seine Rückkehr an. Sammers schnelle und "unerwünschte" Genesung setzte Otto unter Zugzwang. Der Präsident reagierte ungehalten und mit gewohnt starker Hand. Sammer habe sich mit dem Erscheinen während seiner Krankschreibung in die zugewiesene Kompetenz von Ralf Minge eingemischt, polterte er. Darüber hinaus fehle es an Informationen von Sammer zum Präsidium über die Dauer seiner möglichen Ausfallzeit. Konsequenz: Sammer wurde beurlaubt und Minge endgültig zum Cheftrainer gemacht – ein im Bundesligageschäft einzigartiger Vorgang! "Nur ganz zum Schluß klang in der Pressekonferenz die magere Bilanz von nur fünf Pluspunkten in der Rückrunde an. Dabei war das doch der entscheidende Grund. Nur offen zu sagen, wagte man nicht", wies der »kicker« darauf hin, daß es eigentlich um etwas ganz anderes ging. Für die Fans war die Ablösung Sammers (und vor allem die Art und Weise) ein Skandal. "Was soll das, Herr Otto?", stand auf einem der unzähligen Transparente, die beim Spiel gegen Stuttgart den Zaun zierten – und das war noch eine von den freundlichen Aussagen.

Wolfgang Jerat, 194

Verein:	1. FC Köln
Vorgänger:	Jörg Berger
Erster Amtstag:	28. Februar 1993
Tabellenstand:	Platz 16
Letzter Amtstag:	29. April 1993
Tabellenstand:	Platz 17
Amtszeit:	2 Monate
Nachfolger:	Morten Olsen

"Unsere Chancen sind weder gestiegen noch gefallen. Wir mußten in Stuttgart nicht gewinnen und werden noch unsere Chance bekommen – gegen Mannschaften, die nicht besser sind als wir." Trotz der 0:2-Niederlage beim VfB Stuttgart und dem damit verbundenen Sturz auf den vorletzten Tabellenplatz – sechs Spieltage vor Saisonschluß wahrlich keine schöne Sache – blieb Kölns Übergangstrainer Wolfgang Jerat gelassen. Zwei Monate zuvor hatte er den glücklosen Jörg Berger abgelöst, doch aus dem Abstiegsstrudel hatte auch er die Geißböcke bislang nicht befreien können.

Weniger ruhig und gelassen ging es derweil auf Kölns Vorstandsetage zu. Im Gegenteil – dort regierte sogar Panik. Panik vor dem möglichen Abstieg, der unabsehbare Folgen für die eigentlich mit UEFA-Cup-Hoffnungen in die Saison gegangenen Geißböcke hätte. Also zog man die Notbremse – und beorderte Wolfgang Jerat zurück auf die Co-Trainer-Position. Ausschlaggebend war vor allem die fehlende Akzeptanz Jerats seitens der Akteure, die den ehemaligen Amateurcoach niemals als Leitfigur angenommen und damit seine Autorität von Beginn an untergraben hatten.

Der eigentlich "Knall" der Jerat-Entmachtung war freilich der Name seines Nachfolgers: Morten Olsen, einst drei Jahre lang selbst im Geißbock-Jersey aktiv und ein Trainer von internationalem Format. "Morten Olsen – die neue Lichtfigur im trüben Kölner Fußballtheater. Der Mann, der das Unmögliche möglich machen soll", schwärmte selbst der »kicker« über den Dänen, der von sich selbst sagte: "Ich liebe die kölsche Lebensart, ich liebe die kölsche Ironie." Ein Mann von Weltformat also bei den abstiegsbedrohten Geißböcken – das mußte doch klappen! "Wenn er redet, spürt man förmlich den Respekt, den wir vor ihm haben", erläuterte der kurz vor seinem Wechsel nach Japan stehende Pierre Littbarski den wohl größten Unterschied zwischen Olsen und seinem Vorgänger.

Olsens Aufgabe war ebenso komplex wie kompliziert. Zunächst den Klassenerhalt schaffen (und dafür eine stattliche Nichtabstiegsprämie kassieren), und dann "den FC der 90er Jahre aufbauen". Das erste klappte: Köln gewann das erste Spiel unter Olsens Regie mit 2:0 gegen Nürnberg, wurde am Saisonende Zwölfter und blieb in der 1. Bundesliga. Das zweite klappte nicht: Am 27. August 1995 mußte auch Morten Olsen die Mission Köln als "gescheitert" aufgeben.

Wolfgang Jerat blieb unter Morten Olsen in seiner Funktion als Co-Trainer, ehe er 1996 zum West-Regionalligisten Wuppertaler SV zurückkehrte – als Chef!

Reinhard Saftig, 195

Verein:	Bayer Leverkusen
Vorgänger:	Jürgen Gelsdorf bzw. Peter Hermann
Erster Amtstag:	1. Juli 1991
Tabellenstand:	Platz 8 (Saison 1990/91)
Letzter Amtstag:	4. Mai 1993
Tabellenstand:	Platz 5
Amtszeit:	23 Monate
Nachfolger:	Dragoslav Stepanovic

Was war das nur für eine Saison! Holger Osieck in Bochum mit dem Leben bedroht, der große Udo Lattek in Schalke von "Sonnenkönig" Eichberg düpiert, Dragoslav Stepanovic in Frankfurt unter kuriosen Umständen "gegangen", Klaus Sammer Opfer der Otto-Intrigen in Dresden – und nun auch noch Reinhard Saftig, der, obwohl er mit Bayer 04 Leverkusen das Pokalfinale erreichte, auf überaus unangenehme Art seines Amtes enthoben wurde. Eigentlich hatte Leverkusens Manager Calmund am Sonntag nach dem 0:2 von Bayer 04 bei Dynamo Dresden (1. Mai 1993) ja nach Madrid fliegen wollen, um dort mit Bernd Schuster alles klar zu machen. Doch nach dem dramatischen Leistungsabfall seiner Mannschaft glaubte Calmund in Leverkusen bleiben zu müssen und schickte seine Kollegen Büll und Vossen nach Madrid. "Ich kann nicht weg, für mich besteht Präsenzpflicht." Für Insider ein deutliches Zeichen, daß es in Leverkusen bald "knallen" würde. Genauso war es, denn Calmund griff hart durch. Er erkundigte sich beim DFB, wie man Spielern an den Geldbeutel kann, ordnete ein Trainingslager an, gab Reinhard Saftig die Direktive, jeden Spieler bei einer Wiederholung der Dresdner Leistung wegen "Geschäftsschädigung" aus dem Kader zu werfen und strich mit sofortiger Wirkung den trainingsfreien Montag. Auf die Frage, ob das nicht einer Entmachtung von Reinhard Saftig gleichkäme, gab Calmund nur ein süffisantes "nein, er ist sicher der Hauptverantwortliche. Aber die Schuldigen sind die Spieler" zu Protokoll. Damit war allen klar, daß Saftig lediglich noch eine Galgenfrist eingeräumt bekommen hatte – zumal er nach Saisonende ohnehin durch den längst verpflichteten Ex-Frankfurter Dragoslav Stepanovic ersetzt werden würde. Die Galgenfrist betrug ganze zwei Tage. Noch vor dem nächsten Spiel (gegen Köln) wurde Saftig entlassen. "Es war von langer Hand geplant, daß ich noch vor dem Pokalfinale meinen Stuhl räumen muß", gab sich der Geschaßte enttäuscht und vor allem um die Früchte seiner Arbeit gebracht. Reiner Calmund sah das völlig anders. "Wenn er glaubt, er wurde hier demontiert, dann hat er das Geschäft nicht kapiert. Dann soll er Werbung für Weichspüler machen. Saftig hat die Bekanntgabe der Trennung zum 30.6. psychologisch nie und nimmer verkraftet", schob der Manager Saftig den Schwarzen Peter zu. Auslöser für Saftigs Abschuß war neben der sportlichen Talfahrt und Calmunds Eingriff die Intervention des Mannschaftsrates beim Vorstand. Dabei war es den Profis offenbar gelungen, Bayers Vorstandsherren von einem Trainerwechsel zu überzeugen. "Daß wir so schlecht spielen, nehmen wir auf unsere Kappe. Wir sind mental und psychisch total platt. Wir glauben nicht, daß Saftig uns aus dem Loch führen kann", hatte der Mannschaftsrat argumentiert. Tags darauf war Saftig entlassen worden und Dragoslav Stepanovic hatte vorzeitig seinen Dienst bei Bayer 04 angetreten.

Rainer Zobel, 196

Verein:	1. FC Kaiserslautern
Vorgänger:	Karlheinz Feldkamp
Erster Amtstag:	1. Juli 1992
Tabellenstand:	Platz 5 (Saison 1991/92)
Letzter Amtstag:	7. Juni 1993
Tabellenstand:	Platz 8
Amtszeit:	12 Monate
Nachfolger:	Friedel Rausch

Die Saison war gerade zu Ende gegangen, als die Bombe hochging. Wenige Stunden nach dem 2:0-Sieg des 1. FC Kaiserslautern über Dynamo Dresden, durch den die "Roten Teufel" auf Rang 8 vorrückten, kam das Aus für Rainer Zobel. Zum wiederholten Male hatten die FCK-Fans die Ablösung des ungeliebten Trainers gefordert – und diesmal kam die Pfälzer Führungsetage ihrem Ansinnen nach.

"Die Vertragspartner sehen auf Grund des Nichterreichens des Saisonziels und im Hinblick auf zum Ausdruck gekommene Reaktionen aus dem Umfeld keine Grundlage, die Arbeit erfolgreich fortzusetzen", hieß es in der offiziellen Presseerklärung. Von anderen, seit Wochen nur hinter vorgehaltener Hand geäußerten Gründen, war hingegen nichts zu lesen. Gründe, über die der »kicker« schrieb: "Rainer Zobel ist am Vermächtnis von Karlheinz Feldkamp gescheitert. Die Schuhe, die 'König Kalli' hinterließ, waren seinem Nachfolger zu groß. Zobels Scheitern kommt nicht überraschend. Er übernahm eine ausgebrannte Mannschaft, die weitgehend von seinem Vorgänger zusammengestellt worden war." In der Tat war Feldkamps Erbe auf dem Betzenberg gigantisch – und zwar sowohl positiv als auch negativ. 1991 hatte "Kalli" die "Roten Teufel" sensationell zur Meisterschaft geführt und die Erwartungshaltung im Pfälzer Land damit in den Himmel schießen lassen. Doch Feldkamps autoritäre Art hatte Spuren hinterlassen. Spuren, mit denen sein eher demokratischen Grundsätzen verhafteter Nachfolger nicht zurechtkam. Die Lauterer Kicker nutzten den ihnen zugestandenen Freiraum gnadenlos aus, untergruben damit die Autorität Zobels, dessen sportliche Bilanz nach einer akzeptablen Hinrunde in der Rückserie deutlich schlechter wurde. Kaum war Zobels Vertrag im Januar 1993 um ein Jahr verlängert worden, hatten sich die "Roten Teufel" sogar allmählich von ihrer Zielvorgabe UEFA-Cup verabschieden müssen. Es kam Unruhe auf , Zobel wurden Autoritätsprobleme nachgesagt und seine taktischen Vorstellungen griffen einfach nicht. Obwohl das FCK-Präsidium ihm stets den Rücken gestärkt hatte, war er zum Buhmann des Publikums geworden, zumal er sich auch noch des öfteren mit den Fans angelegt hatte. Keine gute Basis für eine längerfristige Zusammenarbeit also, insofern kam die Trennung auch nicht überraschend. Für Zobel beinhaltete der Vorgang sogar einen "Lerneffekt": "Bei meiner Zusage (im Sommer 1992, d. Verf.) war nicht die Zeit, genau die Strukturen innerhalb des Teams zu studieren. Diesen Fehler werde ich nicht noch einmal machen." Beim FCK machte man sich derweil auf die Suche nach einem "Typen". Einer der heißesten Kandidaten war Bayerns Assistent Augenthaler, der jedoch absagte. Statt dessen kam Friedel Rausch, derweil es Zobel in wärmere Länder zog: Er wechselte nach Ägypten und feierte am Nil beachtliche Erfolge.

Helmut Schulte, 197

Verein:	Schalke 04
Vorgänger:	Udo Lattek
Erster Amtstag:	18. Januar 1993
Tabellenstand:	Platz 11
Letzter Amtstag:	10. Oktober 1993
Tabellenstand:	Platz 18
Amtszeit:	10 Monate
Nachfolger:	Jörg Berger

Schalke wäre nicht Schalke, wenn nicht kurz vor der anstehenden Jahreshauptversammlung die Gerüchteküche mal wieder auf Hochtouren brodeln würde. Ex-Manager Helmut Kremers habe eine Opposition um sich geschart, die mächtig Stunk gegen Präsident Eichberg machen wolle, hieß es. Doch weder Kremers noch Ex-Präsident Siebert ("Der Verein ist doch längst an Eichberg verkauft") konnten sich Gehör verschaffen. Man feierte sich selbst – und auch die Tatsache, das man trotz Tabellenplatz 18 an dem seit Monaten in der Kritik stehenden Trainer Schulte festhielt.

Der Zustand der Mannschaft war nicht minder bedenklich. Schlechte spielerische Leistungen, ein Selbstbewußtsein, das gegen Null tendierte, eine üble Verletzungsmisere und anhaltende Leistungstiefs der Leistungsträger machten wenig Hoffnung auf Besserung. Dennoch wollte Präsident Eichberg Trainer Schulte nicht in Frage stellen. "Es gibt vordringlichere Fragen, der Trainer steht überhaupt nicht zur Disposition", gab der Wurstfabrikant wiederholt genervt zu Protokoll. Schulte selbst wies Spekulationen um seine Zukunft auf Schalke kurzerhand mit "das ist eine Scheiß-Frage" zurück. Am 9. Oktober 1993 war er noch ratloser. "Nach dem Desaster gegen Freiburg ist der Coach nicht mehr zu halten", behauptete der »kicker« nach dem 1:3-Heimdebakel gegen den kecken Aufsteiger aus dem Breisgau. Schulte hatte mit der Auswechslung von Manndecker Linke das Unheil selbst heraufbeschworen. Linkes Ersatzmann Yves Eigenrauch war mit der eigenen Abseitsfalle nicht zurechtgekommen und an allen drei Freiburger Toren beteiligt gewesen.

Präsident Eichberg konnte den angesichts des öffentlichen Drucks sowie der schlechten Leistungen schon lange unumgänglichen Schritt nun nicht länger hinauszögern. Als am Montag Ingo Anderbrügge Schulte via TV "Konzeptlosigkeit" vorwarf und erklärte, das wäre die Meinung der gesamten Mannschaft, war Schulte längst nicht mehr Schalker Cheftrainer. "Dieser Trainerwechsel ist unser letzter Versuch, hier etwas zu bewegen. Für die Spieler gibt es jetzt keine Ausrede mehr", begründete Manager Assauer, der sich selbst nach der Freiburg-Pleite als "Rudi Ratlos" bezeichnet hatte, den Schritt.

Für den beliebten, aber sichtlich überforderten Schulte kam mit Jörg Berger schließlich ein Mann, dem der Ruf als "Feuerwehrmann" vorauseilte. Und auch in Schalke vermochte er den Brand rasch zu löschen und die Königsblauen sicher zum Klassenerhalt zu geleiten.

Willi Entenmann, 198

Verein:	1. FC Nürnberg
Vorgänger:	Arie Haan
Erster Amtstag:	1. Juli 1991
Tabellenstand:	Platz 15 (Saison 1990/91)
Letzter Amtstag:	9. November 1993
Tabellenstand:	Platz 13
Amtszeit:	29 Monate
Nachfolger:	Dieter Renner

Aus Nürnberg war man ja schon einiges gewohnt – aber das ein Trainer ausgerechnet nach einem 2:0-Sieg im prestigeträchtigen Derby gegen Bayern München entlassen wird, das war neu. Inmitten des Jubels über den Sieg gegen den übermächtigen Rivalen aus der Landeshauptstadt platzte die Meldung, Willi Entenmann stünde vor der Entlassung. "Es geht nicht primär um die sportliche Bilanz, es geht um die Art und Weise der Zusammenarbeit", begründete der ebenso mächtige wie umstrittene Club-Präsident Voack und kündigte die Entscheidung auf der für Montag anberaumten Sitzung des Finanz- und Verwaltungsrates an. Nach und nach wurden Einzelheiten über die unsägliche Geschichte bekannt. Schon vor dem Bayern-Spiel hatte festgestanden, daß Entenmann nach dem Spiel gehen mußte – "außer wir gewinnen 4 oder 5:0", so ein Insider. Hauptgrund war, daß Club-Boß Voack mit Entenmann schon lange im Clinch lag - weil der Trainer stets offen seine Meinung vertreten hatte, "auch wenn sie konträr zu jener des Präsidiums stand. Widerspruch wird nicht geduldet" - so der »kicker«. Als der Club im September nach dem mühsamen 1:1 daheim gegen den KSC auf den letzten Tabellenplatz abgerutscht war, war Entenmann erstmals in die Kritik geraten. Seinerzeit hatten die Club-Fans, wegen des Eckstein-Transfers ohnehin sauer auf Voack, die Entlassung jedoch noch verhindern können. Inzwischen hatte Entenmann allerdings weniger Lobby im Frankenvolk, denn nach einem Streit mit Publikumsliebling Zarate hatte er deutlich an Popularität eingebüßt. So kam es zu einer peinlichen Provinzposse. Am Donnerstag vor dem Bayern-Spiel erhielt Entenmann plötzlich eine Abmahnung, weil der Mannschaftsbus bei einem Freundschaftsspiel der Reservisten ohne Geschäftsstellenmitarbeiter Ingerling losgefahren war (was freilich nicht nur Entenmann anzulasten gewesen war), und trotz des sportlichen Aufwärtstrends mit drei Heimsiegen in Folge waren Entenmanns Tage in Nürnberg plötzlich gezählt. "Unüberbrückbare Meinungsverschiedenheiten in der täglichen Zusammenarbeit zwischen dem Trainer einerseits und dem Präsidenten und der Geschäftsführung andererseits haben diese Maßnahme im Interesse einer positiven Weiterentwicklung des Vereins notwendig gemacht" heißt es schwülstig in der Begründung. Entenmanns Entlassung löste Unmut aus. Die »Nürnberger Nachrichten« rieten den FCN-Mitgliedern zu einem Mißtrauensvotum gegen Präsident Voack, der sich derweil nur noch unter Polizeischutz bewegen konnte: Rund 100 Fans demonstrierten vor dem Hotel, in dem sich das Club-Präsidium verschanzt hatte. Entenmanns Posten übernahm „Co" Renner. "Wetten, daß bei ausbleibendem Erfolg sofort wieder Unruhe herrscht und täglich neue mögliche Trainerkandidaten gehandelt werden, die in der Winterpause das Ruder übernehmen könnten?", kommentierte der »kicker«.

Chistoph Daum, 196

Verein:	VfB Stuttgart
Vorgänger:	Willi Entenmann
Erster Amtstag:	20. November 1990
Tabellenstand:	Platz 15
Letzter Amtstag:	10. Dezember 1993
Tabellenstand:	Platz 14
Amtszeit:	37 Monate
Nachfolger:	Jürgen Röber

Für die einen war er der "Lautsprecher der Liga", für die anderen ein "liebenswertes Schlitzohr": Christoph Daum, der den VfB Stuttgart 1992 überraschend zur Deutschen Meisterschaft geführt hat, und dessen Ruf im Schwabenlande seit einem Vorfall, der schlicht als "Leeds" in die Fußball-Annalen eingegangen ist, deutlich gelitten hatte. Hatten einige Medien im Sommer 1992 noch prognostiziert, "Daum wird erster deutscher Trainer in Italien", stand er anderthalb Jahre später plötzlich vor dem Aus. Nach der 1:4-Heimpleite gegen Leverkusen gab es nur noch zwei Fragen: "Schmeißt der VfB den Daum jetzt raus?", oder "Schmeißt der Daum jetzt das Handtuch?" Seit dem "Leeds-Lapsus" war Daums Autorität vor allem in Spielerkreisen gesunken. "Es geht nur aufwärts, wenn Daum geht!", wurde kolportiert. Neben Zweifeln an seiner Autorität gab es aber auch Kritik an Daums Einkäufen: Golke ein Flop, Strunz bestenfalls Durchschnitt, Kruse flog wegen einer Attacke gegen Schiedsrichter Osmers vom Platz, Dunga, Knup, Kracht – auch keine Verstärkungen. Daum erteilte allen Spekulationen über einen möglichen vorzeitigen Rückzug dennoch eine deutliche Abfuhr. "Ich quäle mich nicht beim VfB und werde meinen Vertrag bis zum Ende erfüllen", erklärte er in seiner ihm eigenen Art. Doch als sein bis Juni 1995 datierter Vertrag auslief, war Daum längst über alle Berge – und zwar im wahrsten Sinne des Wortes. "Gute Trainer sind immer begehrt", kommentierte er eine Offerte von Besiktas Istanbul, die inmitten der Diskussion um seine Position plötzlich bei ihm eingegangen war. Ein Geschenk des Himmels - oder: Der erste Schritt zur Trennung. Während VfB-Präsident Mayer-Vorfelder, dem "Nibelungentreue" zu Daum nachgesagt wurde, trotz allem unverdrossen versicherte, die Trainerfrage stelle sich nicht, wurden nun fleißig Stühle gerückt. Vor allem Manager Dieter Hoeneß, alles andere als ein Freund von Daum, war trotz gegenteiliger Beteuerungen ("ich schwöre beim Leben meiner Kinder, daß es keine Kontakte zu anderen Trainer gab oder gibt") offensichtlich bereits am Sondieren. Ein ausländischer Trainer solle her, hieß es; Namen wie Gilbert Gress und Arsène Wenger machten die Runde. Christoph Daum hatte von dem Possenspiel bald die Nase voll. Nach dem 0:0 in Bremen kündigte er an, noch zwei Spiele bleiben zu wollen, um dann freiwillig seinen Hut zu nehmen. "Ich bin zu der Überzeugung gekommen, Konsequenzen aus den Spekulationen um meine Person zu ziehen. Der sportliche Mißerfolg hat sein übriges dazu beigetragen. In einigen Bereichen sind Dieter Hoeneß und ich nicht mehr deckungsgleich. Und wenn in gewissen Dingen kontraproduktiv gearbeitet wird, kann es in der Bundesliga nicht klappen.". Sprachs, führte den VfB noch zu einem 0:0 in Leipzig und einem 4:0 über Duisburg ("Olé, Super-Christoph-Daum", sangen die Fans) und entschwand gen Istanbul.

Erich Ribbeck, 197

Verein: Bayern München
Vorgänger: Sören Lerby
Erster Amtstag: 12. März 1992
Tabellenstand: Platz 11
Letzter Amtstag: 27. Dezember 1993
Tabellenstand: Platz 3
Amtszeit: 22 Monate
Nachfolger: Franz Beckenbauer

Über München ging der Himmel auf. Die "Lichtgestalt" kam, um den von Turbulenzen geschüttelten Renommierklub vor dem Sturz ins Mittelmaß zu bewahren: Franz Beckenbauer. Sein Amtsantritt – und die damit verbundene Entlassung von Erich Ribbeck – war auf Raten erfolgt. Ribbecks schleichende Demission hatte bereits in der Spielzeit 1992/93 begonnen, als die Münchner, die 32 Spieltage lang die Tabelle angeführt hatten, von Rehhagels Bremern noch abgefangen worden waren. Dauerthema Nummer 1 an der Säbener Straße war seitdem Ribbecks Viererkette gewesen, die den Bayern nach Ansicht von Präsident Scherer in der Saison 93/94 "bestimmt zwei, drei Punkte" gekostet habe. Nach dem mageren 4:3-UEFA-Cup-Sieg bei Enschede hatte auch Ribbeck eingesehen, daß es mit dem modernen System nicht ging, und Matthäus war wieder auf die Liberoposition gerückt. Doch von jenem Moment an war Ribbecks Autorität untergraben gewesen, war sein Stuhl angesägt. Sechs Wochen später mußte der "Sir" auf Anweisung von Vizepräsident Rummenigge eine taktische Änderung vornehmen (Jorginho von der rechten Außenbahn ins zentrale Mittelfeld), und im Herbst hagelte es dann sportliche Pleiten, die Ribbecks Autorität Zug um Zug weiter schwächten: Im UEFA-Cup kam das Aus gegen Norwich City. In der Bundesliga setzte es ein peinliches 0:2 beim abstiegsbedrohten Club aus Nürnberg. Im DFB-Pokal kam das Aus in Dresden, und als die Bayern im letzten Spiel vor der Winterpause gegen denselben Gegner nicht über ein 1:1 hinauskamen, schlugen Ribbeck erstmals vehement Rücktrittsgerüchte entgegen. "Am 6. Januar stehe ich auf dem Trainingsgelände des FC Bayern", versicherte er den sensationslüsternen Journalisten. Stand er aber nicht. Am 12. Dezember äußerte sich nämlich urplötzlich Ex-Teamchef und Bayern-Vizepräsident Bekkenbauer über die Möglichkeit eines Comebacks als Trainer. Tags darauf ergab eine Präsidiumssitzung, daß man beim FC Bayern alles andere als abgeneigt über diese Lösung wäre. Gleichzeitig versicherte Uli Hoeneß jedoch, er gehe davon aus, daß Ribbeck zum Trainingsstart noch im Amt sei, denn Beckenbauer würde "nur als Notnagel zur Verfügung stehen". Doch nicht einmal vier Tage später wurde Ribbeck erneut düpiert, als die Bayern Leistungsträger Jan Wouters ohne sein Wissen nach Eindhoven verkauften. Damit war der Vertrauensbruch perfekt. Ribbeck flog zum Nachdenken nach Gran Canaria, wo er am 20. Dezember Besuch von Bayern-Präsident Scherer bekam, der "ihm den Rücktritt schmackhaft machte" (»kicker«). Nach seiner Rückkehr nach München versicherte Ribbeck zwar noch, weiterhin Bayern-Coach bleiben zu wollen, doch nach einem erneuten Gespräch mit Scherer beendete er am 27. Dezember schließlich sein Arbeitsverhältnis beim Rekordmeister. "Nach den letzten Ereignissen gab es im Prinzip keine Möglichkeit mehr", hieß es – und Beckenbauer übernahm das Ruder.

Bernd Stange, 199

Verein:	VfB Leipzig
Vorgänger:	Jürgen Sundermann
Erster Amtstag:	1. Juli 1993
Tabellenstand:	Platz 3 (2. BL, Saison 1992/93)
Letzter Amtstag:	21. Februar 1994
Tabellenstand:	Platz 18
Amtszeit:	8 Monate
Nachfolger:	Jürgen Sundermann

Sie hatten alles versucht in Leipzig. Mit Darko Pancev war ein ganz großer Name ins Sächsische geholt, mit Torsten Kracht ein "verlorener Sohn" aus Stuttgart zurückgeholt worden. Vergeblich. Aufsteiger VfB kam vom letzten Tabellenplatz einfach nicht weg. Am Trainer läge es nicht, bekundete mab dennoch unverdrossen. "Der macht seine Arbeit bestens, die Fehler machen wir", stärkte beispielsweise Kapitän Lindner Stange auch nach der unglücklichen 1:2-Niederlage bei Mitaufsteiger Duisburg zum Rückrundenstart erneut den Rücken. Doch während die Meidericher eine Woche später mit einem 1:0 über Bremen sensationell die Tabellenspitze erklommen, gingen in Leipzig die Lichter aus. Rekordmeister Bayern München kam und zeigte den Sachsen vor der Rekordkulisse von 37.000 Fans im teilgesperrten Zentralstadion vor allem im ersten Spielabschnitt brutal ihre Grenzen auf. "Alles deutete auf eine sportliche Katastrophe hin", resümierte der »kicker« ob der Ereignisse in den ersten 45 Minuten, als die Bayern ein 3:0 vorgelegt hatten. Leipzigs allmächtiger Boß Axtmann (Kapitän Lindner: "Der Präsident gibt das Geld, er hat das Sagen") tobte. "Wir haben bei den Verstärkungen in der Winterpause soviel riskiert, da kommt es auch nicht mehr auf den Trainer an", schimpfte er und kündigte eine Krisensitzung an, auf der man sich auch mit dem Schicksal Bernd Stanges beschäftigen wolle. Das stand jedoch längst fest: Entmachtung – es ging nur noch um das "Wie". Am Sonntagabend war das Problem gelöst: Bernd Stange wurde von seiner Position als Cheftrainer entbunden und auf eine nicht näher definierte Position innerhalb des VfB abgeschoben. "Gesucht: Ein Chef für Cheftrainer Stange", stichelte der »kicker« daraufhin, derweil sich Axtmann mit Lobeshymnen für den Geschaßten förmlich überschlug. "Ich habe noch nie einen Trainer erlebt, der derart engagiert rund um die Uhr arbeitet", meinte er und gab kund, seine Entscheidung zu bedauern: "Menschlich ist das bitter, aber entscheidend sind im harten Profigeschäft nun mal die Resultate." Pure Heuchelei, was spätestens klar wurde, als Axtmann den Namen des Nachfolgers bekanntgab: Jürgen Sundermann, jener Mann, den Stange erst zu Saisonbeginn im Zentralstadion abgelöst hatte, und der in Leipzig Legendenstatus hatte. Zweieinhalb Jahre hatte der "Wundermann" die Sachsen trainiert, sie von einer biederen Zweitligaelf auf Bundesliga getrimmt. Nach dem Aufstieg war er zu Waldhof Mannheim gewechselt, hatte den Kontakt zum VfB jedoch nie abreißen lassen. Angesichts der fatalen sportlichen und finanziellen Lage der Sachsen, die aus noch ausstehenden zwölf Spielen mindestens 15 Punkte benötigten, sprach allerdings alle Welt von einem "Himmelfahrtskommando", das Sundermann da übernommen habe. Und richtig: Während es Vorgänger Stange wenig später in die Ukraine zog, wo er erfolgreich in Dnepropetrowsk und Kiew trainierte, rutschte der VfB immer tiefer in den Schlamassel.

Hannes Bongartz, 200

Verein:	Wattenscheid 09
Vorgänger:	Gerd Roggensack
Erster Amtstag:	1. Juli 1989
Tabellenstand:	Platz 6 (2. Bundesliga, Saison 88/89)
Letzter Amtstag:	3. März 1994
Tabellenstand:	Platz 17
Amtszeit:	56 Monate
Nachfolger:	Frank Hartmann

Was war in Wattenscheid los? Die "heile Welt der Bundesliga", der anachronistisch-ste Klub, der seit den Zeiten der seligen Darmstädter Lilien dem Oberhaus angehört hatte, war ins Trudeln geraten. Selbst Übervater Klaus Steilmann war ins Gerede ge-kommen – ausgerechnet wegen seiner aufmüpfigen Tochter Britta, die auf den Posten des Managers spekulierte. Sportlich sah es auch nicht gerade rosig aus, denn nach dem 2:2 gegen den VfB Leipzig herrschte sogar pure Abstiegsangst in der Lohrheide.

Nicht, das man die dort nicht kennen würde – auch in der Vorsaison hatten die Schwarz-Weißen schließlich bis zum letzten Spieltag um den Ligaerhalt zittern müssen. Doch diesmal standen die Vorzeichen deutlich ungünstiger. Grund war, daß Trainer Bongartz, Teil 2 des Wattenscheider Erfolgsduos Steilmann/Bongartz, keinen allzu erfolgverspre-chenden Kader beisammen hatte und sich die Wattenscheider zudem während der lau-fenden Saison von einigen "Querulanten", darunter Günter Hermann, Uwe Tschiskale und Ali Ibrahim, getrennt hatten. Auch wenn letzterer zum Leipzig-Spiel zurückgeholt worden war, hatte Bongartz kaum noch personelle Möglichkeiten, zu reagieren. Ständi-ge Formschwankungen sowie die nicht zu übersehende "Sattheit" einiger Akteure nach drei Jahren Bundesliga lieferten ihr Übriges: Wattenscheid galt als Abstiegskandidat.

Wie in jedem Bundesligaverein geriet angesichts dieser Tatsache auch in der Lohrhei-de der Trainerstuhl ins Wanken – und zwar vor allem auf Initiative von Britta Steilmann. Ungleich anderer Klubs gingen die 09er mit der Trainerfrage allerdings durchaus sensi-bel um – zumindest nach außen. "Bei uns wird niemand entlassen", hatte Präsident Steilmann nach dem enttäuschenden 2:2 gegen Leipzig zum wiederholten Mal geäu-ßert. Das stimmte auch, denn vier Tage später hieß es plötzlich: "Hannes Bongartz bat den Vorstand soeben, ihn vom Amt des Cheftrainers zu entbinden". Das hatte Bongartz übrigens im Dezember schon einmal getan - doch während die 09er seinerzeit (noch) nicht darauf eingegangen waren, schlugen sie diesmal ein.

Findige Journalisten fanden freilich ein paar Unstimmigkeiten heraus. 22 Stunden vor Bongartz "Rücktritt" beispielsweise war sich Wattenscheids Führung bereits mit dem im Sommer 1993 als Sportinvalide ausgeschiedenen Frank Hartmann über die Nachfolge Bongartz einig geworden. Und daß die ganze Angelegenheit bei weitem nicht so har-monisch ablief, wie man es in der "Familie Wattenscheid" (»kicker«) glauben machen wollte, belegte auch die Tatsache, daß Bongartz statt seinen "neuen" Posten als Sportli-cher Leiter anzutreten erstmal mit seiner Familie in den Urlaub fuhr. Hartmanns erstes Spiel endete übrigens mit einer 1:2-Schlappe in Duisburg. Und Bongartz, der blieb den 09ern in der Tat erhalten. Mit Unterbrechungen bis zum heutigen Tage.

Jürgen Sundermann, 203

Verein:	VfB Leipzig
Vorgänger:	Bernd Stange
Erster Amtstag:	22. Februar 1994
Tabellenstand:	Platz 18
Letzter Amtstag:	9. April 1994
Tabellenstand:	Platz 18
Amtszeit:	1 ½ Monate
Nachfolger:	Damian Halata

"Die Sache ist in keinster Weise aussichtslos. Sonst hätte ich nicht zugesagt. Wir pakken das nicht vielleicht, wir bleiben mit Sicherheit drin. Am 7. Mai ab 17.15 Uhr feiern wir den Klassenerhalt, dann dampf' ich ab zur Hertha", hatte Jürgen Sundermann bei seinem Amtsantritt am 22. Februar 1994 vollmundig versprochen. Mal schnell als zeitlich befristet engagierter Coach den VfB Leipzig vor dem Abstieg retten, und ab 94/95 dann der in der 2. Liga vom Abstieg bedrohten Berliner Hertha ein sportliches Facelifting verpassen – so hatte sich der ehemalige Stuttgarter "Wundermann" das vorgestellt.

Doch es kam ganz anders. Leipzigs Hoffnungen auf den Bundesligaerhalt konnten gar nicht erst zur vollen Blüte erstrahlen, als die Messe bereits mehr oder weniger gelesen war. Von 15 Punkten, die aus den verbliebenen zwölf Spielen her müßten, war bei Sundermanns Amtsantritt die Rede gewesen. "In der Mannschaft stecken unfaßbare Potenzen, stehen unglaubliche Charaktere, die unter Druck über sich hinauswachsen", hatte sich Sundermann nahezu euphorisch gegeben, das gesteckte Saisonziel Klassenerhalt auch zu schaffen. Die Realität sah anders aus. In Spiel 1 unter Sundermann gab es ein 2:2 in Wattenscheid. Dann folgten eine 2:3-Heimklatsche gegen Dortmund, ein 0:3 beim HSV und ein 2:3 gegen Köln, nach dem die Hoffnungen auf den Klassenerhalt bereits auf ein Minimum geschrumpft waren.

Ihren Offenbarungseid leisteten die Sachsen am 26. März auf dem Mönchengladbacher Bökelberg. 1:6 hieß es nach neunzig Minuten, in denen die Leipziger keinen Stich bekommen hatten. "Leipzig fehlte eine Leiter", lästerte der »kicker«, der eine ausgemachte Kopfballschwäche bei den Sundermann-Schützlingen ausgemacht hatte. "Sie spielten wie mit Gummistiefeln im tiefen Matsch." Der "Wundermann" war längst ganz kleinlaut geworden. Er wolle gehen, "wenn der Abstieg feststeht", hatte er zuvor bereits bekanntgegeben, blieb aber dennoch auch nach dem Gladbach-Debakel im Amt und strebte nun an, "nicht Letzter zu werden, falls mit Schalkes, Nürnbergs oder Dresdens Lizenz was schiefgeht." Auf der Leipziger Führungsetage war man derweil schon mit der nächsten Saison beschäftigt. 2 Mio. Transferüberschuß mußten die Sachsen erwirtschaften, um nicht selbst Lizenzierungsprobleme zu bekommen, und der geeignete Mann für den sportlichen Neuaufbau sollte Hans-Peter Briegel, ehemaliges Kraftpaket aus der Pfalz und inzwischen bei Südwest-Oberligist SV Edenkoben unter Vertrag, sein. Dann ging plötzlich alles ganz schnell. Nach der 0:2-Heimpleite gegen Nürnberg folgte Sundermann dem Rettungsruf seines abstiegsgefährdeten designierten Klubs Hertha BSC, dann sagte Briegel dem VfB ab und plötzlich standen die Sachsen mit leeren Händen da. Für den Rest der Saison übernahm Co-Trainer Halata das Training.

Klaus Toppmöller, 204

Verein:	Eintracht Frankfurt
Vorgänger:	Horst Heese
Erster Amtstag:	1. Juli 1993
Tabellenstand:	Platz 3 (Saison 1992/93)
Letzter Amtstag:	10. April 1994
Tabellenstand:	Platz 5
Amtszeit:	10 Monate
Nachfolger:	Karl-Heinz Körbel

Zu Saisonbeginn hatte Fußball-Deutschland noch von der Frankfurter Eintracht geschwärmt. Mit einem 4:0 in Mönchengladbach hatten die Adlerträger die Saison eröffnet und waren nicht zu stoppen gewesen. Mit 20:2-Punkten egalisierten die Hessen nicht nur den Startrekord der Bayern aus der Spielzeit 81/82, sondern begeisterten die Fans mit nahezu traumhaftem Fußball. Klaus Toppmöller, erst zu Saisonbeginn gekommen, wurde entsprechend euphorisch gefeiert. Das blieb auch nach der ersten Saisonniederlage (0:1 in Duisburg) so, und als die Eintracht frühzeitig die Herbstmeisterschaft unter Dach und Fach brachte, sprach ein jeder am Main offen von der Deutschen Meisterschaft. Bereits aufgetretene Probleme wurden geflissentlich übersehen. Daß Anthony Yeboah mit einer schweren Knieverletzung lange Zeit ausfiel – kein Problem. Daß Torhüter und Mannschaftskapitän Stein mit seiner Kritik an den Leistungen einiger seiner Mitspieler in Spielerkreisen inzwischen "unten durch" war – kein Problem. Daß es mit der Harmonie im Kader ohnehin nicht weit her war – kein Problem. Selbst sportliche Anzeichen wie die 1:2-Heimschlappe im UEFA-Cup gegen Dynamo Moskau wurden übersehen. So kam, was kommen mußte: der Einbruch. In der Rückserie begann es. Drei aufeinanderfolgende 0:3-Schlappen in Hamburg, gegen Köln und Gladbach sowie ein 0:1 in Bremen ließen den 5-Punkte-Vorsprung schwinden, und im Frühjahr 1994 mußte man am Main plötzlich sogar um die UEFA-Pokal-Teilnahme bangen. Nach der 1:2-Niederlage bei Bayern München und dem damit verbundenen Abrutschen auf Platz 5 griffen die Verantwortlichen durch. Sonntagnachmittag, 14.15 Uhr, wurde zum Großreinemachen angetreten. Erstes Opfer war Torhüter Stein, der kurz zuvor erneut mit deutlichen Worten die mangelnde Leistungsbereitschaft einiger Akteure angeklagt hatte und nun vom Präsidium die sofortige Kündigung erhielt. "Es geht nicht allein um die Worte der letzten Wochen. Die Strömungen aus der Mannschaft haben uns sehr erschrocken. Unser Dank gilt ihm als Torwart. Doch als Kapitän hat Uli Stein den Erwartungen nicht entsprochen. Der Schmelztiegel ist übergelaufen. Wir mußten diesen Schritt tun, um ein positives Zeichen zu setzen", begründete Präsident Ohms den Rauswurf des Mannschaftskapitäns. Nächstes Opfer war Klaus Toppmöller. "Der Trainer hat die Negativtendenz in der Mannschaft nicht erkannt und aufgefangen. Und er hat seine Position mit der Uli Steins verknüpft", lautete die offizielle Begründung.

Zuvor hatte Toppmöller turbulente Wochen erlebt. Höhepunkt war das Spiel in Leipzig gewesen, als "Toppi" auf Anthony Yeboah verzichten mußte (Africa-Cup), sich mit Manni Binz' Berater Klaus Gerster überwarf, und sein Versuch, ohne Libero zu spielen, mit einer 0:1-Schlappe beim designierten Absteiger kräftig in die Hose ging. Das Aus für "Toppi".

Ewald Lienen, 205

Verein:	MSV Duisburg
Vorgänger:	Uwe Reinders
Erster Amtstag:	23. März 1993
Tabellenstand:	Platz 2 (2. Bundesliga)
Letzter Amtstag:	1. November 1994
Tabellenstand:	Platz 18
Amtszeit:	20 Monate
Nachfolger:	Hannes Bongartz

Nach zehn Saisonspieltagen noch sieglos, der hochgelobte Neueinkauf Igor Schalimow (zuvor Inter Mailand), der den Zebras nach Hoffnung von Trainer Ewald Lienen "Spielkultur" hatte bringen sollen, ein Flop, und nun auch noch ein richtungsweisendes Heimduell gegen den Hamburger SV – an der Wedau ging mal wieder die Angst um.

Vor dem Spiel gegen die Norddeutschen wurde schon fleißig kolportiert, es sei Ewald Lienens Schicksalsspiel. Nicht zu unrecht, denn zwar hatte der langjährige Duisburger Außenstürmer seit seiner Amtsübernahme im März 1993 ausgezeichnet gearbeitet, doch in der laufenden Saison hatte ihm das Pech förmlich an den Fingern geklebt. Da war der in letzter Sekunde geplatzte Transfer mit dem Afrikaner Ammunike, da war das Theater um Torhüter Rollmann, den Lienen nach massiver Trainerkritik aus dem Kader geworfen hatte, da waren die wenig erquicklichen Neuzugänge Ljung, Schütterle, Krohm und erwähnter Schalimow, und da war nicht zuletzt eine böse Verletzungsserie, die Lienen immer wieder zu Umstellungen gezwungen hatte. Lienen wollte seine "letzte Chance" gegen den HSV in jedem Fall nutzen. Er ließ die enttäuschenden Schütterle, Schalimow, Ljung und Krohm draußen, brachte statt dessen Schwartz, Osthoff, Jasarevic und Közle, und setzte auf Kampf. Nach neunzehn Minuten war alles vorbei. Cool hatten die Hanseaten den Auftaktwirbel der Zebras überstanden und waren durch Hartmann mit 1:0 in Führung gegangen. Kurz darauf hatte es den nächsten Schock für Lienen gegeben, als Hopp verletzt ausgeschieden war und Albertz das 2:0 erzielt hatte. Am Ende hieß es 0:5, was die Duisburger Heimbilanz seit 31. März auf imposante 1:17-Punkte schraubte.

Auch MSV-Präsident Dieter Fischdick, der sich lange geweigert hatte, einen Trainerwechsel überhaupt zum Thema zu machen, mußte anschließend eingestehen, daß nun Handlungsbedarf bestand: "Wir hatten den Eindruck, daß einige Spieler in den letzten Heimspielen nicht mehr richtig mitgezogen haben. Deshalb glauben wir, daß eine andere Person hier entscheidend helfen kann", erklärte er am Dienstagmorgen, nachdem er Ewald Lienen den Laufpaß gegeben und Hannes Bongartz als Nachfolger verpflichtet hatte. Der Abschied von Lienen fiel beiden Seiten schwer. "Wir hatten eine Zusammenarbeit, wie sie besser und vertrauensvoller nicht hätte sein können", versicherte Fischdick, und auch Lienen ging keineswegs im Groll. "Ich habe mich hier immer sehr wohl gefühlt und bin immer fair behandelt worden", erklärte er und zeigte Verständnis: "Es ist normal, daß man in einer solchen Situation den Trainer wechselt. Das sind die Regeln des Geschäfts." Einen Wechsel ins MSV-Management, wie es gerüchteweise hieß, strebte Lienen übrigens nicht an. "Ich sehe mich als Trainer", stellte er unmißverständlich klar und übergab Nachfolger Hannes Bongartz die Amtsgeschäfte.

Jürgen Gelsdorf, 206

Verein:	VfL Bochum
Vorgänger:	Holger Osieck
Erster Amtstag:	6. November 1992
Tabellenstand:	Platz 18
Letzter Amtstag:	6. November 1994
Tabellenstand:	Platz 17
Amtszeit:	24 Monate
Nachfolger:	Klaus Toppmöller

Exakt zwei Jahre war es her, daß Jürgen Gelsdorf in einer Nacht-und-Nebel-Aktion vom Gladbacher Bökelberg ins Bochumer Ruhrstadion gewechselt war. Seinerzeit hatte er dort den glücklosen Holger Osieck abgelöst, der bei den Fans in Ungnade gefallen war und sich mit Teilen der Mannschaft überworfen hatte. Ähnliche Vorwürfe mußte sich nun auch Gelsdorf anhören. Tiefe Gräben zwischen Spielern und Trainer gäbe es, was VfL-Präsident Werner Altegoer mit den Worten "Absoluter Unsinn. Natürlich hat der Trainer nicht nur Freunde. Aber wir haben keine Verweigerer im Kader. Die hätten wir gar nicht verpflichtet" abtat. Trotz 5:17-Punkten in Folge, trotz einer Auswärtsbilanz von fünf Niederlagen in fünf Spielen, hielt man in Bochum unverdrossen an Gelsdorf fest. "Der Trainer ist unantastbar", war Altegoers Standardspruch. Gelsdorf, mit dem der VfL den "Betriebsunfall Abstieg" auf Anhieb repariert hatte, sprach derweil von einer "schmutzigen Kampagne gegen mich. Zwei Jahre arbeiten wir jetzt zusammen und sind immer als eine geschlossene Einheit aufgetreten. Und plötzlich sollen die Spieler gegen den Trainer schießen – Unsinn." Alles easy also in Bochum? Mitnichten! Längst hatte Gelsdorf öffentlich geäußert, seine Position in Frage zu stellen, wenn sich der Erfolg nicht bald einstellt, und als es im Frankfurter Waldstadion die sechste Auswärtsniederlage in Folge gab (1:2), rückte dieser Moment plötzlich bedrohlich nahe. Zwar verteidigte VfL-Boß Altegoer erneut seinen Coach ("Jürgen Gelsdorf wird auch am kommenden Freitag beim Spiel gegen Dortmund als Trainer auf der Bochumer Bank sitzen"), doch der hatte längst abgeschlossen. Sonntagnachmittag nach dem Frankfurt-Spiel traf sich Gelsdorf mit Altegoer, führte ein rund dreistündiges Gespräch – und ließ sich dennoch nicht mehr von seinem Entschluß abbringen. Kaum waren Altegoer und Gelsdorf scheinbar einträchtig auseinander gegangen und nach Hause gefahren, rief Gelsdorf seinen Präsidenten an und teilte ihm mit, daß er mit sofortiger Wirkung von seinem Amt zurücktrete, "weil der VfL mir sehr ans Herz gewachsen und jetzt noch genügend Zeit ist, das Ruder herumzuwerfen." "Offenbar mürbe gemacht, nicht nur von der Niederlagenserie der letzten Wochen, sondern auch durch die herbe Kritik in der Öffentlichkeit", mutmaßte der »kicker« über Gelsdorfs wahre Hintergründe. In Bochum war nun guter Rat teuer. Zunächst wurde Assistenztrainer Ralf Zumdick die Trainingsleitung übergeben, alsdann Kontakte zu Ex-Coach Rolf Schafstall aufgenommen, der kurz zuvor bei Hannover 96 rausgeflogen war, schließlich jedoch mit dem Ex-Frankfurter Klaus Toppmöller eine echte Überraschung aus dem Hut gezaubert. Und Gelsdorf? Der mußte erst mal ein paar Tränen wegdrücken: "Ich glaube, ich bin einer der wenigen Trainer, die wirklich wünschen, daß es mit dem Verein nach seiner Zeit aufwärts geht".

Sigfried Held, 207

Verein:	Dynamo Dresden
Vorgänger:	Ralf Minge
Erster Amtstag:	1. Juli 1993
Tabellenstand:	Platz 15 (Saison 1992/93)
Letzter Amtstag:	22. November 1994
Tabellenstand:	Platz 15
Amtszeit:	17 Monate
Nachfolger:	Horst Hrubesch

1993/94 war Dynamo Dresden eine der positiven Überraschungen in der Bundesliga gewesen. Trotz Punktabzug wegen Verstoßes gegen die Lizenzstatuten hatten die Schwarz-Gelben die Klasse gehalten und sich als verschworener Haufen präsentiert. Vater des Erfolges war Trainer Sigi Held gewesen, seit 1993 in Amt und Würden und ein mürrischer Schweiger, der gepflegten Defensivfußball bevorzugte. Vor der Saison 94/95 gab sich Held verhalten optimistisch – nicht nur, was die sportliche Zielsetzung betraf ("Man kann nur hoffen, daß wir wieder genauso stark spielen, wie in der vergangenen Saison"), sondern auch, was seine Arbeitsbedingungen anging. "Da konnte ich mich bisher nicht beklagen. Es hat niemand versucht, hier in meine Arbeit reinzureden", stellte er Dynamos Vereinsführung um Präsident Otto ein gutes Zeugnis aus.

Doch Helds Zuversicht wurde rasch getrübt. Als er am 28. Juni zum ersten Training bat, war er das erste Mal geschockt. Marschall weg, Nowak und Stevic ebenfalls, kaum Verstärkungen – Dynamo blutete personell aus. "Diese Entwicklung war nicht in meinem Sinne – alle anderen haben sich verstärkt, nur wir nicht", befand er, derweil Präsident Otto von der "besten Dynamo-Elf seit dem Bundesliga-Aufstieg" sprach. Zunächst lief es gut. Dynamo arbeitete sich bis auf Rang 12 vor und wurde abermals von allen Seiten bestaunt und bewundert. Doch im Oktober begann die Krise. Zunächst setzte eine Niederlagenserie ein, die sich im Laufe der Wochen auf erstaunliche 0:12-Punkte hochschraubte, dann wurden Sigi Held plötzlich Kontakte zum japanischen Profiklub Gamba Osaka nachgesagt, und am 1. November 1994 gab Held schließlich bekannt, nach der Winterpause tatsächlich nach Japan wechseln zu wollen. Währenddessen zehrte die erwähnte Niederlagenserie an den Nerven. "Natürlich zieht man Rückschlüsse, welche Rolle der Japan-Wechsel gespielt haben könnte. Aber man kann ja nicht in die Köpfe reinschauen", wußte der inzwischen spöttisch "Sieg-nie Held" genannte um seine dadurch gefährdete Position. Noch aber war Held ja da und wollte auch bis Ende des Jahres weiter seine Arbeit verrichten und seinem Nachfolger – dem im Sommer 1993 bei Hansa Rostock ausgeschiedenen Horst Hrubesch – ein möglichst gut bestelltes Feld überlassen. Doch als Dynamo am 18. November sang- und klanglos mit 0:4 bei Schalke unterging (»kicker«: "Eine Mannschaft ohne Mumm, ohne erkennbares Aufbäumen gegen die Niederlage"), zog Held höchstselbst die Notbremse – und ging vorzeitig. "Meine Entscheidung fiel nach dem Schalke-Spiel relativ rasch. Für die Spieler fällt damit das Alibi weg." Drei Tage später verabschiedete er sich von seinen ehemaligen Spielern und zog ein positives Fazit: "Ich gehe mit einem lachenden und weinenden Auge. Ich freue mich auf die neue Aufgabe in Japan, habe mich aber in Dresden immer wohlgefühlt."

Horst Hrubesch, 208

Verein:	Dynamo Dresden
Vorgänger:	Sigfried Held
Erster Amtstag:	22. November 1994
Tabellenstand:	Platz 15
Letzter Amtstag:	1. März 1995
Tabellenstand:	Platz 16
Amtszeit:	3 ½ Monate
Nachfolger:	Ralf Minge

Ausgerechnet gegen den VfL Bochum lieferten die Dresdner Dynamos ihren sportlichen Offenbarungseid. Ausgerechnet gegen jenes Team also, das von Klaus Toppmöller trainiert wurde – dem einstigen Wunschkandidaten der Sachsen. Statt "Toppi" hatte nach Sigi Helds Rückzug im November 1994 Horst Hrubesch das Trainingszepter übernommen, woraufhin sämtliche Experten die Hände über dem Kopf zusammengeschlagen und "das ist der Abstieg" gemurmelt hatten. Präsident Otto hatte dennoch großes Vertrauen in den zuvor in Wolfsburg und Rostock gescheiterten Ex-Nationalstürmer gesetzt. Vertrauen, das sich nicht in sportlichen Erfolgen auszahlte. Rund 100 Tage nach seinem Amtsantritt stand Hrubesch vor dem Aus. Im Grunde genommen hatte Hrubesch in Dresden nie eine Chance gehabt. Schon kurz nach seinem ersten Training war seitens des Präsidiums erstmals an der Autorität des Trainers gekratzt worden. Nach und nach war ihm deutlich gemacht worden, daß er das schwächste Glied in der Dynamo-Kette ist. Rasch war er bei den Spielern unten durch gewesen und hatte zudem von Präsident Otto einen Maulkorb verhängt bekommen: Er mußte sich jedes Interview von seinem Präsidenten genehmigen lassen – ein einmaliger Vorgang in der Bundesligageschichte! Eine chaotische Transferpolitik, viel zu viele Hallenturniere vor Beginn der Rückserie und eine völlig verfehlte Rückrundenvorbereitung taten ein übriges. Die Explosion kam beim Heimspiel gegen Bochum. Nach der 0:2-Schlappe mußte sich Hrubesch geballte Kritik anhören. Seine Entscheidung, mit drei nominellen Stürmern aufzulaufen, hatte zu Chaos im Sturmzentrum geführt, wo sich Ekström, Andersen und Fuchs gegenseitig im Weg gestanden hatten. Als Hrubesch dann in der 76. Minute ausgerechnet Ekström rausgenommen und den schwachen Andersen im Spiel belassen hatte, war Volkes Seele endgültig übergekocht, zumal die Bochumer die Verwirrung genutzt und zehn Minuten später das vorentscheidende 0:2 erzielt hatten. Unmittelbar nach dem Spiel trat Otto auf den Plan. Mit Willi Konrad stellte er Hrubesch seinen persönlichen Berater an die Seite, was praktisch einer Entmachtung gleichkam. "Nach den am Wochenende erfolgten Veränderungen bin ich sicher, daß wir auch in dieser Saison in der Bundesliga bleiben", gab Otto alsdann süffisant zu Protokoll, derweil Hrubesch darauf vertraute, daß "die sportlichen Entscheidungen in meiner Hand liegen. Konrads Einstellung empfinde ich als Unterstützung." Doch er ahnte wohl, was im Busche war. Am Dienstag forderte er in einem Gespräch mit Otto ausdrücklich das volle Vertrauen seines Präsidenten ein, was ihm offenbar gelang, denn am Mittwochmorgen bekannte Otto gegenüber dem »kicker«: "Ich hoffe, Hrubesch packt es noch." Eine glatte Lüge, denn dessen Ablösung war längst beschlossene Sache. Mittwoch, 17.30 Uhr, wurde sie verkündet.

Jupp Heynckes, 209

Verein:	Eintracht Frankfurt
Vorgänger:	Karl-Heinz Körbel
Erster Amtstag:	1. Juli 1994
Tabellenstand:	Platz 5 (Saison 1993/94)
Letzter Amtstag:	2. April 1995
Tabellenstand:	Platz 13
Amtszeit:	9 Monate
Nachfolger:	Karl-Heinz Körbel

Jupp Heynckes war mit klaren Worten angetreten. "Ab sofort laufen die Uhren bei der Eintracht anders. Vom Präsidenten bis zum Platzwart müssen alle spuren", hatte der Ex-Nationalstürmer bei seinem Amtsantritt gefordert. Acht Monate später stand Heynckes, den sie bei seinem Ex-Verein Athletic Bilbao ehrfurchtsvoll "Mister" genannt hatten, mitten im Chaos. Während der selbsternannte UEFA-Cup-Kandidat Eintracht Frankfurt im Abstiegskampf steckte, war Heynckes mit diversen Grabenkämpfen beschäftigt. Vor allem mit Yeboah, Gaudino und Okocha lag der Coach im Clinch. Im Dezember eskalierte die Situation, als Heynckes den drei Spielern nach dem Abschlußtraining vor dem Spiel beim HSV "lasche Berufsauffassung" vorwarf und sie zum Straftraining verdonnerte, woraufhin sie sich zum Spiel gegen den HSV krank meldeten. Während Gaudino und Yeboah wenig später verkauft wurden, fand Okocha noch einmal Gnade bei Heynckes, der seinen Ruf als "harter und kompromißloser Hund" bestätigt hatte. Fortan stand er jedoch selbst unter Druck, und der krasse Unterschied zwischen den sportlichen Möglichkeiten seiner Mannschaft und den Ansprüchen der Eintracht wurden zunehmend Heynckes angelastet. Überdeutlich wurde die Kluft beim UEFA-Cup-Auftritt bei Juventus Turin, bei dem die Adlerträger sang- und klanglos mit 0:3 untergingen und die rund 2.000 mitgereisten Fans ihrem Unmut erstmals mit "Heynckes raus"-Rufen Luft machten. Der Coach hatte sich mit der Auswechslung von Jay-Jay Okocha, der als einziger Frankfurter für so etwas wie Gefahr gesorgt hatte, sämtliche Sympathien verscherzt. "Es spricht zwar für seine Trainerarbeit, daß er diese Mannschaft an ihre obere Leistungsgrenze führt und dort hält. Doch es ist kein Geheimnis, daß er mit seinen Ansprüchen und seinem beruflichen Selbstverständnis das Defizit an internationaler Klasse in seinem Team nicht akzeptieren kann", machte der »kicker« Ermüdungserscheinungen aus. Dazu paßte, das Heynckes just in jener Woche von Deportivo La Coruña als Wunschkandidat für die nächste Saison bezeichnet wurde – ein Trainer vor dem Absprung? Während die Eintracht-Führung mit der Vorbereitung für die nächste Saison beschäftigt war , machte sich Heynckes Gedanken – und nach der 0:3-Demontage gegen Schalke 04 warf er die Brocken schließlich hin. "Die Trennung zum jetzigen Zeitpunkt habe ich vollzogen, um dem Verein die Möglichkeit zu geben, die dringend notwendigen personellen Verstärkungen der Bundesligamannschaft allein nach seinen Vorstellungen zu realisieren. Ich bedaure, daß aus meiner Sicht die Trennung von der Eintracht unvermeidlich war. Doch die Erkenntnis, daß der Verein und ich nicht zueinander passen, ist in jüngster Zeit immer stärker geworden. Zu unterschiedlich sind unsere Auffassungen von professioneller Arbeit und dem Aufbau einer Spitzenmannschaft, der in Frankfurt erforderlich ist", gab er bekannt.

Dragoslav Stepanoivc, 210

Verein:	Bayer Leverkusen
Vorgänger:	Reinhard Saftig
Erster Amtstag:	4. Mai 1993
Tabellenstand:	Platz 5
Letzter Amtstag:	7. April 1995
Tabellenstand:	Platz 11
Amtszeit:	23 Monate
Nachfolger:	Erich Ribbeck

"Lieber am Anfang Pfiffe und am Ende Applaus, als umgekehrt", lautet eine der wahrlich nicht wenigen Weisheiten von Dragoslav Stepanovic, gemeinhin "Stepi" genannt
und als "bunter Hund" bekannt. So war es eine Zeitlang auch in Leverkusen gewesen,
wo ihm nach seinem Amtsantritt am 4. Mai 1993 – vier Tage nach Bayers 0:2-Schlappe
in Dresden hatte er Reinhard Saftig abgelöst – zwar noch böse Worte von den Fans
entgegengebracht worden waren, wo er sich jedoch rasch durchgebissen hatte. Am
Saisonende hatte er mit Bayer 04 den Pokal geholt und dank eines fulminanten Schluß-
spurts von 8:2-Punkten sogar noch den Sprung auf einen UEFA-Cup-Platz geschafft.
Der Applaus war ihm sicher gewesen. Doch zwei Jahre später waren Stepis Aktien in
Leverkusen schon wieder gefallen, und statt Applaus gab es erneut Pfiffe. Nach einer
Negativserie stand Bayer nur auf Platz 11 in der Bundesliga und drohte nach einer
indiskutablen Leistung gegen den AC Parma im Halbfinale aus dem UEFA-Cup auszu-
scheiden. Dazu kam der Dauerkrach Stepanovic' mit diversen Akteuren: Kree, Kirsten,
Foda, Thom, Vollborn und natürlich die unsägliche Geschichte mit Bernd Schuster. Seit
dem Parma-Spiel stand auch noch Publikumsliebling Rudi Völler auf Stepis Abschußliste. Grund: In letzter Minute hatte Stepi den Torjäger aus der Mannschaft gestrichen. In
Leverkusen brannte folglich eine regelrechte Lunte. Dennoch hielten sich die Akteure
mit ihren Äußerungen zurück, denn, so wußte der »kicker« zu berichten, "keiner will
für den Abschuß des Trainers verantwortlich gemacht werden, jeder weiß, daß ein Wort
zuviel das Pulverfaß zum Explodieren bringen kann." Derweil wurde hinter den Kulissen bereits über den Nachfolger von Dragoslav Stepanovic spekuliert und Kalli Feldkamp, Nevio Scala, Herbert Neumann und Erich Ribbeck als "heiße Kandidaten" gehandelt. Seitens des Bayer-Vorstandes erhielt Stepi jedoch noch eine letzte Gnadenfrist:
Das anstehende Samstagsspiel gegen Borussia Mönchengladbach. Sollte das nicht gewonnen werden, dann... Doch so weit kam es gar nicht mehr. Freitagnacht gegen 23.30
Uhr wurde Stepanovic nämlich kurz und bündig mitgeteilt, das Bayer 04 auf seine
Dienste keinen Wert mehr lege. "Sportliche Mißerfolge, unterstützt von der Tatsache,
daß ein krasses Mißverhältnis zwischen Trainer und Mannschaft bestand, führten zur
Trennung", begründete Bayers Fußball-Chef Kurt Vossen die Maßnahme. "Stepis Reiz-
klima (zuletzt schoß er gegen jeden) hatte sich ausgereizt. Einer gegen (fast) alle: Der
Trainer wurde zum Hemmschuh, nichts lief mehr", fügte der »kicker« hinzu. Für die
von ihrem "Hemmschuh" befreiten Spieler war Stepis Abgang wie eine Erlösung. UEFA-
Cup-Aspirant Mönchengladbach wurde mit 3:1 geschlagen, und zum ersten Mal über-
zeugten die Bayer-Kicker auch in kämpferischer Hinsicht wieder.

Jürgen Röber, 211

Verein:	VfB Stuttgart
Vorgänger:	Christoph Daum
Erster Amtstag:	15. Dezember 1993
Tabellenstand:	Platz 14
Letzter Amtstag:	25. April 1995
Tabellenstand:	Platz 11
Amtszeit:	17 Monate
Nachfolger:	Jürgen Sundermann

Nach dem 1:1 gegen Schalke wurde es laut in Stuttgart. "Die Spieler verdienen viel Geld. Leistung ist eine Bringschuld." Der, der da so tobte, war VfB-Präsident Mayer-Vorfelder, und warum er so tobte, war vielen klar: Nicht nur die klägliche Leistung der VfB-Profis gegen die Knappen, sondern vor allem die dennoch unverändert zurückhaltende Art von Trainer Röber brachte "MV" auf die Palme.

Jürgen Röber gab sich trotz des Autoritätsverlustes gelassen. "Die Sache war mit dem Präsidenten abgesprochen. Ich werde öffentlich nicht auf die Spieler draufhauen. Es hat deutliche Worte gegeben, allerdings intern", nahm er seinen Präsidenten in Schutz und widmete sich lieber dem anstehenden Spiel gegen Nachbar KSC. "Aus Karlsruhe kommen immer wieder Sticheleien gegen den VfB. Dort glaubt man offenbar, uns den Rang abgelaufen zu haben. Wer da nicht brennt, dem ist nicht zu helfen", gab er sich kämpferisch.

Am Spieltag ging es plötzlich hoch her bei den Schwaben. "Wir planen die nächste Saison ohne Röber und Hoeneß", wurde Mayer-Vorfelder tags darauf in einer Hamburger Zeitung zitiert – geäußert haben soll er die Worte angeblich in der Halbzeitpause des Karlsruhe-Spiels. 0:3 hatten die Schwaben zu jenem Zeitpunkt bereits zurückgelegen (Endstand: 1:3), und "MV" war stinksauer gewesen. "So kann's nicht weitergehen. Das ist desolat, ein Imageverlust für den Verein", hatte er getobt. Die Sache mit Röber und Manager Hoeneß, mit dem sich "MV" während der Winterpause übrigens heftige Kompetenzstreitigkeiten geliefert hatte, wollte der Schwaben-Boß freilich nicht geäußert haben. "Da ist nichts dran. Kein Grund zur Beunruhigung", beschwichtigte er. Und auch Röber gab sich gelassen: "Er hat mir erklärt, daß er sich nie so geäußert hat. Außerdem hat er mir das Vertrauen ausgesprochen. Das ist mir wichtig. Ich weiß, daß man sich auf sein Wort verlassen kann."

Drei Tage später war alles Makulatur. Röber hatte sich nicht auf Mayer-Vorfelders Wort verlassen können, denn gemeinsam mit Manager Hoeneß wurde er entlassen. Peinlich für den VfB, daß Röber von seiner Entlassung nicht persönlich durch das Präsidium, sondern aus dem Radio erfuhr. "Der Fußball steht unter Erfolgszwang, und da erfordert es manchmal auch menschlich unangenehme Entscheidungen", begründete MV seine Maßnahme, die stark an "was schert mich mein Geschwätz von gestern" erinnerte. Für den »kicker« eine bedrohliche Entwicklung. "Wenn dieser Mann (Mayer-Vorfelder, d. Verf.), der eine moralische Autorität sein sollte, sich so verhält, wird das Geschäft Bundesliga so bleiben. Leider!", kritisierte das Fachblatt.

Morten Olsen, 212

Verein:	1. FC Köln
Vorgänger:	Wolfgang Jerat
Erster Amtstag:	29. April 1993
Tabellenstand:	Platz 17
Letzter Amtstag:	27. August 1995
Tabellenstand:	Platz 9
Amtszeit:	28 Monate
Nachfolger:	Stefan Engels

Umstritten war er schon lange. Im Januar 1995 beispielsweise hatte Morten Olsen nach Meinung von Insidern schon einmal kurz vor dem Abschuß gestanden. Nach den Heimpleiten gegen Dresden und Kaiserslautern hatte es massive Fan-Proteste gegeben, und hinter den Kulissen war Christoph Daum bereits als designierter Nachfolger Olsens gehandelt worden. "Das Problem hier in Köln ist das frustrierte Umfeld. Der Fußball lebt, aber viel schlechter als früher. Sowas weckt Frustration bei Fans und Journalisten. Schlimm wäre es, wenn ich jetzt auch noch frustriert wäre. Dann könnten wir gleich einpacken", hatte sich der ehemalige dänische Nationalspieler davon jedoch unbeeindruckt gezeigt.

Auch beim Eff-Ce war man ruhig geblieben und hatte den Vertrag mit dem zurückhaltenden Olsen um ein Jahr verlängert. Doch kaum hatte die Saison 1995/96 begonnen, stand Morten Olsen schon wieder unter Druck. "Platz 12 in der Saison 92/93, Platz 11 1993/94 und Platz 10 1994/95 – da dauert es noch bis zum Jahr 2004, ehe der 1. FC Köln die nächste deutsche Meisterschaft feiern kann", konstatierte das Herrenmagazin »Playboy« in einem Bundesliga-Special zu Saisonbeginn ebenso knallhart wie süffisant. So lange wollte in Müngersdorf natürlich niemand ernsthaft warten, man forderte deshalb "mindestens einen UEFA-Cup-Platz". Dumm für Olsen, daß der Auftakt in die Spielzeit 95/96 für seine mit rund acht Mio. Mark nach seinen Wünschen aufgerüsteten Geißböcke ziemlich in die Hose ging: Aus im UI-Cup beim FC Tirol Innsbruck, am ersten Saisonspieltag ein 0:1 auf Schalke, am zweiten Spieltag ein 3:3 gegen Werder und dann, als peinlicher Höhepunkt, das Pokal-Aus beim Viertligisten SpVgg Beckum, nach dem Olsen unter Polizeischutz zur Pressekonferenz geleitet werden mußte. 48 Stunden danach war Schluß für Morten Olsen und seinen Co-Trainer Wolfgang Jerat, den der Däne im April 1993 auf dem Cheftrainersessel abgelöst hatte. "Es ging nicht nur um eine Niederlage. Es ging um eine Entwicklung, an deren Ende der Trainer nicht mehr zu halten war. Es geht darum, daß der FC die ‚big points‘ nicht macht. In wichtigen Spielen, und nicht nur da, versagen die Spieler. Nicht nur nach Beckum sind die Kölner die Lachnummer der Nation", analysierte der »kicker« und sprach davon, daß "das Maß voll" sei. Olsen hatte immer wieder mit taktischen Fehlleistungen aufgewartet und selbst gegen die biederen Amateure aus Beckum derart durchsichtig spielen lassen, daß das Beckumer Tor nie ernsthaft in Gefahr geraten war.

Hoch gehandelter Nachfolger des Dänen war – natürlich – Christoph Daum, der allerdings bei Besiktas Istanbul unter Vertrag stand. Daher übernahm zunächst Stefan Engels die Übungsleitung, etablierte sich allmählich als "echter" Cheftrainer – und flog dennoch noch vor Saisonfrist raus. Aber das ist eine andere Geschichte.

Benno Möhlmann, 213

Verein:	Hamburger SV
Vorgänger:	Egon Coordes
Erster Amtstag:	23. September 1992
Tabellenstand:	Platz 17
Letzter Amtstag:	5. Oktober 1995
Tabellenstand:	Platz 17
Amtszeit:	37 Monate
Nachfolger:	Felix Magath

Seit Monaten – ach was, seit Jahren - tobte der Machtkampf beim HSV nun schon: Hunke, Wulff, Seeler – Namen wie Schall und Rauch. Auch in Sachen Trainerfrage herrschte alles andere als Kontinuität bei den Hanseaten. Skoblar, Reimann, Schock und Coordes hatten sich mehr oder weniger erfolglos als Happel-Nachfolger versucht und mit den immensen Finanzschwierigkeiten der Rothosen zu kämpfen gehabt. Auch Benno Möhlmann, am 23. September 1992 als Nachfolger des ungeliebten Egon Coordes eingesprungen und immerhin seit drei Jahren im Amt, konnte ein Lied von den Führungsstreitigkeiten am Rothenbaum singen. Dort schwang nach dem umstrittenen Finanzjongleur Hunke, der den HSV an die Börse hatte bringen wollen, zunächst Dentallaborboß Ronald Wulff den Führungsstab. Ein Mann, über den Ex-Manager Bruchhagen sagte: "Herr Wulff ist intellektuell nicht in der Lage, einen Bundesligaklub zu führen." Immer wieder gehandelter Präsidentenkandidat war Uwe Seeler, der sich schließlich Anfang Oktober 1995 nach langem Zureden breitschlagen ließ, Präsident des angeschlagenen Traditionsklubs zu werden.

Eine Entscheidung mit Folgen für den als "demokratisch" geltenden Benno Möhlmann, "denn Seeler machte bisher keinen Hehl daraus, daß er die sportliche Erfolglosigkeit des HSV eng mit der Person des Trainers verknüpft" (»kicker«). Wenige Tage zuvor hatte Schatzmeister Flomm nach dem 1:1 in Uerdingen noch erklärt, Möhlmann bleibe "auf alle Fälle bis zur Hauptversammlung im November" im Amt. Falsch gedacht! Kaum war Seeler in einer Nacht-und-Nebel-Aktion kommissarisch zum Präsidenten ernannt worden, machte er Nägel mit Köpfen. Möhlmann flog, sein Co-Trainer Felix Magath übernahm interimsweise das Training, derweil "Uns Uwe" mit Wunschkandidat Arsène Wenger verhandelte. Für Seeler war Möhlmann schlichtweg zu weich. Schließlich verschloß der Geschaßte schon mal die Tore des Trainingsgeländes, um in aller Ruhe mit seiner Mannschaft zu trainieren und verfolgte ansonsten streng demokratische Prinzipien – nach Ansicht von Seeler, dem HSV-Star der 50er und 60er Jahre – keineswegs geeignete Mittel, um zum Erfolg zu kommen.

Ähnlich äußerte sich auch Interims-Nachfolger Felix Magath, der wenig später dank gewisser sportlicher Erfolge Cheftrainer wurde. Magath, dem unter Seeler-Vorgänger Wulff selbst noch der Rauswurf gedroht hatte, beklagte die "fehlende Hackordnung" und wies darauf hin, daß er das Problem mit dem bulgarischen Nationalspieler Yordan Letchkov, der beim HSV nur den Bruchteil seiner Möglichkeiten bot, frühzeitig erkannt und Möhlmann darauf hingewiesen habe. "Bennos Weg war nicht verkehrt, er hat auch Erfolg gehabt. Ich mache es anders, ob es besser ist, muß sich erst zeigen."

Aad de Mos, 214

Verein:	Werder Bremen
Vorgänger:	Otto Rehhagel
Erster Amtstag:	1. Juli 1995
Tabellenstand:	Platz 2 (Saison 1994/95)
Letzter Amtstag:	9. Januar 1996
Tabellenstand:	Platz 15
Amtszeit:	6 Monate
Nachfolger:	Hans-Jürgen Dörner

Vierzehn Jahre Otto Rehhagel – eine Hürde so hoch, daß man sie kaum überwinden kann. Nach dem Ende der Ära Rehhagel, in der der SV Werder zu einer europäischen Topmannschaft aufgestiegen war, als Trainer im Weserstadion zu arbeiten, war zweifelsohne eine ziemlich undankbare Aufgabe. Überall waren noch die Reste des Rehhagelschen Imperiums zu finden, existierten eigentümliche Querverbindungen, wie sie nur über einen derart langen Zeitraum entstehen konnten. Aad de Mos, Nachfolger Rehhagels und mit Teams wie Ajax Amsterdam, KV Mechelen, RSC Anderlecht und PSV Eindhoven auch auf internationalem Terrain durchaus erfolgreich, wußte um die Schwere seiner Aufgabe. "Ich werde nicht alles umkrempeln. Werder ist eine gestandene Mannschaft, die nur punktuell ergänzt werden muß", gab er sich vorsichtig. Auf der Führungsebene war man derweil zuversichtlich. "Wir haben einen guten Griff getan und einen idealen Nachfolger für Rehhagel gefunden. Aad de Mos ist allerbeste Wahl", stellte Präsident Dr. Böhmert dem Niederländer ein ausgezeichnetes Zeugnis aus.

Wenige Monate später versank Bremen im Chaos. Die Chronologie der Ereignisse. 28. November: Auf einer Krisensitzung spricht sich die Mannschaft des SV Werder einstimmig gegen Trainer de Mos aus. Streitpunkte sind vor allem sein autoritärer Stil sowie sein Verwirrspiel mit der Viererkette. Kommentar de Mos: "Uns fehlt ein Sieg, ein Erfolgserlebnis." 9. Dezember: Nach der 1:2-Niederlage auf Schalke rutscht Werder auf Platz 15 und damit in Abstiegsgefahr. Schlimmer noch: Aad de Mos ist tags zuvor in der belgischen Zeitung »Le Standard« mit folgenden Worten zitiert worden: "Es wird nie etwas mit diesem Klub. (...) Hundertprozentig sicher: Deutschland ist für mich vorbei. Ich habe nichts zu suchen in diesem erstarrten Land." Gefallen seien die Worte am Abend des UEFA-Cup-Spiels gegen den PSV Eindhoven in einer Bremer Hotelbar, heißt es. De Mos dementiert, Manager Lemke meint: "Der Trainer ist kein Thema." 18. Dezember: Das Nachrichtenmagazin »Spiegel« nennt Zeugen dafür, daß de Mos die Aussagen sehr wohl getätigt habe und behauptet zudem, de Mos habe beim Werder-Präsidium bereits zweimal um seine Demission gebeten. 22. Dezember: Werder fordert den Trainer auf, gerichtlich gegen den Spiegel vorzugehen. 8. Januar 1996: Das Präsidium fragt bei de Mos-Anwalt Dr. Prinz über den Stand der Ermittlungen nach. "Es gibt keinen neuen Sachstand", heißt es. 9. Januar: Aad de Mos wird entlassen. "Nun hat also auch die Bundesliga ihre Spiegel-Affäre", kommentiert der »kicker«. "Werder Bremen diente die Spiegel-Affäre als willkommener Aufhänger, den Ablösungsprozeß vom ebenso erfolglosen wie zuletzt ungeliebten Trainer einzuleiten, seinen Rauswurf zu legitimieren." 14. Januar: Hans-Jürgen "Dixie" Dörner wird als Nachfolger vorgestellt.

Friedel Rausch, 215

Verein:	1. FC Kaiserslautern
Vorgänger:	Rainer Zobel
Erster Amtstag:	1. Juli 1993
Tabellenstand:	Platz 8 (Saison 1992/93)
Letzter Amtstag:	23. März 1996
Tabellenstand:	Platz 17
Amtszeit:	33 Monate
Nachfolger:	Eckhard Krautzun

Ein Punkt trennte den ambitionierten 1. FC Kaiserslautern von einem Abstiegsplatz, als FCK-Präsident Norbert Thines vor dem Spiel beim VfB Stuttgart am 2. März 1996 den Vertrag mit Trainer Rausch per Handschlag um ein weiteres Jahr verlängerte. Ein ungewöhnlicher Vertrauensbeweis, denn eigentlich hatten die Lauterer um einen UEFA-Cup-Platz mitspielen wollen und nicht im Traum an Abstiegskampf gedacht. Thines stärkte mit dieser Aktion einem Trainer den Rücken, der längst in die Diskussion geraten war. Seit langem wurde auf dem Betzenberg schon über einen Nachfolger diskutiert (Feldkamp, Briegel), während Friedel Rausch bei den zahlreichen Niederlagen auf dem einstigen Schrecken Betzenberg stets denselben Schuldigen ausgemacht hatte: den holprigen Rasen. Daß die Gegner auf exakt demselben Geläuf kicken mußten, übersah der 1993 aus dem schweizerischen Luzern nach Kaiserslautern gekommene Ex-Bundesligaspieler geflissentlich. Von seinem Vorstand bekam Rausch eine Rückendeckung nach der anderen. Angefangen hatte es am 26. November, als sich nach der Heimpleite gegen Freiburg Trainer Rausch, Manager Geye und FCK-Präsidium die Treue schworen. In der Hoffnung auf bessere Zeiten, sozusagen. Die aber kamen nicht. Die Roten Teufel ließen das für den Abstiegskampf nötige Engagement vermissen, Rausch verstrickte sich immer wieder im Schönreden ("Wir haben gut gespielt, nur unsere Chancen nicht genutzt und einfach nicht das Quentchen Glück"), und der FCK rutschte immer tiefer in den Schlamassel. Da half auch das Erreichen des Pokalfinales nicht. An Abstieg dachte dennoch niemand – schließlich war der FCK Gründungsmitglied der Bundesliga, was sollte da passieren? Auch nach dem 0:2 bei Bayern München gab es nichts Neues. Wieder Loyalitätserklärungen, wieder Durchhalteparolen. "Die Erneuerung des Schulterschlusses ist eine halbherzige Entscheidung, zeugt in der schwersten Krise der Vereinsgeschichte von Ratlosigkeit und damit Führungsschwäche", tadelte der »kicker«. Eine Woche später war nach dem torlosen Unentschieden gegen Werder Bremen – viele sagten "endlich" – Schluß: Friedel Rausch verkündete frustriert seinen Rücktritt. Ein Rücktritt, der eigentlich ein Rauswurf war – denn der wäre unweigerlich gefolgt. Beim FCK war man nun in Aufräumlaune. Co-Trainer Ignaz Good mußte ebenfalls gehen, und auch Manager Rainer Geye erwischte es. Die Mannschaft hatte ultimativ gefordert, den Manager ebenfalls zu entlassen. "Einmal wegen der verfehlten Personalpolitik, zum anderen, weil er nie für die Mannschaft da war", begründete Kapitän Brehme. Turbulente Tage auf dem Betzenberg, wo als Wunschkandidat für die Rausch-Nachfolge Giovanni Trapattoni gehandelt wurde. Doch der drei Wochen zuvor in Cagliari beurlaubte Signore wollte nicht – und so holte der FCK Eckhard Krautzun, mit dem man den Pokal gewannen – und abstieg...

Karl-Heinz Körbel, 216

Verein:	Eintracht Frankfurt
Vorgänger:	Jupp Heynckes
Erster Amtstag:	3. April 1995
Tabellenstand:	Platz 13
Letzter Amtstag:	30. März 1996
Tabellenstand:	Platz 15
Amtszeit:	12 Monate
Nachfolger:	Dragoslav Stepanovic

Bernd Hölzenbein war stinksauer. "Vor Wochen haben wir noch vom UEFA-Cup ge-sprochen. Das ist Makulatur. Ab sofort beginnt der Abstiegskampf", ließ er nach dem 0:6-Debakel der Frankfurter Eintracht in Dortmund mächtig Dampf ab. Auch Trainer Körbel, dessen Vertrag erst sieben Tage zuvor verlängert worden war, bekam sein Fett weg: "Es muß Konsequenzen in der Mannschaft geben. Wäre ich Trainer, hätte Schupp keine Chance mehr." Eintracht Frankfurt stand nach den "goldenen Jahren" zwischen 1990 und 1994 vor schweren Zeiten, und Karl-Heinz Körbel, treuer Eintrachtler seit seinen Jugendjahren, war für viele nicht der geeignete Mann, den Karren sportlich aus dem Dreck zu ziehen. Seit Monaten stand der "treue Charly" schon in der Diskussion, hatte im September 1995 sogar seinen Rücktritt angeboten, als bekannt geworden war, daß die Eintracht angeblich hinter seinem Rücken mit 1860-Coach Lorant verhandelte. Seinerzeit hatte er sich breitschlagen lassen und weitergemacht, doch das Vertrauen war zerstört. "Für mich erhebt sich die Frage, was erst passiert, wenn wir zwei Spiele verlieren sollten", hatte sich nicht nur Körbel gefragt. Eine kleine Serie mit dem Höhe-punkt eines 4:1-Sieges über die Bayern hatte die Trainerdiskussion zwar wieder beru-higt – verstummen wollte, sie jedoch nie.

Zum Ende der Vorrunde wurden mit einer 1:5-Abfuhr beim HSV alle Wunden wieder aufgerissen. Vor allem die trotz Nationalkeeper Köpke wackelige Abwehr entpuppte sich wiederholt als Problem, und im Januar 1996 stand Körbel erneut zur Disposition. Dragoslav Stepanovic sollte kommen – was Manager Hölzenbein, selbst heftig in der Kritik, umgehend dementierte. "Solange ich bei der Eintracht bin, kommt Stepi nicht zurück." Ende März wurde die Situation bedrohlich. Nach einer 0:1-Heimschlappe ge-gen Freiburg richteten sich die Fanproteste gegen den Vorstand und Manager Hölzen-bein, derweil Körbel vom »kicker« attestiert wurde, für "die Sünden der Vergangenheit" zu büßen. "Selbstüberschätzung, schlechte Einkaufspolitik, falsche ,Ausländerpolitik', zu hohe Gehaltsstruktur, schwache Führungsstruktur, Sündenbockstrategie, Blauäugig-keit, Nervenschwäche, Hinterhältigkeit und Intrigantenspiele" – die Liste der Vorwürfe war schier endlos. Dann kam das 0:6 von Dortmund, nach dem die Nerven endgültig blank lagen.

Am Mittwoch vor dem anstehenden Gladbach-Spiel einigte sich Bernd Hölzenbein mit Dragoslav Stepanovic über eine sofortige Rückkehr. Hölzenbein hatte eine Kehrt-wende ohne Beispiel vollzogen. Statt der erwähnten Januar-Aussage drohte er nun mit Rücktritt, sollte Stepi *nicht* kommen. Frankfurts Bauernopfer hieß Charly Körbel, der die Mannschaft gegen Gladbach ein letztes Mal betreute.

Stefan Engels, 217

Verein:	1. FC Köln
Vorgänger:	Morten Olsen
Erster Amtstag:	28. August 1995
Tabellenstand:	Platz 14
Letzter Amtstag:	31. März 1996
Tabellenstand:	Platz 16
Amtszeit:	7 Monate
Nachfolger:	Peter Neururer

Ähnlich wie Karl-Heinz Körbel in Frankfurt erging es auch Stefan Engels in Köln. Der langjährige Spieler der Geißböcke – mit einem Jahresgehalt von 300.000 Mark der "schlechtbezahlteste Bundesligatrainer" (»kicker«) – hatte einen völlig zerrütteten und verunsicherten Kader übernommen, dessen Akteure verwöhnt wirkten und dem jungen und ehrgeizigen Engels kaum Akzeptanz entgegenbrachten. Dazu kamen unsägliche Dauerquerelen auf der Vorstandsebene: Vor allem Manager Cullmann und Präsident Hartmann standen heftig in der Kritik. So entwickelte sich ein Possenspiel, wie es für den 1. FC Köln in den vorangegangenen Bundesligajahren (leider) üblich war. Da waren die Querelen zwischen Engels und Labbadia, der im Dezember 1995 um seine Freigabe geben hatte, da war die Verpflichtung von Andrzej Rudy, die Cullmann mehr oder weniger im Alleingang durchgezogen hatte, und da war die Dauerdiskussion, wann Stefan Engels denn nun endlich fliegen würde. Am 9. März 1996 schien es bereits soweit zu sein. Zwar wurden Stefan Engels auch nach einem 1:1 in Uerdingen erneut Treuebeschwörungen ausgestellt (Geschäftsführer Loos: "Engels bleibt definitiv bis zum 30.6. Cheftrainer, egal, was passiert!"), gleichzeitig aber führte der FC Geheimverhandlungen mit Sigi Held und Peter Neururer – und zwar nicht für die nächste Saison. "Ich würde mir zutrauen, die Mannschaft da unten rauszuholen", erklärte beispielsweise Peter Neururer, der bereit war, auch einen Viermonatsvertrag bis zum Saisonende zu unterschreiben.

Trotz Treueschwüren hatte Engels kaum noch eine Lobby bei den Geißböcken, und spätestens als Ende März auch noch der Name Christoph Daum ins Spiel gebracht wurde, war seine Zeit abgelaufen. Im Falle des Klassenerhalts würde Daum definitiv zur neuen Saison kommen, hieß es, was vom FC-Vorstand umgehend dementiert wurde. "Es gab keine Gespräche mit Daum." Stefan Engels war die Diskussion zu jenem Zeitpunkt längst leid. "Mich interessieren die Spekulationen nicht. Ich kann sowieso nichts ändern. Ich kann nur versuchen, so ruhig wie möglich mit der Mannschaft zu arbeiten", erklärte er, während schon wieder neue Gerüchte um den Trainerstuhl beim FC aufkamen: Dragoslav Stepanovic sollte nun kurzfristig Engels' Job übernehmen. Engels' Schicksalsspiel war die Heimpartie gegen den 1. FC Kaiserslautern. Nach dem 0:1 gegen die erstmals von Eckhard Krautzun betreuten Roten Teufel setzte auch der FC auf das Allheilmittel Trainerwechsel. "Es wird ein starker Anti-Engels-Kurs gefahren", begründete Präsident Klaus Hartmann die Entscheidung und gab seiner Hoffnung auf Besserung Ausdruck. "Wenn ein anderer kommt, irgend etwas anderes macht – das kann schon einiges bewirken." Dieser "andere" hieß, nachdem Stepanovic bei Frankfurt unterschrieben hatte, Peter Neururer. Er wollte den FC in den verbleibenden neun Spielen retten.

Otto Rehhagel, 218

Verein:	Bayern München
Vorgänger:	Giovanni Trapattoni
Erster Amtstag:	1. Juli 1995
Tabellenstand:	Platz 6 (Saison 1994/95)
Letzter Amtstag:	27. April 1996
Tabellenstand:	Platz 2
Amtszeit:	10 Monate
Nachfolger:	Franz Beckenbauer

"Nur Narren dienen dem Kaiser", hatten enttäuschte Werder-Fans im Frühjahr 1995 auf ein Transparent gemalt, nachdem Otto Rehhagel seinen Wechsel zum FC Bayern München bekanntgegeben hatte. Ein Jahr später war es tatsächlich der "Kaiser", der Rehhagel zum "Narren" machte – und ablöste. Der Wechsel von Otto Rehhagel zum FC Bayern München hatte zu den schlagzeilenträchtigsten Ereignissen der Bundesligageschichte gezählt. Ausgerechnet zum Erzfeind der Werderaner ging "König Otto" – das Volk an der Weser war schwer enttäuscht. Für den ehemaligen Maler hingegen war der Wechsel die Erfüllung eines Traums: Sportlicher Leiter bei einem europäischen Renommierverein zu sein – Rehhagel, dem von Kritikern ein "Minderwertigkeitskomplex" unterstellt wurde, war glücklich. Doch Rehhagel und der FC Bayern – das passte nicht zusammen. Der exzentrische Rehhagel und das extreme mediale Umfeld beim Rekordmeister, der machtgewohnte Rehhagel und die fachkundige Münchner Führungstroika Hoeneß/Beckenbauer/Rummenigge – das konnte nicht gutgehen.

Dabei hatte es hoffnungsvoll begonnen. Das "Dream Team" legte einen Traumstart hin und stellte mit 21 Zählern in sieben Spielen einen neuen Startrekord auf. Doch dann kam Sand ins Getriebe. Im Pokal kam das Aus in Düsseldorf, intern geriet Rehhagel in die Kritik, und als es in Dortmund die erste Saisonniederlage gab, war die Atmosphäre bereits vergiftet. Vor allem Präsident Beckenbauer schoß ständig Pfeile auf Rehhagel, schimpfte über dessen vermeintliche "Schülermannschaft" und sprach des öfteren von "Katastrophenspielen". Die "Traumehe" erwies sich rasch als "großer Irrtum" (»Der Spiegel«) und wurde zu einer bajuwarischen Provinzposse. Taktische Defizite Rehhagels (Scholl nach dem 1:3 in Dortmund: "Wir spielen seit acht Wochen und haben noch immer keine Taktik"), Probleme zwischen Trainer und Mannschaft und diverse öffentliche Brüskierungen des Coaches durch das Bayern-Präsidium folgten. In der Rückrunde eskalierte die Situation. Rehhagel verlor immer mehr an Autorität, Beckenbauer pfuschte ihm ständig in die Aufstellung, und nach der 1:4-Heimschlappe gegen den KSC nahmen einige Führungsspieler schließlich das taktische Konzept selbst in die Hand. Ex-König Rehhagel war endgültig zum Narren geworden. Fortan ging es turbulent zu an der Säbener Straße. Giovanni Trapattoni wurde bereits als Rehhagel-Nachfolger gehandelt, derweil Präsident Beckenbauer klammheimlich die sportliche Macht übernahm. Im April ging es eigentlich nur noch um die Frage "wie sagen wir es ihm?". Eine Frage, für die es nur wenige Tage nach dem Einzug ins UEFA-Pokalfinale eine Begründung gab: Erfolglosigkeit! Nach der 0:1-Heimschlappe gegen Rostock wurde Rehhagel nämlich "geschmissen" und Kaiser Franz übernahm die Führung. Die "Traumehe" war gescheitert.

Erich Ribbeck, 219

Verein:	Bayer Leverkusen
Vorgänger:	Dragoslav Stepanovic
Erster Amtstag:	10. April 1995
Tabellenstand:	Platz 9
Letzter Amtstag:	28. April 1996
Tabellenstand:	Platz 13
Amtszeit:	13 Monate
Nachfolger:	Peter Hermann

"Wir stehen mit beiden Beinen im Abstiegskampf, da lügen wir uns nicht in die Tasche", gab Rudi Völler nach der 1:2-Heimpleite gegen den Karlsruher SC zerknirscht zu
Protokoll. Eigentlich hatte Bayer Leverkusen ja ganz andere Ziele gehabt. UEFA-Cup,
vielleicht sogar mehr – das war vor der Saison noch geäußert worden. Nun stand Bayer
auf Rang 13 und wies ganze drei Punkte Abstand zu den Abstiegsrängen auf. Für die
Fans stand der Schuldige fest: "Ribbeck raus", hatte es schon seit Wochen bei nahezu
jedem Heimspiel durch das Stadion gehallt. Für sie war Ribbeck der falsche Mann am
falschen Ort. Zweimal schon hatte der spätere Bundestrainer innerlich mit der Bundesliga abgeschlossen – und sich im April 1995 doch noch einmal zu einem Engagement
bei Bayer breitschlagen lassen. In der Chemiestadt war jedoch von Beginn an alles
schiefgelaufen. Ribbeck hatte einen Riesenkrach mit dem exzentrischem Superstar Bernd
Schuster heraufbeschworen, Hapal wurde verkauft, Lupescu vertrieben und mit Rodri-
go und Ramon mittelmäßige Akteure geholt. Ribbeck wies derweil regelmäßig mit Stolz
auf seine "von jungen Spielern durchsetzte Mannschaft" hin und verkannte völlig die
Erwartungshaltung im Bayer-Umfeld. Der größte Vorwurf freilich, den er sich gefallen
lassen mußte, war Blauäugigkeit. "Als die Verantwortlichen ihn vor Wochen eindring-
lich auf die Abstiegsgefahr hinwiesen, sprach Ribbeck von Schwarzmalerei, wollte keine Hektik aufkommen lassen. Sie ließen ihn gewähren. Spätestens nach der Niederlage
gegen Köln (6. April, d. Verf.) hätte der Schnitt erfolgen müssen", schrieb der »kicker«.
Seinerzeit hatte es erstmals gekracht. Als Ribbeck sich seine Spieler vorknöpfen wollte,
hatte es ausgerechnet von Christian Wörns, sonst einer der Stillen im Kader, Widerstand
gesetzt. Ribbeck solle sich "an die eigene Nase fassen", hatte Wörns gewettert, und das
es nicht anginge, daß er Spieler kritisiere, "nur um seine eigene Haut zu retten". Der
»kicker« schlug in dieselbe Kerbe. "Erich Ribbeck trägt nicht nur Mitschuld, er ist darüber hinaus der Hauptverantwortliche für die Situation. Der Trainer, dem jeder Wunsch
von den Augen abgelesen wurde, kann sportlich nicht zurückzahlen, was an anderen
Fronten investiert wurde." Auch Manager Calmund bekam sein Fett weg. Er habe sich
das Heft aus der Hand nehmen lassen, den Trainer schalten und walten lassen, hieß es.
"Besser ging es Bayer, als es nur einen Alleinherrscher gab, der Reiner Calmund hieß.
Mit der Installierung eines aufgeblähten Führungsapparates, in dem jeder was zu sagen
hat, begann der Niedergang". Drei Stunden nach Abpfiff der Heimpleite gegen den KSC
war Schluß: Ribbeck mußte gehen, Christoph Daum kam. Da der aber erst zur neuen
Saison kam, war es Peter Hermann vorbehalten, Bayer 04 in einem dramatischen Finish
zum glücklichen Klassenerhalt zu führen.

Friedhelm Funkel, 220

Verein:	KFC Uerdingen 05
Vorgänger:	Timo Konietzka
Erster Amtstag:	3. Juni 1991
Tabellenstand:	Platz 17
Letzter Amtstag:	13. Mai 1996
Tabellenstand:	Platz 18
Amtszeit:	60 Monate
Nachfolger:	A. Reutershahn bzw. H.-U. Thomale

Sein letzter Auftritt in der Krefelder Grotenburg nach fast fünf Jahren Uerdingen lieferte noch einmal einen Eklat. Als der Stadionsprecher vor dem Spiel gegen Gladbach die Namen der Akteure, die den KFC Uerdingen zum Saisonende verlassen sollten, verlas, fand der von Friedhelm Funkel keine Erwähnung. Dabei mußte auch der langjährige Coach zum Saisonende seinen Hut nehmen – peinlich, peinlich, KFC Uerdingen. "Dazu äußere ich mich nicht", gab sich der Betroffene zurückhaltend und freute sich statt dessen über eine Einladung zum Abschiedsbesuch beim Krefelder Oberbürgermeister. "Die Stadt hat Stil und Format bewiesen", erklärte er süffisant. Funkel war bitter enttäuscht. Sicher, er war mit dem KFC abgestiegen, doch das hatte alles andere als nur mit seiner Tätigkeit als Trainer zu tun gehabt. Seit dem Rückzug der Bayer AG klaffte in Uerdingens Kasse ein Riesenloch – und tobte ein Machtkampf auf der Führungsebene. "Bauernopfer" war Trainer Funkel. Anfang April hatte die Uerdinger Vereinsführung um Präsident Schulte-Wissermann nach dem 3:1-Sieg über Freiburg bekanntgegeben, daß man den Vertrag des eigentlich noch bis 1997 an Uerdingen gebundenen Trainers zum Saisonende kündigen wolle. Der KFC hatte zu jenem Zeitpunkt bereits elf Punkte Rückstand auf einen rettenden Platz, und alle Welt wußte, warum Funkel gehen mußte: "Die Chemie zwischen ihm und dem Vorstand stimmte nicht mehr, insbesondere das Verhältnis zum umtriebigen einflußreichen Geschäftsführer Edgar Geenen hatte zuletzt gelitten", konstatierte der »kicker«, der zugleich anmerkte: "Die Art und Weise der Scheidung von dem Mann, der sich mit Bayer Uerdingen und jetzt auch mit dem KFC identifiziert hat wie kaum ein Zweiter, war stillos." Das sah Funkel ähnlich: "Das war eine Selbstdarstellung des Präsidenten, den ich vorher erst zweimal gesehen hatte", echauffierte er sich.

Einen Monat später erhielt Funkel die Gelegenheit, schon vor dem eigentlichen Ende einen Schlußstrich zu ziehen. Als er kurz nach seiner öffentlichen Düpierung beim letzten Heimspiel einen Hilferuf aus dem benachbarten Duisburg erhielt, war er nur zu gerne bereit, Uerdingen sofort zu verlassen. In Duisburg war Coach Bongartz nach dem 1:1 gegen Unterhaching von den eigenen Fans ausgebuht worden, und weil das MSV-Präsidium plötzlich den fast schon sicher geglaubten Aufstieg gefährdet sah, hatte es zum Allheilmittel Trainerwechsel gegriffen. Für Funkel kam die Offerte wie gerufen. Sie gab ihm die Chance, die unsäglichen Zustände in Uerdingen selbst zu beenden und darüber hinaus auch in der kommenden Saison erstklassig zu sein. So kam es denn auch. Funkels Debüt in Duisburg endete mit einem 4:2-Sieg in Jena, am Saisonende zogen die Meidericher ins Oberhaus ein, derweil sein Ex-Klub den bitteren Weg in die Zweitklassigkeit antreten mußte. Wer, bitte schön, war denn da jetzt das "Opfer"?

Rolf Fringer, 221

Verein:	VfB Stuttgart
Vorgänger:	Jürgen Sundermann
Erster Amtstag:	1. Juli 1995
Tabellenstand:	Platz 12 (Saison 1994/95)
Letzter Amtstag:	14. August 1996
Tabellenstand:	Platz 10 (Saison 1995/96)
Amtszeit:	13 Monate
Nachfolger:	Joachim Löw

Die Saison hatte noch gar nicht begonnen, da war beim VfB Stuttgart schon wieder Feuer unterm Dach. Ein torloses Unentschieden im DFB-Pokal gegen Fortuna Köln – erst im Elfmeterschießen sicherten sich die Schwaben das Weiterkommen – hatte die Defizite beim VfB schon vor dem ersten Spieltag erschreckend deutlich gemacht. Einfallslos und gnadenlos ungefährlich vor dem gegnerischen Tor hatten sich die Schützlinge von Rolf Fringer präsentiert, der schon seit längerem in der Schußlinie stand. Dabei hatte alles einmal ziemlich harmonisch begonnen. 1995 war Fringer vom schweizerischen Provinzklub FC Aarau auf den Cannstatter Wasen gekommen. Zunächst schien Fringer ein Glücksstreffer für den VfB zu sein. Die Schwaben spielten kreativ, belegten zur Winterpause Platz 3, und alles war in allerbester Ordnung. Doch in der Rückrunde hatten die Probleme begonnen. Ein taktisches Durcheinander mit der von Fringer bevorzugten Viererkette, persönliche Probleme mit diversen, als "eigenwillig" geltenden Spielern und ein sportlicher Rückschritt mit Platz 10 hatte die fröhliche Stimmung der Hinserie nachhaltig verdorben. Folge: Im Mai hatte Fringer kurz vor dem Rauswurf gestanden. Dennoch waren die Schwaben mit dem gebürtigen Schaffhausener auch in die neue Spielzeit gegangen. Doch schon in der Vorbereitung hatte sich angedeutet, daß die Liaison Fringer/VfB die Saison unter keinen Umständen überdauern konnte. Obwohl Fringer 27 Profis zur Verfügung standen und er für rund fünf Mio. Mark vier Wunschspieler hatte verpflichten können, suchte er vergeblich nach seiner Stammelf. Sein Zickzackkurs in Sachen Viererkette/Libero sorgte weiterhin für Verunsicherung, und sein harter Führungsstil stieß inzwischen sogar bei "gesetzten" Spielern wie Elber und Balakov auf Unverständnis. Fringer sah das alles nicht. Die enttäuschenden Vorbereitungsspiele redete er schön, als Saisonziel gab er vage an: "Wenn es gut läuft und wir das Glück zwingen, dann sind wir ein UEFA-Cup-Kandidat". Den Fans war es längst zuviel. "Fringer raus", hatte es nach dem Pokalspiel gegen Köln durchs Gottlieb-Daimler-Stadion gehallt – und die treuen Anhänger bekamen ihren Willen. Allerdings auf unvermutete Art, denn Rolf Fringer war zwischenzeitlich ein unerwartetes Angebot ins Haus geflattert: Ihm bot sich die Chance, die Nachfolge von Artur Jorge als Schweizer Nationaltrainer anzutreten. Für den 39jährigen der ideale Absprung. "Ich fühle mich als Schweizer. Deswegen wäre es für mich immer reizvoll, in der Schweiz zu leben und zu arbeiten", gab er Spiel bekannt – um vier Tage später seinen Abschied von Stuttgart zu nehmen. Ein Abschied, der von fast allen Seiten begrüßt wurde. "Vielleicht ist es sogar besser so. Wenn wir nämlich schlecht in die Saison gestartet wären, dann wäre Fringer sowieso entlassen worden", drückte Franco Foda aus, was viele dachten.

Jörg Berger, 222

Verein:	Schalke 04
Vorgänger:	Helmut Schulte
Erster Amtstag:	11. Oktober 1993
Tabellenstand:	Platz 18
Letzter Amtstag:	3. Oktober 1996
Tabellenstand:	Platz 12
Amtszeit:	36 Monate
Nachfolger:	Huub Stevens

Seit einigen Jahren war es üblich, daß der Stadionsprecher bei der Verkündung der Aufstellung der Heimelf nur den Vornamen ansagte, und die Fans den Nachnamen des Spielers nachlieferten. Auf Schalke ereignete sich in diesem Zusammenhang am 5. Oktober 1996 ein eigenartiges Schauspiel. Zum Spiel gegen den KSC liefen die Knappen offensichtlich mit elf "Bergers" auf. "Mit der Nummer 1 Jens...", hatte Stadionsprecher Bernd Scheffler ins Mikrofon gebrüllt – und ein Vieltausendfaches "Berger" zurückbekommen. Die Fans auf Schalke waren stocksauer. Zwei Tage zuvor hatten ihre Helden den Trainer gestürzt. Ausgerechnet Jörg Berger, mit dem Schalke 04 endlich an alte Erfolgszeiten angeknüpft und in der Saison 1995/96 sogar Dritter geworden war.

Was war passiert? Nach der 1:2-Heimniederlage gegen Leverkusen – Schalkes erste Heimschlappe seit fast zwölf Monaten – hatte Jörg Berger in der Spielerkabine einen Zettel aufgehängt, auf dem er seine Akteure für Donnerstagmorgen zu "einer notwendigen Aussprache" bat. Schalkes Manager Assauer war daraufhin zum Spielerrat (Lehmann, Mulder, Anderbrügge, Thon) gegangen und hatte diesen aufgefordert, Jörg Berger zu bitten, den Termin auf Mittwoch vorzuverlegen, da Assauer am Donnerstag nicht konnte. Was Assauer daraufhin erfuhr, ließ ihm die geliebte Zigarre im Halse steckenbleiben. "Wir möchten uns gar nicht mehr mit Herrn Berger aussprechen. Das haben wir vor einem halben Jahr getan, seitdem hat sich nichts geändert. So ein Gespräch bringt eh nichts." Auf Schalke tickte eine Zeitbombe! Sofort setzte sich Assauer mit den Akteuren zusammen und fragte nach. Er fand heraus, daß die Chemie zwischen Spielern und Trainer seit langem nicht mehr stimmte, daß es erhebliche Differenzen gab und die Mehrheit der Spieler eine weitere Zusammenarbeit nicht mehr für möglich hielt. Der Kanon der Vorwürfe an den 51jährigen Sachsen war groß: Taktische Mängel, Eitelkeit, Egoismus – "von 23 Spielern hatten nur vier keinen Zoff mit dem Trainer: Wilmots, de Kock und die zwei Amateure Dybek und Kläsener." Schalke mußte folglich handeln, und es gab nur eine Möglichkeit: Berger mußte, wie schon siebenmal zuvor bei anderen Klubs, vorzeitig gehen. "Wir haben einstimmig beschlossen, Jörg Berger mit sofortiger Wirkung zu beurlauben", verkündete Vorstandsvorsitzender Rehberg am Donnerstagmorgen – und löste damit Entsetzen unter den Fans aus. Entsetzen, das sich gegenüber den in der Öffentlichkeit als "Revoltierer" dargestellten Spielern wie eingangs erläutert in Wut ausdrückte. Die Akteure fühlten sich freilich zu Unrecht angegriffen und wiesen darauf hin, Berger lange auf Fehler aufmerksam gemacht zu haben. "Man kann es drehen, wie man will – mit diesem Trainer, dem wir alles Gute wünschen, wären wir nicht mehr weitergekommen", drückte Jens Lehmann die Meinung aller aus.

Aleksandar Ristic, 223

Verein:	Fortuna Düsseldorf
Vorgänger:	Horst Köppel
Erster Amtstag:	13. August 1992
Tabellenstand:	Platz 23 (2. Bundesliga)
Letzter Amtstag:	24. November 1996
Tabellenstand:	Platz 16
Amtszeit:	52 Monate
Nachfolger:	Rudi Wojtowicz

Aussage stand gegen Aussage. "Der Trainer hat sich nach vier Jahren schlicht abgenutzt", meinte Fortuna Düsseldorfs Präsident Jürgen Hauswald, derweil der Betroffene vermutete: "Einigen Leuten im Verein war ich wohl etwas zu stark. Ich beuge mich dem Druck eben nicht so schnell." Die Rede ist – natürlich – von Aleksandar Ristic, jenem Mann, den mit der Düsseldorfer Fortuna so etwas wie eine "Haßliebe" verband. Zwischen 1992 und 1996 hatte der Bosnier mit den Rheinländern eine regelrechte Achterbahnfahrt durch die Ligen gemacht: 1993 Abstieg in die Oberliga, 1994 Aufstieg in die 2. Liga, 1995 Aufstieg in die 1. Liga – so etwas hatte es noch nie gegeben. Doch die Chemie zwischen Trainer und Präsidium hatte schon lange nicht mehr gestimmt. Im Frühjahr 1996 hatte Fortuna-Boß Hauswald den bei den Fans überaus beliebten Ristic schon einmal rauswerfen wollen. Seinerzeit hatte der Bosnier durch eine Siegesserie und den schlußendlichen Klassenerhalt seinem Präsidenten den Wind aus den Segeln genommen. Während die Experten staunten, daß Ristic "eine Truppe von kaum bundesligatauglichen Spielern vor dem Abstieg bewahrte", stänkerte Hauswald im Hintergrund weiter. Er wollte einen Verjüngungsprozeß sehen, träumte von einer attraktiven Spielweise. Dinge, die mit Ristic nicht zu haben waren. Ristic' Vorliebe für ältere Akteure drückte sich auch vor der Saison 1996/97 wieder in der Verpflichtung von Glavas, Drazic und Winkhold aus, und das auf einem starken Deckungsverband ruhende Fortuna-System war Ristic ebenfalls nicht bereit, umzustellen. Zugleich mußte sich der Bosnier aber auch Kritik gefallen lassen. Seine Einkaufspolitik war nicht immer geglückt – vor allem der Mazedonier Darko Pancev hatte enttäuscht –, und "gut Kirschen essen" war mit dem eigenwilligen Bosnier ohnehin nie gewesen. Die Situation eskalierte, als sich die Rheinländer am 22. November einen ziemlich peinlichen Auftritt beim KSC leisteten und mit einer 0:2-Niederlage auf Abstiegsrang 16 rutschten. Vier Tage zuvor hatte das Fortuna-Präsidium Ristic noch einmütig das Vertrauen ausgesprochen. "Das ist immer gefährlich, wenn sich alle zusammensetzen und dem Trainer ihr Vertrauen versichern", hatte der Bosnier offensichtlich schon seinen Abschuß geahnt. Am Sonntagmorgen hatte Präsident Hauswald die "desolate Vorstellung von Karlsruhe" vom "dringenden Handlungsbedarf" überzeugt. "Nach vier Jahren hat sich Ristic schlicht abgenutzt", begründete Hauswald, derweil Ristic seine zu groß gewordene Hausmacht als Ursache sah.

Nachfolger sollte der kurz zuvor in Schalke entlassene Jörg Berger werden. Doch der Sachse scheute die Aufgabe: "Zu viele Ristic-Altlasten." So übernahm schließlich Ex-Assistent Rudi Wojtowicz das Amt.

Bernd Krauss, 224

Verein:	Borussia Mönchengladbach
Vorgänger:	Jürgen Gelsdorf
Erster Amtstag:	6. November 1992
Tabellenstand:	Platz 14
Letzter Amtstag:	7. Dezember 1996
Tabellenstand:	Platz 17
Amtszeit:	49 Monate
Nachfolger:	Hannes Bongartz

Bernd Krauss hatte alles versucht. Beim Spiel in Bochum hatte er entgegen seinem Naturell eher ruhig auf der Bank gesessen ("wenn die Mannschaft derart verunsichert ist, dann muß ich von draußen Ruhe reinbringen. Dann nutzt es nichts, wenn ich am Rand einen Flickflack springe"). Er hatte seinen Spielern mehr Freizeit gegeben, hatte sie in ein Trainingslager gesteckt, hatte sie mit Samthandschuhen angefaßt, dann wieder die Peitsche hervorgeholt. Das Resultat war stets dasselbe gewesen: Erfolglosigkeit.

Statt um einen UEFA-Cup-Platz mitzuspielen, mußten die Fohlen zittern – ebenso wie Bernd Krauss, dem nach vier Jahren "Abnutzungserscheinungen" nachgesagt wurden. Auf dem Bökelberg gärte es. Vor allem die Verpflichtung von Stefan Effenberg – einst gefeiert – war längst zum millionenschweren Bumerang geworden. "Effes" Führungsrolle wurde vom umstrittenen Gladbacher Präsidium nicht gestützt, was die Autorität des eigentlich als sportliche Leitfigur geholten "Tigers" mächtig untergrub. Folge: Seit Wochen war "Effe" völlig außer Form. Die Fans der Borussia waren längst stocksauer. Beim Spiel in Bochum hatte es bereits wütende Pfiffe gegeben, und beim darauffolgenden Schicksalsspiel gegen Duisburg hatte die Nordkurve ihren Lieblingen beim Einlaufen sogar demonstrativ den Rücken zugewendet. Doch auch das half nichts: Mit 0:1 verloren die "Fohlen" gegen die Zebras, woraufhin in Mönchengladbach-Eicken der Ausnahmezustand ausgerufen werden mußte. Polizeischutz für Mannschaft, Trainer und Präsidium (vor allem Stefan Effenberg, Präsident Drygalski und Manager Rüssmann standen im Kreuzfeuer der Kritik) und ein demoralisierter Präsident Drygalski, der sich mit den Worten "Wir sind wieder in den Niederungen angelangt, die Borussia hinter sich zu haben glaubte", an die Ereignisse vier Jahre zuvor erinnerte, als es um die Person Jürgen Gelsdorf ebenfalls viel Aufregung gegeben hatte. Damals war Gelsdorf von sich aus gegangen – diesmal aber sollte der Trainer nicht dran glauben. "Am Samstag in München wird Bernd Krauss auf der Bank sitzen", versicherte jedenfalls Manager Rolf Rüssmann.

Bernd Krauss saß tatsächlich auf der Gladbacher Trainerbank – allerdings zum letzten Mal. Nach der erneuten Niederlage (abermals 0:1, und damit zum achten Mal in Folge auswärts kein Tor) war Schluß. Das "Wie" war allerdings atemberaubend. Während Stefan Effenberg nach dem Schlußpfiff noch äußerte "Ich hoffe nur, daß es mit Bernd Krauss ein gutes Ende nimmt", war längst alles klar. Am Samstagvormittag hatten Krauss und die Borussia "aufgrund einer gemeinsamen Entscheidung" und "unabhängig vom Spielausgang" den Vertrag aufgehoben. Entscheidend sei "die öffentliche Diskussion um meine Person gewesen", erklärte der Geschaßte, der also in München auf der Bank gesessen hatte, obwohl er eigentlich schon entlassen war.

Uli Maslo, 225

Verein:	FC St. Pauli
Vorgänger:	Josef Eichkorn
Erster Amtstag:	1. Juli 1994
Tabellenstand:	Platz 4 (Saison 1993/94, 2. Bundesliga)
Letzter Amtstag:	20. April 1997
Tabellenstand:	Platz 17
Amtszeit:	34 Monate
Nachfolger:	Klaus-Peter Nemet

Nach der 0:2-Pleite von Düsseldorf am 7. April schien Uli Maslos letzte Stunde bereits geschlagen zu haben. Am darauffolgenden Montag traf sich die St. Pauli-Führung um Präsident "Papa" Weisener zu einer Sitzung, auf der nach Ansicht von Insidern der Rauswurf Maslos beschlossen werden sollte. Doch Vizepräsident Christian Hinzpeter wiegelte ab: "Diese Sitzungen am Montag sind turnusgemäß. Aber wenn sich alle Welt mit unserer Trainerfrage beschäftigt, besprechen natürlich auch wir, wie wir die Dinge sehen." Trotz Platz 17 und einer ziemlich katastrophalen Rückrunde blieb man am Millerntor tatsächlich gelassen – zumindest scheinbar. "Kurzfristig hilft uns keine personelle Veränderung. Nur wenn man das Gefühl hat, es geht nichts mehr, muß man etwas machen", deutete Hinzpeter zwar an, daß man sehr wohl über eine Ablösung Maslos nachgedacht habe, es aber noch nicht soweit sei. "Es könnte aber auch so gewesen sein, daß es einfach niemanden gab, der anstelle des glücklosen Maslo auf der Kommandobrücke des FC noch für eine Wende sorgen könnte", vermutete der »kicker« indes eher handfeste Rekrutierungsprobleme bei den Braun-Weißen.

Maslo war nicht nur wegen der sportlichen Talfahrt umstritten. Vor allem bei den kritischen Fans der Hamburger kam der sich immer ein wenig nobel und "weltmännisch" gebende Coach nicht sonderlich gut an. Maslo hatte sich bereits diverse Fauxpas' geleistet, die man bei einem Verein wie dem FC St. Pauli besser unterlassen sollte. Im »Aktuellen Sportstudio« hatte er beispielsweise einmal voller Stolz auf seinen deutschen Personalausweis verwiesen, im Trainingslager im spanischen Chiclana hatte er sich wie ein "Herrenreiter" aufgeführt, mit dem beim Fanvolk beliebten Manager Jürgen Wähling hatte er sich einen Machtkampf geliefert, der mit der Trennung von Wähling endete, und mit diversen Akteuren (Pröpper, Springer) lag der Coach seit längerem im Clinch.

Am schlimmsten war allerdings die sportliche Talfahrt. Beim 1:2-Pokalaus in Cottbus hatten die Braun-Weißen einen sportlichen Offenbarungseid geleistet, der am 19. April im Freiburger Dreisamstadion jedoch noch getoppt wurde. 0:4 hieß es gegen den bereits feststehenden Absteiger Sportclub – woraufhin die mitgereisten Fans die Nase endgültig voll hatten. Nach dem Spiel organisierten sie einen Sitzstreik vor dem Mannschaftsbus, verlangten ein Gespräch mit der Mannschaft. Auch das Präsidium sah sich nun zum Handeln gezwungen: Montagmorgen wurde Uli Maslo entlassen. "Es gab keine andere Möglichkeit mehr", bekannte Präsident Weisener, der zuvor in einem Gespräch mit der Mannschaft "erhebliche Abweichungen in der Sympathie zu Maslo" ausgemacht hatte. Dabei war der Vertrag mit Maslo erst im Februar um ein Jahr verlängert worden...

Felix Magath, 226

Verein:	Hamburger SV
Vorgänger:	Benno Möhlmann
Erster Amtstag:	6. Oktober 1995
Tabellenstand:	Platz 17
Letzter Amtstag:	18. Mai 1997
Tabellenstand:	Platz 14
Amtszeit:	20 Monate
Nachfolger:	Ralf Schehr bzw. Frank Pagelsdorf

Drei Runden vor dem Ende der Saison 1996/97 ging beim HSV die Angst um. Mit 37 Zählern mußten die Rothosen noch mächtig um den Klassenerhalt zittern und hatten beim 0:5 in Leverkusen gerade erst einen neuerlichen Beweis ihres desolaten Zustands abgeliefert. Sportlich und intern ging der Traditionsklub am Stock. Auch die Übernahme des Präsidentenamtes durch Uwe Seeler hatte am Rothenbaum nicht für Ruhe sorgen können – im Gegenteil. Als **H**amburger **S**chluder-**V**erein hatte der »sport-informationsdienst« den Klub bezeichnet, Präsident Seeler als "Marionette", Manager Wehmeyer als "Leisetreter" und Trainer Magath als "Despot" charakterisiert. "Ratlos, hilflos, kopflos", lautete das ernüchternde Fazit der Agentur.

"Unglückliche Personalpolitik des Trainers, risikolose Transferpolitik des Präsidiums, keine Weiterentwicklung der Elf, Affären in der Führungsetage", so lautete der Vorwurfskanon, von dem auch Trainer Felix Magath betroffen war. Dessen Konfrontationen mit Jens Dowe, der Magath sogar Prügel angedroht hatte, Markus Schupp und Jörg Albertz hatten mächtig Wirbel ausgelöst und Magath als einen Menschen dargestellt, der seine Linie knallhart durchzieht. Selbst Präsident Seeler hatte "mehr Diplomatie" von seinem Chefcoach gefordert! Dennoch gab sich der einstige Nationalspieler gelassen. "Mein Stuhl mag wackeln. Ein Felix Magath wackelt nie", gab er in einem Interview gegenüber dem »kicker« zu Protokoll. Von den Vorschußlorbeeren, die Magath noch ein Jahr zuvor begleitet hatten, war jedoch nichts mehr zu sehen. Damals hatte der "Schleifer" die Rothosen in den UEFA-Cup geführt, wo der HSV nach guten Spielen gegen Celtic Glasgow und Spartak Moskau am AS Monaco gescheitert war.

Wenn Magaths Vorschuß nach dem 0:5 von Leverkusen schon aufgebraucht war, so geriet die persönliche Trainerbilanz nach dem anschließenden 0:4 daheim gegen Köln endgültig ins Minus. Ein katastrophaler Auftritt vergrätzte die 23.000 Zuschauer endgültig und vergrößerte die Abstiegsgefahr noch. Montagmorgen, 9 Uhr, wurde die Entscheidung verkündet. Magath mußte gehen. Eine Entscheidung, die in Spielerkreisen Erleichterung auslöste. "Er war beinhart, hat uns auf diese Weise auch in den UEFA-Cup geführt, aber auf Dauer ist das nicht durchzuhalten. Irgendwann ist der Akku leer, wir sind keine Maschinen, die auf Knopfdruck funktionieren", erläuterte Markus Schopp. Daß das Team gegen Köln womöglich absichtlich gegen Magath gespielt habe, wurde freilich dementiert. "Das sah vielleicht so aus, aber so etwas gibt's im Fußball nicht, auch nicht bei uns", bekannte Torhüter Golz. Nichtsdestotrotz mußten sich die Akteure erhebliche Zweifel an ihrer Berufsauffassung gefallen lassen. "Wir wollen Magath und ihr nicht", hatte es durch den Volkspark gehallt. Turbulente Tage am Hamburger Rothenbaum.

Hans-Jürgen Dörner, 227

Verein:	Werder Bremen
Vorgänger:	Aad de Mos
Erster Amtstag:	14. Januar 1996
Tabellenstand:	Platz 15
Letzter Amtstag:	20. August 1997
Tabellenstand:	Platz 18
Amtszeit:	20 Monate
Nachfolger:	Wolfgang Sidka

"Dixie Dörner: Der Dolchstoß" – ungewohnt martialisch überschrieb der »kicker« die Vorgänge, die im August 1997 zum Sturz von Werder-Coach Dörner führten. An der Weser war es hoch hergegangen – und zwar schon seit längerem. Offizieller Auslöser der Entlassung waren zwei Freundschaftsspiele auf der Kanareninsel Teneriffa, die der SV Werder mit 0:4 gegen CD Teneriffa und 0:8 gegen Atlético Madrid verloren hatte. "War das die erste Mannschaft oder waren es die Amateure?", hatte die Tageszeitung »El Deportivo« daraufhin gestichelt, während die Rundfunkkollegen vom Sender »Diario de Avisos de Tenerife« über einen "lächerlichen, chaotischen Werder-Haufen" gespottet hatten. Dörner war ratlos gewesen. Mit Hinweis auf die Reisestrapazen (achtstündige Anreise über Lissabon) hatte er die erste Pleite zu erklären versucht und für das Spiel gegen Madrid eine "deutliche Leistungssteigerung" angekündigt. Doch gegen die Madrilenen hatten ihn seine Akteure völlig im Stich gelassen. "Eine Steigerung war das 0:8 auf jeden Fall", stichelte Werders Vizepräsident Klaus-Dieter Fischer nach dem Debakel, mit dem sich die Grün-Weißen zur Lachnummer Europas machten.

Die beiden peinlichen Pleiten waren allerdings nur der Auslöser für den Rauswurf, denn "Dixie" hatte in Bremen von Beginn an einen schweren Stand gehabt. Als Nachfolger des ungeliebten Aad de Mos war er nur so lange wohlgelitten, wie der Erfolg dagewesen war. Knapp sechs Monate nach seinem Amtsantritt hatte das Aus im UI-Cup durch eine 1:3-Heimniederlage gegen den Linzer ASK erstmals Kritik an ihm aufkommen lassen. Vier Monate später hatte es nach fünf sieglosen Spielen in Folge erstmals Spekulationen um seine Person gegeben. Dennoch war sein Vertrag nur zwei Wochen später auf unbefristete Zeit verlängert worden. Im März des folgenden Jahres war das Trauerspiel weitergegangen. Werder verlor dreimal in Folge – und Dixie Dörner geriet erneut in die Kritik. Der Ex-DFB-Trainer und einstige Libero von Dynamo Dresden war freilich nicht ganz unbeteiligt. Häufig wirkte er überfordert mit dem Bundesligageschäft, zeigte sich dünnhäutig und "schwierig". Noch dazu leistete Dörner sich Anfang August 1997 einige wenig überlegte Aussagen, die ihm zum Verhängnis zu werden drohten. "Vor einem halben Jahr", so wurde Dörner zitiert, sei ihm seitens des Präsidiums signalisiert worden, "der Verein könne lediglich zwei Mio. Mark in Neueinkäufe investieren." Jetzt, da der Markt abgegrast sei, stünden laut Manager Lemke plötzlich sieben Mio. bereit, woraufhin sich der Trainer "auf den Arm genommen" fühlte. Dann kamen die Pleiten von Teneriffa, bei denen nach Ansicht von Beobachtern deutlich wurde, daß die Mannschaft gegen ihren Trainer sei. Kommentar des »kicker«: "Jetzt sind die Werder-Profis gefordert. Sie haben sich ihres Spielzeugs und ihres Alibis beraubt: ‚Dixie' ist weg!"

Peter Neururer, 228

Verein:	1. FC Köln
Vorgänger:	Stefan Engels
Erster Amtstag:	1. April 1996
Tabellenstand:	Platz 17
Letzter Amtstag:	30. September 1997
Tabellenstand:	Platz 17
Amtszeit:	18 Monate
Nachfolger:	Lorenz-Günter Köstner

Es war eine der atemberaubendsten Trainer-Achterbahnfahrten in der Bundesligage-schichte. Im Frühjahr 1996 hatte "Feuerwehrmann" Peter Neururer den sportlich völlig darniederliegenden 1. FC Köln von Stefan Engels übernommen und in neun noch aus-stehenden Spielen vor dem Abstieg gerettet. Eigentlich wäre Neururers Auftrag damit erledigt gewesen, denn für die Saison 1996/97 wollten die Geißböcke Christoph Daum zurückholen. Der aber sagte kurzfristig ab, woraufhin der von den Fans als "Retter" gefeierte Neururer einen Vertrag für ein weiteres Jahr unterschrieb – obwohl ihm lukra-tive Angebote aus Turin, Genua, Mallorca und von Trabzonspor vorlagen.

Nun sollte es bergauf gehen – und das tat es auch. Im Dezember 1996 belegte der FC Platz 7 – so gut war er schon lange nicht mehr gewesen. Und das, obwohl Bodo Illgner zwischenzeitlich für 4 Mio. Mark an Real Madrid verkauft worden war! Der Dank für soviel Erfolg war Neururer gewiß: Vorzeitige Vertragsverlängerung um ein Jahr. Anschlie-ßend wiesen die Zeichen jedoch nach unten, und im Frühjahr 1997 geriet Neururer nach neun sieglosen Spielen plötzlich unter Beschuß. Kölns Vorstand beschloß, sich nach einem neuen Coach umzusehen, scheiterte damit jedoch am wenig ergiebigen Markt, woraufhin Neururer im Amt blieb. Seine Autorität allerdings war nunmehr unter-graben, zumal der redegewandte Trainer sich zwischenzeitlich auch noch mit der orts-ansässigen Boulevardpresse angelegt hatte – in Köln immer eine gefährliche Sache.

Im Sommer 1997 ging die Achterbahnfahrt weiter. Während der Vorstand einen Platz im internationalen Wettbewerb als Saisonziel ausgab, sah es in puncto Neuzugänge mau aus. Keinen einzigen seiner Wunschspieler bekam Neururer, der mit seinem Team dennoch das Viertelfinale im UI-Cup erreichte. Doch intern war das Kapitel Neururer längst abgehakt, und als mit Carlheinz Rühl ein neuer Sportdirektor eingestellt wurde, gegen den Neururer zuvor im internen Kreis vehement votiert hatte, wurde klar, daß wohl nur noch der Zeitpunkt seines Rauswurfes offen war. Nach dem Pokal-k.o. in Ulm schien es soweit zu sein. Teile der Medien forderten unverblümt Neururers Entlassung, derweil der neue Sportdirektor Rühl öffentlich harte Kritik an dem Coach anbrachte. Noch aber blieb Neururer, den die Dauerdiskussion kalt ließ. "Das ist heute wohl der 14. Matchball gegen mich...", meinte er vor dem anschließenden Spiel beim HSV, bei dem er mal wieder auf der "Abschußliste" stand. Nach dem 0:1 bei Hertha BSC war dann endgültig Schluß. Wegen "unbefriedigender sportlicher Erfolge und wachsendem öffentlichen Druck" mußte Neururer gehen. Alsdann brach in Köln alles zusammen: Der Vorstand um Klaus Hartmann ging ebenfalls, Neururer-Nachfolger Köstner kämpfte vergeblich gegen den Abstieg und im Sommer 1998 fand sich der FC erstmals in der 2. Liga wieder.

Hannes Bongartz, 229

Verein:	Borussia Mönchengladbach
Vorgänger:	Bernd Krauss
Erster Amtstag:	19. Dezember 1996
Tabellenstand:	Platz 17
Letzter Amtstag:	29. November 1997
Tabellenstand:	Platz 16
Amtszeit:	12 Monate
Nachfolger:	Norbert Meier

Für Günter Netzer, das einstige Gladbacher Mittelfeldgenie, das inzwischen zu einem der schlauesten Köpfe im deutschen Fußball aufgestiegen war, war es unübersehbar: "Stefan Effenberg ist und bleibt Borussias größtes Problem. Seine mäßige Leistung macht ihn angreifbar; er muß seinen Führungsanspruch eigentlich Woche für Woche auf dem Platz untermauern, liefert statt dessen aber nur durchschnittliche oder schwankende Leistungen ab."

Eine Aussage, die von großer Bedeutung für Gladbachs Trainer Hannes Bongartz war. An Effenberg war schließlich auch schon sein Vorgänger Bernd Krauss gescheitert – und "Spargeltarzan" drohte nun ein ähnliches Schicksal. Dabei hatte es so gut angefangen. Als Bongartz rund ein Jahr zuvor die Borussia übernommen hatte, stand sie auf einem Abstiegsplatz. Bongartz führte das Team aus dem Tabellenkeller ins gesicherte Mittelfeld, verpaßte mit ihm jedoch das große Ziel "internationaler Wettbewerb"– nicht zuletzt wegen "mangelnder Einstellung" der Mannschaft, wie der »kicker« anmerkte. In der Spielzeit 1997/98 war dann von Beginn an alles schiefgegangen. Bongartz gelang es nicht, die Abwehr zu formieren, das Team enttäuschte ein ums andere Mal, und dann war da das Mittelfeldproblem – womit Stefan Effenberg ins Blickfeld rückt. Der "Tiger" war nur ein Schatten seiner selbst und statt einer Führungsperson ein Unsicherheitsfaktor. Logische Folge war der Rauswurf durch Trainer Bongartz. Den jedoch ließ sich "Effe" nicht gefallen, woraufhin die Situation eskalierte und in seiner vorübergehenden Suspendierung endete. Während Bongartz durch seine Maßnahme im Mannschaftskreis an Achtung gewann, wurde seine Autorität gleichzeitig durch Manager Rüssmann untergraben, der Stefan Effenberg regelmäßig daheim in dessen Schmollwinkel besuchte. Und auch die Fans hatten sich längst auf Bongartz eingeschossen, zumal der auch noch den ebenfalls formschwachen Publikumsliebling Kalle Pflipsen kaltgestellt hatte.

Am 29. November explodierte die brisante Mischung. Nach der 0:2-Heimpleite gegen Wolfsburg wollten erboste Fans den Bökelberg stürmen und Bongartz an den Kragen. Erst als Manager Rüssmann vor die Meute trat und verkündete, Bongartz sei soeben "freiwillig" zurückgetreten, beruhigte sich die Menge – und die Fans feierten mit der La-Ola-Welle weiter. "Die Situation hat sich so zugespitzt, das *dem Verein* nichts anderes übrigblieb", deutete Kalle Pflipsen unfreiwillig an, daß von einem „freiwilligen" Rücktritt Bongartz' wohl nicht die Rede sein konnte.

Kritiker sprachen derweil von "Arbeitsverweigerung" und warfen der Mannschaft eine große Mitverantwortung für die Misere vor. Gehen aber mußte der Trainer – wie so häufig.

Willi Reimann, 230

Verein:	VfL Wolfsburg
Vorgänger:	Gerd Roggensack
Erster Amtstag:	23. Oktober 1995
Tabellenstand:	Platz 16 (2. Bundesliga)
Letzter Amtstag:	17. März 1998
Tabellenstand:	Platz 13
Amtszeit:	30 Monate
Nachfolger:	Wolfgang Wolf

Lange Zeit hatte eitel Freude am Wolfsburger Elsterweg geherrscht. Wie prognostiziert waren die Wölfe mit ihrer akribischen und umsichtigen Arbeit ins Fußball-Oberhaus aufgestiegen, in dem sie sich überaus beachtlich schlugen: Platz 8 nach 17 Spieltagen und damit nach Überflieger Kaiserslautern der beste Aufsteiger – das konnte sich wahrlich sehen lassen. Doch in der Rückrunde war der Wurm drin. Sieben Spieltage später waren gerade einmal sechs Zähler zu den 23 Hinrundenpunkten hinzugekommen, und in Wolfsburg ging plötzlich die Abstiegsangst um. Trainer Reimann fühlte sich bestätigt. "Einige haben sich hier viel zu sicher gefühlt", hatte er ebenso regelmäßig wie vergeblich Konzentration und Bescheidenheit angemahnt.

Nach dem 0:2 auf eigenem Platz gegen Bochum, dem vierten sieglosen Heimspiel in Folge, eskalierte die Situation. Reimann registrierte Auflösungserscheinungen, rügte die Leistungsträger ("Die Verlierer des Spiels") und prangerte den vorherrschenden Egoismus an. "Nur gemeinsam können wir gerade als Aufsteiger bestehen." Bei seinen Akteuren stieß der stets etwas grimmige und verschlossene Coach damit auf wenig Zustimmung. Vor allem Roy Präger, in der Hinrunde noch gefeierter Torjäger und gegen Bochum einmal mehr völlig neben der Spur, echauffierte sich: "Was der Trainer sagt, interessiert mich nicht. Ich habe mir noch fünf, sechs Chancen erarbeitet. Außerdem haben wir noch zehn Spiele." War da was im Busche? Im nächsten Heimspiel gab es die nächste Klatsche: 1:2 gegen den ebenfalls abstiegsgefährdeten KSC – nun wurde es allmählich eng für den VfL, und auch Reimann geriet plötzlich in Bedrängnis. "Nur zwei Punkte aus den letzten Spielen, nur ein einziger aus vier Heimpartien – das ist nun einmal sportlicher Fakt. Wir müssen sehen, welche Vorstellungen unser Trainer für den weiteren Weg entwickelt", machte Manager Pander deutlich, daß der Trainer nicht mehr unumstritten war. Auch aus Spielerkreisen kam Kritik. Von "schlechtem Training" war zu hören, und dem "Schönreden indiskutabler Leistungen" durch Reimann. Der Betroffene wehrte sich und sah "Störenfriede im Umfeld": "Wir müssen nun Einigkeit zeigen, um die nächsten Wochen zu bestehen", erklärte er und zeigte sich guter Dinge, in naher Zukunft gemeinsam mit seinem Team den Karren aus dem Dreck zu ziehen.

Doch das durfte er nicht mehr. Einen Tag, nachdem VfL-Fußballboß Wolfgang Heitmann sich noch mit den Worten "Die Trainerfrage stellt sich für uns nicht. Wir halten zu Willi Reimann, zweifeln nicht an seiner fachlichen Kompetenz. Dieses ist keine Entscheidung für die nächsten sieben Tage, sondern für den Rest der Saison" geäußert hatte, war Reimann draußen. "Gegangen worden" – Wolfsburg traute ihm offenbar nicht mehr zu, das für den Abstiegskampf nötige Feuer entfachen zu können.

Winfried Schäfer, 231

Verein:	Karlsruher SC
Vorgänger:	Lothar Buchmann bzw. Rainer Ulrich
Erster Amtstag:	1. Juli 1986
Tabellenstand:	Platz 7 (Saison 1985/86, 2. Bundesliga)
Letzter Amtstag:	25. März 1998
Tabellenstand:	Platz 16
Amtszeit:	11 Jahre, 9 Monate
Nachfolger:	Jörg Berger

371 Bundesliga- und 38 Zweitligaspiele sind eine halbe Ewigkeit. Nahezu zwölf Jahre lang hatte Winfried "Winnie" Schäfer den KSC betreut. Hatte die Badener von einer biederen grauen Zweitliga-Maus in einen Europacup-tauglichen Spitzenklub verwandelt. Hatte mit dem 7:0 über Valencia Fußballgeschichte geschrieben, der Bundesliga mit Akteuren wie Sternkopf, Kreuzer, Kahn, Scholl, Tarnat, Fink usw. neue Stars beschert, den KSC zu einem "Namen" gemacht. Und jetzt mußte er gehen. Ein Vierteljahr ohne Heimsieg – das bricht sogar einem so festinstallierten Mann wie Winnie Schäfer das Genick. Nach dem 0:1 gegen den HSV am 21. März 1998 geschah das lange Zeit Unvorstellbare: Nach wochenlangen Treueschwüren, die auch nach dem HSV-Spiel noch einmal bestätigt wurden ("Der Beschluß des Präsidiums, mit Winnie Schäfer weiter zu machen, steht", so Geschäftsführer Fuchs unmittelbar nach dem Schlußpfiff), gab es einen schlichten Anruf von Präsident Schmider auf Schäfers Handy – und die einstige Erfolgsehe KSC/Schäfer war geschieden.

Wütende Proteste der Fans waren die Folge. Beim darauffolgenden Auswärtsspiel in München – bereits unter Leitung von Schäfer-Nachfolger Jörg Berger – gab es Sprechchöre und Transparente zugunsten des Geschaßten ("Winnie Schäfer ist der beste Mann") und wütende Proteste gegenüber Präsident Schmider ("Lieber mit Winnie in die 2. Liga, als mit Schmider in den UEFA-Cup"). Der befand sich zu jenem Zeitpunkt übrigens in Urlaub im Schwarzwald – ausgerechnet in der bittersten Stunde der jüngsten Vereinsgeschichte spannte der oberste Herr des KSC also aus. Geschäftsführer Fuchs kam somit die Aufgabe zu, Erklärungen nachzureichen. "Die Entscheidung war unumgänglich. Wenn der allgemeine Eindruck entsteht, nach der Saison geht es ohnehin nicht weiter, macht es keinen Sinn, aus Prinzip bis dahin mit Schäfer weiterzumachen." Bei allen Emotionen bliebe festzuhalten, daß ein Trainer, "der die alleinige sportliche Verantwortung derart für sich reklamiert wie Schäfer, diese dann auch tragen muß." Das war zwar nicht von der Hand zu weisen, doch ganz so einfach konnte man es sich dann doch nicht machen. Namentlich Präsident Schmider konnte keineswegs von sich behaupten, schuldlos an der sportlichen Talfahrt zu sein. Interne Querelen, Machtkämpfe – der KSC war auf dem Weg zu einem "ganz normalen Verein". Auf ein Happy-End wartete man folglich vergeblich. Für Schäfer kam Berger – und stieg mit dem KSC ab, Schäfer ging nach Stuttgart und scheiterte dort ebenso wie bei seiner nächsten Station Tennis Borussia Berlin, und der KSC machte sich auf den Weg in die Regionalliga.

Norbert Meier, 232

Verein:	Borussia Mönchengladbach
Vorgänger:	Hannes Bongartz
Erster Amtstag:	1. Dezember 1997
Tabellenstand:	Platz 16
Letzter Amtstag:	31. März 1998
Tabellenstand:	Platz 17
Amtszeit:	4 Monate
Nachfolger:	Friedel Rausch

"Auf jeden Fall streben wir keine Zwischenlösung an. Der neue Mann wird den Verein mindestens bis zum Saisonende trainieren", hatte Gladbachs Präsident Jacobs am 29. November 1997 erklärt. Gerade war Hannes Bongartz "freiwillig" zurückgetreten, war die Suche nach einem Nachfolger erfolgreich beendet worden. Statt großer Namen wie Neururer, Berger oder Schäfer hatte man sich auf Norbert Meier geeinigt, den Coach der Mönchengladbacher Amateure. Vier Monate später sah die Gladbacher Fußballwelt völlig anders aus. "Unser Auftritt im Münchner Olympiastadion war nicht nur eine Enttäuschung, er war eine Unverschämtheit. (...) Für mich ist diese Teilnahmslosigkeit, dieses mangelnde Engagement, das bei einigen Spielern teilweise an Arbeitsverweigerung grenzt, weder zu entschuldigen noch zu erklären. (...) Wir werden vor Konsequenzen nicht mehr zurückschrecken, egal wen es trifft", giftete Präsident Jacobs in der Stadionzeitung zum darauffolgenden Spiel gegen Bielefeld. Starker Tobak, der nach dem peinlichen 0:2 bei den Münchner Löwen zwar durchaus angebracht war, zugleich jedoch Öl ins seit Wochen lodernde Trainerfeuer auf dem Bökelberg goß. Zwar hatte Manager Rüssmann in München noch einmal betont, daß die Position des Trainers nicht in Frage stehe, glauben tat das jedoch schon längst keiner mehr.

Norbert Meier wurde zwar "große Fachkompetenz und glänzende Spielanalyse" attestiert, doch ausgezahlt hatte sich das bis dato noch nicht. Sportlich steckte die Borussia bis zum Hals im Abstiegskampf, taktisch hatte Meier zwar nach Aufgabe der Viererkette und Wiedereinführung des Liberos einen Erfolg verbuchen können, Punkte gesammelt hatten die Fohlen allerdings nur wenige: Zwei Siege in elf Spielen. Auch der noch immer schwelende Dauerstreit um Stefan Effenberg und Kalle Pflipsen war nicht spurlos an ihm vorbeigegangen – vor allem nicht an seiner Autorität. Viele meinten sogar, daß Meier nur dank Manager Rüssmanns Dauerunterstützung noch immer im Sattel sitzen würde. Rüssmann strebte zur neuen Saison eine "große Trainerlösung" an (Meier hatte bereits für den Amateurbereich unterzeichnet) und wollte solange an der "Billiglösung" festhalten.

Nach dem torlosen Unentschieden gegen die Bielefelder Arminia war Schluß, riß Jacobs das Zepter an sich und zog, wie angekündigt, Konsequenzen. Es traf, wie erwartet, den Trainer. "Norbert Meier war der richtige Mann zum richtigen Zeitpunkt. Aber er hatte es verdammt schwer. Schauen sie mal, in welchem Zustand Hannes Bongartz die Lizenzspielerabteilung übergeben hat! Die Mannschaft war leer im Kopf, er hat sie eingeschläfert", schob Jacobs Meiers Vorgänger die Schuld für Meiers Scheitern in die Schuhe. Daß die Probleme tiefer lagen, bekam auch Nachfolger Rausch zu spüren. 1998 konnte er die Fohlen noch vor dem Abstieg retten – 1999 war es dann soweit.

Joachim Löw, 233

Verein:	VfB Stuttgart
Vorgänger:	Rolf Fringer
Erster Amtstag:	14. August 1996
Tabellenstand:	Platz 10 (Saison 1995/96)
Letzter Amtstag:	20. Mai 1998
Tabellenstand:	Platz 4 (Saison 1997/98)
Amtszeit:	22 Monate
Nachfolger:	Winfried Schäfer

Wenige Minuten nach dem Europapokalfinale gegen Chelsea London trat Stuttgarts Coach Joachim "Jogi" Löw vor die laufenden Fernsehkameras und äußerte zum wiederholten Mal, daß für ihn die Frage nach seiner Zukunft beim VfB "kein Thema" sei. Löw war derartige Fragen gewohnt, denn schon seit seinem Amtsantritt im August 1996 war er umstritten – weniger bei Fans und Spielern, als vielmehr auf der VfB-Führungsetage und dort insbesondere beim übermächtigen Präsidenten Mayer-Vorfelder. Für "MV" war das Schicksal Löws längst besiegelt: "Der muß weg", hatte es immer wieder geheißen – allerdings nur hinter vorgehaltener Hand. Kein Wunder, daß MV der Abschuß seines beliebten Trainers schwer fiel: Löw hatte nämlich Erfolg. 1997 Pokalsieger, ein Jahr später schnurstracks Richtung Europapokalfinale, dazu zweimal die Qualifikation für den UEFA-Cup geschafft – wie soll man so einen Mann ohne Gesichtsverlust entlassen können? Nach der Winterpause 97/98 hatte MV seine Chance schon kommen sehen. Der VfB verlor ein paar Mal, rutschte in der Tabelle ab, sorgte für Wirbel durch interne Grüppchenbildung. "Jetzt geht er", dachten alle, doch er ging nicht. Die Schwaben schafften die sportliche Trendwende, zogen ins Europapokalfinale ein, und Löw blieb.

MV ließ nicht locker. Kritisierte seinen Trainer, wann und wo immer er konnte, bereitete dadurch allmählich den Boden, um die angestrebte Ablösung besser verkaufen zu können. Auch einen Nachfolger hatte er längst parat: Winni Schäfer, zuvor beim KSC entlassener und bei den VfB-Fans verhaßter Symbolträger des Karlsruher Aufschwungs. Für MV stand die Sache längst fest. Schon einmal – bei Löws Vorgänger Fringer – hatte er sich umstimmen und von einer vorzeitigen Trennung abbringen lassen. Diesmal sollte ihm das nicht geschehen. Auch die massiven Fanproteste beim letzten Saisonspiel gegen Bremen konnten ihn nicht mehr erweichen. "Löw ist o.k., MV zum KSC" hatten erboste VfB-Fans auf ihre Transparente gemalt.

Vergeblich. Nach der 0:1-Endspielniederlage gegen Chelsea wurde Jogi Löw endgültig zum Verlierer. MV, der Löw vorwarf, daß die Mannschaft in zerstrittene Grüppchen zerfallen sei, er bei der Integration der Neuzugänge versagt- und es zudem einen sportlichen Rückschritt gegeben habe (nach dem Abgang von Elber freilich nicht überraschend), zog die Notbremse und kündigte den noch bis 1999 laufenden Vertrag. Der Gefeuerte gab sich diplomatisch: "Ich habe eine wunderbare Zeit in Stuttgart gehabt. Am Ende waren MV und ich aber unterschiedlicher Auffassung beim Thema Erfolg." Die Spieler hingegen waren erschüttert über die Entwicklung – allerdings wohl vornehmlich, weil nun Winni Schäfer kam. Unter dem, so munkelte man, würde sich der "Wind kräftig drehen", seien "Erbhöfe in Gefahr".

Nevio Scala, 234

Verein:	Borussia Dortmund
Vorgänger:	Ottmar Hitzfeld
Erster Amtstag:	1. Juli 1997
Tabellenstand:	Platz 3 (Saison 1996/97)
Letzter Amtstag:	30. Juni 1998
Tabellenstand:	Platz 10 (Saison 1997/98)
Amtszeit:	12 Monate
Nachfolger:	Michael Skibbe

"Nächsten Montag", verkündete Nevio Scala drei Tage vor dem letzten Saisonspieltag des BVB bei Bayern München, "beginnt die Zukunft". Ob die allerdings mit oder ohne Scala beginnen würde, darüber waren sich die Experten höchst uneins. Auf der einen Seite hatte Scala mit dem BVB den Weltpokal gewonnen, auf der anderen Seiten waren die Schwarz-Gelben im Jahr 1 nach Ottmar Hitzfeld ins trübe Mittelmaß der Bundesliga abgerutscht. Nevio Scala wurde dafür von einigen Seiten zumindest die Mitverantwortung in die Schuhe geschoben. Sein auf Sicherheit beruhendes Spielsystem mit nur einer Spitze, seine kargen öffentlichen Äußerungen zu den sportlichen und taktischen Belangen und der krasse Unterschied zwischen Scalas Philosophie vom Fußball und der seines Vorgängers Ottmar Hitzfeld, der den Erfolgskader sechs Jahre lang geprägt hatte, hatten für reichlich Diskussionsstoff gesorgt. Schon am dritten Spieltag war das Gerangel um Scalas Kopf losgegangen. 0:1 hatten die Borussen bei Schalke 04 verloren – ein böses Vergehen für die Fans aus der Bierstadt. Nach neun Spielen war die Borussia sogar auf einen Abstiegsrang abgerutscht, und spätestens nach dem Pokal-Aus in Trier war im Westfalenstadion das Chaos ausgebrochen. Die Ursachen lagen jedoch tiefer als nur in der Trainerfrage. Die Akteure des BVB waren nach zwei Meisterschaften, einem Champions-League-Sieg und dem Gewinn des Weltpokals schlichtweg "satt", die Dortmunder Personalpolitik gelinde gesagt "umstritten", und die Fans erzürnten sich zunehmend an der der westfälischen Mentalität geradezu konträren Sicherheits-taktik Scalas. Nur die Erfolge in der Champions League ließen die Trainerdiskussion nicht vollends aufkochen: In der "Königsklasse" kam erst im Halbfinale gegen Real Madrid das Aus.

Auf der Führungsetage war man ohnehin mit anderen Dingen beschäftigt. An die Börse wollte man, wozu natürlich Erfolg vonnöten war. Davon war auf dem grünen Rasen zumindest im letzten Saisondrittel nichts mehr zu sehen. Ausgebrannt, müde und lustlos wirkte das Starensemble, und spätestens, als der auf den Posten der "Sportlichen Direktors" abgeschobene Hitzfeld seinen Abschied ausgerechnet zu Bayern München verkündete, geriet die heile BVB-Welt vollends aus den Fugen. Auch Scala kam nun in Bedrängnis. "Wir sind nur fünf Punkte von einem Abstiegsplatz entfernt, aber 25 vom Meister. Das spricht eine deutliche Sprache", erklärte Präsident Dr. Niebaum nach dem 0:4 im Abschlußspiel in München und weigerte sich, ein klares Bekenntnis zu Trainer Scala abzuliefern. Vier Tage später war es soweit. "In einem Gespräch mit Dr. Niebaum und Manager Meier mußte ich feststellen, daß wir in zu vielen Punkten anderer Meinung sind, deshalb habe ich vorgeschlagen, mich aus meinem Vertrag zu entlassen", begründete der Italiener seine Bitte um vorzeitige Vertragsauflösung.

Felix Magath, 235

Verein:	1. FC Nürnberg
Vorgänger:	Willi Entenmann
Erster Amtstag:	8. September 1997
Tabellenstand:	Platz 18 (2. Bundesliga)
Letzter Amtstag:	17. Juli 1998
Tabellenstand:	Platz 3 (2. Bundesliga)
Amtszeit:	10 Monate
Nachfolger:	Willi Reimann

Auch in ihrem 36. Jahr erlebte die Bundesliga noch immer Dinge, die es noch nie gegeben hatte. Daß ein Trainer vor dem 1. Spieltag freiwillig seinen Hut nimmt beispielsweise war ein absolutes Novum. Der Mann, der dies am 17. Juli 1998 tat, war ein Mann, der sich in seiner Trainerlaufbahn den Ruf eines "Diktators" erworben hatte: Felix Magath. Zuvor hatte er Bemerkenswertes geleistet. Im September 1997 hatte er den nach einer 1:4-Niederlage in Frankfurt auf den letzten Platz zurückgefallenen 1. FC Nürnberg übernommen und binnen weniger Wochen an die Tabellenspitze der 2. Liga geführt. Am Ende der Saison war der FCN sogar ins Oberhaus aufgestiegen – als Aufsteiger aus der Reginalliga natürlich eine Riesensensation. Nürnberg war happy, feierte "Diktator" Magath und plante für die Bundesligazukunft. Dann kam der 17. Juli 1998, an dem Magath seine ganz persönliche Bombe zündete. "Ich wollte einen Zweijahresvertrag unterschreiben, um in Ruhe beim Club arbeiten zu können. Doch statt des von den Anwälten ausgehandelten Vertrages sollte ich plötzlich nur noch einen Einjahresvertrag bekommen. Das ist doch hier alles unprofessionell bis zum Gehtnichtmehr", tobte er in einem Interview mit dem »kicker«. Gerade hatten sich der FCN und Magath getrennt, wobei über das "Wie" verschiedene Versionen kursierten. Während der FCN davon sprach, daß Magath seinen angeblich bis 1999 laufenden Kontrakt gekündigt habe, ging Magath davon aus, daß er das Vertragsangebot nicht angenommen habe und sein Vertrag mit dem Aufstieg ausgelaufen sei. Fakt war jedenfalls, daß der FCN knapp vier Wochen vor Beginn der Saison ohne Trainer dastand! Wenngleich Magaths Abgang überraschend kam, hatte es genügend Anzeichen gegeben, die auf eine derart spektakuläre Entwicklung hindeuteten. Die Ereignisse im Zeitraffer: April/Mai: Magath kündigt seinen Rücktritt an, will in Dortmund die Nachfolge von Nevio Scala antreten. FCN-Boß Roth fordert ein klares Bekenntnis zum Club, was Magath erzürnt: Während sich in Nürnberg die Gräben öffnen, holt Dortmund Nachwuchsmann Skibbe. 9. Juni: Beim Empfang der Stadt Nürnberg verkündet FCN-Präsident Roth vor rund 5.000 jubelnden Fans, daß er und Felix Magath sich per Handschlag über eine weitere Zusammenarbeit bis zum Juni 2000 geeinigt hätten. 8. Juli: Beim offiziellen Trainingsauftakt sorgt Magath für einen Eklat. Statt sich den 1.500 Fans zu stellen, verschwindet er zum Laufen in den Wald. 9. Juli: Magath erklärt im »kicker«, daß er vertragslos sei und seinen neuen Vertrag noch nicht unterschrieben habe. Zudem äußert er deutliche Kritik an der Qualität des Kaders sowie der Transferpolitik des Clubs. 17. Juli: Präsident Roth unterbreitet Magath einen Einjahresvertrag, den der Trainer ablehnt. Am gleichen Abend teilt Magath dem FCN mit, daß keine Vertrauensbasis mehr da sei und er gehen würde. 18. Juli: Die Trennung ist perfekt.

Wolfgang Sidka, 236

Verein:	Werder Bremen
Vorgänger:	Hans-Jürgen Dörner
Erster Amtstag:	21. August 1997
Tabellenstand:	Platz 18
Letzter Amtstag:	22. Oktober 1998
Tabellenstand:	Platz 18
Amtszeit:	14 Monate
Nachfolger:	Felix Magath

In der Bundesliga auf dem letzten Tabellenplatz, im Europapokal ein 1:1 gegen Olympique Marseille – bei Werder Bremen gab es im Oktober 1998 mal wieder ein Wechselbad der Gefühle. Noch dazu herrschte an der Weser seit dem Abgang von Otto Rehhagel Trainerchaos. Aad de Mos, "Dixie" Dörner, Wolfgang Sidka – keiner war mit dem langen Schatten Rehhagels klargekommen. Versuchskandidat Nummer 3 nach "König Otto" war Wolfgang Sidka, dessen Amtsantritt im August 1997 noch nahezu perfekt verlaufen war. Fünf Spiele nach der Übernahme der Trainingsleitung von "Dixie" Dörner hatte er mit Werder die Tabellenführung erklommen und war zum Dank von der Werder-Führung vom "Interims"- zum Cheftrainer befördert worden. Anschließend hatte Sidka die Grün-Weißen in den UEFA-Cup geführt und vor einer glänzenden Zukunft gestanden.

Ein Jahr später sah die Angelegenheit komplett anders aus. Nach der dritten Heimniederlage der Saison (2:3 gegen Freiburg) zierte der SV Werder nach acht Spieltagen den letzten Tabellenplatz, und Wolfgang Sidka mußte sich "Sidka raus"-Rufe gefallen lassen. Hinter vorgehaltener Hand wurde bereits Felix Magath als möglicher Nachfolger gehandelt, derweil das Werder-Präsidium Sidka eher halbherzig den Rücken stärkte. "Wir haben entschieden, daß wir das UEFA-Cup-Spiel gegen Marseille noch abwarten. Danach werden wir uns am Mittwoch oder Donnerstag zusammensetzen und die Situation in der Bundesliga diskutieren. Danach müssen gegebenenfalls auch die richtigen Schlüsse gezogen werden." Im Klartext hieß das wohl: Wenn Sidka gegen Marseille nicht gewinnt, fliegt er. Kein allzu netter Umgang. Sidka wurden vor allem Defizite in den Bereichen Taktik, Einstellung und Spielvorbereitung vorgeworfen. Gegen Freiburg hatte er gleich sechs Offensivspezialisten aufgeboten – und Raphael Wicky als einzigen Defensivmann in Werders Mittelfeld damit völlig überfordert. Folge: Der Sport-Club hatte zur Halbzeit mit 3:1 in Führung gelegen. Es war nicht das erste Mal, daß Sidkas Taktik Anlaß zu Kritik gegeben hatte. Experimente mit Stürmer Flo als Verteidiger oder erwähntem Wicky auf der Außenbahn waren bereits gescheitert, der von Sidka vehement geforderte Brasilianer Ailton versauerte auf der Bank und die Mannschaft präsentierte sich völlig verunsichert. "Fast alle in der Mannschaft bringen nur 70 Prozent ihres Leistungsvermögens", schimpfte Kapitän Andy Herzog. So kam, was kommen mußte. Werder spielte gegen Marseille nur unentschieden, und tags darauf mußte Wolfgang Sidka gehen. Nachfolger war Felix Magath, dessen Zeit in Bremen freilich ebenfalls begrenzt sein sollte. Und auch Wolfgang Sidka blieb das Pech treu. Im Sommer 1999 heuerte er bei Regionalligist Osnabrück an, verpaßte den Sprung in Liga 2 und wurde im Frühjahr 2000 nach einem Spielervotum entlassen.

Friedel Rausch, 237

Verein:	Borussia Mönchengladbach
Vorgänger:	Norbert Meier
Erster Amtstag:	1. April 1998
Tabellenstand:	Platz 17
Letzter Amtstag:	10. November 1998
Tabellenstand:	Platz 18
Amtszeit:	7 Monate
Nachfolger:	Rainer Bonhof

"Geheuert, gefeiert, gefeuert", heißt der Titel des vorliegenden Buches. Ein Slogan, der auf Friedel Rausch wie die Faust aufs Auge paßt. Geheuert wurde Rausch im April 1998, um den unter Hannes Bongartz und Norbert Meier mächtig festgefahrenen Gladbacher Karren aus dem Abstiegssumpf zu ziehen. Gefeiert wurde er nach dem letzten Spieltag der Saison 1997/98, als er die eigentlich schon abgestiegenen Fohlen durch einen Sieg in Wolfsburg tatsächlich im Oberhaus hielt. Gefeuert wurde er, als es ausgerechnet in Wolfsburg zum zweiten Mal innerhalb weniger Tage ein Debakel gab: Nach dem 2:8 daheim gegen Titelaspirant Leverkusen ein 1:7 beim Vorjahresaufsteiger VfL.

"Sprachlos, hilflos – Job los!", überschrieb der »kicker« tags darauf seine Aufmacherseite – obwohl Rausch zu jenem Zeitpunkt noch gar nicht entlassen war. Das Fachblatt wußte jedoch, was kommen würde: Rauschs Rauswurf. Auf dem Gladbacher Bökelberg brannte nämlich die Luft. Das ehrgeizige Stadionprojekt drohte zu scheitern, die Borussia hatte den tiefsten Stand ihrer sportlichen Leistungsfähigkeit erreicht und intern war man völlig zerstritten. Mehr noch als Trainer Rausch wurde allerdings Manager Rüssmann die Schuld für die Misere in die Schuhe geschoben. Ihm wurden vor allem die bösen Flops bei den Trainerverpflichtungen angekreidet – Bongartz und Meier hatten sich nicht bewährt –, derweil Friedel Rausch vorgehalten wurde, die Mannschaft nicht an ihr Leistungslimit gebracht zu haben und zudem Disziplinlosigkeiten zu tolerieren. "Hier macht jeder, was er will", wurde ein unbekannter Spieler zitiert – und genauso sah dann das aus, was die Borussen auf dem Spielfeld boten: Chaos.

"Ergebnis: Die Gladbacher Elf hinkt der Konkurrenz bei Taktik und Spielintelligenz meilenweit hinterher", resümierte der »kicker« und kritisierte Rauschs gebetsmühlenartig wiederholte und recht untaugliche Aufrufe an seine Akteure, sich "mannhaft" zu zeigen. Das Debakel von Wolfsburg wurde zu Rauschs ganz persönlichem sportlichen Offenbarungseid. Regungslos verfolgte er das Geschehen auf dem grünen Rasen, sah erschüttert zu, wie sich seine Mannschaft nach allen Regeln der Kunst von einer durchschnittlichen Bundesligamannschaft auseinandernehmen ließ. "Der Coach verurteilt, machtlos mit ansehen zu müssen, wie ihn eine Mannschaft bestraft, die später bei der Analyse genauso hilflos agierte wie zuvor", schrieb der »kicker« und zitierte Toni Polster mit den Worten: "Wir müssen die Fehler minimieren, sonst sind wir im Dezember schon abgestiegen. Egal mit welchem Trainer." In der Tat: Die Talfahrt hielt auch unter Nachfolger Bonhof an. Während die Fohlen unbeirrbar Richtung 2. Liga marschierten, heuerte Rausch wenig später in Nürnberg an – mit denen er sein altes Team ins Unterhaus begleiten sollte. Die Saison 98/99 war keine schöne für Gladbach und Friedel Rausch.

Willi Reimann, 238

Verein:	1. FC Nürnberg
Vorgänger:	Felix Magath
Erster Amtstag:	23. Juli 1998
Tabellenstand:	Platz 3 (1997/98, 2. Bundesliga)
Letzter Amtstag:	2. Dezember 1998
Tabellenstand:	Platz 15
Amtszeit:	4 ½ Monate
Nachfolger:	T. Brunner bzw. Friedel Rausch

Es war eine ziemlich emotionale Angelegenheit. Mit Tränen in den Augen und stok-
kender Stimme verlas Nürnbergs allgewaltiger Präsident Michael A. Roth am 2. Dezember 1998 eine Erklärung, die ihm sichtlich schwerfiel. "Leider mußten wir zur Kenntnis nehmen, daß unser Trainer uns verläßt." Zu weiteren Erklärungen war der eigentlich
als "knallhart" bekannte Roth nicht in der Lage. Statt dessen übernahm der ganz in
Schwarz gekleidete Willi Reimann das Mikrophon und verkündete die Gründe für seine
sofortige Kündigung: "Ich bin mit dem heutigen Tage mit dem Wunsch an den Präsidenten herangetreten, meinen Vertrag aufzulösen, da meine Frau schwer erkrankt ist. Sie
braucht meine Unterstützung und Betreuung. Meinem Anliegen wurde entsprochen.
Mein Schritt ist mir natürlich besonders schwer gefallen, aber gerade jetzt in dieser
schwierigen Situation braucht der Verein einen Trainer, der mit ganzer Kraft und unbe-
lastet von privaten Problemen bei der Sache ist. Aber die Genesung meiner Frau ist
nicht absehbar." Noch am selben Nachmittag verabschiedete sich der 48jährige von
seinen Spielern und verschwand Richtung Heimatstadt Hamburg. Ein emotionaler Akt,
den die Bundesliga lange nicht erlebt hatte, und der für einen kurzen Moment die Frage
nach der Wichtigkeit des ganzen Fußball-Business aufwarf. Selbstverständlich fand Reimann auf allen Ebenen Verständnis für seine Entscheidung. "So etwas hat absoluten
Vorrang", erklärte beispielsweise Helmut Rahner für die Mannschaft, denn "das geht
vor, erst dann kommt irgendwann der Sport." Allerdings: Angesichts der tragischen
Umstände wagte sich niemand an die Frage, was wohl mit Reimann sonst passiert wäre.
Das Tohuwabohu beim FCN, das spätestens seit der umstrittenen Trennung von Felix
Magath vor dem ersten Saisonspiel sein Unwesen trieb, hatte nämlich auch an seiner
Weste schon Flecken hinterlassen. Platz 15 nach 15 Spielen war zwar für einen Aufsteiger nicht schlecht – für die ehrgeizigen Nürnberger jedoch nicht gut genug. Und was
wohl mit Reimann passieren würde, wenn der FCN das anstehende Schicksalsspiel
gegen den Tabellensiebzehnten aus Rostock verlieren würde, daran dachte nun natürlich auch niemand mehr.

Nach Reimanns freiwilligem Rückzug übernahm zunächst Assistent Thomas Brunner
"für die verbleibenden drei Spiele in diesem Jahr" das Training, ehe am 21. Dezember
1998 der fünf Wochen zuvor in Mönchengladbach gescheiterte Friedel Rausch die Führung übernahm. Unter Rausch preschte der Club zunächst aus dem Abstiegsstrudel heraus – um ausgerechnet am letzten Spieltag daheim gegen den SC Freiburg kraß zu
versagen und doch noch den bitteren Gang in die Zweitklassigkeit antreten zu müssen.

Bleibt noch eine traurige Chronistenpflicht: Im Frühjahr 2000 mußte Willi Reimann,
der am 1. Februar 1999 beim FC St. Pauli anheuerte, den Tod seiner Frau hinnehmen.

Winfried Schäfer, 239

Verein: VfB Stuttgart
Vorgänger: Joachim Löw
Erster Amtstag: 1. Juli 1998
Tabellenstand: Platz 4 (Saison 1997/98)
Letzter Amtstag: 4. Dezember 1998
Tabellenstand: Platz 10
Amtszeit: 5 Monate
Nachfolger: Rainer Adrion

"Du hast keine Chance, also nutze sie", hätten sie im Juli 1998 an die Wände des Gottlieb-Daimler-Stadions sprühen können. Ausgerechnet Winnie Schäfer, der den verhaßten Nachbarn aus Karlsruhe zu Glanz und Gloria geführt hatte, hatte VfB-Präsident Mayer-Vorfelder sich als Nachfolger für den ebenso beliebten wie erfolgreichen Joachim Löw ausgeguckt!

Das konnte nicht gut gehen. Schäfer stand vom ersten Tag an vor einer Wand der Ablehnung, die mit den einhergehenden sportlichen Mißerfolgen immer höher und unüberwindlicher wurde. Für die Fans war der "rote Winnie" vom ersten Vorbereitungsspiel an ein rotes Tuch, dessen Ablösung sie Woche für Woche vehementer verlangten, und für die mächtigen VfB-Stars Balakov, Bobic, Berthold und Verlaat war Schäfer der ideale Sündenbock und Blitzableiter für eigene leistungsmäßige Unzulänglichkeiten. Die Situation eskalierte, als der VfB am 28. November mit 0:2 in Freiburg verlor und die hochbezahlten Akteure zum wiederholten Mal durch unsäglich geringen Einsatzwillen auffielen. Zornig bezeichnete VfB-Präsident Mayer-Vorfelder das Team anschließend als "untrainierbar" und fragte sich, was man einem Trainer "zumuten" könne: Winnie wackelte offensichtlich auch bei seinem letzten großen Fürsprecher – und bald darauf überschlugen sich dann auch die Ereignisse im Gottlieb-Daimler-Stadion.

Zwei Tage später kamen Gerüchte von einer Abstimmung auf, bei der sich die Mannschaft mit 25:0 gegen Schäfer entschieden habe, während Ex-Nationalspieler Berthold mit "entweder man trennt sich von fünf oder sechs Spielern oder der Trainer muß gehen" zitiert wurde. Berthold: "Der Verein hat doch gar keine andere Chance mehr. Wenn Schäfer Samstag noch Trainer ist, muß er von einer ganzen Armee geschützt werden". Militärischen Beistand brauchten die Schwaben dann zum Glück nicht, denn als sie am Mittwoch vor dem angesprochenen "heißen" Samstag mit 0:3 im Pokalspiel beim FC Bayern unterlagen, erklärte Winnie Schäfer höchstselbst seinen Rücktritt.

Unter Interimscoach Wolfgang Rolff gelang alsdann ein 3:1 gegen den HSV, woraufhin ein sichtlich genervter Mayer-Vorfelder zu Protokoll gab, die "Vergangenheit nun ruhen zu lassen" und sich "auf die Zukunft zu konzentrieren".

Horst Ehrmantraut, 240

Verein:	Eintracht Frankfurt
Vorgänger:	Dragoslav Stepanovic
Erster Amtstag:	19. Dezember 1996
Tabellenstand:	Platz 15 (2. Bundesliga)
Letzter Amtstag:	8. Dezember 1998
Tabellenstand:	Platz 14
Amtszeit:	24 Monate
Nachfolger:	Reinhold Fanz

War es nun ein Abschuß auf Raten, oder doch eher eine Provinzposse in der Metropole Frankfurt? Am 6. Dezember 1998 bezeichnete Präsident Heller Horst Ehrmantraut im HR-Fernsehen noch als "absoluten Glücksfall", um ihn nur drei Tage später mit sofortiger Wirkung von seinen Aufgaben zu entbinden. Ehrmantrauts Entlassung war eine Demontage, wie sie die Bundesliga lange nicht mehr erlebt hatte, und deren Begründung nach Ansicht der »FR« den "Herren in der Chefetage schwer fallen (wird), sofern sie sich überhaupt die Mühe machen, objektive Gründe zu suchen". Ein kurzer Blick zurück: Als Ehrmantraut im Dezember 1996 nach einigen erfolgreichen Jahren beim SV Meppen nach Frankfurt kam, fand er einen desolaten Verein und eine marode Mannschaft vor, die kurz vor dem Durchmarsch in die Regionalliga stand. 1½ Jahre später feierten die Frankfurter den Wiederaufstieg in die Bundesliga und standen finanziell so gut da, wie lange nicht mehr. Eine beeindruckende Entwicklung, an der Ehrmantraut erheblichen Anteil hatte. Mit in Frankfurt nie erlebter Perfektion hatte er an dem mehr oder weniger namenlosen Aufstiegsteam gefeilt und den Erfolg mit Fleiß, Ausdauer und enormer Willenskraft nahezu erzwungen. Ehrmantraut wurde gefeiert, geherzt und bewundert. Doch der mitunter etwas knorrig wirkende Mann aus dem schönen (und vielsagenden) saarländischen Örtchen Einöd war in der Weltstadt Frankfurt nur so lange wohlgelitten, wie der Erfolg da war. Kaum im Oberhaus zurück (und, wie angesichts des Kaders nicht anders zu erwarten war, im Tabellenkeller), rieben sich die versnobten Frankfurter am fußballverrückten Einzelgänger. Als die Eintracht schließlich mit Gernot Rohr einen "Weltmann" als Technischen Direktor installierte, war das Ende besiegelt. Schon nach wenigen Tagen gerieten Rohr und Ehrmantraut erstmals aneinander und beharkten sich bald regelmäßig – mitunter auch vor laufenden Kameras. Parallel dazu setzte sich die sportliche Talfahrt fort. Ende November schien der Trainer bereits geschasst, als ein Krisengespräch (und Siege über Bayern und Freiburg) noch einmal Entwarnung brachten. Doch es war nur ein Aufschub des Unvermeidlichen. Nach der 0:2-Heimpleite gegen Schalke – der dritten Niederlage in Folge - hatten die Ehrmantraut-Kritiker erneut Oberwasser gewonnen. Auf einer routinemäßigen Präsidiumssitzung, bei der man eigentlich über die 100-Jahr-Feier sprechen wollte, wurde Ehrmantraut schließlich entlassen. Was folgte, waren bittere Proteste der Eintracht-Fans, die weiterhin hinter "ihrem" Horst standen, ein monatelanges internes Tohuwabohu, dem neben Ehrmantraut-Nachfolger Fanz auch Gernot Rohr zum Opfer fiel und ein Happy-End, als Feuerwehrmann Jörg Berger den stolzen Adler in buchstäblich letzter Sekunde vor dem erneuten Absturz bewahrte.

Ewald Lienen, 241

Verein:	Hansa Rostock
Vorgänger:	Frank Pagelsdorf
Erster Amtstag:	1. Juli 1997
Tabellenstand:	Platz 15 (Saison 1996/97)
Letzter Amtstag:	7. März 1999
Tabellenstand:	Platz 17
Amtszeit:	21 Monate
Nachfolger:	Andreas Zachhuber

Ein 1:4 beim unmittelbaren Abstiegskonkurrenten MSV Duisburg war zuviel. Seit neun Spielen war Hansa Rostock nun schon sieglos, und die Schwächen, die die Lienen-Schützlinge im Duisburger Wedaustadion insbesondere im Abwehrbereich gezeigt hatten, waren erneut erschreckend gewesen.

Ähnlich dachte man auch in der Rostocker Führungsetage: "Wir sind ganz einfach zu der Auffassung gelangt, daß mit Ewald Lienen nicht mehr die Motivation für die Mannschaft gegeben ist, erfolgreich dem Abstieg zu widerstehen", gab Hansa-Vorsitzender Rehberg einen Tag nach der Pleite von Duisburg vor laufenden Kameras bekannt und präsentierte sogleich den Lienen-Nachfolger: Andreas Zachhuber, ehemaliger DDR-Oberligaspieler und seit einigen Jahren Assistenztrainer bei den Ostseestädtern.

Lienen war indes verbittert und warf der Hansa-Führung fehlende Loyalität vor, was diese brüsk zurückwies. "Kaum ein Trainer in der Bundesliga hat solche Freiräume wie Ewald Lienen gehabt", eiferte sich Rehberg, vergaß aber zu erwähnen, daß Lienen ständig mit dem Verkauf von Leistungsträgern hatte leben müssen. Nach Platz 6 in der Saison 1996/97 hatte der von der spanischen Ferieninsel Teneriffa an die Ostsee gekommene Zettelfanatiker mit Jonathan Akpoborie, Hofschneider, Beinlich und Ziemer bereits vier Stammkräfte der zuvor von Frank Pagelsdorf trainierten Elf ziehen lassen müssen, denen 1998 mit Barbarez, Micevski und Baumgart drei weitere gefolgt waren; dazu kam Igor Pamic, Rostocks treffsicherer Stürmer, der wegen seiner unzähligen Eskapaden im Saisonverlauf 98/99 rausflog. Das verbliebene Spielermaterial hatte nicht mehr viel Substanz, und die damit einhergehende sportliche Talfahrt kostete Lienen schließlich den Kopf.

Nachfolger Zachhuber machte es besser: Er holte aus der Mannschaft ungeahnte Reserven, schweißte sie zu einem Team zusammen und feierte am letzten Spieltag mit einem Sieg bei Absteiger Bochum den Klassenerhalt. Doch auch Ewald Lienen hatte schon bald eine neue Aufgabe, auf die er sich freuen konnte: Im Sommer 1999 trat er in Köln-Müngersdorf die Nachfolge von Bernd Schuster an. Ziel: Die Geißböcke möglichst rasch wieder in die Bundesliga zurückbringen.

Reinhold Fanz, 242

Verein:	Eintracht Frankfurt
Vorgänger:	Horst Ehrmantraut
Erster Amtstag:	22. Dezember 1998
Tabellenstand:	Platz 15
Letzter Amtstag:	18. April 1999
Tabellenstand:	Platz 17
Amtszeit:	4 Monate
Nachfolger:	Jörg Berger

Wie gewohnt versuchte Deutschlands Fußballkritiker Nummer 1 Paul Breitner gar nicht erst, seine Meinung in schöne Worte zu verpacken. "Fanz ist eine arme Sau, die möglicherweise nur den Fehler hat, daß sie für die Bundesliga nicht gut genug ist". Was der Dauernörgler da medienwirksam von sich gab, war allerdings nur ein Teil der Wahrheit, denn im Grunde genommen hatte "die arme Sau" in Frankfurt nie eine wirkliche Chance bekommen. Da war sein Vorgänger, der von den Fans auch nach seiner Entlassung unbeirrt geliebte Horst Ehrmantraut, dem schon nach dem ersten Fehlpaß lautstark nachgetrauert wurde. Da war der eloquente Manager Gernot Rohr, dessen anfängliche Weltgewandtheit sich in hemmenden Egoismus verwandelt und die Eintracht in eine tiefe Führungskrise gestürzt hatte. Und da war nicht zuletzt der Kader, bestehend aus biederen Zweitligaspielern, die im Oberhaus schlicht überfordert waren. Vom ersten Tag war dem bei Hannover 96 noch so erfolgreichen Fanz der kalte Wind ins Gesicht geweht – begleitet vom fast schon Eintracht-typischen Führungschaos! Ein Beispiel: Verpflichtet hatten die Frankfurter Fanz, weil sie einen "jungen, dynamischen Mann, der ein Auge für die Jugend hat, langfristig etwas aufzubauen verspricht und der Verfeinerung der Spielkultur das Wort redet" haben wollten. Die Zeit, diese Forderungen umzusetzen, wurde Fanz dann allerdings nicht gelassen. Zugleich zeigte sich Fanz allerdings spätestens in dem Moment, in dem es am Riederwald angesichts der anhaltenden sportlichen Talfahrt turbulent wurde, auch ein wenig überfordert. Zu zurückhaltend sei er, zu "lieb", hieß es in der »FR«, die Fanz "Fehler in Sachen Selbstdarstellung" und eine "Mischung aus Überheblichkeit, Sturheit und sonderbarem Gleichmut" vorwarf, wodurch er es sich "ziemlich schnell mit einem Großteil der Medien, Fans und Spieler verscherzt" habe. Wie sein Vorgänger Ehrmantraut bekam auch Fanz kaum Rückendeckung durch das Präsidium. Schon bald nach seinem Amtsantritt setzten die Spekulationen um seine Ablösung ein, jagte eine Krisensitzung und ein Treuebekenntnis zum Trainer das nächste. Nach der 1:3-Niederlage bei Bayern München (Paul Breitner: "Eigentlich hätte es 7:1, 8:1 ausgehen müssen") war Schluß. Fanz, den die Entlassungsbotschaft in seinem Haus in Hannover erreichte, klagte zwar noch, von "Anfang an keine faire Chance" bekommen zu haben und in den Sog der "Hetzkampagne gegen Manager Rohr" geraten zu sein, doch es half nichts: Er mußte gehen. Mit ihm ging auch sein langjähriger Freund und Vertrauter Gernot Rohr, während Nachfolger und Feuerwehrmann Jörg Berger die Eintracht in einem Wahnsinnsschlußspurt tatsächlich noch zum Klassenerhalt führte. Reinhold Fanz, das große Mißverständnis, heuerte derweil bei Drittligist Braunschweig an.

Rainer Adrion, 243

Verein:	VfB Stuttgart
Vorgänger:	Winfried Schäfer
Erster Amtstag:	1. Januar 1999
Tabellenstand:	Platz 11
Letzter Amtstag:	3. Mai 1999
Tabellenstand:	Platz 11
Amtszeit:	4 Monate
Nachfolger:	Ralf Rangnick

Was war da bloß im Schwabenländle los? Nach Winnie Schäfer und Interimscoach Wolfgang Rolff erwischte es mit Rainer Adrion bereits den dritten Trainer in der Saison 1998/99, die als die wohl schrecklichste seit dem Abstiegsjahr 1974/75 in die VfB-Annalen einging. Die brisante Mischung aus Stars, denen Kritiker eine gewisse "Satt-heit" vorwarfen, und einem zusehends umstritteneren Präsidenten Mayer-Vorfelder, hatte ein neues Opfer gefordert. "Ich bin ein selbstkritischer Mensch und vor allem enttäuscht, daß es mir nicht gelungen ist, die Führungsspieler so in die Verantwortung zu nehmen, daß sie sich in kritischen Spielsituationen selbst geholfen haben", gab Adrion nach dem 2:3 in Wolfsburg zerknirscht zu Protokoll, und verkündete seine Demission. Dabei hat-te es so gut begonnen. Im Januar 1999 war Adrion als Übergangslösung für den zur Saison 1999/2000 verpflichteten Ulmer Erfolgscoach Ralf Rangnick eingesetzt worden und hatte, in Absprache mit seinem designierten Nachfolger Rangnick, schon mal die Weichen für die kommende Saison gestellt. In Stuttgart sollte das "deutsche Ajax" ent-stehen, sollten alle Mannschaften von der F-Jugend bis zu den Profis einheitlich 4-4-2 praktizieren. Plötzlich spielten die Stuttgarter Profis wieder, zündeten ein Feuerwerk der Begeisterung.

Aber nur ganz kurz. Kaum war der erste Rausch verflogen, kehrte Ernüchterung ein. Fredi Bobic verkündete seinen Wechsel zu Borussia Dortmund, Krassimir Balakov brumm-te eine neunwöchige Sperre ab, und der VfB konnte nicht mehr gewinnen. Je länger die Saison dauerte, desto mehr gerieten die vor der Saison von der Champions League (oder gar mehr) träumenden Schwaben in Abstiegsgefahr. Als es in Wolfsburg nach 2:0-Führung eine 2:3-Schlappe gab, lagen die Nerven endgültig blank, machten böse Wor-te wie "Arbeitsverweigerung" die Runde. "Als das 1:2 fiel, wußte ich, daß wir verlie-ren", bekannte beispielsweise Zvonimir Soldo, und zog sich damit den Zorn Adrions zu, der von einem Mann "seiner Klasse mehr Führungsqualitäten erwartete".

Adrions Rücktritt kam zwar überraschend, war aber wohlüberlegt. "Als Trainer mußte ich die Verantwortung übernehmen. Wir wollten einen Reizpunkt von außen setzen, um den Spielern das Alibi zu nehmen". Seinen Posten übernahm Ralf Rangnick, der zwischenzeitlich in Ulm gegangen war und nun vorzeitig nach Stuttgart kam. "Was hätte ich denn sagen sollen, als mich der Präsident am Sonntag anrief? Ich komme nicht, steigt ohne mich in die Zweite Liga ab?", zeigte Rangnick sich gar nicht glücklich über die Entwicklung – und freute sich am Ende über den mühsam gesicherten Klassen-erhalt.

Felix Magath, 244

Verein:	Werder Bremen
Vorgänger:	Wolfgang Sidka
Erster Amtstag:	22. Oktober 1998
Tabellenstand:	Platz 18
Letzter Amtstag:	9. Mai 1999
Tabellenstand:	Platz 15
Amtszeit:	6 ½ Monate
Nachfolger:	Thomas Schaaf

Es war das Ende einer Liaison, die vom ersten Tag an nicht richtig funktioniert hatte. Hier der heimelige SV Werder mit dem Riesenschatten seines einstigen Übervaters Rehhagel, dort der knorrige, knochenharte, erfolgsorientierte und vermeintlich unnahbare "Schleifer" Magath. Am 9. Mai '99, kurz vor 21 Uhr, trennten sich beide Seiten – und es war eine Scheidung, die beiderseits erwünscht war. Offiziell war es zwar Felix Magath, der am Sonntagabend nach der 1:2-Heimschlappe gegen den designierten Absteiger Eintracht Frankfurt zurücktrat – tatsächlich aber kam er damit seiner Entlassung nur zuvor. "Der Verein und ich, wir haben nicht zueinander gepaßt", waren Magaths letzte Worte zum Thema Bremen, geäußert in einem Interview mit dem NDR, in dessen Studio er eine Stunde nach seiner Demission seine Abschiedsvorstellung als Werder-Coach gab. Magath kam nicht umhin, auch seine persönliche Niederlage einzugestehen. Beim Videostudium der 1:2-Schlappe gegen Frankfurt habe er gesehen, daß "die Mannschaft gehemmt" sei, und beschlossen, mit seinem Rückzug "dem Klassenerhalt nicht im Wege zu stehen". Wie schon in Kaiserslautern, als er den unerfahrenen Mike Barten eingesetzt hatte, hatte Magath sich auch gegen Frankfurt einen bösen Fauxpas geleistet und mit dem 23jährigen Danny Fütterer einen Mann eingesetzt, der noch keine Minute Bundesligaerfahrung aufwies. Folge: Nach 39 Minuten hatte Magath den völlig überforderten Nobody herausnehmen müssen. Dabei hatte es so gut begonnen. Im Oktober '98 war Magath seinem Ruf als "Magier" noch gerecht geworden. Binnen weniger Wochen hatte er die Grün-Weißen aus dem Abstiegskeller geholt und war mit ihnen die Bundesligatabelle hinaufgestürmt. Doch er war ebenso schnell wieder hinuntergestürzt, und spätestens nach dem erschreckenden 0:4 auf dem Betzenberg am 4. Mai hatten der SV Werder und Felix Magath wieder im dicksten Abstiegskampf gesteckt. Sechs Punkte aus sechs Spielen, 5:17 Tore, siebenmal ohne eigenes Tor - "Zahlen, die deutlich dokumentieren: In Bremen stimmt es hinten und vorne nicht" (»kicker«), hieß es anschließend. Andy Herzog schloß auch Magath mit in die Kritik ein: " Wir spielen sehr defensiv, verlieren aber trotzdem hoch und sind grottenschlecht. Wenn wir Freunde sind und absteigen, ist niemandem geholfen. Jetzt müssen wir uns gegenseitig wachrütteln, sonst ist es zu spät. Spielerisch sind wir so schwach wie lange nicht. Das macht mir die meisten Sorgen." Dann kam der sportliche Offenbarungseid gegen die Frankfurter, der zur Magathschen Demission führte und den SV Werder in der Folge regelrecht umkrempelte. Eine Woche später sicherten sich die Grün-Weißen mit einem 3:1 bei München 60 den Klassenerhalt, mit Thomas Schaaf wurde endlich der "richtige" Nachfolger Rehhagels gefunden, und auch auf der Führungsetage der Grün-Weißen begann nun das Stühlerücken. Magath war weg, und für den SV Werder begann die Zukunft.

Jörg Berger, 245

Verein:	Eintracht Frankfurt
Vorgänger:	Reinhold Fanz
Erster Amtstag:	19. April 1999
Tabellenstand:	Platz 17
Letzter Amtstag:	19. Dezember 1999
Tabellenstand:	Platz 17
Amtszeit:	8 Monate
Nachfolger:	Felix Magath

Die Medien wurden schon ganz unruhig. Fast schon Weihnachten, und noch immer kein Trainer entlassen! Das hatte es schon seit 1989/90 nicht mehr gegeben, und so etwas ließ im heißesten Medienzeitalter natürlich Spekulationen en masse hervorschießen. Favoriten wurden ausgemacht, an wackelnden Stühlen gesägt, Wetten abgeschlossen – die Quote machte es nötig. Einer der heißesten Kandidaten war Jörg Berger, ohnehin als "Feuerwehrmann" bekannt und mit der Frankfurter Eintracht dabei, Negativ-Geschichte zu schreiben: Zwölf Niederlagen in 14 Spielen – das war einzigartig in Frankfurts Bundesliga-Annalen. Nach dem peinlichen 0:3 bei Aufsteiger Ulm war Schluß. "Am Ende war der Feuerwehrmann selbst ausgebrannt", titelte die »Frankfurter Rundschau« und zitierte Jan-Åge Fjörtoft, der sieben Monate zuvor noch verkündet hatte, Berger hätte "auch die Titanic vor dem Absaufen gerettet".

Da war Berger allerdings auch noch als "Wundermann" gefeiert worden. In einem atemberaubenden Finish hatte er die von vielen schon abgeschriebenen Adlerträger noch vor dem Abstieg gerettet. Nach dem denkwürdigen Schlußpunkt des fulminanten 5:1-Sieges über Kaiserslautern, der in buchstäblich allerletzter Sekunde den Klassenerhalt gebracht hatte, war Berger Held gewesen und König geworden. Für 17 Mio. Mark hatte er anschließend einkaufen gehen dürfen – Rekordinvestition in der Frankfurter Vereinsgeschichte. Acht Spieltage in der neuen Saison waren vergangen, da wurde erstmals Kritik an dem "Retter" laut. Das teure Team sei sein Geld nicht wert, hieß es. Berger verstrickte sich in Plattitüden ("Wir müssen alle an einem Strang ziehen"), die Spieler in individuelle Fehler. Zu den Niederlagen kam die Unsicherheit, zur Unsicherheit gesellte sich eine schlingernde Führungspolitik durch Präsident Heller. Das Resultat waren Platz 17, Fans, die frustriert Protestmaßnahmen durchführten, und eine Mannschaft, die leblos und ausgebrannt war – nicht reif jedenfalls, um den Acht-Punkte-Rückstand auf den rettenden 15. Platz wettzumachen.

24 Stunden nach dem 0:3 von Ulm wurde Bergers Biographie als "Retter, der nur kurzfristig Erfolg hat" (»FR«) ein weiteres Kapitel hinzugefügt. Zum zwölften Mal in seiner Trainerlaufbahn bekam der gebürtige Sachse den Laufpaß. Sein Nachfolger wurde Felix Magath. Noch so einer, dem "Retterqualitäten" nachgesagt werden...

Michael Skibbe, 246

Verein:	Borussia Dortmund
Vorgänger:	Nevio Scala
Erster Amtstag:	1. Juli 1998
Tabellenstand:	Platz 10 (Saison 1997/98)
Letzter Amtstag:	6. Februar 2000
Tabellenstand:	Platz 6
Amtszeit:	20 Monate
Nachfolger:	Bernd Krauss

Selbst in der Stunde der Niederlage wahrte er seine Contenance. Statt erbost zu sein, bekannte Michael Skibbe auf seiner letzten Pressekonferenz als BVB-Coach - mit wie fast immer undurchsichtiger Miene -, daß der Vorstand die Verpflichtung habe, "immer das Beste im Sinne des Vereins anzustreben. Wenn er der Meinung sein sollte, daß es mit einem anderen Trainer erfolgreicher weitergehen kann, dann werde ich das akzeptieren und respektieren." Tags darauf durfte er seinen Nachfolger Bernd Krauss vorstellen und verkünden, daß er fortan wieder als Jugendkoordinator beim BVB tätig sein würde. "Es ist wahrlich keine Überraschung, allerhöchstens der späte Termin verblüfft. Das Ende der Ära Skibbe in Dortmund war nur eine Frage der Zeit, so wortgewaltig die BVB-Vordenker ihren leitenden Lieblings-Angestellten auch stützten", kommentierte die »FR« und sprach von einem "Mißverständnis, das nach 19monatiger Dauer trotz aller Durchhalteparolen keine Aussichten auf ein Happy-End hatte".

Woran war Skibbe gescheitert? An seinem jugendlichen Alter? An Erfolglosigkeit? An mangelnden Konzepten? Alle waren sich einig: Vor allem am öffentlichen Druck. Schon kurz nach seinem Amtsantritt als Nachfolger von Nevio Scala hatte es erste "Skibbe raus"-Rufe gegeben. Dem unbekannten Jungspund wurde einfach nicht zugetraut, das brisante Dortmunder Starensemble erfolgreich zu lenken. Die BVB-Fans wurden nie Freunde des kühlen und auch in der Stunde tiefster Enttäuschungen – wie beim 0:3-Heimdebakel gegen Rosenborg Trondheim – unverdrossen optimistisch daherredenden Skibbe. Im langen Schatten von Ottmar Hitzfeld, an dem schon Vorgänger Scala gescheitert war, konnte der jüngste Bundesligatrainer nur scheitern. Da war das nervenaufreibende Hickhack um Thomas Häßler, als sich Skibbe mit schweigender Autorität gegenüber dem nicht in sein Konzept passenden Publikumsliebling durchgesetzt hatte. Da war die fehlende Spielfreude und Spielkultur, die den BVB in heftige sportliche Turbulenzen gestürzt hatte. Und da war die mangelhafte Außendarstellung des fachlich unumstrittenen Skibbe, der dadurch immer wieder ins Kreuzfeuer der Kritik geriet.

So sehr es freilich den Anschein machte, Skibbe sei der Aufgabe Bundesliga (noch) nicht gewachsen, so wenig war die BVB-Krise allerdings auch ein ausschließliches Produkt seiner Arbeit. Eine chaotische Transferpolitik, eine Vereinsführung, die vor allem mit dem bevorstehenden Börsengang beschäftigt war, und eine ins Unermeßliche gehende Erwartungshaltung waren schwer verdauliches Brot. Am Ende waren sich alle einig: Die Trennung war keine Überraschung, und sie war auch notwendig. Allenfalls der Zeitpunkt überraschte: "Wenn, dann hätten sie es vor Beginn der Winterpause machen müssen", meinte beispielsweise Paul Breitner. Richtig – und deshalb war Skibbes Scheitern auch ein Beleg für die Vorstandskrise des BVB.

Friedhelm Funkel, 247

Verein:	MSV Duisburg
Vorgänger:	Hannes Bongartz
Erster Amtstag:	13. Mai 1996
Tabellenstand:	Platz 3 (2. Bundesliga)
Letzter Amtstag:	24. März 2000
Tabellenstand:	Platz 18
Amtszeit:	47 Monate
Nachfolger:	Seppo Eichkorn

Es war wie so häufig. Treueschwüre en masse, nach außen Ruhe und Gelassenheit, an denen auch der nahezu feststehende Abstieg scheinbar nicht rütteln konnte. Auf den ersten Blick ging es beim MSV Duisburg im Frühjahr 2000 anachronistisch zu: Trotz mitunter debakulöser sportlicher Leistungen standen Vorstand wie Spieler geschlossen hinter Trainer Friedhelm Funkel, wollten notfalls mit ihm "in die 2. Liga gehen".

Und es klang so ehrlich! Der Vorstand der Zebras hatte sich sogar mit dem Aufsichtsrat angelegt, der vehement Funkels Abschuß gefordert hatte. Nachdem sich die Funkel-Kritiker im Aufsichtsrat beruhigt oder gar zurückgezogen hatten, war alles auf die Lösung "sportliche Entwicklung und Wiederaufbau mit Funkel" hinausgelaufen, zu dem auch der Aufsichtsrat seine "kooperative Zusammenarbeit" angekündigt hatte. Dann kam plötzlich die Wende. Eine Woche, nachdem Funkel nach dem 2:3 in Kaiserslautern noch Durchhalteparolen ausgegeben hatte ("Wir müssen jetzt mal vier, fünf Spiele in Folge gewinnen, um noch eine Chance zu haben"), traf ihn der Bannstrahl. "Freunde hatten mich gewarnt: Du fühlst dich zu sicher", zeigte er sich am Rande des Zebra-Heimspiels gegen den VfL Wolfsburg erschüttert von der Entwicklung. Tags zuvor war er trotz aller anderslautender Aussagen entlassen worden. "Der vom Aufsichtsrat in den Vorstand aufgerückte Helmut Sandrock, der sich offen gegen Funkel ausgesprochen hatte, packte jetzt die Gelegenheit beim Schopfe. Da Sponsoren drohten, bei einem weiteren Engagement Funkels ihre Zuwendungen zurückzufahren, besaß Sandrock ein Druckmittel, um seine pro Funkel eingestellten Vorstandskollegen umzustimmen", erläuterte der »kicker« und wies auf die finanzielle Notlage bei den Zebras hin. Duisburgs Sponsoren hatten also Funkel gekippt! Freilich war Duisburgs sportliche Talfahrt auch Funkel zuzuschreiben gewesen. Auf dem Betzenberg hatte der seit Mai 1996 an der Wedau tätige Coach selbst nach dem 0:1 weiter auf "halten" spielen lassen und damit Fans, Vorstand, Spieler und – nicht zuletzt – Sponsoren erzürnt. Funkels Autorität hatte schon zuvor Kratzer hinnehmen müssen. Die Hierarchie in seinem Team war durcheinandergeraten, seine Personalentscheidungen des öfteren umstritten gewesen und irgendwie hatte er den Eindruck vermittelt, dem drohenden Abstieg mit allzu viel Gelassenheit entgegenzusehen. Dazu kam der von Funkel geförderte Manager Cullmann, dessen Personalpolitik höchst umstritten war. Alles in allem eine Mischung, die eine Trennung nahelegte. Die Tatsache der Trennung war es denn auch gar nicht, die am 24. März 2000 für Schlagzeilen sorgte. Statt dessen war es der offensichtliche Widerspruch zwischen wochenlangen Treueschwüren und plötzlicher Kehrtwende, der die MSV-Fans zu Protesten gegen ihren Vorstand veranlaßte und der Fußball-Gemeinde mal wieder das böse Wort vom "knallharten Geschäft" bestätigte.

Bernd Krauss, 248

Verein:	Borussia Dortmund
Vorgänger:	Michael Skibbe
Erster Amtstag:	6. Februar 2000
Tabellenstand:	Platz 6
Letzter Amtstag:	13. April 2000
Tabellenstand:	Platz 13
Amtszeit:	2 Monate
Nachfolger:	Udo Lattek/Matthias Sammer

Was waren das für böse Worte, die im Zusammenhang mit Borussia Dortmund seit nunmehr zwei Jahren regelmäßig fielen! "Arbeitsverweigerung", „Scheiß-Millionäre" und seiniges mehr. Am 12. April fiel selbst den hartgesottenen und selten um einen guten Spruch verlegenen BVB-Fans nicht mehr viel ein. "Treffender" formulierte es ein vermutlich alkoholisierter Fan, der unmittelbar vor dem Westfalenstadion eine große Lache Erbrochenes hinterließ. Kommentar der frustriert daran vorbeischleichenden Fans: "Was soll man auch sonst sagen?" Gerade hatte der BVB mit 1:3 daheim gegen Unterhaching verloren, einen weiteren Tiefpunkt der Saison erreicht und endgültig Kontakt zu den Abstiegsrängen aufgenommen. Dabei war das von Bobic und Ikpeba verstärkte Team doch mit der Aufgabe gestartet, Meister zu werden – und nun kam Unterhaching, und nahm drei Punkte mit! Bernd Krauss, 67 Tage zuvor für Publikumsfeind Nummer 1 Michael Skibbe auf den Stuhl des BVB-Übungsleiters gehoben, fehlten die Worte. Fassungslos hatte er das Geschehen verfolgt, die siebte Niederlage in Folge registriert. Dreizehn Spiele betreute er nun schon den BVB, gejubelt hatte er selten – und noch nie über einen Sieg. "Ich hätte die Sache am liebsten schon nach 14 Tagen beendet. Ich habe alles versucht, hatte aber kein Fortune", gestand er später und schob einen Seitenhieb auf Vorgänger Skibbe nach: "Die Mannschaft war körperlich nicht fit." Doch nicht nur die Mannschaft war nicht fit in Dortmund – auch bei einigen Vorstandsherren mußte man sich Sorgen um den "Zustand" machen. Namentlich Präsident Dr. Niebaum und Manager Meier – zwei Jahre zuvor noch als "Macher" gefeiert – gerieten zunehmend in Erklärungsnotstand. Beide wiesen konsequent die Verantwortung von sich, wälzten sie auf die jeweiligen Trainer ab. Der wie per Zufallsgenerator ausgewählte Kader, die Dauerdiskussion um den Börsengang – Schuld waren immer nur andere. Der notorisch schönredende Meier und der sichtlich angegriffene Dr. Niebaum gerieten auch im Zusammenhang mit der Krauss-Entlassung wieder in die Schlagzeilen. Unmittelbar nach dem Unterhaching-Spiel war Bernd Krauss nämlich noch demonstrativ der Rücken gestärkt und zugesichert worden, daß er bleiben würde. Tags darauf erfolgte die Trennung im "beiderseitigen Einvernehmen". Das Tollhaus Westfalenstadion legte nun richtig los. Kurzzeitnachfolger wurde Fußballrentner Udo Lattek, der tags zuvor im »kicker« noch geschrieben hatte: "Ob jetzt ein neuer Trainerwechsel etwas hilft? Eigentlich bin ich dagegen. Und es ist eine Frage der Alternative. Wer ist auf dem Markt?" An sich selbst hatte er dabei sicherlich nicht gedacht. Hohn und Spott waren dem BVB sicher. "Die Misere geht weiter, und mit Udo Lattek haben sie es endlich auf den Punkt gebracht", kommentierte der »WDR«, derweil Manager Meier wie gewohnt die Pleite als Sieg verkaufte: "Es war ein Schachzug, wie er besser nicht ging." Quo vadis Borussia?

Andreas Zachhuber, 249

Verein:	Hansa Rostock
Vorgänger:	Ewald Lienen
Erster Amtstag:	6. März 1999
Tabellenstand:	Platz 17
Letzter Amtstag:	7. September 2000
Tabellenstand:	Platz 18
Amtszeit:	18 Monate
Nachfolger:	Friedhelm Funkel

O.K., er hatte im engeren Rennen gelegen. Doch eigentlich war mehr über Ralf Rangnick, Felix Magath und selbst Otto Rehhagel diskutiert worden, denn über Andreas Zachhuber. Zu ruhig erschien die Fußballwelt von Rostock, als das man den Hanseaten eine Panikreaktion zugetraut hätte. Doch dann kam alles zusamen: Der nach vielen Jahren des Wartens endlich begonnene Stadionumbau, der den Verbleib in der 1. Bundesliga geradezu zwingend nach sich zog, ein reichlich mauer Saisonauftakt mit drei Niederlagen in Folge und einem entlarvenden Torverhältnis von 0:9-Treffern, und schließlich auch noch die pure Angst. Torhüter Pieckenhagen brachte es nach dem 0:4 in Frankfurt auf den Punkt und sprach unverblümt von „zu wenig Arsch in der Hose". 24 Stunden später war Andreas Zachhuber, den sie in Rostock „Zacher" nennen, entlassen.

Es war in der Tat eine ungewöhnliche Entlassung, wenngleich auf den ersten Blick - letzter Tabellenplatz, null Tore, dritter Spieltag - alles auf die häufig anzutreffende Panikmache im Bundesligageschäft hindeutete. Doch das System Rostock war etwas Besonderes. Beinahe ausschließlich ehemalige Spieler wirkten im Ostseestadion, was dem FC Hansa zu recht den Ruf einbrachte, ein Profiklub „mit Fußball-Sachverstand in der Führung zu sein" (»Süddeutsche Zeitung«). Vizepräsident Jarohs - einst Hansa-Torjäger an der Seite des damaligen Linksaußen Andreas Zachhuber. Axel Schulz, Pressesprecher des FCH, war einst dessen Libero, und Co-Trainer Schlünz, der nach „Zachers" Demission interimsweise einsprang, zuvor Regisseur. „Natürlich haben wir zusammen gespielt. Aber es geht um den Verein. Nicht um Personen", beeilte sich Vize Jarohs, jegliche Sentimentalitäten schon im Vorfeld aus dem Weg zu räumen.

Die Wahrheit sah denn auch anders aus. „Zacher war einfach das schwächste Glied in der Kette. Das war der leichtere Weg, die 25 Mann vom Team konnte man eben nicht entlassen", fasste Sven Benken seine Eindrücke zusammen und traf den Nagel damit wohl auf den Kopf. Angesichts des im Entstehen begriffenen neuen Stadions, der seit Jahren allgegenwärtigen Abstiegsangst und des scheinbaren Dauerschicksals, der Bundesliga Stars wie Beinlich, Neuville und Barbarez zu schenken, ohne selbst richtig davon profitieren zu können, gingen in Rostock die Nerven durch. „Es musste etwas anderes her. Ein anderer Trainer-Blickwinkel. Ein neuer Konkurrenzkampf", meinte Vizepräsident Jarohs. Auch in Rostock, Fußball-Flaggschiff der nordöstlichen Bundesrepublik mit Vorbild SC Freiburg, gingen die Uhren „normal"; löste ein 0-Punkte-Saisonstart dieselbe Maschinerie aus, die man von altbekannten Bundesligaklubs kannte. Immerhin gestaltete sich die Suche nach einem „Zacher"-Nachfolger dann noch „Rostock-like". Nicht schillernde Namen wie Neururer oder Schäfer kursierten, sondern ausgewiesene Experten wie Friedhelm Funkel, der schließlich Zachers Nachfolge antrat.

Otto Rehhagel, 250

Verein:	1. FC Kaiserslautern
Vorgänger:	Eckard Krautzun
Erster Amtstag:	20. Juli 1996
Tabellenstand:	Platz 16 (Saison 1995/96)
Letzter Amtstag:	1. Oktober 2000
Tabellenstand:	Platz 15
Amtszeit:	50 Monate
Nachfolger:	bei Redaktionsschluß unbekannt

Ausgerechnet zum Jubiläum opferte die Bundesliga eines ihrer berühmtesten und zugleich schlagzeilenträchtigsten Kinder: Otto Rehhagel, dem die zweifelhafte "Ehre" zuteil kam, als 250. vorzeitiger Trainerwechsel in die Oberhausannalen einzugehen.

Rehhagels schillernde Trainerkarriere, die am 1. Juli 1972 beim 1. FC Saarbrücken begonnen hatte, ihn zwischenzeitlich zu Otto "Torhagel", zu "König Otto" und schließlich zum ersten Coach, der einen Aufsteiger zum deutschen Meister machte, geführt hatte, war nach einem 1:1 des 1. FC Kaiserslautern gegen Aufsteiger Energie Cottbus besiegelt. Schon unmittelbar nach dem schmeichelhaften Unentschieden machten Gerüchte die Runde, dies sei der letzte Auftritt des einstigen Meistertrainers gewesen. Tags darauf folgte die Bestätigung. Rehhagel habe um Vertragsauflösung gebeten, hieß es in dünnen Worten in der Presseerklärung - und der FCK sei dieser Bitte nachgekommen.

Es war ein Königssturz - freilich einer, der sich schon länger abgezeichnet hatte. In Kaiserslautern war der Machtmensch Rehhagel, bei dem nie sicher war, ob nun seine Frau Beate im Hintergrund die Fäden zog, oder ob er es war, der die Hosen anhatte, nie geliebt worden. Allenfalls geduldet und nur manchmal gefeiert - wie nach der sensationellen Meisterschaft von 1998. Von Rehhagels Glanz und Autorität aus Bremer Tagen jedoch war nichts zu sehen gewesen. Zwar hatte sich das selbsternannte Kind der Bundesliga auch in der Pfalz einen ähnlichen Hofstaat wie einst an der Weser zusammengeklaubt - doch die Mechanismen beim FCK waren mit denen beim SV Werder nicht vergleichbar gewesen. Rehhagel gab sich als Sonnenkönig, bevorzugte seine Lieblingsspieler, kaufte sich einen Kader zusammen, mit dessen Harmonie es nicht weit her war, legte sich mit der Presse an, verhöhnte Fans, die frühzeitig mit warnenden Zeigefingern auf die Negativentwicklung hinwiesen - kurzum: er machte sich wenig Freunde beim FCK. Ein Umstand, der ihm im Moment der Krise zum Verhängnis wurde. Schon in der Spielzeit 1999/2000 lief es bei den Roten Teufel alles andere als "rund" - und Rehhagel musste sich Kritik gefallen lassen. Nach dem neuerlichen Fehlstart - gekrönt von einer indiskutablen 0:1-Heimniederlage gegen Bohemians Dublin - kochte Volkes Zorn endgültig über. Während sich die FCK-Fans die Seelen aus dem Halse pfiffen und mit Transparenten wie "Vielen Dank für alles, doch Deine Zeit ist vorbei" Begehrlichkeiten äußerten, stürzte König Otto vom Thron. Beim 1:1 gegen Cottbus wurde das Dilemma endgültig sichtbar: Eine entnervte Mannschaft ohne Mumm und System (wo war der gefürchtete Betzenberg-Geist?), ein sichtlich angeschlagener Rehhagel, der sich dünnhäutig gab ("wir sprechen nur über das Spiel") und schließlich der endgültige Abgang eines großen Mannes der Bundesligahistorie. Daß König Otto dabei ausgelacht wurde wie ein Hofnarr, verleiht der Geschichte freilich einen tragischen Beigeschmack.

Die 250 vorzeitigen Trainerwechsel der Bundesliga seit
1963 in der Statistik

Die 250 vorzeitigen Trainerwechsel seit 1963 in der Statistik

Saison für Saison

Nr	Datum	Name	Verein	Amtszeit	Nachfolger
1963/64 (3 vorzeitige Trainerwechsel)					
1.	30.10.1963	Herbert Widmayer	1. FC Nürnberg	41 Monate	Jenö Csaknady
2.	25.04.1964	Georg Gawliczek	Schalke 04	46 Monate	Fritz Langner
3.	7.05.1964	Martin Wilke	Hamburger SV	22 Monate	Georg Gawliczek
1964/65 (5 vorzeitige Trainerwechsel)					
4.	26.01.1965	Kurt Sommerlatt	Karlsruher SC	31 Monate	Helmut Schneider
5.	24.02.1965	Kurt Baluses	VfB Stuttgart	56 Monate	Rudi Gutendorf
6.	27.02.1965	Günther Brocker	1. FC Kaiserslautern	44 Monate	Werner Liebrich
7.	1.03.1965	Rudi Gutendorf	Meidericher SV	20 Monate	Willi Schmidt
8.	8.03.1965	Josef Schneider	Hertha BSC Berlin	21 Monate	Gerhard Schulte
1965/66 (4 vorzeitige Trainerwechsel)					
9.	18.10.1965	Helmut Schneider	Karlsruher SC	9 Monate	Werner Roth
10.	10.11.1965	Franz Linken	Tasmania Berlin	16 Monate	Heinz-Ludwig Schmidt
11.	17.04.1966	Georg Gawliczek	Hamburger SV	23 Monate	Josef Schneider
12.	28.04.1966	Helmut Kronsbein	Hannover 96	34 Monate	Hannes Kirk
1966/67 (7 vorzeitige Trainerwechsel)					
13.	1.11.1966	Werner Roth	Karlsruher SC	13 Monate	Paul Frantz
14.	7.11.1966	Jenö Csaknady	1. FC Nürnberg	17 Monate	Jenö Vincze
15.	10.12.1966	Max Merkel	TSV München 1860	66 Monate	Gunter Baumann
16.	6.12.1966	Rudi Gutendorf	VfB Stuttgart	22 Monate	Albert Sing
17.	30.05.1967	Fritz Pliska	Rot-Weiß Essen	23 Monate	Erich Ribbeck
18.	5.06.1967	Fritz Langner	Schalke 04	38 Monate	Karl-Heinz Marotzke
19.	30.06.1967	Kuno Klötzer	Fortuna Düsseldorf	48 Monate	Ernst Melchior
1967/68 (7 vorzeitige Trainerwechsel)					
20.	4.09.1967	Günther Brocker	Werder Bremen	27 Monate	Fritz Langer
21.	24.10.1967	Paul Frantz	Karlsruher SC	12 Monate	Georg Gawliczek
22.	13.11.1967	Karl-Heinz Marotzke	Schalke 04	5 Monate	Günther Brocker
23.	8.02.1968	Georg Gawliczek	Karlsruher SC	4 Monate	Bernhard Termath
24.	12.02.1968	Horst Buhtz	Hannover 96	20 Monate	Karlheinz Mülhausen
25.	4.03.1968	Otto Knefler	1. FC Kaiserslautern	8 Monate	Egon Piechaczek
26.	10.04.1968	Heinz Murach	Borussia Dortmund	22 Monate	Oswald Pfau
1968/69 (7 vorzeitige Trainerwechsel)					
27.	30.10.1968	Albert Sing	TSV München 1860	16 Monate	Hans Pilz
28.	17.11.1968	Günther Brocker	Schalke 04	12 Monate	Rudi Gutendorf
29.	17.03.1969	Helmut Schneider	Borussia Dortmund	3 Monate	Hermann Lindemann
30.	24.03.1969	Max Merkel	1. FC Nürnberg	27 Monate	Robert Körner
31.	12.04.1969	Robert Körner	1. FC Nürnberg	3 Wochen	Kuno Klötzer

Nr	Datum	Name	Verein	Amtszeit	Nachfolger
32.	6.05.1969	Egon Piechaczek	1. FC Kaiserslautern	14 Monate	Dietrich Weise
33.	30.06.1969	Gunther Baumann	VfB Stuttgart	24 Monate	Franz Seybold

1969/70 (5 vorzeitige Trainerwechsel)

Nr	Datum	Name	Verein	Amtszeit	Nachfolger
34.	12.11.1969	Fritz Langner	TSV München 1860	5 Monate	Franz Binder
35.	8.12.1969	Zlatko Cajkovski	Hannover 96	18 Monate	Hans Pilz
36.	16.12.1969	Georg Stollenwerk	Alemannia Aachen	6 Monate	Willibert Weth
37.	1.07.1968	Branko Zebec	Bayern München	21 Monate	Udo Lattek
38.	16.03.1970	Fritz Rebell	Werder Bremen	10 Monate	Hans Tilkowski

1970/71 (4 vorzeitige Trainerwechsel)

Nr	Datum	Name	Verein	Amtszeit	Nachfolger
39.	7.09.1970	Rudi Gutendorf	Schalke 04	23 Monate	Slobodan Cendic
40.	26.09.1970	Alfred Schmidt	Offenbacher Kickers	3 Monate	Rudi Gutendorf
41.	23.02.1971	Rudi Gutendorf	Offenbacher Kickers	5 Monate	Kuno Klötzer
42.	9.03.1971	Gyula Lorant	1. FC Kaiserslautern	21 Monate	Dietrich Weise

1971/72 (6 vorzeitige Trainerwechsel)

Nr	Datum	Name	Verein	Amtszeit	Nachfolger
43.	26.09.1971	Robert Gebhardt	Werder Bremen	15 Monate	Josef Piontek
44.	13.11.1971	Helmut Johannsen	Hannover 96	18 Monate	Hans Hipp
45.	21.12.1971	Horst Witzler	Borussia Dortmund	18 Monate	Herbert Burdenski
46.	21.12.1971	Egon Piechaczek	Arminia Bielefeld	26 Monate	Jan Notermans
47.	4.04.1972	Gyula Lorant	1. FC Köln	10 Monate	Rolf Herings
48.	18.04.1972	Branko Zebec	VfB Stuttgart	22 Monate	Karl Bögelein

1972/73 (2 vorzeitige Trainerwechsel)

Nr	Datum	Name	Verein	Amtszeit	Nachfolger
49.	1.03.1973	Hans Hipp	Hannover 96	16 Monate	Hannes Baldauf
50.	4.06.1973	Dietrich Weise	1. FC Kaiserslautern	16 Monate	Gerd Schneider

1973/74 (6 vorzeitige Trainerwechsel)

Nr	Datum	Name	Verein	Amtszeit	Nachfolger
51.	16.09.1974	Rudi Schlott	1. FC Köln	15 Monate	Zlatko Cajkovski
52.	27.09.1973	Horst Witzler	Rot-Weiß Essen	15 Monate	Diethelm Ferner
53.	20.10.1973	Rudi Faßnacht	MSV Duisburg	40 Monate	Willibert Kremer
54.	31.12.1973	Volker Kottman	Fortuna Köln	6 Monate	Willi Holdorf
55.	13.03.1974	Helmut Kronsbein	Hertha BSC Berlin	93 Monate	Hans Eder
56.	1.04.1974	Gyula Lorant	Offenbacher Kickers	21 Monate	Otto Rehhagel

1974/75 (4 vorzeitige Trainerwechsel)

Nr	Datum	Name	Verein	Amtszeit	Nachfolger
57.	20.10.1974	Horst Buhtz	Wuppertaler SV	76 Monate	Janos Bedl
58.	1.12.1974	Hermann Eppenhoff	VfB Stuttgart	29 Monate	Albert Sing
59.	2.01.1975	Udo Lattek	Bayern München	58 Monate	Dettmar Cramer
60.	22.04.1975	Heinz Lucas	Fortuna Düsseldorf	58 Monate	Manfred Krafft

1975/76 (8 vorzeitige Trainerwechsel)

Nr	Datum	Name	Verein	Amtszeit	Nachfolger
61.	9.12.1975	Otto Rehhagel	Offenbacher Kickers	21 Monate	Zlatko Cajkovski
62.	12.12.1975	Zlatko Cajkovski	1. FC Köln	27 Monate	Georg Stollenwerk
63.	14.01.1976	Helmut Kronsbein	Hannover 96	22 Monate	Hannes Baldauf
64.	28.02.1976	Herbert Burdenski	Werder Bremen	8 Monate	Otto Rehhagel
65.	9.03.1976	Max Merkel	Schalke 04	9 Monate	Friedel Rausch
66.	18.03.1976	Willibert Kremer	MSV Duisburg	30 Monate	Rolf Schafstall
67.	14.04.1976	Josef Piontek	Fortuna Düsseldorf	10 Monate	Manfred Krafft

68.	30.06.1976	Dietrich Weise	Eintracht Frankfurt	36 Monate	Hans-Dieter Roos

1976/77 (4 vorzeitige Trainerwechsel)

69.	26.09.1976	Ivica Horvat	Rot-Weiß Essen	15 Monate	Hermann Erlhoff
70.	18.10.1976	Slobodan Cendic	1. FC Saarbrücken	28 Monate	Manfred Krafft
71.	8.11.1976	Hans-Dieter Roos	Eintracht Frankfurt	5 Monate	Gyula Lorant
72.	30.06.1977	Georg Kessler	Hertha BSC Berlin	36 Monate	Kuno Klötzer

1977/78 (7 vorzeitige Trainerwechsel)

73.	27.10.1977	Rudi Gutendorf	Hamburger SV	4 Monate	Arkoc Özcan
74.	30.11.1977	Gyula Lorant	Eintracht Frankfurt	13 Monate	Dettmar Cramer
75.	1.12.1977	Dettmar Cramer	Bayern München	35 Monate	Gyula Lorant
76.	20.12.1977	Friedel Rausch	Schalke 04	22 Monate	Uli Maslo
77.	22.12.1977	Hans Tilkowski	Werder Bremen	18 Monate	Rudi Assauer
78.	21.02.1978	Manfred Krafft	1. FC Saarbrücken	16 Monate	Hans Tilkowski
79.	30.04.1978	Otto Rehhagel	Borussia Dortmund	23 Monate	Carlheinz Rühl

1978/79 (8 vorzeitige Trainerwechsel)

80.	8.10.1978	Milovan Beljin	Arminia Bielefeld	4 Monate	Otto Rehhagel
81.	20.12.1978	Werner Kern	1. FC Nürnberg	6 Monate	Robert Gebhardt
82.	31.12.1978	Otto Knefler	Eintracht Frankfurt	6 Monate	Friedel Rausch
83.	28.02.1979	Gyula Lorant	Bayern München	15 Monate	Pal Csernai
84.	17.03.1979	Ivica Horvat	Schalke 04	9 Monate	Gyula Lorant
85.	21.03.1979	Werner Olk	Eintr. Braunschweig	9 Monate	Heinz Lucas
86.	12.04.1979	Lothar Buchmann	Darmstadt 98	30 Monate	Klaus Schlappner
87.	29.04.1979	Carlheinz Rühl	Borussia Dortmund	12 Monate	Uli Maslo

1979/80 (9 vorzeitige Trainerwechsel)

88.	2.09.1979	Eckhardt Krautzun	TSV München 1860	9 Monate	Carlheinz Rühl
89.	8.10.1979	Heinz Lucas	Eintr. Braunschweig	7 Monate	Uli Maslo
90.	9.10.1979	H.-D. Tippenhauer	Fortuna Düsseldorf	16 Monate	Otto Rehhagel
91.	27.10.1979	Kuno Klötzer	Hertha BSC Berlin	28 Monate	Hans Eder
92.	4.12.1979	Gyula Lorant	Schalke 04	9 Monate	Dietmar Schwager
93.	29.01.1980	Wolfgang Weber	Werder Bremen	19 Monate	Rudi Assauer
94.	10.02.1980	Heinz Höher	MSV Duisburg	8 Monate	Friedhelm Wetzlaff
95.	15.04.1980	Hennes Weisweiler	1. FC Köln	46 Monate	Karl-Heinz Heddergott
96.	20.04.1980	Dietmar Schwager	Schalke 04	5 Monate	Fahrudin Jusufi

1980/81 (7 vorzeitige Trainerwechsel)

97.	13.10.1980	K.-H. Heddergott	1. FC Köln	6 Monate	Rinus Michels
98.	20.10.1980	Hans-D. Tippenhauer	Arminia Bielefeld	13 Monate	Horst Franz
99.	5.12.1980	Otto Rehhagel	Fortuna Düsseldorf	14 Monate	Heinz Höher
100.	18.12.1980	Branko Zebec	Hamburger SV	30 Monate	Aleksandar Ristic
101.	3.03.1981	Horst Heese	1. FC Nürnberg	9 Monate	Fritz Popp/Fred Hoffmann
102.	10.05.1981	Udo Lattek	Borussia Dortmund	23 Monate	Rolf Bock
103.	26.05.1981	Fahrudin Jusufi	Schalke 04	13 Monate	R. Assauer/H. Redepennig

1981/82 (5 vorzeitige Trainerwechsel)

104.	8.09.1981	Heinz Elzner	1. FC Nürnberg	3 Monate	Udo Klug

105. 22.11.1981	Willibert Kremer	Bayer Leverkusen	68 Monate	Gerd Kentschke
106. 26.11.1981	Manfred Krafft	Karlsruher SC	41 Monate	Max Merkel
107. 29.11.1981	Friedhelm Wenzlaff	MSV Duisburg	22 Monate	Kuno Klötzer
108. 13.03.1982	Werner Olk	Darmstadt 98	26 Monate	Manfred Krafft

1982/83 (8 vorzeitige Trainerwechsel)

109. 17.09.1982	Helmut Senekowitsch	Eintracht Frankfurt	2½ Monate	Branko Zebec
110. 25.10.1982	Jörg Berger	Fortuna Düsseldorf	16 Monate	Willibert Kremer
111. 20.01.1983	Sigfried Held	Schalke 04	19 Monate	Jürgen Sundermann
112. 31.01.1983	Horst Franz	Karlsruher SC	7 Monate	Lothar Strehlau
113. 21.03.1983	Rudi Kröner	1. FC Kaiserslautern	9 Monate	Ernst Diehl
114. 5.04.1983	Karl-Heinz Feldkamp	Borussia Dortmund	10 Monate	Helmut Witte
115. 23.04.1983	Uli Maslo	Eintr. Braunschweig	43 Monate	Heinz Patzig
116. 16.05.1983	Pal Csernai	Bayern München	53 Monate	Reinhard Saftig

1983/84 (8 vorzeitige Trainerwechsel)

117. 23.08.1983	Rinus Michels	1. FC Köln	33 Monate	Hannes Löhr
118. 17.10.1983	Branko Zebec	Eintracht Frankfurt	13 Monate	Dietrich Weise
119. 23.10.1983	Uli Maslo	Borussia Dortmund	4 Monate	H.-D. Tippenh./H. Franz
120. 25.10.1983	Udo Klug	1. FC Nürnberg	26 Monate	Rudi Kröner
121. 26.10.1983	Dietrich Weise	1. FC Kaiserslautern	4 Monate	Manfred Krafft
122. 6.12.1983	Rudi Kröner	1. FC Nürnberg	6 Wochen	Heinz Höher
123. 15.03.1984	Lothar Buchmann	Offenbacher Kickers	21 Monate	Hermann Nuber
124. 22.03.1984	Karl-Heinz Feldkamp	Arminia Bielefeld	9 Monate	Gerd Roggensack

1984/85 (4 vorzeitige Trainerwechsel)

125. 24.10.1984	Timo Konietzka	Borussia Dortmund	4 Monate	Erich Ribbeck
126. 22.03.1985	Werner Olk	Karlsruher SC	21 Monate	Lothar Buchman
127. 14.04.1985	Willibert Kremer	Fortuna Düsseldorf	30 Monate	Dieter Brei
128. 15.04.1985	Aleksandar Ristic	Eintr. Braunschweig	22 Monate	Heinz Patzig

1985/86 (6 vorzeitige Trainerwechsel)

129. 21.11.1985	Werner Biskup	Hannover 96	25 Monate	Jürgen Rynio/Jörg Berger
130. 6.02.1986	Hannes Löhr	1. FC Köln	30 Monate	Georg Kessler
131. 4.03.1986	Otto Baric	VfB Stuttgart	9 Monate	Willi Entenmann
132. 17.03.1986	Jörg Berger	Hannover 96	2 Monate	Helmut Kalthoff
133. 11.04.1986	Uwe Klimaschefski	1. FC Saarbrücken	49 Monate	W. Weber/Walter Müller
134. 20.04.1986	Pal Csernai	Borussia Dortmund	10 Monate	Reinhard Saftig

1986/87 (6 vorzeitige Trainerwechsel)

135. 22.08.1986	Fritz Fuchs	FC Homburg	14 Monate	Udo Klug
136. 22.09.1986	Georg Kessler	1. FC Köln	7½ Monate	Christoph Daum
137. 3.12.1986	Dietrich Weise	Eintracht Frankfurt	37 Monate	Hans-Dieter Zahnleiter
138. 2.04.1987	Dieter Brei	Fortuna Düsseldorf	24 Monate	Gerd Meyer
139. 11.05.1987	Udo Klug	FC Homburg	9 Monate	Gerd Schwickert
140. 30.06.1987	Egon Coordes	VfB Stuttgart	12 Monate	Arie Haan

1987/88 (6 vorzeitige Trainerwechsel)

| 141. 2.10.1987 | Uwe Klimaschefski | FC Homburg | 3 Monate | Gerd Schwickert |

142.	9.11.1987	Josip Skoblar	Hamburger SV	4½ Monate	Willi Reimann
143.	11.11.1987	Hannes Bongartz	1. FC Kaiserslautern	29 Monate	Josef Stabel
144.	1.12.1987	Horst Köppel	Bayer Uerdingen	5 Monate	Rolf Schafstall
145.	7.12.1987	Rolf Schafstall	Schalke 04	18 Monate	Horst Franz
146.	6.02.1988	Gerd Schwickert	FC Homburg	4 Monate	Slobodan Cendic

1988/89 (7 vorzeitige Trainerwechsel)

147.	26.06.1988	Reinhard Saftig	Borussia Dortmund	26 Monate	Horst Köppel
148.	14.09.1988	Karl-Heinz Feldkamp	Eintracht Frankfurt	15 Monate	Pal Csernai
149.	19.09.1988	Jürgen Wähling	Hannover 96	27 Monate	Hans Siemensmeyer
150.	16.11.1988	Felix Latzke	Waldhof Mannheim	17 Monate	Günter Sebert
151.	12.12.1988	Pal Csernai	Eintracht Frankfurt	3 Monate	Jörg Berger
152.	21.03.1989	Hans Siemensmeyer	Hannover 96	6 Monate	Reinhard Saftig
153.	13.04.1989	Rinus Michels	Bayer Leverkusen	10 Monate	Jürgen Gelsdorf
154.	19.06.1989	Franz-Josef Tenhagen	VfL Bochum	12 Monate	Reinhard Saftig

1989/90 (7 vorzeitige Trainerwechsel)

155.	21.11.1989	Wolf Werner	Bor. M'gladbach	29 Monate	Gerd vom Bruch
156.	4.01.1990	Willi Reimann	Hamburger SV	26 Monate	Gerd-Volker Schock
157.	25.02.1990	Gerd Roggensack	1. FC Kaiserslautern	6 Monate	Karl-Heinz Feldkamp
158.	26.03.1990	Arie Haan	VfB Stuttgart	33 Monate	Willi Entenmann
159.	9.04.1990	Hermann Gerland	1. FC Nürnberg	23 Monate	Arie Haan
160.	11.04.1990	Josef Stabel	FC Homburg	10 Monate	Manfred Linz
161.	28.06.1990	Christoph Daum	1. FC Köln	45 Monate	Erich Rutemöller

1990/91 (12 vorzeitige Trainerwechsel)

162.	13.11.1990	Werner Fuchs	Hertha BSC Berlin	26 Monate	Pal Csernai
163.	19.11.1990	Willi Entenmann	VfB Stuttgart	8 Monate	Christoph Daum
164.	25.11.1990	Horst Wohlers	Bayer Uerdingen	17 Monate	Timo Konietzka
165.	15.12.1990	Aleksandar Ristic	Fortuna Düsseldorf	42 Monate	Josef Hickersberger
166.	19.02.1991	Helmut Schulte	FC St. Pauli	40 Monate	Horst Wohlers
167.	12.03.1991	Pal Csernai	Hertha BSC Berlin	4 Monate	Peter Neururer
168.	13.04.1991	Jörg Berger	Eintracht Frankfurt	29 Monate	Dragoslav Stepanovic
169.	22.04.1991	Reinhard Saftig	VfL Bochum	22 Monate	Rolf Schafstall
170.	28.05.1991	Peter Neururer	Hertha BSC Berlin	2½ Monate	Karsten Heine
171.	31.05.1991	Jürgen Gelsdorf	Bayer Leverkusen	26 Monate	Peter Hermann
172.	3.06.1991	Timo Konietzka	Bayer Uerdingen	7 Monate	Friedhelm Funkel
173.	30.06.1991	Horst Köppel	Borussia Dortmund	36 Monate	Ottmar Hitzfeld

1991/92 (13 vorzeitige Trainerwechsel)

174.	27.08.1991	Josef Hickersberger	Fortuna Düsseldorf	8 Monate	Rolf Schafstall
175.	30.08.1991	Erich Rutemöller	1. FC Köln	14 Monate	Jörg Berger
176.	25.09.1991	Gerd vom Bruch	Bor. M'gladbach	22 Monate	Jürgen Gelsdorf
177.	8.10.1991	Jupp Heynckes	Bayern München	52 Monate	Sören Lerby
178.	23.01.1992	Rolf Schafstall	Fortuna Düsseldorf	5 Monate	Hans-Jürgen Gede
179.	6.03.1992	Uwe Reinders	Hansa Rostock	21 Monate	Erich Rutemöller
180.	10.03.1992	Gerd-Volker Schock	Hamburger SV	27 Monate	Egon Coordes

Nr	Datum	Name	Verein	Amtszeit	Nachfolger
181.	11.03.1992	Sören Lerby	Bayern München	5 Monate	Erich Ribbeck
182.	25.03.1992	Hans-Jürgen Gede	Fortuna Düsseldorf	2 Monate	Horst Köppel
183.	20.04.1992	Willibert Kremer	MSV Duisburg	58 Monate	Uwe Reinders
184.	30.04.1992	Aleksandar Ristic	Schalke 04	16 Monate	Klaus Fischer
185.	19.05.1992	Karl-Heinz Feldkamp	1. FC Kaiserslautern	28 Monate	Rainer Zobel
186.	22.05.1992	Helmut Schulte	Dynamo Dresden	12 Monate	Klaus Sammer

1992/93 (9 vorzeitige Trainerwechsel)

Nr	Datum	Name	Verein	Amtszeit	Nachfolger
187.	21.09.1992	Egon Coordes	Hamburger SV	7 Monate	Benno Möhlmann
188.	2.11.1992	Holger Osieck	VfL Bochum	16 Monate	Jürgen Gelsdorf
189.	6.11.1992	Jürgen Gelsdorf	Bor. M'gladbach	13 Monate	Bernd Krauss
190.	17.01.1993	Udo Lattek	Schalke 04	11 Monate	Helmut Schulte
191.	28.02.1993	Jörg Berger	1. FC Köln	16 Monate	Wolfgang Jerat
192.	30.03.1993	Dragoslav Stepanovic	Eintracht Frankfurt	24 Monate	Horst Heese
193.	21.04.1993	Klaus Sammer	Dynamo Dresden	10 Monate	Ralf Minge
194.	29.04.1993	Wolfgang Jerat	1. FC Köln	2 Monate	Morten Olsen
195.	4.05.1993	Reinhard Saftig	Bayer Leverkusen	23 Monate	Dragoslav Stepanovic
196.	7.06.1993	Rainer Zobel	1. FC Kaiserslautern	12 Monate	Friedel Rausch

1993/94 (9 vorzeitige Trainerwechsel)

Nr	Datum	Name	Verein	Amtszeit	Nachfolger
197.	10.10.1993	Helmut Schulte	Schalke 04	10 Monate	Jörg Berger
198.	9.11.1993	Willi Entenmann	1. FC Nürnberg	29 Monate	D. Renner/Rainer Zobel
199.	10.12.1993	Christoph Daum	VfB Stuttgart	37 Monate	Jürgen Röber
200.	27.12.1993	Erich Ribbeck	Bayern München	22 Monate	Franz Beckenbauer
201.	21.02.1994	Bernd Stange	VfB Leipzig	8 Monate	Jürgen Sundermann
202.	3.03.1994	Hannes Bongartz	Wattenscheid 09	56 Monate	Frank Hartmann
203.	9.04.1994	Jürgen Sundermann	VfB Leipzig	1½ Monate	Damian Halata
204.	10.04.1994	Klaus Toppmöller	Eintracht Frankfurt	10 Monate	Karl-Heinz Körbel

1994/95 (7 vorzeitige Trainerwechsel)

Nr	Datum	Name	Verein	Amtszeit	Nachfolger
205.	1.11.1994	Ewald Lienen	MSV Duisburg	20 Monate	Hannes Bongartz
206.	6.11.1994	Jürgen Gelsdorf	VfL Bochum	24 Monate	Klaus Toppmöller
207.	22.11.1994	Sigfried Held	Dynamo Dresden	17 Monate	Horst Hrubesch
208.	1.03.1995	Horst Hrubesch	Dynamo Dresden	3½ Monate	Ralf Minge
209.	2.04.1995	Jupp Heynckes	Eintracht Frankfurt	9 Monate	Karl-Heinz Körbel
210.	7.04.1995	Dragoslav Stepanovic	Bayer Leverkusen	23 Monate	Erich Ribbeck
211.	25.04.1995	Jürgen Röber	VfB Stuttgart	17 Monate	Jürgen Sundermann

1995/96 (9 vorzeitige Trainerwechsel)

Nr	Datum	Name	Verein	Amtszeit	Nachfolger
212.	27.08.1995	Morten Olsen	1. FC Köln	28 Monate	Stephan Engels
213.	5.10.1995	Benno Möhlmann	Hamburger SV	37 Monate	Felix Magath
214.	9.01.1996	Aad de Mos	Werder Bremen	6 Monate	Hans-Jürgen Dörner
215.	23.03.1996	Friedel Rausch	1. FC Kaiserslautern	33 Monate	Eckhard Krautzun
216.	30.03.1996	Karl-Heinz Körbel	Eintracht Frankfurt	12 Monate	Dragoslav Stepanovic
217.	31.03.1996	Stefan Engels	1. FC Köln	7 Monate	Peter Neururer
218.	27.04.1996	Otto Rehhagel	Bayern München	10 Monate	Franz Beckenbauer
219.	28.04.1996	Erich Ribbeck	Bayer Leverkusen	13 Monate	Peter Hermann
220.	13.05.1996	Friedhelm Funkel	Bayer Uerdingen	60 Monate	A. Reutershahn/Thomale

1996/97 (6 vorzeitige Trainerwechsel)

221.	14.08.1996	Rolf Fringer	VfB Stuttgart	13 Monate	Joachim Löw
222.	3.10.1996	Jörg Berger	FC Schalke 04	36 Monate	Huub Stevens
223.	24.11.1996	Aleksandar Ristic	Fortuna Düsseldorf	52 Monate	Rudi Wojtowicz
224.	7.12.1996	Bernd Krauss	Bor. M'gladbach	49 Monate	Hannes Bongartz
225.	21.04.1997	Uli Maslo	FC St. Pauli	34 Monate	Klaus-Peter Nemet
226.	18.05.1997	Felix Magath	Hamburger SV	20 Monate	Ralf Schehr

1997/98 (7 vorzeitige Trainerwechsel)

227.	20.08.1997	Hans-Jürgen Dörner	Werder Bremen	20 Monate	Wolfgang Sidka
228.	30.09.1997	Peter Neururer	1. FC Köln	18 Monate	Günter-Lorenz Köstner
229.	29.11.1997	Hannes Bongartz	Bor. M'gladbach	12 Monate	Norbert Meier
230.	17.03.1998	Willi Reimann	VfL Wolfsburg	30 Monate	Wolfgang Wolf
231.	25.03.1998	Winfried Schäfer	Karlsruher SC	11 Jahre, 9 Mon.	Jörg Berger
232.	31.03.1998	Norbert Meier	Bor. M'gladbach	4 Monate	Friedel Rausch
233.	20.05.1998	Joachim Löw	VfB Stuttgart	22 Monate	Winfried Schäfer
234.	30.06.1998	Nevio Scala	Borussia Dortmund	12 Monate	Michael Skibbe

1998/99 (11 vorzeitige Trainerwechsel)

235.	17.07.1998	Felix Magath	1. FC Nürnberg	10 Monate	Willi Reimann
236.	22.10.1998	Wolfgang Sidka	Werder Bremen	14 Monate	Felix Magath
237.	10.11.1998	Friedel Rausch	Bor. M'gladbach	7 Monate	Rainer Bonhof
238.	2.12.1998	Willi Reimann	1. FC Nürnberg	4½ Monate	Friedel Rausch
239.	4.12.1998	Winfried Schäfer	VfB Stuttgart	5 Monate	Rainer Adrion
240.	8.12.1998	Horst Ehrmantraut	Eintracht Frankfurt	24 Monate	Reinhold Fanz
241.	7.03.1999	Ewald Lienen	Hansa Rostock	21 Monate	Andreas Zachhuber
242.	18.04.1999	Reinhold Fanz	Eintracht Frankfurt	4 Monate	Jörg Berger
243.	3.05.1999	Rainer Adrion	VfB Stuttgart	3 Monate	Ralf Rangnick
244.	9.05.1999	Felix Magath	Werder Bremen	6½ Monate	Thomas Schaaf

1999/2000 (4 vorzeitige Trainerwechsel)

245.	19.12.1999	Jörg Berger	Eintracht Frankfurt	8 Monate	Felix Magath
246.	6.02.2000	Michael Skibbe	Borussia Dortmund	20 Monate	Bernd Krauss
247.	24.03.2000	Friedhelm Funkel	MSV Duisburg	47 Monate	Seppo Eichkorn
248.	13.05.2000	Bernd Krauss	Borussia Dortmund	2 Monate	Udo Lattek

2000/2001

249.	7.09.2000	Andreas Zachhuber	Hansa Rostock	18 Monate	Friedhelm Funkel
250.	1.10.2000	Otto Rehhagel	1. FC Kaiserslautern	50 Monate	

Vorzeitige Trainerwechsel nach Vereinen

Nr	Datum	Name	Amtszeit	Nachfolger

Alemannia Aachen (1 vorzeitiger Trainerwechsel)

36.	16.12.1969	Georg Stollenwerk	6 Monate	Willibert Weth

Blau-Weiß 90 Berlin (0 vorzeitige Trainerwechsel)

Hertha BSC Berlin (7 vorzeitige Trainerwechsel)

8.	8.03.1965	Josef Schneider	21 Monate	Gerhard Schulte
55.	13.03.1974	Helmut Kronsbein	93 Monate	Hans Eder
72.	30.06.1977	Georg Kessler	36 Monate	Kuno Klötzer
91.	27.10.1979	Kuno Klötzer	28 Monate	Hans Eder
162.	13.11.1990	Werner Fuchs	26 Monate	Pal Csernai
167.	12.03.1991	Pal Csernai	4 Monate	Peter Neururer
170.	28.05.1991	Peter Neururer	2½ Monate	Karsten Heine

Tasmania Berlin (1 vorzeitiger Trainerwechsel)

10.	10.11.1965	Franz Linken	16 Monate	Heinz-Ludwig Schmidt

Arminia Bielefeld (4 vorzeitige Trainerwechsel)

46.	21.12.1971	Egon Piechaczek	26 Monate	Jan Notermans
80.	8.10.1978	Milovan Beljin	4 Monate	Otto Rehhagel
98.	20.10.1980	Hans-Dieter Tippenhauer	13 Monate	Horst Franz
124.	22.03.1984	Karl-Heinz Feldkamp	9 Monate	Gerd Roggensack

VfL Bochum (4 vorzeitige Trainerwechsel)

154.	19.06.1989	Franz-Josef Tenhagen	12 Monate	Reinhard Saftig
169.	22.04.1991	Reinhard Saftig	22 Monate	Rolf Schafstall
188.	2.11.1992	Holger Osieck	16 Monate	Jürgen Gelsdorf
206.	6.11.1994	Jürgen Gelsdorf	24 Monate	Klaus Toppmöller

Eintracht Braunschweig (4 vorzeitige Trainerwechsel)

85.	21.03.1979	Werner Olk	9 Monate	Heinz Lucas
89.	8.10.1979	Heinz Lucas	7 Monate	Uli Maslo
115.	23.04.1983	Uli Maslo	43 Monate	Heinz Patzig
128.	15.04.1985	Aleksandar Ristic	22 Monate	Heinz Patzig

Werder Bremen (10 vorzeitige Trainerwechsel)

20.	4.09.1967	Günther Brocker	27 Monate	Fritz Langer
38.	16.03.1970	Fritz Rebell	10 Monate	Hans Tilkowski
43.	26.09.1971	Robert Gebhardt	15 Monate	Josef Piontek
64.	28.02.1976	Herbert Burdenski	8 Monate	Otto Rehhagel
77.	22.12.1977	Hans Tilkowski	18 Monate	Rudi Assauer
93.	29.01.1980	Wolfgang Weber	19 Monate	Rudi Assauer
214.	9.01.1996	Aad de Mos	6 Monate	Hans-Jürgen Dörner
227.	20.08.1997	Hans-Jürgen Dörner	20 Monate	Wolfgang Sidka
236.	22.10.1998	Wolfgang Sidka	14 Monate	Felix Magath
244.	9.05.1999	Felix Magath	6½ Monate	Thomas Schaaf

Energie Cottbus (0 vorzeitige Trainerwechsel)

Darmstadt 98 (2 vorzeitige Trainerwechsel)

86.	12.04.1979	Lothar Buchmann	30 Monate	Klaus Schlappner
108.	13.03.1982	Werner Olk	26 Monate	Manfred Krafft

Borussia Dortmund (15 vorzeitige Trainerwechsel)

26.	10.04.1968	Heinz Murach	22 Monate	Oswald Pfau
29.	17.03.1969	Helmut Schneider	3 Monate	Hermann Lindemann
45.	21.12.1971	Horst Witzler	18 Monate	Herbert Burdenski
79.	30.04.1978	Otto Rehhagel	23 Monate	Carlheinz Rühl
87.	29.04.1979	Carlheinz Rühl	12 Monate	Uli Maslo
102.	10.05.1981	Udo Lattek	23 Monate	Rolf Bock
114.	5.04.1983	Karl-Heinz Feldkamp	10 Monate	Helmut Witte
119.	23.10.1983	Uli Maslo	4 Monate	H.-D. Tippenhauer/H. Franz
125.	24.10.1984	Timo Konietzka	4 Monate	Erich Ribbeck
134.	20.04.1986	Pal Csernai	10 Monate	Reinhard Saftig
147.	26.06.1988	Reinhard Saftig	26 Monate	Horst Köppel
173.	30.06.1991	Horst Köppel	36 Monate	Ottmar Hitzfeld
234.	30.06.1998	Nevio Scala	12 Monate	Michael Skibbe
246.	6.02.2000	Michael Skibbe	20 Monate	Bernd Krauss
248.	13.05.2000	Bernd Krauss	2 Monate	Udo Lattek

Dynamo Dresden (4 vorzeitige Trainerwechsel)

186.	22.05.1992	Helmut Schulte	12 Monate	Klaus Sammer
193.	21.04.1993	Klaus Sammer	10 Monate	Ralf Minge
207.	22.11.1994	Sigfried Held	17 Monate	Horst Hrubesch
208.	1.03.1995	Horst Hrubesch	3½ Monate	Ralf Minge

MSV Duisburg (8 vorzeitige Trainerwechsel)

7.	1.03.1965	Rudi Gutendorf	20 Monate	Willi Schmidt
53.	20.10.1973	Rudi Faßnacht	40 Monate	Willibert Kremer
66.	18.03.1976	Willibert Kremer	30 Monate	Rolf Schafstall
94.	10.02.1980	Heinz Höher	8 Monate	Friedhelm Wetzlaff
107.	29.11.1981	Friedhelm Wenzlaff	22 Monate	Kuno Klötzer
183.	20.04.1992	Willibert Kremer	58 Monate	Uwe Reinders
205.	1.11.1994	Ewald Lienen	20 Monate	Hannes Bongartz
247.	24.03.2000	Friedhelm Funkel	47 Monate	Seppo Eichkorn

Fortuna Düsseldorf (13 vorzeitige Trainerwechsel)

19.	30.06.1967	Kuno Klötzer	48 Monate	Ernst Melchior
60.	22.04.1975	Heinz Lucas	58 Monate	Manfred Krafft
67.	14.04.1976	Josef Piontek	10 Monate	Manfred Krafft
90.	9.10.1979	Hans-Dieter Tippenhauer	16 Monate	Otto Rehhagel
99.	5.12.1980	Otto Rehhagel	14 Monate	Heinz Höher
110.	25.10.1982	Jörg Berger	16 Monate	Willibert Kremer
127.	14.04.1985	Willibert Kremer	30 Monate	Dieter Brei
138.	2.04.1987	Dieter Brei	24 Monate	Gerd Meyer
165.	15.12.1990	Aleksandar Ristic	42 Monate	Josef Hickersberger

Nr	Datum	Name	Amtszeit	Nachfolger
174.	27.08.1991	Josef Hickersberger	8 Monate	Rolf Schafstall
178.	23.01.1992	Rolf Schafstall	5 Monate	Hans-Jürgen Gede
182.	25.03.1992	Hans-Jürgen Gede	2 Monate	Horst Köppel
223.	24.11.1996	Aleksandar Ristic	52 Monate	Rudi Wojtowicz

Rot-Weiß Essen (3 vorzeitige Trainerwechsel)

17.	30.05.1967	Fritz Pliska	23 Monate	Erich Ribbeck
52.	27.09.1973	Horst Witzler	15 Monate	Diethelm Ferner
69.	26.09.1976	Ivica Horvat	15 Monate	Hermann Erlhoff

Eintracht Frankfurt (17 vorzeitige Trainerwechsel)

68.	30.06.1976	Dietrich Weise	36 Monate	Hans-Dieter Roos
71.	8.11.1976	Hans-Dieter Roos	5 Monate	Gyula Lorant
74.	30.11.1977	Gyula Lorant	13 Monate	Dettmar Cramer
82.	31.12.1978	Otto Knefler	6 Monate	Friedel Rausch
109.	17.09.1982	Helmut Senekowitsch	2½ Monate	Branko Zebec
118.	17.10.1983	Branko Zebec	13 Monate	Dietrich Weise
137.	3.12.1986	Dietrich Weise	37 Monate	Hans-Dieter Zahnleiter
148.	14.09.1988	Karl-Heinz Feldkamp	15 Monate	Pal Csernai
151.	12.12.1988	Pal Csernai	3 Monate	Jörg Berger
168.	13.04.1991	Jörg Berger	29 Monate	Dragoslav Stepanovic
192.	30.03.1993	Dragoslav Stepanovic	24 Monate	Horst Heese
204.	10.04.1994	Klaus Toppmöller	10 Monate	Karl-Heinz Körbel
209.	2.04.1995	Jupp Heynckes	9 Monate	Karl-Heinz Körbel
216.	30.03.1996	Karl-Heinz Körbel	12 Monate	Dragoslav Stepanovic
240.	8.12.1998	Horst Ehrmantraut	24 Monate	Reinhold Fanz
242.	18.04.1999	Reinhold Fanz	4 Monate	Jörg Berger
245.	19.12.1999	Jörg Berger	8 Monate	Felix Magath

SC Freiburg (0 vorzeitige Trainerwechsel)

Hamburger SV (10 vorzeitige Trainerwechsel)

3.	7.05.1964	Martin Wilke	22 Monate	Georg Gawliczek
11.	17.04.1966	Georg Gawliczek	23 Monate	Josef Schneider
73.	27.10.1977	Rudi Gutendorf	4 Monate	Arkoc Özcan
100.	18.12.1980	Branko Zebec	30 Monate	Aleksandar Ristic
142.	9.11.1987	Josip Skoblar	4½ Monate	Willi Reimann
156.	4.01.1990	Willi Reimann	26 Monate	Gerd-Volker Schock
180.	10.03.1992	Gerd-Volker Schock	27 Monate	Egon Coordes
187.	21.09.1992	Egon Coordes	7 Monate	Benno Möhlmann
213.	5.10.1995	Benno Möhlmann	37 Monate	Felix Magath
226.	18.05.1997	Felix Magath	20 Monate	Ralf Schehr

Hannover 96 (10 vorzeitige Trainerwechsel)

12.	28.04.1966	Helmut Kronsbein	34 Monate	Hannes Kirk
24.	12.02.1968	Horst Buhtz	20 Monate	Karlheinz Mülhausen
35.	8.12.1969	Zlatko Cajkovski	18 Monate	Hans Pilz
44.	13.11.1971	Helmut Johannsen	18 Monate	Hans Hipp

49.	1.03.1973	Hans Hipp	16 Monate	Hannes Baldauf
63.	14.01.1976	Helmut Kronsbein	22 Monate	Hannes Baldauf
129.	21.11.1985	Werner Biskup	25 Monate	Jörg Berger
132.	17.03.1986	Jörg Berger	2 Monate	Helmut Kalthoff
149.	19.09.1988	Jürgen Wähling	27 Monate	Hans Siemensmeyer
152.	21.03.1989	Hans Siemensmeyer	6 Monate	Reinhard Saftig

FC Homburg (5 vorzeitige Trainerwechsel)

135.	22.08.1986	Fritz Fuchs	14 Monate	Udo Klug
139.	11.05.1987	Udo Klug	9 Monate	Gerd Schwickert
141.	2.10.1987	Uwe Klimaschefski	3 Monate	Gerd Schwickert
146.	6.02.1988	Gerd Schwickert	4 Monate	Slobodan Cendic
160.	11.04.1990	Josef Stabel	10 Monate	Manfred Lenz

1. FC Kaiserslautern (13 vorzeitige Trainerwechsel)

6.	27.02.1965	Günther Brocker	44 Monate	Werner Liebrich
25.	4.03.1968	Otto Knefler	8 Monate	Egon Piechaczek
32.	6.05.1969	Egon Piechaczek	14 Monate	Dietrich Weise
42.	9.03.1971	Gyula Lorant	21 Monate	Dietrich Weise
50.	4.06.1973	Dietrich Weise	16 Monate	Gerd Schneider
113.	21.03.1983	Rudi Kröner	9 Monate	Ernst Diehl
121.	26.10.1983	Dietrich Weise	4 Monate	Manfred Krafft
143.	11.11.1987	Hannes Bongartz	29 Monate	Josef Stabel
157.	25.02.1990	Gerd Roggensack	6 Monate	Karl-Heinz Feldkamp
185.	19.05.1992	Karl-Heinz Feldkamp	28 Monate	Rainer Zobel
196.	7.06.1993	Rainer Zobel	12 Monate	Friedel Rausch
215.	23.03.1996	Friedel Rausch	33 Monate	Eckhard Krautzun
250.	1.10.2000	Otto Rehhagel	50 Monate	

Karlsruher SC (9 vorzeitige Trainerwechsel)

4.	26.01.1965	Kurt Sommerlatt	31 Monate	Helmut Schneider
9.	18.10.1965	Helmut Schneider	9 Monate	Werner Roth
13.	1.11.1966	Werner Roth	13 Monate	Paul Frantz
21.	24.10.1967	Paul Frantz	12 Monate	Georg Gawliczek
23.	8.02.1968	Georg Gawliczek	4 Monate	Bernhard Termath
106.	26.11.1981	Manfred Krafft	41 Monate	Max Merkel
112.	31.01.1983	Horst Franz	7 Monate	Lothar Strehlau
126.	22.03.1985	Werner Olk	21 Monate	Lothar Buchmann
231.	25.03.1998	Winfried Schäfer	11 J., 9 Mon.	Jörg Berger

1. FC Köln (15 vorzeitige Trainerwechsel)

47.	4.04.1972	Gyula Lorant	10 Monate	Rolf Herings
51.	16.09.1974	Rudi Schlott	15 Monate	Zlatko Cajkovski
62.	12.12.1975	Zlatko Cajkovski	27 Monate	Georg Stollenwerk
95.	15.04.1980	Hennes Weisweiler	46 Monate	Karl-Heinz Heddergott
97.	13.10.1980	Karl-Heinz Heddergott	6 Monate	Rinus Michels
117.	23.08.1983	Rinus Michels	33 Monate	Hannes Löhr

Nr	Datum	Name	Amtszeit	Nachfolger
130.	6.02.1986	Hannes Löhr	30 Monate	Georg Kessler
136.	22.09.1986	Georg Kessler	7½ Monate	Christoph Daum
161.	28.06.1990	Christoph Daum	45 Monate	Erich Rutemöller
175.	30.08.1991	Erich Rutemöller	14 Monate	Jörg Berger
191.	28.02.1993	Jörg Berger	16 Monate	Wolfgang Jerat
194.	29.04.1993	Wolfgang Jerat	2 Monate	Morten Olsen
212.	27.08.1995	Morten Olsen	28 Monate	Stephan Engels
217.	31.03.1996	Stefan Engels	7 Monate	Peter Neururer
228.	30.09.1997	Peter Neururer	18 Monate	Günter-Lorenz Köstner

Fortuna Köln (1 vorzeitiger Trainerwechsel)

Nr	Datum	Name	Amtszeit	Nachfolger
54.	31.12.1973	Volker Kottmann	6 Monate	Willi Holdorf

VfB Leipzig (2 vorzeitige Trainerwechsel)

Nr	Datum	Name	Amtszeit	Nachfolger
201.	21.02.1994	Bernd Stange	8 Monate	Jürgen Sundermann
203.	9.04.1994	Jürgen Sundermann	1½ Monate	Damian Halata

Bayer Leverkusen (6 vorzeitige Trainerwechsel)

Nr	Datum	Name	Amtszeit	Nachfolger
105.	22.11.1981	Willibert Kremer	68 Monate	Gerd Kentschke
153.	13.04.1989	Rinus Michels	10 Monate	Jürgen Gelsdorf
171.	31.05.1991	Jürgen Gelsdorf	26 Monate	Peter Hermann
195.	4.05.1993	Reinhard Saftig	23 Monate	Dragoslav Stepanovic
210.	7.04.1995	Dragoslav Stepanovic	23 Monate	Erich Ribbeck
219.	28.04.1996	Erich Ribbeck	13 Monate	Peter Hermann

Borussia Mönchengladbach (7 vorzeitige Trainerwechsel)

Nr	Datum	Name	Amtszeit	Nachfolger
155.	21.11.1989	Wolf Werner	29 Monate	Gerd vom Bruch
176.	25.09.1991	Gerd vom Bruch	22 Monate	Jürgen Gelsdorf
189.	6.11.1992	Jürgen Gelsdorf	13 Monate	Bernd Krauss
224.	7.12.1996	Bernd Krauss	49 Monate	Hannes Bongartz
229.	29.11.1997	Hannes Bongartz	12 Monate	Norbert Meier
232.	31.03.1998	Norbert Meier	4 Monate	Friedel Rausch
237.	10.11.1998	Friedel Rausch	7 Monate	Rainer Bonhof

Bayern München (9 vorzeitige Trainerwechsel)

Nr	Datum	Name	Amtszeit	Nachfolger
37.	1.07.1968	Branko Zebec	21 Monate	Udo Lattek
59.	2.01.1975	Udo Lattek	58 Monate	Dettmar Cramer
75.	1.12.1977	Dettmar Cramer	35 Monate	Gyula Lorant
83.	28.02.1979	Gyula Lorant	15 Monate	Pal Csernai
116.	16.05.1983	Pal Csernai	53 Monate	Reinhard Saftig
177.	8.10.1991	Jupp Heynckes	52 Monate	Sören Lerby
181.	11.03.1992	Sören Lerby	5 Monate	Erich Ribbeck
200.	27.12.1993	Erich Ribbeck	22 Monate	Franz Beckenbauer
218.	27.04.1996	Otto Rehhagel	10 Monate	Franz Beckenbauer

TSV München 1860 (4 vorzeitige Trainerwechsel)

Nr	Datum	Name	Amtszeit	Nachfolger
15.	10.12.1966	Max Merkel	66 Monate	Gunter Baumann
27.	30.10.1968	Albert Sing	16 Monate	Hans Pilz
34.	12.11.1969	Fritz Langner	5 Monate	Franz Binder

88. 2.09.1979 Eckhardt Krautzun   9 Monate   Carlheinz Rühl

Preußen Münster (0 vorzeitige Trainerwechsel)

Borussia Neunkirchen (0 vorzeitige Trainerwechsel)

1. FC Nürnberg (13 vorzeitige Trainerwechsel)

1.	30.10.1963	Herbert Widmayer	41 Monate	Jenö Csaknady
14.	7.11.1966	Jenö Csaknady	17 Monate	Jenö Vincze
30.	24.03.1969	Max Merkel	27 Monate	Robert Körner
31.	12.04.1969	Robert Körner	3 Wochen	Kuno Klötzer
81.	20.12.1978	Werner Kern	6 Monate	Robert Gebhardt
101.	3.03.1981	Horst Heese	9 Monate	F. Popp/F. Hoffmann
104.	8.09.1981	Heinz Elzner	3 Monate	Udo Klug
120.	25.10.1983	Udo Klug	26 Monate	Rudi Kröner
122.	6.12.1983	Rudi Kröner	6 Wochen	Heinz Höher
159.	9.04.1990	Hermann Gerland	23 Monate	Arie Haan
198.	9.11.1993	Willi Entenmann	29 Monate	D. Renner/R. Zobel
235.	17.07.1998	Felix Magath	10 Monate	Willi Reimann
238.	2.12.1998	Willi Reimann	4½ Monate	Friedel Rausch

Rot-Weiß Oberhausen (0 vorzeitige Trainerwechsel)

Offenbacher Kickers (5 vorzeitige Trainerwechsel)

40.	26.09.1970	Alfred Schmidt	3 Monate	Rudi Gutendorf
41.	23.02.1971	Rudi Gutendorf	5 Monate	Kuno Klötzer
56.	1.04.1974	Gyula Lorant	21 Monate	Otto Rehhagel
61.	9.12.1975	Otto Rehhagel	21 Monate	Zlatko Cajkovski
123.	15.03.1984	Lothar Buchmann	21 Monate	Hermann Nuber

Hansa Rostock (3 vorzeitige Trainerwechsel)

179.	6.03.1992	Uwe Reinders	21 Monate	Erich Rutemöller
241.	7.03.1999	Ewald Lienen	21 Monate	Andreas Zachhuber
249.	7.09.2000	Andreas Zachhuber	18 Monate	Friedhelm Funkel

1. FC Saarbrücken (3 vorzeitige Trainerwechsel)

70.	18.10.1976	Slobodan Cendic	28 Monate	Manfred Krafft
78.	21.02.1978	Manfred Krafft	16 Monate	Hans Tilkowski
133.	11.04.1986	Uwe Klimaschefski	49 Monate	W. Weber/W. Müller

FC St. Pauli (2 vorzeitige Trainerwechsel)

166.	19.02.1991	Helmut Schulte	40 Monate	Horst Wohlers
225.	21.04.1997	Uli Maslo	34 Monate	Klaus-Peter Nemet

Schalke 04 (17 vorzeitige Trainerwechsel)

2.	25.04.1964	Georg Gawliczek	46 Monate	Fritz Langner
18.	5.06.1967	Fritz Langner	38 Monate	Karl-Heinz Marotzke
22.	13.11.1967	Karl-Heinz Marotzke	5 Monate	Günther Brocker
28.	17.11.1968	Günther Brocker	12 Monate	Rudi Gutendorf
39.	7.09.1970	Rudi Gutendorf	23 Monate	Slobodan Cendic
65.	9.03.1976	Max Merkel	9 Monate	Friedel Rausch

76.	20.12.1977	Friedel Rausch	22 Monate	Uli Maslo
84.	17.03.1979	Ivica Horvat	9 Monate	Gyula Lorant
92.	4.12.1979	Gyula Lorant	9 Monate	Dietmar Schwager
96.	20.04.1980	Dietmar Schwager	5 Monate	Fahrudin Jusufi
103.	26.05.1981	Fahrudin Jusufi	13 Monate	R. Assauer/H. Redepennig
111.	20.01.1983	Sigfried Held	19 Monate	Jürgen Sundermannn
145.	7.12.1987	Rolf Schafstall	18 Monate	Horst Franz
184.	30.04.1992	Aleksandar Ristic	16 Monate	Klaus Fischer
190.	17.01.1993	Udo Lattek	11 Monate	Helmut Schulte
197.	10.10.1993	Helmut Schulte	10 Monate	Jörg Berger
222.	3.10.1996	Jörg Berger	36 Monate	Huub Stevens

Stuttgarter Kickers (0 vorzeitige Trainerwechsel)

VfB Stuttgart (15 vorzeitige Trainerwechsel)

5.	24.02.1965	Kurt Baluses	56 Monate	Rudi Gutendorf
16.	6.12.1966	Rudi Gutendorf	22 Monate	Albert Sing
33.	30.06.1969	Gunther Baumann	24 Monate	Franz Seybold
48.	18.04.1972	Branko Zebec	22 Monate	Karl Bögelein
58.	1.12.1974	Hermann Eppenhoff	29 Monate	Albert Sing
131.	4.03.1986	Otto Baric	9 Monate	Willi Entenmann
140.	30.06.1987	Egon Coordes	12 Monate	Arie Haan
158.	26.03.1990	Arie Haan	33 Monate	Willi Entenmann
163.	19.11.1990	Willi Entenmann	8 Monate	Christoph Daum
199.	10.12.1993	Christoph Daum	37 Monate	Jürgen Röber
211.	25.04.1995	Jürgen Röber	17 Monate	Jürgen Sundermann
221.	14.08.1996	Rolf Fringer	13 Monate	Joachim Löw
233.	20.05.1998	Joachim Löw	22 Monate	Winfried Schäfer
239.	4.12.1998	Winfried Schäfer	2½ Monate	Rainer Adrion
243.	3.05.1999	Rainer Adrion	123 Tage	Ralf Rangnick

KFC (Bayer) Uerdingen (4 vorzeitige Trainerwechsel)

144.	1.12.1987	Horst Köppel	5 Monate	Rolf Schafstall
164.	25.11.1990	Horst Wohlers	17 Monate	Timo Konietzka
172.	3.06.1991	Timo Konietzka	7 Monate	Friedhelm Funkel
220.	13.05.1996	Friedhelm Funkel	60 Monate	A. Reutershahn/Thomale

SSV Ulm 1846 (0 vorzeitige Trainerwechsel)

SpVgg Unterhaching (0 vorzeitige Trainerwechsel)

SV Waldhof Mannheim (1 vorzeitiger Trainerwechsel)

150.	16.11.1988	Felix Latzke	17 Monate	Günter Sebert

Wattenscheid 09 (1 vorzeitiger Trainerwechsel)

202.	3.03.1994	Hannes Bongartz	56 Monate	Frank Hartmann

VfL Wolfsburg (1 vorzeitiger Trainerwechsel)

230.	17.03.1998	Willi Reimann	30 Monate	Wolfgang Wolf

Wuppertaler SV (1 vorzeitiger Trainerwechsel)

57.	20.10.1974	Horst Buhtz	76 Monate	Janos Bedl

Vorzeitige Trainerwechsel nach Trainern

Rainer Adrion
243. 3.05.1999 VfB Stuttgart   3 Monate

Kurt Baluses
5. 24.02.1965 VfB Stuttgart   56 Monate

Otto Baric
131. 4.03.1986 VfB Stuttgart   9 Monate

Gunter Baumann
33. 30.06.1969 VfB Stuttgart   24 Monate

Milovan Beljin
80. 8.10.1978 Arminia Bielefeld   4 Monate

Jörg Berger
110. 25.10.1982 Fortuna Düsseldorf   16 Monate
132. 17.03.1986 Hannover 96   2 Monate
168. 13.04.1991 Eintracht Frankfurt   29 Monate
191. 28.02.1993 1. FC Köln   16 Monate
222. 3.10.1996 Schalke 04   36 Monate
245. 19.12.1999 Eintracht Frankfurt   8 Monate

Werner Biskup
129. 21.11.1985 Hannover 96   25 Monate

Hannes Bongartz
143. 11.11.1987 1. FC Kaiserslautern   29 Monate
202. 3.03.1994 Wattenscheid 09   56 Monate
229. 29.11.1997 Bor. Mönchengladbach   12 Monate

Dieter Brei
138. 2.04.1987 Fortuna Düsseldorf   24 Monate

Günther Brocker
6. 27.02.1965 1. FC Kaiserslautern   44 Monate
20. 4.09.1967 Werder Bremen   27 Monate
28. 17.11.1968 Schalke 04   12 Monate

Gerd vom Bruch
176. 25.09.1991 Bor. Mönchengladbach   22 Monate

Lothar Buchmann
86. 12.04.1979 Darmstadt 98   30 Monate
123. 15.03.1984 Offenbacher Kickers   21 Monate

Horst Buhtz
24. 12.02.1968 Hannover 96   20 Monate
57. 20.10.1974 Wuppertaler SV   76 Monate

Herbert Burdenski
64. 28.02.1976 Werder Bremen   8 Monate

Zlatko Cajkovski
35. 8.12.1969 Hannover 96   18 Monate
62. 12.12.1975 1. FC Köln   27 Monate

Slobodan Cendic
70. 18.10.1976 1. FC Saarbrücken   28 Monate

Egon Coordes
140. 30.06.1987 VfB Stuttgart   12 Monate
187. 21.09.1992 Hamburger SV   7 Monate

Dettmar Cramer
75. 1.12.1977 Bayern München   35 Monate

Jenö Csaknady
14. 7.11.1966 1. FC Nürnberg   17 Monate

Pal Csernai
116. 16.05.1983 Bayern München   53 Monate
134. 20.04.1986 Borussia Dortmund   10 Monate
151. 12.12.1988 Eintracht Frankfurt   3 Monate
167. 12.03.1991 Hertha BSC Berlin   4 Monate

Hans-Jürgen Dörner
227. 20.08.1997 Werder Bremen   20 Monate

Christoph Daum
161. 28.06.1990 1. FC Köln   45 Monate
199. 10.12.1993 VfB Stuttgart   37 Monate

Horst Ehrmantraut
240. 8.12.1998 Eintracht Frankfurt   24 Monate

Heinz Elzner
104. 8.09.1981 1. FC Nürnberg   3 Monate

Stefan Engels
217. 31.03.1996 1. FC Köln   7 Monate

Willi Entenmann
163. 19.11.1990 VfB Stuttgart   8 Monate
198. 9.11.1993 1. FC Nürnberg   29 Monate

Hermann Eppenhoff
58. 1.12.1974 VfB Stuttgart   29 Monate

Reinhold Fanz
242. 18.04.1999 Eintracht Frankfurt   4 Monate

Rudi Faßnacht
53. 20.10.1973 MSV Duisburg   40 Monate

Karl-Heinz Feldkamp
114. 5.04.1983 Borussia Dortmund   10 Monate
124. 22.03.1984 Arminia Bielefeld   9 Monate
148. 14.09.1988 Eintracht Frankfurt   15 Monate
185. 19.05.1992 1. FC Kaiserslautern   28 Monate

Paul Frantz
21. 24.10.1967 Karlsruher SC   12 Monate

Horst Franz
112. 31.01.1983 Karlsruher SC   7 Monate

Rolf Fringer
221. 14.08.1996 VfB Stuttgart   13 Monate

Fritz Fuchs
135. 22.08.1986 FC Homburg   14 Monate

Werner Fuchs
162. 13.11.1990 Hertha BSC Berlin   26 Monate

Friedhelm Funkel
220. 13.05.1996 Bayer Uerdingen   60 Monate
247. 24.03.2000 MSV Duisburg   47 Monate

Georg Gawliczek
2. 25.04.1964 Schalke 04   46 Monate
11. 17.04.1966 Hamburger SV   23 Monate
23. 8.02.1968 Karlsruher SC   4 Monate

Robert Gebhardt
43. 26.09.1971 Werder Bremen   15 Monate

Hans-Jürgen Gede
182. 25.03.1992 Fortuna Düsseldorf   2 Monate

Jürgen Gelsdorf
206. 6.11.1994 VfL Bochum   24 Monate

Hermann Gerland
159. 9.04.1990 1. FC Nürnberg   23 Monate

Rudi Gutendorf
7. 1.03.1965 Meidericher SV   20 Monate
16. 6.12.1966 VfB Stuttgart   22 Monate
39. 7.09.1970 Schalke 04   23 Monate
41. 23.02.1971 Offenbacher Kickers   5 Monate
73. 27.10.1977 Hamburger SV   4 Monate

Arie Haan
158. 26.03.1990 VfB Stuttgart   33 Monate

Horst Heese
101. 3.03.1981 1. FC Nürnberg   9 Monate

Karl-Heinz Heddergott
97. 13.10.1980   1. FC Köln   6 Monate

Sigfried Held
111. 20.01.1983   Schalke 04   19 Monate
207. 22.11.1994   Dynamo Dresden   17 Monate

Jupp Heynckes
177. 8.10.1991   Bayern München   52 Monate
209. 2.04.1995   Eintracht Frankfurt   9 Monate

Josef Hickersberger
174. 27.08.1991   Fortuna Düsseldorf   8 Monate

Hans Hipp
49.   1.03.1973   Hannover 96   16 Monate

Heinz Höher
94. 10.02.1980   MSV Duisburg   8 Monate

Ivica Horvat
69. 26.09.1976   Rot-Weiß Essen   15 Monate
84. 17.03.1979   Schalke 04   9 Monate

Horst Hrubesch
208. 1.03.1995   Dynamo Dresden   3½ Monate

Wolfgang Jerat
194. 29.04.1993   1. FC Köln   2 Monate

Helmut Johannsen
44. 13.11.1971   Hannover 96   18 Monate

Fahrudin Jusufi
103. 26.05.1981   Schalke 04   13 Monate

Werner Kern
81. 20.12.1978   1. FC Nürnberg   6 Monate

Georg Kessler
72. 30.06.1977   Hertha BSC Berlin   36 Monate
136. 22.09.1986   1. FC Köln   7½ Monate

Uwe Klimaschefski
133. 11.04.1986   1. FC Saarbrücken   49 Monate
141. 2.10.1987   FC Homburg   3 Monate

Kuno Klötzer
19. 30.06.1967   Fortuna Düsseldorf   48 Monate
91. 27.10.1979   Hertha BSC Berlin   28 Monate

Udo Klug
120. 25.10.1983   1. FC Nürnberg   26 Monate
139. 11.05.1987   FC Homburg   9 Monate

Otto Knefler
25.   4.03.1968   1. FC Kaiserslautern   8 Monate
82. 31.12.1978   Eintracht Frankfurt   6 Monate

Timo Konietzka
125. 24.10.1984   Borussia Dortmund   4 Monate
172. 3.06.1991   Bayer Uerdingen   7 Monate

Horst Köppel
144. 1.12.1987   Bayer Uerdingen   5 Monate
173. 30.06.1991   Borussia Dortmund   36 Monate

Karl-Heinz Körbel
216. 30.03.1996   Eintracht Frankfurt   12 Monate

Robert Körner
31. 12.04.1969   1. FC Nürnberg   3 Wochen

Volker Kottmann
54. 31.12.1973   Fortuna Köln   6 Monate

Manfred Krafft
78. 22.02.1978   1. FC Saarbrücken   16 Monate
106. 26.11.1981   Karlsruher SC   41 Monate

Bernd Krauss
224. 7.12.1996   Bor. Mönchengladbach   49 Monate
248. 13.05.2000   Borussia Dortmund   2 Monate

Eckhardt Krautzun
88.   2.09.1979   TSV München 1860   9 Monate

Willibert Kremer
66. 18.03.1976   MSV Duisburg   30 Monate
105. 22.11.1981   Bayer Leverkusen   68 Monate
127. 14.04.1985   Fortuna Düsseldorf   30 Monate
183. 20.04.1992   MSV Duisburg   58 Monate

Rudi Kröner
113. 21.03.1983   1. FC Kaiserslautern   9 Monate
122. 6.12.1983   1. FC Nürnberg   6 Wochen

Helmut Kronsbein
12. 28.04.1966   Hannover 96   34 Monate
55. 13.03.1974   Hertha BSC Berlin   93 Monate
63. 14.01.1976   Hannover 96   22 Monate

Fritz Langner
18.   5.06.1967   Schalke 04   38 Monate
34. 12.11.1969   TSV München 1860   5 Monate

Udo Lattek
59.   2.01.1975   Bayern München   58 Monate
102. 10.05.1981   Borussia Dortmund   23 Monate
190. 17.01.1993   Schalke 04   11 Monate

Felix Latzke
150. 16.11.1988   Waldhof Mannheim   17 Monate

Sören Lerby
181. 11.03.1992   Bayern München   5 Monate

Ewald Lienen
205. 1.11.1994   MSV Duisburg   20 Monate
241. 7.03.1999   Hansa Rostock   21 Monate

Franz Linken
10. 10.11.1965   Tasmania Berlin   16 Monate

Hannes Löhr
130. 6.02.1986   1. FC Köln   30 Monate

Gyula Lorant
42.   9.03.1971   1. FC Kaiserslautern   21 Monate
47.   4.04.1972   1. FC Köln   10 Monate
56.   1.04.1974   Offenbacher Kickers   21 Monate
74. 30.11.1977   Eintracht Frankfurt   13 Monate
83. 28.02.1979   Bayern München   15 Monate
92.   4.12.1979   Schalke 04   9 Monate

Joachim Löw
233. 20.05.1998   VfB Stuttgart   22 Monate

Heinz Lucas
60. 22.04.1975   Fortuna Düsseldorf   58 Monate
89.   8.10.1979   Eintracht Braunschweig   7 Monate

Felix Magath
226. 18.05.1997   Hamburger SV   20 Monate
235. 17.07.1998   1. FC Nürnberg   10 Monate
244. 9.05.1999   Werder Bremen   6½ Monate

Karl-Heinz Marotzke
22. 13.11.1967   Schalke 04   5 Monate

Uli Maslo
115. 23.04.1983   Eintracht Braunschweig   43 Monate
119. 23.10.1983   Borussia Dortmund   4 Monate
225. 21.04.1997   FC St. Pauli   34 Monate

Norbert Meier
232. 31.03.1998   Bor. Mönchengladbach   4 Monate

Max Merkel
15. 10.12.1966   TSV München 1860   66 Monate
30.   2.03.1969   1. FC Nürnberg   27 Monate
65.   9.03.1976   Schalke 04   9 Monate

Rinus Michels
117. 23.08.1983   1. FC Köln   33 Monate
153. 13.04.1989   Bayer Leverkusen   10 Monate

Benno Möhlmann
213. 5.10.1995   Hamburger SV   37 Monate

Aad de Mos
214. 9.01.1996   Werder Bremen   6 Monate

Heinz Murach
26. 10.04.1968   Borussia Dortmund   22 Monate

Peter Neururer
170. 28.05.1991   Hertha BSC Berlin   2½ Monate
228. 30.09.1997   1. FC Köln   18 Monate

Werner Olk
85. 21.03.1979   Eintracht Braunschweig   9 Monate
108. 13.03.1982   Darmstadt 98   26 Monate
126. 22.03.1985   Karlsruher SC   21 Monate

Morten Olsen
212. 27.08.1995   1. FC Köln   28 Monate

Holger Osieck
188. 2.11.1992   VfL Bochum   16 Monate

Egon Piechaczek
32.   6.05.1969   1. FC Kaiserslautern   14 Monate
46. 21.12.1971   Arminia Bielefeld   26 Monate

Josef Piontek
67. 14.04.1976   Fortuna Düsseldorf   10 Monate

Fritz Pliska
17. 30.05.1967   Rot-Weiß Essen   23 Monate

Friedel Rausch
76. 20.12.1977   Schalke 04   22 Monate
215. 23.03.1996   1. FC Kaiserslautern   33 Monate
237. 10.11.1998   Bor. Mönchengladbach   7 Monate

Fritz Rebell
38. 16.03.1970   Werder Bremen   10 Monate

Otto Rehhagel
61.   9.12.1975   Offenbacher Kickers   21 Monate
79. 30.04.1978   Borussia Dortmund   23 Monate
99.   5.12.1980   Fortuna Düsseldorf   14 Monate
218. 27.04.1996   Bayern München   10 Monate
250. 1.10.2000   1. FC Kaiserslautern   50 Monate

Willi Reimann
156. 4.01.1990   Hamburger SV   26 Monate
230. 17.03.1998   VfL Wolfsburg   30 Monate
238. 2.12.1998   1. FC Nürnberg   4½ Monate

Uwe Reinders
179. 6.03.1992   Hansa Rostock   21 Monate

Erich Ribbeck
200. 27.12.1993   Bayern München   22 Monate
219. 28.04.1996   Bayer Leverkusen   13 Monate

Aleksandar Ristic
128. 31.04.1985   Eintracht Braunschweig   22 Monate
165. 15.12.1990   Fortuna Düsseldorf   42 Monate
184. 30.04.1992   Schalke 04   16 Monate
223. 24.11.1996   Fortuna Düsseldorf   52 Monate

Jürgen Röber
211. 25.04.1995   VfB Stuttgart   17 Monate

Gerd Roggensack
157. 25.02.1990   1. FC Kaiserslautern   6 Monate

Hans-Dieter Roos
71.   8.11.1976   Eintracht Frankfurt   5 Monate

Werner Roth
13.   1.11.1966   Karlsruher SC   13 Monate

Carlheinz Rühl
87. 29.04.1979   Borussia Dortmund   12 Monate

Erich Rutemöller
175. 30.08.1991   1. FC Köln   14 Monate

Reinhard Saftig
147. 26.06.1988   Borussia Dortmund   26 Monate
169. 22.04.1991   VfL Bochum   22 Monate
195. 4.05.1993   Bayer Leverkusen   23 Monate

Klaus Sammer
193. 21.04.1993   Dynamo Dresden   10 Monate

Nevio Scala
234. 30.06.1998   Borussia Dortmund   12 Monate

Winfried Schäfer
231. 25.03.1998   Karlsruher SC   11 Jahre, 9 Monate
239. 4.12.1998   VfB Stuttgart   2½ Monate

Rolf Schafstall
145. 7.12.1987   Schalke 04   18 Monate
178. 23.01.1992   Fortuna Düsseldorf   5 Monate

Rudi Schlott
51. 16.09.1974   1. FC Köln   15 Monate

Alfred Schmidt
40. 26.09.1970   Offenbacher Kickers   3 Monate

Helmut Schneider
9.   18.10.1965   Karlsruher SC   9 Monate
29. 17.03.1969   Borussia Dortmund   3 Monate

Josef Schneider
8.   8.03.1965   Hertha BSC Berlin   21 Monate

Gerd-Volker Schock
180. 10.03.1992   Hamburger SV   27 Monate

Helmut Schulte
166. 19.02.1991   FC St. Pauli   40 Monate
186. 22.05.1992   Dynamo Dresden   12 Monate
197. 10.10.1993   Schalke 04   10 Monate

Dietmar Schwager
96. 20.04.1980   Schalke 04   5 Monate

Gerd Schwickert
146. 6.02.1988   FC Homburg   4 Monate

Helmut Senekowitsch
109. 17.09.1982   Eintracht Frankfurt   2½ Monate

Wolfgang Sidka
236. 22.10.1998   Werder Bremen   14 Monate

Hans Siemensmeyer
152. 21.03.1989   Hannover 96   6 Monate

Albert Sing
27. 30.10.1968   TSV München 1860   16 Monate

Michael Skibbe
246. 6.02.2000   Borussia Dortmund   20 Monate

Josip Skoblar
142. 9.11.1987   Hamburger SV   4½ Monate

Kurt Sommerlatt
4.   26.01.1965   Karlsruher SC   31 Monate

Josef Stabel
160. 11.04.1990   FC Homburg   10 Monate

Bernd Stange
201. 21.02.1994   VfB Leipzig   8 Monate

Dragoslav Stepanovic
192. 30.03.1993   Eintracht Frankfurt   24 Monate
210. 7.04.1995   Bayer Leverkusen   23 Monate

Georg Stollenwerk
36. 16.12.1969   Alemannia Aachen   6 Monate

Jürgen Sundermann
203. 9.04.1994   VfB Leipzig   1½ Monate

Franz-Josef Tenhagen
154. 19.06.1989   VfL Bochum   12 Monate

Hans Tilkowski
77. 22.12.1977 Werder Bremen   18 Monate

Hans-Dieter Tippenhauer
90.   9.10.1979 Fortuna Düsseldorf   16 Monate
98. 20.10.1980 Arminia Bielefeld   13 Monate

Klaus Toppmöller
204. 10.04.1994 Eintracht Frankfurt   10 Monate

Jürgen Wähling
149. 19.09.1988 Hannover 96   27 Monate

Wolfgang Weber
93. 29.01.1980 Werder Bremen   19 Monate

Dietrich Weise
50.   4.06.1973 1. FC Kaiserslautern   16 Monate
68. 30.06.1976 Eintracht Frankfurt   36 Monate
121. 26.10.1983 1. FC Kaiserslautern   4 Monate
137. 3.12.1986 Eintracht Frankfurt   37 Monate

Hennes Weisweiler
95. 15.04.1980 1. FC Köln   46 Monate

Friedhelm Wenzlaff
107. 29.11.1981 MSV Duisburg   22 Monate

Wolf Werner
155. 21.11.1989 Bor. Mönchengladbach   29 Monate

Herbert Widmayer
1.   30.10.1963 1. FC Nürnberg   41 Monate

Martin Wilke
3.   7.05.1964 Hamburger SV   22 Monate

Horst Witzler
45. 21.12.1971 Borussia Dortmund   18 Monate
52. 27.09.1973 Rot-Weiß Essen   15 Monate

Horst Wohlers
164. 25.11.1990 Bayer Uerdingen   17 Monate

Andreas Zachhuber
249. 7.09.2000 Hansa Rostock   18 Monate

Branko Zebec
37.   1.07.1968 Bayern München   21 Monate
48. 18.04.1972 VfB Stuttgart   22 Monate
100. 18.12.1980 Hamburger SV   30 Monate
118. 17.10.1983 Eintracht Frankfurt   13 Monate

Rainer Zobel
196. 7.06.1993 1. FC Kaiserslautern   12 Monate

Die Bundesliga-„Absch(l)usstabelle

Verein	vorzeitige Wechsel	BL-Jahre
Schalke 04	17	33
Eintracht Frankfurt	17	36
1. FC Köln	15	36
VfB Stuttgart	15	36
Borussia Dortmund	15	34
1. FC Nürnberg	13	21
Fortuna Düsseldorf	13	22
1. FC Kaiserslautern	13	37
Hamburger SV	11	38
Hannover 96	10	14
Werder Bremen	10	37
Karlsruher SC	9	22
Bayern München	9	36
MSV Duisburg	8	26
Hertha BSC Berlin	7	20
Borussia Mönchengladbach	7	34
Bayer 04 Leverkusen	6	22
FC Homburg	5	3
Offenbacher Kickers	5	7
Dynamo Dresden	4	4
Arminia Bielefeld	4	11
KFC (Bayer) Uerdingen	4	14
TSV München 1860	4	17
Eintracht Braunschweig	4	20
VfL Bochum	4	27
1. FC Saarbrücken	3	5
Rot-Weiß Essen	3	7
Hansa Rostock	3	7
VfB Leipzig	2	1
Darmstadt 98	2	2
FC St. Pauli	2	6
Tasmania Berlin	1	1
Fortuna Köln	1	1
Tennis Borussia Berlin	1	2
Alemannia Aachen	1	3
Wuppertaler SV	1	3
Wattenscheid 09	1	4
VfL Wolfsburg	1	4
SV Waldhof Mannheim	1	7
Blau-Weiß 90 Berlin	0	1
Energie Cottbus	0	1
Preußen Münster	0	1
SSV Ulm 1846	0	1
Stuttgarter Kickers	0	2
SpVgg Unterhaching	0	2
Borussia Neunkirchen	0	3
Rot-Weiß Oberhausen	0	4
SC Freiburg	0	7